21世纪高等学校规划教材 | 电子商务

电子商务安全原理

许　峰　编著

清华大学出版社
北京

内容简介

目前我国电子商务企业已经从行业跟随者，成为一个行业开拓者。技术的发展和商业模式的日新月异，对电子商务安全提出了严峻的挑战。本书剖析了电子商务安全的关键需求和核心技术。内容涉及信息安全的基本原理、电子交易的安全、电子支付安全、金融安全和移动安全等众多内容；并融入了最新技术和发展方向的讨论。本书在阐述原理和新技术的基础上，还探讨了实际应用中的设计与工程问题，以使读者能够夯实基础，并把握技术的发展趋势。

本书可以作为本科生和研究生课程的教材，也可以供电子商务开发人员进行学习和参考之用。

图书在版编目(CIP)数据

电子商务安全原理/许峰编著. —北京：清华大学出版社，2017（2021.8 重印）
（21 世纪高等学校规划教材・电子商务）
ISBN 978-7-302-45114-3

Ⅰ. ①电… Ⅱ. ①许… Ⅲ. ①电子商务－安全技术－高等学校－教材 Ⅳ. ①F713.363

中国版本图书馆 CIP 数据核字(2016)第 227225 号

责任编辑：魏江江　薛　阳
封面设计：傅瑞学
责任校对：焦丽丽
责任印制：宋　林

出版发行：清华大学出版社
网　　址：http://www.tup.com.cn，http://www.wqbook.com
地　　址：北京清华大学学研大厦 A 座　**邮　　编**：100084
社 总 机：010-62770175　**邮　　购**：010-83470235
投稿与读者服务：010-62776969，c-service@tup.tsinghua.edu.cn
质量反馈：010-62772015，zhiliang@tup.tsinghua.edu.cn
课件下载：http://www.tup.com.cn，010-83470236
印 装 者：三河市龙大印装有限公司
经　　销：全国新华书店
开　　本：185mm×260mm　**印　张**：20.25　**字　　数**：490 千字
版　　次：2017 年 8 月第 1 版　**印　　次**：2021 年 8 月第 4 次印刷
印　　数：3001～3500
定　　价：49.00 元

产品编号：041789-01

出版说明

随着我国改革开放的进一步深化，高等教育也得到了快速发展，各地高校紧密结合地方经济建设发展需要，科学运用市场调节机制，加大了使用信息科学等现代科学技术提升、改造传统学科专业的投入力度，通过教育改革合理调整和配置了教育资源，优化了传统学科专业，积极为地方经济建设输送人才，为我国经济社会的快速、健康和可持续发展以及高等教育自身的改革发展做出了巨大贡献。但是，高等教育质量还需要进一步提高以适应经济社会发展的需要，不少高校的专业设置和结构不尽合理，教师队伍整体素质亟待提高，人才培养模式、教学内容和方法需要进一步转变，学生的实践能力和创新精神亟待加强。

教育部一直十分重视高等教育质量工作。2007 年 1 月，教育部下发了《关于实施高等学校本科教学质量与教学改革工程的意见》，计划实施"高等学校本科教学质量与教学改革工程(简称'质量工程')"，通过专业结构调整、课程教材建设、实践教学改革、教学团队建设等多项内容，进一步深化高等学校教学改革，提高人才培养的能力和水平，更好地满足经济社会发展对高素质人才的需要。在贯彻和落实教育部"质量工程"的过程中，各地高校发挥师资力量强、办学经验丰富、教学资源充裕等优势，对其特色专业及特色课程(群)加以规划、整理和总结，更新教学内容、改革课程体系，建设了一大批内容新、体系新、方法新、手段新的特色课程。在此基础上，经教育部相关教学指导委员会专家的指导和建议，清华大学出版社在多个领域精选各高校的特色课程，分别规划出版系列教材，以配合"质量工程"的实施，满足各高校教学质量和教学改革的需要。

为了深入贯彻落实教育部《关于加强高等学校本科教学工作，提高教学质量的若干意见》精神，紧密配合教育部已经启动的"高等学校教学质量与教学改革工程精品课程建设工作"，在有关专家、教授的倡议和有关部门的大力支持下，我们组织并成立了"清华大学出版社教材编审委员会"(以下简称"编委会")，旨在配合教育部制定精品课程教材的出版规划，讨论并实施精品课程教材的编写与出版工作。"编委会"成员皆来自全国各类高等学校教学与科研第一线的骨干教师，其中许多教师为各校相关院、系主管教学的院长或系主任。

按照教育部的要求，"编委会"一致认为，精品课程的建设工作从开始就要坚持高标准、严要求，处于一个比较高的起点上；精品课程教材应该能够反映各高校教学改革与课程建设的需要，要有特色风格、有创新性(新体系、新内容、新手段、新思路，教材的内容体系有较高的科学创新、技术创新和理念创新的含量)、先进性(对原有的学科体系有实质性的改革和发展，顺应并符合 21 世纪教学发展的规律，代表并引领课程发展的趋势和方向)、示范性(教材所体现的课程体系具有较广泛的辐射性和示范性)和一定的前瞻性。教材由个人申报或各校推荐(通过所在高校的"编委会"成员推荐)，经"编委会"认真评审，最后由清华大学出版社审定出版。

目前，针对计算机类和电子信息类相关专业成立了两个“编委会”，即“清华大学出版社计算机教材编审委员会”和“清华大学出版社电子信息教材编审委员会”。推出的特色精品教材包括：

(1) 21 世纪高等学校规划教材·计算机应用——高等学校各类专业，特别是非计算机专业的计算机应用类教材。

(2) 21 世纪高等学校规划教材·计算机科学与技术——高等学校计算机相关专业的教材。

(3) 21 世纪高等学校规划教材·电子信息——高等学校电子信息相关专业的教材。

(4) 21 世纪高等学校规划教材·软件工程——高等学校软件工程相关专业的教材。

(5) 21 世纪高等学校规划教材·信息管理与信息系统。

(6) 21 世纪高等学校规划教材·财经管理与应用。

(7) 21 世纪高等学校规划教材·电子商务。

(8) 21 世纪高等学校规划教材·物联网。

清华大学出版社经过三十多年的努力，在教材尤其是计算机和电子信息类专业教材出版方面树立了权威品牌，为我国的高等教育事业做出了重要贡献。清华版教材形成了技术准确、内容严谨的独特风格，这种风格将延续并反映在特色精品教材的建设中。

清华大学出版社教材编审委员会
联系人：魏江江
E-mail：weijj@tup.tsinghua.edu.cn

前言

当今世界电子商务已经完全融入我们的生活中。尤其2008年世界金融危机后，电子商务在我国得到了蓬勃发展，已经成为新经济的重要组成部分，上升到国家战略层面。人们的购物方式、消费理念、生产模式也日益随着电子商务的发展而发生着变革。电子商务的安全是电子商务发展的重要前提，也是制约电子商务发展的技术难点。与其他互联网线上活动不同，电子商务所发生的安全危机将直接造成用户的经济损失，并且容易泄露用户的个人隐私的信息，可能直接危害到电子商务的各个参与方的利益。

本书面向高校教学和工程实践，系统分析了电子商务安全的安全需求和安全原理，既可作为高等学校信息安全、计算机和电子商务等相关专业的本科、研究生教学的专业教材，也可以作为网络和信息安全相关人员的培训教材。

本书结合现代信息安全理念和关键技术，深入浅出详细讲解电子商务过程中的安全问题和对应的安全技术或措施。另外还介绍了电子商务的新发展、新技术和新应用，以此为基础分析和讨论了其对应的安全技术和策略。包括新兴的电子支付、移动电子商务等热点问题。并对当前的流行技术包括物联网技术、二维码技术等进行了剖析。

本书总共分为8章，可分为四部分。

第一部分共一章(第1章)。该部分概述电子商务及其安全现状。第1章纵观全局，介绍了电子商务的基本概念和发展过程，结合案例重点讲述了电子商务的安全威胁，以及当下的安全体系和解决方案。

第二部分共四章(第2～5章)。该部分讲解电子商务的关键安全技术及交易系统。第2章介绍了网络信息安全的基础知识，这是为接下来几章的技术讲解做铺垫。电子商务主要是由网上交易和电子支付两部分组成，所以第3章主要针对电子交易方向，对交易过程中的安全问题和解决方法做出详细论述，而第4章则是针对电子支付，对电子支付的概念、模式和相关安全问题及关键技术都进行了明确的阐述。第5章则是从实际出发，讲述了电子交易系统是如何构建的，并根据实际情况仔细分析了系统中的安全漏洞和补救措施。

第三部分共两章(第6～7章)。该部分讲解电子银行和移动电子商务。这两章结合当前热点，特意对热点问题进行专题讲解。第6章针对用户关心的电子商务中的资金安全问题做出了对电子银行安全的专门解析。第7章则是针对越演越烈的移动电子商务，关注其与传统电子商务安全问题的不同之处，并提出了解决方案。本章还介绍了物联网新技术和连接线上线下的关键入口技术——二维码技术等。

第四部分共一章(第8章)。该部分是对电子商务新技术的展望。本章作为全书的收尾，展望了电子商务模式及技术的前景。

本书在撰写途中参考了国内外众多书籍、论文以及网络材料。对参考使用到的文章作者致以衷心的感谢。由于时间仓促，能力有限，书中难免有纰漏不足之处，望读者批评指正。

编　者

2017年3月

目 录

第1章 电子商务及其安全基础

电子商务的安全是电子商务发展的重要前提。本章主要讲述电子商务的基本概念、电子商务的安全现状及发展趋势，以及概述电子商务的安全体系，见图1-1。

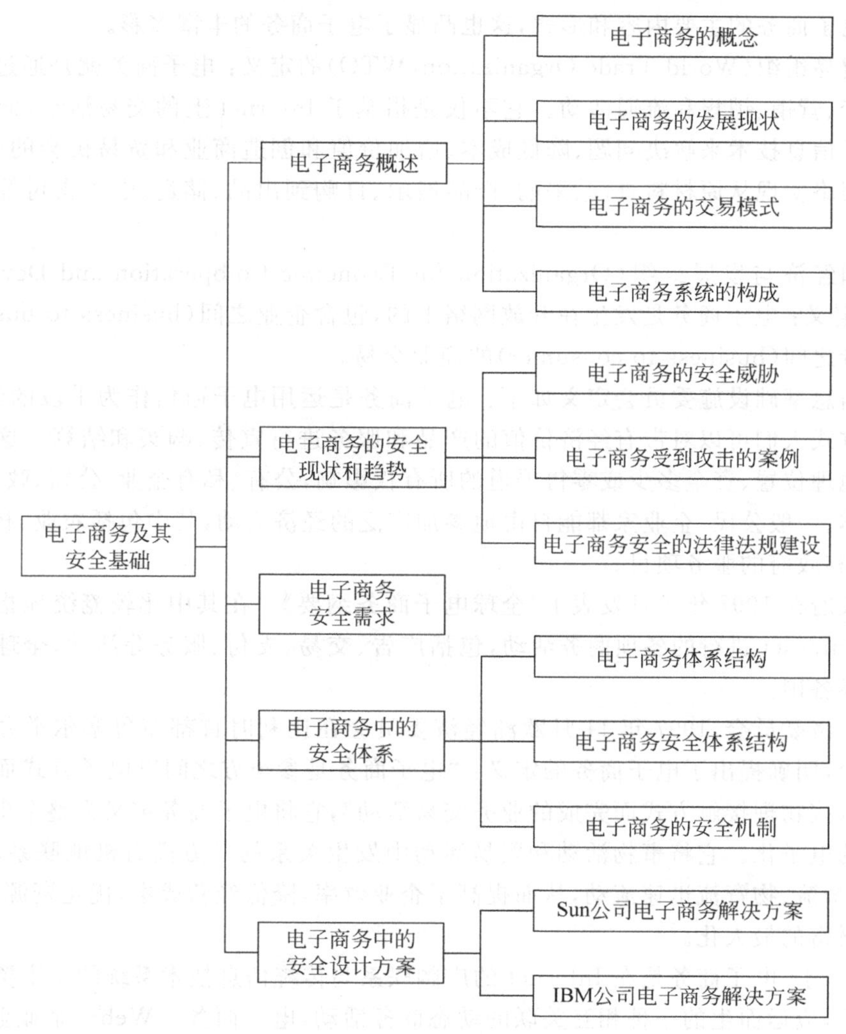

图1-1 本章主要内容结构

1.1 电子商务概述

1.1.1 电子商务的概念

电子商务源于人类商贸活动的发展和信息技术的进步。最早电子商务交易起源于20世纪60年代，但是到了1996年IBM公司才正式提出Electronic Commerce（E-Commerce）概念。到了1997年，该公司又提出了Electronic Business（E-Business）的概念。这两个概念是有区别的。E-Commerce是指实现整个贸易过程中各阶段贸易活动的电子化，E-Business是利用网络实现所有商务活动业务流程的电子化。

有关电子商务的定义很多，不同的组织或国家对于电子商务的定义不尽相同。这些定义描述了电子商务的主要内容和形式，这也凸显了电子商务的丰富多彩。

世界贸易组织（World Trade Organization，WTO）的定义：电子商务就是通过电信网络进行的生产、营销、销售和流通活动。它不仅是指基于Internet上的交易活动，而且是指所有利用电子信息技术来解决问题、降低成本、增加价值和创造商业和贸易机会的商业活动，包括通过网络实现从原材料查询、采购、产品展示、订购到出品、储运、电子支付等一系列的贸易活动。

联合国经济与发展组织（Organization for Economic Co-operation and Development，OECD）的定义：电子商务是发生在开放网络上的，包含企业之间（business to business）、企业与消费者之间（business to consumer）的商业交易。

全球信息基础设施委员会定义如下：电子商务是运用电子通信作为手段的经济活动，通过这种方式人们可以对带有经济价值的产品和服务进行宣传、购买和结算。这种交易的方式不受地理位置、资金多少或零售渠道的所有权影响，公有、私有企业、公司、政府组织、各种社会团体、一般公民、企业家都能自由地参加广泛的经济活动，其中包括农业、林业、渔业、工业、私营和政府的服务项目。

美国政府在1997年7月发表了《全球电子商务纲要》。在其中比较笼统地指出电子商务是通过Internet进行的各项商务活动，包括广告、交易、支付、服务等活动，全球电子商务将涉及世界各国。

欧洲经济委员会，1997年11月欧洲经济委员会在比利时首都布鲁塞尔举办了全球信息标准大会，明确提出了电子商务的定义：“电子商务是参与方之间以电子方式而不是以物理交换或直接物理接触方式而完成的业务交易活动”，它将电子商务定义为整个事物活动和贸易活动的电子化。它将事物活动和贸易活动中发生关系的各方面有机地联系起来，使得信息流、资金流、物资流迅速流动，从而提高了企业效率，降低经营成本，优化资源配置，从而实现社会财富的最大化。

IBM公司：电子商务是在Internet的广阔联系与传统信息技术系统的丰富资源相互结合的背景下，应运而生的一种相互关联的动态商务活动，电子商务＝Web＋企业业务。IBM公司的电子业务（E-business，EB）概念包括三个部分：企业内部网、企业外部网、电子商务，它所强调的是在网络计算环境下的商业化应用，不仅仅是硬件和软件的结合，也不仅仅是我们通常意义下的强调交易的狭义的电子商务，而是把买方、卖方、厂商及其合作伙伴在因特网(Internet)、企业内部网和企业外部网结合起来的应用。

HP公司提出电子商务(E-commerce)、电子业务、电子消费(E-consumer)和电子化世界的概念。它对电子商务的定义是:通过电子化手段来完成商业贸易活动的一种方式、电子商务使我们能够以电子交易为手段完成物品和服务等的交换、是商家和客户之间的联系纽带。它包括两种基本形式:商家之间的电子商务及商家与最终消费者之间的电子商务。对电子业务(E-business)的定义:一种新型的业务开展手段,通过基于 Internet 的信息结构,使公司、供应商、合作伙伴和客户之间,利用电子业务共享信息。

通俗地说,电子商务就是在计算机网络(主要指 Internet)的平台上,按照一定标准开展的商务活动。

从狭义上说,电子商务是指运用 Internet 开展的商务交易或与商务交易直接相关的活动。从涵盖范围方面可以定义为:交易各方以电子交易方式而不是通过当面交换或直接面谈方式进行的任何形式的商业交易,涵盖的业务包括市场营销、售前售后服务、销售、支付、运输等;从技术方面可以定义为:电子商务是一种多技术的集合体,包括电子信息技术、网络互联技术和现代通信技术等。相关应用有:网上购物、网上炒股、电子银行、网上纳税、网上报关。

从广义上说,电子商务是指运用IT技术对整个商务活动实现电子化。包括面向外部的业务流程,如网络营销、电子支付、物流配送、电子数据交换等活动,以及企业内部的业务流程,如企业资源计划、管理信息系统、客户关系管理、供应链管理、人力资源管理、网上市场调研、战略管理及财务管理等活动,通过内联网、外联网以及互联网将企业的业务合作伙伴充分整合。

综上所述,电子商务是指通过各类网络(互联网、企业内部网和增值网等)的电子手段进行交易活动和相关服务活动,是传统商业活动各环节的电子化、网络化。具体地说,它是基于电子信息技术的交易活动,例如实现网上购物、网上支付、网上金融、网上各类经营服务等的商务活动,是一种电子化的商业运营模式。

电子商务发源于传统的商务,通过集成现代的信息技术,开发了新型的商务模式,极大地推动了人类社会的商品生产和消费活动。与传统商务相比,具有其自身鲜明的特点和优势。

1. 时空无限化

电子商务减少了传统商业及其业务活动所受的时空限制,从而降低了商家经营成本和消费者购买成本。通过电子商务的交易,商家与消费者可以通过网络进行商业洽谈、商品交易以及远程实时信息传递等功能,实现了消费者能足不出户地查询和购买商品,节约了耗费在搜寻商品和交通的时间成本,商家可以将商品销售范围大大地扩大,增加了更多新的购买者。

2. 交易虚拟化

交易虚拟化是指电子商务不再像传统交易一样,必须面对面地进行,而是通过电子网络进行贸易活动。电子商务中的整个交易过程都是完全虚拟化的,交易双方从开始的交易细节洽谈、敲定签约订货、费用支付等一系列活动都无须当面进行。通过现代网络技术,可以将传统的商店转变为"无实体店铺，直接网上营销"的新模式；各种线上服务提供了全新的服务方式，为传统行业增加了新的活力。

3. 市场全球化

互联网打破了原来传统商务的地域限制，使商品生产和消费可以在全球范围内开展。网络的互联优势缩小了人们之间的空间距离，从而可以使网络贸易摆脱地域约束。通过电子商务和现代物流可以形成全球统一的大市场，推动全球经济一体化的发展，为最终实现经济全球化打下坚实的基础。随着全球性的、统一的大市场的形成，各国之间的贸易联系必然会不断地加强，各国对于出口贸易的重视会不断地加重，贸易垄断概率大大减弱，全球大市场是各国一直想达成的一个目标，而由新兴技术推动下的电子商务的出现满足了全球市场的需求。

4. 交易透明化

电子商务可以为交易双方提供不同层次的透明化。买方可以从透明化中获益，这些收益包括价格透明，以及质量、售后服务和声誉的透明化。这使买方可以采购到性价比高的商品。交易的透明性使卖方能够了解市场需求，扩大销售市场，增加产品销售点。而且市场透明化使卖方还可对生产计划进行预先安排，有针对性地生产和销售，降低订单成本。这极大地提高了商务活动的效率，减少了不必要的中间环节，传统的制造业借此进入小批量、多品种的时代，使"零库存"成为可能。

5. 交易简易化

现代的网络技术使交易更加便捷，人们可以足不出户通过互联网选取商品、网上支付等支付方式购买商品，而不用直接去商场购买商品。有的网络销售商，甚至还提供了当日达的业务。由于信息技术的发展，任何信息都可以通过有线或无线网络进行传输，经济活动的时间概念缩短、连续性加强、频率加快。文件资料的收发、企业商务的谈判、资金的调拨、商品的采购等都可以通过高速快捷的网络进行。

6. 贸易智能化

智能化是将来电子商务的发展方向，目前已经出现了一些雏形。现在部分网络交易平台，能够根据用户的浏览和历史交易，为用户推荐相关的商品；或者根据用户的喜好，提供个性化的服务。电子商务智能化和个性化的需求也将改变企业的生产方式。为了得到顾客的喜爱，实现产品契合用户的个性，突出商品的设计风格，许多制造行业纷纷发展和普及电子商务，比如美国福特汽车公司在1998年的3月份就开始将分布全世界12万个电脑工作站与公司的内部网连接起来，并将全世界的1.5万个经销商纳入内部网中。福特公司的最终目的是通过网络，实现能够按照客户的不同要求供应汽车。

1.1.2 电子商务的发展现状

电子商务在几十年前主机系统出现时就诞生了。但是直到Internet诞生，才给电子商务以新的活力。随着移动互联网技术、iPhone类智能手机的推广，结合便携式设备、无线技术和社交应用的电子商务已经引起了全世界的焦点。我国从 2008 年世界金融危机以来，电子商务逆势高速增长，日益受到广泛关注，成为了新经济的重要组成部分。

1. 电子商务的技术发展阶段

从技术层面上说，电子商务是伴随着网络的发展而逐步走向辉煌的。网络技术是电子商务的关键技术基础。可以说没有现代的网络技术，就没有现代的电子商务。电子商务的发展与信息技术的发展紧密相连，其形式多种多样，从最初的电话、电报到电子邮件以及其后的 Internet，到目前的移动互联网、社交营销等，都可以说是电子商务的某种技术形态。

到目前为止，电子商务的发展可以分为五个阶段，如图 1-2 所示。

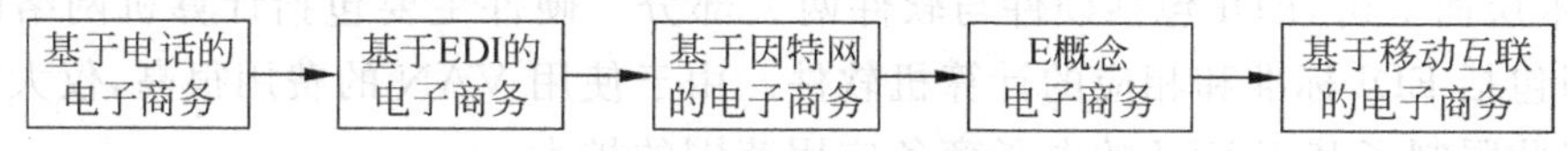

图 1-2　电子商务的发展阶段

1）基于电话的电子商务阶段

在早期电子商务阶段，贸易过程通常是参与贸易的有关各方通过电话、传真等方式进行贸易磋商、签约和执行。有关的贸易文件的制作和传输也要通过人工来处理。而贸易过程要经过银行、海关、商检、运输等错综复杂的环节，贸易过程中还需要重复地处理含有同样交易信息的不同文件。这样的交易方式增加了不必要的重复劳动量、加大了额外的开支和出错的概率。同时邮寄的延误和丢失，给贸易双方带来了更多的风险，并可能造成难以估量的损失。基于电话/传真的电子商务见图 1-3。

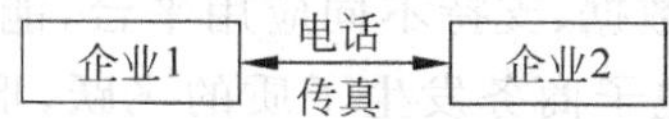

图 1-3　基于电话/传真的电子商务

2）基于 EDI 的电子商务阶段

早期的电子数据交换指的是政府或企业的采购及企业商业文件的处理，从手工书面文件的准备和传递转变为电子文件的准备和传递。1975 年美国运输数据协调委员会(Transportation Data Coordinating Committee，TDCC)发表了第一个 EDI 标准，开始了美国商务信息的电子交换。

在 1970—1980 年之间，随着计算机技术的发展，各大企业或商业机构也随机逐步扩展了其内部网络规模和计算机功能，此时的电子商务模式就是利用电子数据交换的方式进行企业或商业机构之间的信息传递，比如完成订单、发票或货运通知的发送和接收，传统的 EDI 模式也是 B2B 的早期模型。

EDI 是通过增值网络 VAN(Value-Added Networks)实现的，它具有严格的标准化要求，参加商业运作的双方或多方企业必须按照给定的协议，将交换的数据按照规定的统一标准进行格式化，再对具有标准格式的商业信息，通过 VAN 在参与方计算机中进行传输和自动进行处理。EDI 的发展是为了满足拥有雄厚资金的大企业的需要，可以说它仅是支持大企业专有的“特权电子商务”的技术手段。EDI 建立需要大量专用的软硬件设施，这些设施功能单一且使用价格昂贵，一般的中小企业难以承受，更不用说普通消费大众。

EDI电子商务示意图见图1-4。

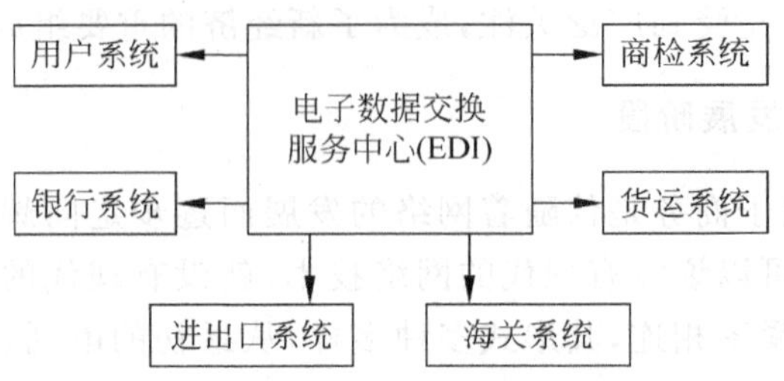

图1-4 EDI电子商务示意图

从技术层面上讲，EDI包括硬件与软件两大部分。硬件主要包括计算机网络的基础设施，软件则包括EDI标准和相应的计算机软件。由于使用VAN的费用很高，仅大型企业才会使用，因此限制了基于EDI的电子商务应用范围的扩大。

3）基于Internet的电子商务阶段

技术的发展和因特网迅速普及，网络逐步从大学、科研机构走向百姓家庭和企业，其功能从信息共享演变为一种大众化的信息传播工具。随着网络技术的发展，基于Internet的电子商务随之到来，先后出现了三个模式：电子邮件模式、信息发布模式和基于网站交易模式。电子邮件阶段是随着电子邮件在20世纪70年代的发明和80年代的兴起而发展，即通过电子邮件进行许多商业信息传递；信息发布阶段是以1995年起信息发布系统的兴起而发展；进而发展到基于Web的电子交易模式。

同时，以XML(可扩展标示语言)为代表的新技术不断涌现，它们不仅能融合原有的EDI系统，还可协调和集成异构数据、支持不同应用平台，能电子化处理整个商业信息。从此，局限于局域网、基于EDI的电子商务发生了质的飞跃，形成了以计算机和信息、技术为支撑、基于Internet的电子商务。

Internet电子商务示意图见图1-5。

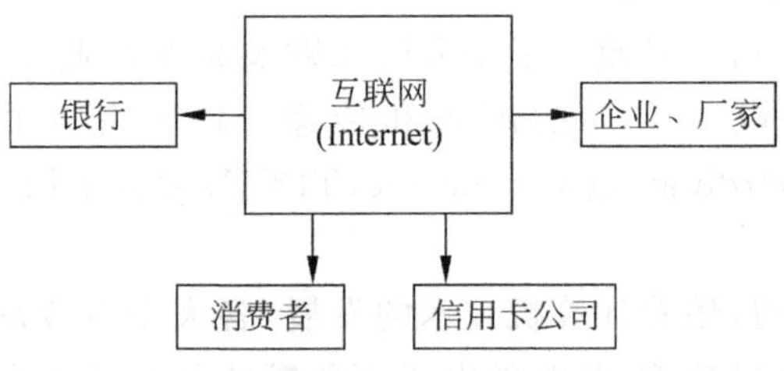

图1-5 Internet电子商务示意图

4）E概念电子商务阶段

自2000年以来，由于电子商务的全球性、方便快捷性、低成本等不可比拟的核心优势，在伴随着信息技术的不断发展、商品个性化需求的不断更新，这促进了大量不同行业的企业纷纷涌入，其内涵和外延在不断充实，从而逐步扩展形成了E(electronic电子)概念。电子商务实际上就是电子信息技术同商务应用的结合，也可以看做与医疗、教育、金融、企业、政府等有关的应用领域结合，从而形成不同领域的E概念。例如将电子信息技术同教育结合产生电子教务(远程教育)，信息技术同医疗卫生结合产生出电子医疗(远程医疗)，信息技术和金融相结合形成了电子金融，信息技术同政务结合产生出电子政务。凡是通过电子方式进行的各项社会活动,即利用信息技术来解决问题、创造商机、降低成本、满足个性化需求等活动,均被概括为E概念的电子商务。E概念电子商务示意图见图1-6。

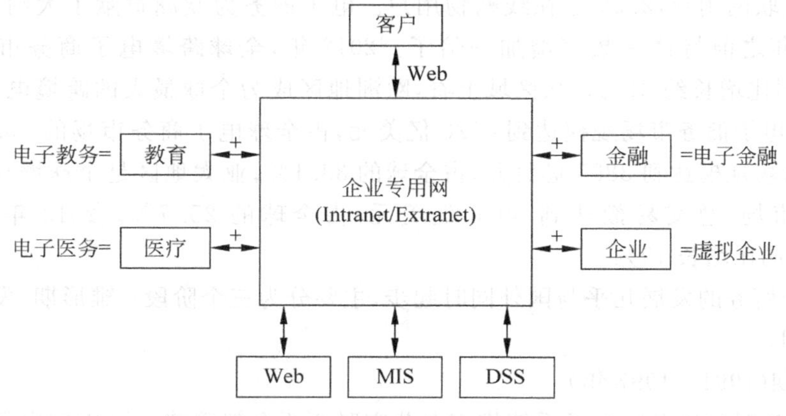

图1-6 E概念电子商务示意图

5) 基于移动互联的电子商务阶段

基于移动互联的电子商务是指利用手机、个人数字助理(PDA)及平板电脑等无线终端进行的电子商务,它将因特网、移动通信技术、短距离通信技术与经典的电子商务系统相结合,使人们可以随时随地进行各种商贸活动,实现线上线下的购物与交易、电子支付以及各种交易活动、商务活动、金融活动和相关的综合服务活动等。

从技术角度来看,移动商务不仅是技术的创新,也是一种企业管理模型的创新。依托便携的移动通信设备,可以便捷地进行电子商务活动,如进行信息查询、商务交易及对信息、服务和商品的价值交换。它突破了传统互联网的局限:更加高效地进行信息互动,扩张电子商务的领域,节省人力成本,使企业及时把握市场动态和动向。

2. 世界各国电子商务现状

从全球发展来看,北美地区的电子商务业务最为发达,发展水平最高,由于起步较早,应用得到了最大的普及,据统计,目前接近半数的美国家庭已经在使用电子银行、网上购物等电子商务服务。

根据PriceGrabber 2012年2月的调研,45%的美国网购用户称2012年他们打算同时在网上、线下和移动渠道上购物,42%的受访者称会主要通过在线购买,12%选择实体店,1%称主要在手机上购物。在总体花费上面,受访者计划花费53%的支出在网购上面,花42%在实体店铺里,5%在手机购物上。

美国作为世界最早发展电子商务的国家,已经形成了成熟的电子商务体系,是最为发达的电子商务地区,它一直引领全球电子商务的发展。2010年全美电子商务销售额达1760亿美元(数据来源:美国市场研究公司Forrester Research)。2010年全美电子商务销售额增长12.6%,增速超过了2009年的11%。据中国电子商务研究中心(100EC.CN)监测数据显示,2013年美国电子商务市场销售规模约为2630亿美元,占比达到5.8%。2014年第二季度美国电子商务销售额达到750亿美元,同比增长15.3%。当季电商销售占整体零售额的比例达到6.4%,创历史新高,2014年第一季度为6.2%。到2015年,这一数字达到了

3000 亿美元以上。

与美国市场一样，欧洲电子商务零售额也将保持 10%的年均增速。欧洲的 8.2 亿居民中有 5.3 亿互联网用户，2.59 亿在线购物用户。电子商务为欧洲贡献了大约 5%的 GDP，欧盟在 2015 年之前将这一数字增加一倍了。2012 年，全球跨境电子商务市场规模超过 1 万亿美元，同比增长约 21%。从区域上看，欧洲地区成为全球最大的跨境电子商务市场。2012 年，欧洲电子商务市场规模达到 4126 亿美元，占全球电子商务市场的 35.1%；北美地区电子商务市场规模达到 3895 亿美元，占全球的 33.1%；亚太地区是全球增长最快的第三大电子商务市场，总交易额达到 3016 亿美元，占全球的 25.7%。2013 年欧洲地区为 4970 亿美元，同比增长 19%。

我国电子商务的发展几乎与国外同时起步，主要分为三个阶段：雏形期、发展期和当前的稳定成熟期。

1）雏形期（1991—1997 年）

1991 年，当时的国务院电子系统推广办公室联合八个部委建立了中国电子数据交换技术委员会，开始有计划有目的地协调和规范我国电子商务发展工作，标志着我国电子商务序幕的拉开。此后又开发建立了"国际电子商务网络""邮电部中国公用电子数据交换业务网""税务总局 EDI 应用系统""商检 EDI 应用系统"等一系列促进电子商务发展的工程。

1993 年成立了以时任国务院副总理邹家华为主席的国民经济信息化联席会议及其办公室。其相继组织了金关、金卡、金税等"三金工程"，并取得了重大进展；在 1993—1997 年这段时间里，"三金工程"的顺利开展为电子商务的发展打下了坚实的基础。

1996 年 1 月成立了国务院国家信息化工作领导小组，由副总理任组长，二十多个部委参加，统一领导组织中国信息化建设。

1997 年 4 月在深圳召开全国信息化工作会议，各省市地区相继成立信息化领导小组及其办公室，各省开始制订本省的信息化建设规划，其中很重要的一部分就是关于电子商务的。同年 10 月，"中国商品交易网"正式开通，这标志着中国政府在电子商务领域实现了实质性的突破。

2）发展期（1998—1999 年）

1998 年 3 月，实现了国内的第一笔网上支付，中国银行则成为国内第一家网上银行。同年 10 月，国家经贸委与信息产业部联合宣布启动以电子贸易为主要内容的"金贸工程"，它是一项推广网络化应用、开发电子商务在经贸流通领域的大型应用试点工程。

1999 年 3 月 8848 等 B2C 网站正式开通，网上购物进入实际应用阶段。1999 年政府上网、企业上网、电子政务（政府上网工程）、网上纳税、网上教育（湖南大学、浙江大学网上大学），远程诊断（北京、上海的大医院）等广义电子商务开始启动，并进入实际试用阶段。

3）稳定成熟期（2000 年至今）

2007 年，国务院发布了《电子商务发展"十一五"规划》，明确了电子商务是网络化的新型经济活动，要把电子商务作为网络经济与实体经济相结合的实现形式。

2010 年，我国电子商务保持了持续快速发展的良好态势，交易总额增长近 2.5 倍，2010 年达到约 4.5 万亿元。

2012 年，中国电子商务市场整体交易规模为 8.1 万亿元，增长 27.9%。截至 2012 年 12 月，我国网络购物用户规模达到 2.42 亿，网络购物使用率提升至 42.9%。与 2011 年相比，网购用户增长4807万人，增长率为24.8%。在网民增速逐步放缓的背景下，网络购物应用依然呈现快速的增长势头。

2013年中国电子商务市场交易规模达9.9万亿元，同比增长21.3%，预计2017年电子商务市场规模将达21.6万亿元。

随着电子商务不断普及和深化，电子商务在我国工业、农业、商贸流通、交通运输、金融、旅游和城乡消费等各个领域的应用得到了不断拓展。网上支付、移动支付、电话支付等新兴支付服务发展迅猛，第三方电子支付的规模增长近60倍。“十一五”期间，电子商务平台服务、信用服务、电子支付、现代物流和电子认证等支撑体系加快完善。

电子商务逐渐以传统产业B2B为主体，多种电子商务模式并行发展的趋势，进入可持续性发展的稳定成熟期。

3. 金融危机带给电子商务发展的契机

2008年爆发的世界金融危机给全世界很多国家的产业带来了严重冲击，很多行业从高速发展转变为低速或艰难维持的夕阳产业。但是，中国的电子商务却从2008年开始进入高速发展阶段。众多电子商务公司在中国崛起，如淘宝、京东、当当等。

2008年，淘宝年交易额为999.6亿元，与上一年的433亿元比较，同比增长了131%，约占全国社会消费品零售总额的1%。属于电子商务的淘宝已经超越了传统商务范畴的百联，成为国内最大的综合卖场。据中华全国商业信息中心统计，仅淘宝网这一家网络零售平台的销售额约等于40家“全国百家重点大型零售企业”之和，这一百家全国重点大型零售企业的一天服装销售总和仅是淘宝网服装销售额的两倍，这表明了淘宝一天的销售额已达到了1亿元。淘宝的手机频道也已成为全国第一大手机卖场，根据中国TD-SCDMA产业联盟数据，2008年预计全国卖出了1.4亿部手机，其中每卖出10部手机，就有一笔交易产生自淘宝网。

2009年，路透上海2009年8月20日电：中国最大网络交易公司——淘宝周四称，其同年上半年交易额增长97%至809亿元人民币，但每笔订单的消费额则因经济衰退而小幅下跌。淘宝表示，交易量走升是由于注册用户数量跳涨101%，且电子商务模式已愈发被中国互联网用户所接纳，被外界广泛视为中国eBay的淘宝占国内在线消费78%的市场份额。

2010年，淘宝网在春节期间(大年三十到初四)交易额超过10亿元人民币。

2012年，仅“双十一”这天，天猫和淘宝的支付宝总销售额达到191亿元。如果用常见的点钞机来清点，需要耗费133天。

2014年的“双十一”，天猫的总交易额达到了571亿元，成交额达到10亿元仅仅用了3分钟。

eMarketer公司的数据显示，2013年，全球电子商务市场规模为12 210亿美元，同比增长17%。专家预计，在未来，随着主要地区市场的逐渐饱和，全球电子商务市场增速将进一步放缓。在全球电子商务市场增速较快的地区中，亚太地区成为名副其实的“火车头”，中国和印尼同比增长分别达到65%和71%。根据2013年的数据，中国电子商务发展指数水平位居世界第一。

数据显示，在中国电子商务市场细分领域中，中小企业B2B电子商务仍然是规模最大的领域，预计2017年规模达到12.4万亿元，复合增长率25%。此外，O2O及移动网购为未来几年增速最快的细分领域。分析认为，未来电子商务市场中发展速度最快领域为移动网购和 O2O 市场。

移动网购方面，传统电商巨头着重培养用户移动端使用习惯。我国的网络覆盖系统不断扩大，日趋完善，更多手机、平板电脑的用户开始习惯利用碎片时间访问网络，移动购物成为用户利用琐碎时间的一大选择。同时，PC 端网购增速逐渐放缓，移动市场成为电商企业新增长点，这促使移动网购市场成为各电商企业追逐争夺的目标。

O2O 方面，传统行业中本地生活服务 O2O 市场起步较早，发展相对成熟，餐饮、票务等 O2O 已经初具规模。以扫码、声波支付为主的反向 O2O 刚刚兴起，基数较小，不过随着扫码、声波技术的成熟，预计未来反向 O2O 市场规模将超过千亿元。

1.1.3 电子商务的交易模式

电子商务模式，就是指电子商务的运作方式和盈利模式。研究和分析电子商务模式的分类体系，有助于挖掘新的电子商务模式，为电子商务模式创新提供途径，也有助于企业制定特定的电子商务策略和实施步骤。

最初传统的模式的划分，是根据交易对象进行划分的，一般有 B2B、B2C、C2C 和 C2B 模式，之后出现了 B2M、M2C、BMC 模式。

但是随着互联网技术和现代新兴技术的发展，不少新的商务模式是伴随着新技术的发展而诞生的。例如当前最新的 ABC 和 O2O 模式，下面我们分类进行介绍。

1. 传统的交易模式划分

1) B2B 模式

B2B 模式即企业与企业之间的电子商务(business to business)模式，是企业与企业之间通过互联网进行产品、服务及信息的交换。通俗的说法是指进行交易的双方都是商家(或企业、公司)，他们使用互联网技术或借助电子商务平台，完成交易的过程。发布需求(供应信息)，订货(确认订货)，完成支付(确认支付)及签发票据、确定配送方案并监控配送过程等。有时写做 B to B，但为了简便干脆，用其谐音 B2B(2 即 two)。典型的 B2B 模式的电商如阿里巴巴。

2) B2C 模式

B2C 模式即企业与消费者之间的电子商务(business to customer)模式，也就是企业通过互联网为消费者提供订购商品或服务的活动。企业厂商直接通过网络推销自己的产品或相关服务，并提供对商品(服务)充足的介绍资讯，利用安全易操作的接口吸引消费者进行选购。这是目前最常见的交易模式，一般的网上购物都是属于 B2C 的模式。再例如证券公司的网络下单、一般网站的资料查询都是属于企业直接接触顾客的模式。这是我国最早产生的电子商务模式，以 8848 网上商城正式运营为标志，如今的 B2C 电子商务网站非常多，比较大型的有京东商城等。

3) C2C 模式

C2C 模式即消费者与消费者之间的电子商务(consumer to consumer)模式，C2C 商务平台就是通过为买卖双方提供一个在线交易平台，使卖方可以主动提供商品上网拍卖，而买方可以自行选择商品进行竞价。当前典型的 C2C 网站如淘宝，当然淘宝网现在业务跨越

C2C、B2C两大部分。

4) C2B模式

C2B模式即消费者与企业之间的电子商务(consumer to business)模式。通常情况为消费者根据自身需求定制产品和价格,或主动参与产品设计、生产和定价,产品、价格等彰显消费者的个性化需求,生产企业进行定制化生产。

5) ABC模式

ABC模式是由代理商(agents)、商家(business)和消费者(consumer)共同搭建的集生产、经营、消费于一体的电子商务平台。商家通过ABC平台发布产品;消费者通过购买ABC平台上的产品而获得积分,积分累加到一定数额,即可提升为"代理商",同时享受购买折扣;成为"代理商"的消费者可向其他消费者推销ABC平台上的产品;若达成交易,可从中获取提成;同时,当其引荐的消费者的购买积分达到成为代理商的要求时,便自动成为其下线成员。代理商、商家和消费者的三重身份相互之间可以转化。代理商、消费者和商家都是老板。

2. 新兴的交易模式

1) 社区电子商务

网络社区电子商务是基于社区内容及用户基础之上发展的电子商务,是针对具有社区属性的用户、在社区网站进行的交易行为,对用户而言提供了一种更为便捷的社区在线销售方式,具有快速、高效、低成本等特点。

目前,像天涯、猫扑、西祠胡同等网络社区积累了庞大的用户群体,以天涯为代表的社区网站正试图将电子商务与网络社区相结合,但目前尚处于探索的初期。如天涯在尝试与1号店、珂兰、玛莎·玛索多家企业达成合作联合运营B2C业务后,于2009年10月31日推出自己的综合B2C电子商务平台,这些都是对网络社区电子商务发展模式的探索。在网络社区平台中引入电子商务功能,这样在给消费者带来方便的同时,也给社区网站带来了更大的盈利空间,社区网站通过与企业结合,为企业提供数量庞大的用户群体和电子商务服务,从中获得一定的收入或提成。

2) 社交电子商务

社交电子商务是一种新的衍生的电子商务模式。通过社交网站、SNS、微博、社交媒体、网络媒体等传播方法,通过互动、用户自生内容等手段来辅助商品的购买和销售行为。在Web 2.0时代,内容和行为由最终用户来产生和主导的现象越来越多,如博客、微博。

人际传播的大众传媒增强了虚拟空间的真实感受,将社交网站用户群的真实朋友的身份当作纽带,使信息的可信度更高,更有利于信息扩散传播。企业应该找到一个合理的、创新的营销模式,激发受众的购买欲望,实现O2O(online to online)的良性发展。

微博业务提供了巨大的网络资源。接近5亿的微博用户,可以转化为高质量、稳定的潜在客户。2012年,新浪推出企业微博2.0版的时候,第一次试图基于社交图谱精确投放广告产品。社交图谱是以人与人的社会关系为线索,鼓励用户记录并分享自己感兴趣的话题、爱好或使用产品的体验,从而有效地维护核心用户群。

企业通过短期互动营销活动的方法在微博可以聚集大量的人气和大批粉丝的注意,为企业奠定了后续微博营销的基础,而且通过互动,我们可以充分了解大众的需求,有利于提高决策的科学性，把握产品广告投放的精度。此外，电商和社交网站的合作，可以增加消费者的入口，从而使购物的互联网用户并不局限于单一的购物网站选择，在刷微博时也可以浏览商品信息。2013 年 1 月 14 日，Smart 汽车官方微博宣布新年活动将在 18 日进行，5 天内微博专题页面点击量超过 70 万，曝光率突破 5 亿，初步实现广告曝光、即刻分享、快速传播、在线订车、完成交易、潜在客户挖掘的无缝连接。

3）移动电子商务

移动电子商务是通过使用手机、PDA 和掌上电脑等无线终端进行的 B2B、B2C 或 C2C 的电子商务。这是互联网技术、移动通信技术、短距离通信技术和信息处理技术的完美结合，使人们可以在任何时间、任何地方进行各种商贸活动，实现了随时随地、可离线操作的购物和交易、在线电子支付以及各种交易活动、商业活动、金融活动和相关的综合服务活动等。

从 3G 时代开始，对互联网和移动通信服务的发展趋于互相融合，不断更新的移动通信技术将推动全球移动商务应用市场的快速发展。欧洲、日本的移动商务在世界上已经处于领导地位，在用户的需求上，移动商务服务的内容越来越多样化，全球移动商务市场运营商的竞争也越来越激烈。

2002 年 1 月，芬兰提供了面向大众的通过手机支付停车费的服务，自动售货机、擦鞋机和销售高尔夫球机，也可以实现手机支付。2004 年 5 月开始，芬兰国家铁路局推广电子火车票。人们也可以通过手机了解交通工具的班次，查阅电影院发布的放映内容和票务情况，并可根据手机屏幕显示影院的座位来进行选择。投资者还可以通过手机随时随地了解股票市场，进行股票交易。旅行的人可以通过短信的方式预订手机服务内容，相关信息被自动输入专用的监控系统后，用户可以接收在预定日期内指定的目的地的天气预报，精确度可达 1 千米范围之内和降雨前 1 小时。韩国在 2001 年，SK 推出了名为 MONETA 的移动支付业务品牌。移动用户只要将携带信用卡信息的智能卡安装到手机上，就可以在商场内使用手机结算，使用 ATM 机提取现金，在自动售货机购买饮料，也可以使用手机支付地铁等交通费用。

“十二五”时期，我国电子商务行业发展迅猛，产业规模迅速扩大，电子商务交易、信息和技术等服务企业不断涌现。我国移动通信业务自 1987 年创办以来，发展势头迅猛。移动互联网产业发展处于高速上升阶段，移动购物成为移动互联网增长最快的领域。

2013 年第二季度中国移动互联网市场规模达到 241.9 亿元，同比增速 71.4%。增长最快的领域之一就是移动电子商务，并且将保持占比第一的地位，其中淘宝网、京东商城等购物商城电商收入占比较大。在京东和淘宝的收入中分别有 10%和 30%左右的收入来自移动终端。

中国互联网络信息中心（CNNIC）在京发布《第 39 次中国互联网络发展状况统计报告》（以下简称《报告》）显示，截至 2016 年 12 月，我国网民规模达 7.31 亿，手机网民规模达 6.95 亿，占总网民数的 95.1%。用户能借助移动电子商务，通过其智能手机、PDA 等进行网上购物、订票等，移动手机支付摆脱了 PC 的限制，可以随时随地参加各种促销活动，非常便利和随意。

1.1.4 电子商务系统的构成

电子商务系统是保证以电子商务为基础的在线交易所实现的系统。市场交易是由交易双方在平等互利的基础上，自由开展价值的交换活动。网上交易遵循同样的原则。作为交易的两个有机组成部分，一是双方交易中的信息交流，另一个则是等价交换的原则。

广义上是一个支持电子商务活动的电子技术手段的集合。狭义上指的是基于互联网或其他网络，以实现企业电子商务活动为目标，满足企业的生产需求、销售、服务等生产和管理，支持企业的对外业务合作，从运作、管理和决策水平全面提高到企业信息化水平，为企业提供商业智能的计算机系统。

一般来说，电子商务系统是指当事人的经营活动，包括商店、消费者、银行或金融机构、信息公司或证券公司和政府等，都是利用计算机网络技术实现网上交易电子化的全过程。电子商务系统结构如图 1-7 所示。

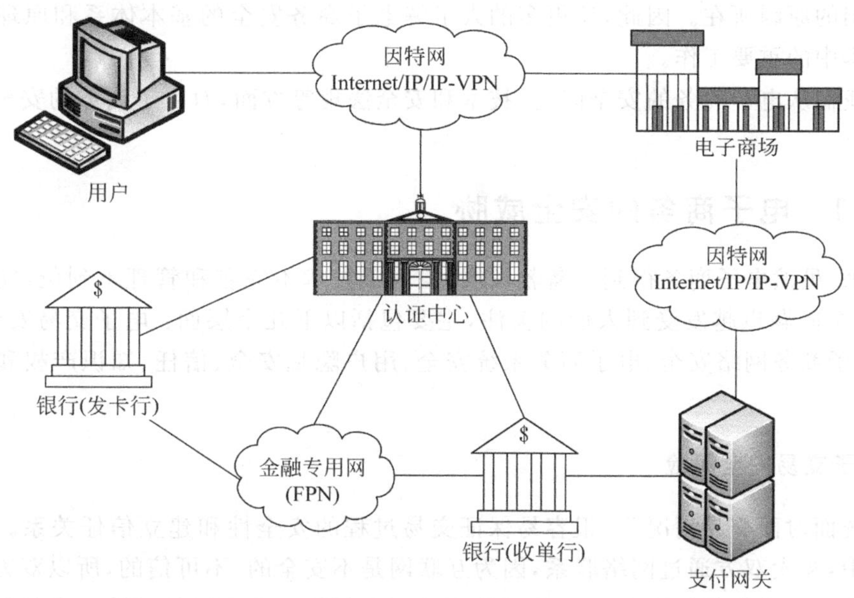

图 1-7 电子商务系统的构成

电子商务系统涉及的对象一般都有：商家、消费者、购物中心、物流、代理商等。购物中心的概念和现实生活中的概念有所区别，可以认为是一个平台，通过为消费者提供质优价廉的商品，用于吸引消费者购买，鼓励更多的企业入驻。一个购物中心，应该有庞大的购物群体，有稳定的网站平台，有完备的支付体系，诚信安全体系（尽管目前仍然有很多不足）促进卖家进驻卖东西，买家加入进行购物。电子商务购物商城本身是不出售任何东西，只提供完整的销售支持。在人气足够、产品丰富、物流便捷的情况下，具有传统的购物中心无可比拟的优点，例如，无时间限制、无区域限制、成本优势等。

电子商务中一般分为综合类的商城和垂直商店，两者的区别在于，前者是综合的百货大楼性质，集成了各种类别的商品，而后者则主要针对某个领域，一般仅出售该领域的商品，比如针对母婴市场的红孩子、针对箱包市场的麦包包等。

1.2 电子商务的安全现状和趋势

与传统的商务相比，电子商务的先进性体现在现代化的支付手段和发达便捷的物流等方面。其中，电子支付、电子商务物流和电子商务安全是构建电子商务的要素，是制约其发展的关键原因，也是保证电子商务优于传统商务的核心竞争力的体现。从技术层面看，这些因素都和用户、商家、银行等电子商务参与者的经济安全和信息安全直接相关，也是电子商务安全受到广泛关注的重要原因。

电子商务的安全问题是电子商务消费者深深担忧的问题，是电子商务推进中的最大路障。人们对这个领域充满了神秘感，人们经常在报纸上、电视上看到或听到黑客的种种消息，对电子商务的网上支付在心理上产生了畏惧感。此外，尽管政府及一些企业已意识到这一问题，但因为一直缺乏一个安全保护的完整概念，所以很多人在安全认知上仅限于对防火墙的了解，而防火墙只是安全保护的一个方面，绝不等于全部，这也正是实施了防火墙的网络仍有漏洞的原因所在。因此，让更多的人了解电子商务安全的基本体系和原理是电子商务发展过程中的重要工作。

下面我们从电子商务的安全问题、技术和安全法规等方面，对电子商务的安全现状进行介绍。

1.2.1 电子商务的安全威胁

近年来，虽然电子商务得到了蓬勃发展，但由于技术不完善和管理不到位，安全隐患还很突出，安全问题也越发受到人们的关注，主要包括以下几个层面：电子交易安全、电子支付安全、电子商务网络安全、电子商务系统安全、用户隐私安全、信任、知识产权和商业秘密安全等。

1. 电子交易安全风险

在传统面对面交易情况下，很容易保证交易过程的安全性和建立信任关系。但在电子商务过程中，买卖双方通过网络联系，因为互联网是不安全的、不可信的，所以双方很难确保交易的安全和完成信任的建立。电子商务交易双方都面临着不同的威胁。交易安全是网上交易的基础和保障，也是电子商务技术的困难之处，基于电子商务的安全防护技术已成为当前研究热点和重点。在电子交易中，消费者和企业的活动包括以下安全要求。

1）有效性

电子商务作为贸易的一种形式，其信息的有效性将直接关系到个人、企业或国家的经济利益和声誉。因此，要对网络故障、操作错误、应用程序错误、硬件故障、系统软件错误及计算机病毒所产生的潜在威胁加以控制和预防，以保证贸易数据在确定的时刻、确定的地点是有效的。

2）机密性

电子商务作为贸易的一种手段，其信息直接代表着个人、企业或国家的商业机密。传统的纸面贸易都是通过邮寄封装的信件或通过可靠的通信渠道发送商业报文来达到保守机密的目的。电子商务是建立在一个较为开放的网络环境上的（尤其 Internet 是更为开放的网络），维护商业机密是电子商务全面推广应用的重要保障。因此，要预防非法的信息存取和信息在传输过程中被非法窃取。机密性一般通过加密技术对传输的信息进行加密处理来实现。加密技术解决了传送信息的保密问题，可分对称加密和非对称加密。对称加密是一种传统的信息认证方法，通过信息交换的双方共同约定一个口令或一组密码，建立一个通信双方共享的密钥。非对称加密又称公开密钥加密，它使用一把公开发布的公开密钥和一把只能由生成密钥对的贸易方掌握的私用密钥来分别完成加密和解密操作。加密技术对用户的密码、口令、数字证书等信息加密，防止被盗取，而不需要对卖家的产品信息、买家的留言、评论等信息加密，从交易环节开始确保双方安全交易。

3）完整性

完整性包括信息的完整性、数据和交易的完整性。电子商务简化了贸易过程，减少了人为的干预，同时也带来维护贸易各方商业信息的完整、统一的问题。数据输入时的意外差错或欺诈行为，可能导致贸易各方信息的差异。此外，数据传输过程中信息的丢失、信息重复或信息传送的次序差异也会导致贸易各方信息的不同。贸易各方信息的完整性将影响到贸易各方的交易和经营策略，保持贸易各方信息的完整性是电子商务应用的基础。因此，要预防对信息的随意生成、修改和删除，同时要防止数据传送过程中信息的丢失和重复并保证信息传送次序的统一。完整性一般可通过提取信息的数据摘要方式来获得。

4）可靠性

电子商务直接关系到贸易双方的商业交易，如何确定要进行交易的贸易方是保证电子商务顺利进行的关键。要在交易信息的传输过程中为参与交易的个人、企业或国家提供可靠的标识。

5）即需性

即需性是防止延迟或拒绝服务，即需安全威胁的目的就在于破坏正常的计算机处理或完全拒绝服务。在电子商务中，延迟一个消息或消除它会带来灾难性的后果。

6）身份认证

身份认证指交易双方可以相互确认彼此的真实身份，确认对方就是本次交易中所称的真正交易方。这一过程为授权和审计所必需，也是实现授权、审计的访问控制过程运行的前提，是计算机网络安全系统不可缺少的组成部分。

7）审查能力

根据机密性和完整性的要求，应对数据审查的结果进行记录。审查能力是指每个经授权的用户的活动的唯一标识和监控，以便对其所使用的操作内容进行审计和跟踪。

8）交易的无争议和不可抵赖性

无争议性是指交易的双方达成了协议，我愿意以多少钱的价格购买你的产品，而你也同意的这样的条件，在此条件下我们可以做成交易，如货到付款，或者先付款等条件都说明白了没争议。不可抵赖性是电子商务关系到贸易双方的商业交易，如何确定要进行交易的贸易方正是所期望的贸易伙伴这一问题则是保证电子商务顺利进行的关键。在传统的纸面贸易中，贸易双方通过在交易合同、契约或贸易单据等书面文件上手写签名或印章来鉴别贸易伙伴身份，确定合同、契约、单据的可靠性，并预防抵赖行为的发生。这也就是人们常说的“白纸黑字”。在无纸化的电子商务方式下，通过手写签名和印章进行贸易方的鉴别已是不可能的。因此，要在交易信息的传输过程中，为参与交易的个人、企业或国家提供可靠的标识。不可抵赖性可通过对发送的消息进行数字签名来获取。

2. 电子支付安全风险

支付是商务活动的核心部分，是利益交换的最终表现形式。从原始的物物交换到以币易货，长期以来货币流通成为商品流通的基础反映。随着电子商务的发展，在网络环境下实施传统的货币支付非常不便。这种需求激发了“电子货币”这种新型货币的应用与研究。

最近基于金融电子网络提出的电子支付方式，是以商业电子设备和各类交易卡或数字文件作为媒介，存储在交易卡和银行或消费者计算机中的以电子数据形式生成的货币，可以通过计算机网络以电子信息传递的方式实现流通和支付功能。

电子商务是通过网络进行的商务活动，参与双方通常是不见面的，而货币主要由电子货币构成，所以身份的确认和安全通信是非常重要的。在电子支付过程中，存在信用卡的账号被盗或重放攻击等安全风险。

许多银行允许通过“账号＋密码”或在网上简单注册就能实现一些简单电子银行的功能，即网上银行“大众版”。虽然目的是为了更好地方便用户，但用户对网上银行的安全知识和潜在风险的了解十分缺乏，安全意识薄弱，所以一些安全级别较低的大众版网银已成为最集中的安全案件发生地，最容易造成的是卡号和密码被盗。除了网上银行大众版，一些罪犯通过网上支付、电话银行、手机银行等安全性能相对较低的小额支付功能，通过多次转账或电子购物等方式达到窃取用户资金的目的。

3. 电子商务网络安全风险

由于目前电子交易基于 Internet 的，因此，除了在交易、支付过程中会面临上述一些安全威胁外，还会涉及一般计算机网络系统普遍面临的一些安全风险。

目前，Internet 采用 TCP/IP 协议族，如 TCP、FTP 和 HTTPH7P 协议等，但在安全方面存在一定的缺陷。

在电子商务交易过程中，用户的商品信息和用户账户密码等是通过网络来进行传输的，在传输过程中这些数据信息要经过许多网络节点和链路，黑客就可以很方便地利用现有网络通信协议存在的缺陷对电子商务网络系统进行攻击。

黑客攻击手段和方法多种多样，大体可分为以下两类：一是主动攻击，它以各种不同的方式选择性地破坏信息的有效性和完整性；另一种是被动攻击，就是在不影响网络正常工作的条件下，以获得重要机密信息为目的，实施拦截、破译或窃取等活动。

常见的电子商务网络攻击主要方法有利用恶意程序拦截数据、拒绝服务攻击等。其中，利用恶意程序拦截数据常是入侵者为了获得内部网络的信息及与网络相关的其他信息，而进行网络通信端口扫描；拒绝服务攻击是入侵者利用合法的服务请求进入网络，然后占用大量的服务资源，其目的是拒绝用户的服务访问，使受害主机或网络无法及时处理外界请求，或根本无法回应外界请求，从而破坏网络系统的正常运行。DDOS(distributed denial of service，分布式拒绝服务攻击)是最常见的一类。黑客会从地下黑市购买肉鸡(被植入木马、可远程控制的计算机)，远程控制成千上万台电脑同时访问某个网站，使得瞬间访问容量超出电商网站所能容纳的上限，这时候就会造成网站瘫痪，给电商带来巨大损失。

4. 电子商务系统安全风险

电子商务系统包括各种网络通信设备、服务器、操作系统平台、数据库管理系统，以及各种应用软件。虽然很多硬件和软件系统在设计时已经考虑了很多安全因素，但也不能将现实应用中可能会遇到的所有安全问题都考虑到。另外很多软件(尤其是操作系统和应用软件)存在不少漏洞。这些系统漏洞往往就成为电子商务系统入侵者经常利用的对象,如入侵者通过研究程序的源代码,利用内存缓冲溢出时进行的系统处理获取合法权限。

另一方面,电子商务系统常受到各种病毒和恶意木马程序的攻击。例如,2010 年年底,瑞星截获一个专门针对支付宝编写的病毒,感染之后,黑客能够截获中毒电脑的网络交易信息并对其实施远程控制,根据一定条件来筛选受害用户,当受害用户付款时,病毒会自动把网银账户替换成黑客自己的账户,这时候用户的款就打给了黑客。在作案金额的选择上,黑客通常会倾向于小数额交易,比如 50 元至 100 元上下的交易,由于受损失较小,很多用户即使发现问题,也不愿花费时间深究。

1) 客户机面临的攻击

在电子商务中的 Web 网页中加入活动的内容带来了许多安全威胁。恶意程序通过 Web 网页操作 Cookie,使其中的信用卡号码、用户名和密码等信息泄漏,甚至破坏存储在客户端的文件。

嵌入式 Java 代码一旦下载就可以在客户端运行,这意味着可能会产生安全问题。为了解决这一问题,专家们提出了一个称为 Java 沙盒的安全模式。

同样,在下载 Active 控件后,它可以在您的计算机像一般程序一样被执行,这样就可以访问所有的系统资源,甚至包括操作系统的代码。一个恶意的 Active 控件可以用来格式化硬盘,向通讯簿中的所有人发送电子邮件或关闭计算机。这是非常危险的。

此外,客户端安装的各种操作系统,存在着操作系统本身自带的各种安全漏洞。

2) 服务器面临的攻击

在网络服务器的公共接口程序、Cookie 管理程序、Active 控件、JavaScript 等程序往往是黑客攻击的重点对象,黑客可以通过这些方法非法访问未授权的网络资源或服务,可以方便地获得电子商务系统的管理授权,作为一个跳板,可以肆无忌惮地恶意破坏电子商务网络系统,使其失去正常的服务能力。

在黑客眼里,服务器有很多弱点可以被利用来破坏或获取想要的信息。

运行在 Web 服务器上的计算机可以适应不同的权限。高权限提供了更大的灵活性,允许一个程序的所有指令运行,该系统可无限制访问每个部分(包括区域高敏感的特权)。相对而言,低权限是根据栅栏逻辑层运行程序建立一个圈,防止程序运行的所有指令,只允许应用程序访问计算机的一些不是很敏感的区域。安全规则规定程序完成任务所需的最低权限。系统管理员为用户设置用户名和密码需要很高的权限,这就是 UNIX 系统中的超级用户(root),他有权进入系统的敏感数据区,并得到更改数据的权限。如果 Web 服务在运行时设置的是一个很高权限,可能就会形成对 Web 服务器的安全威胁。在大部分情况之下,Web 服务程序只被提供了能完成一般服务和任务的低权限。如果你是在高权限下运行 Web 服务程序,破坏者就可以基于 Web 服务器权限执行恶意命令,造成潜在的安全问题。

除了 Web 服务器被攻击,黑客直接获得内部相关信息外,Web 网站还可以作为中介对用户进一步攻击。例如网站可能被篡改、钓鱼或者挂马等,或是企业门户的形象安全被损坏,例如网站被攻击或涂鸦损坏等,导致企业形象受损或其他损失。

5. 用户隐私的侵害

目前,为了自己的商业目的或其他特定目的,电子商务运营商们往往任意收集和使用消费者个人信息。当前,电子商务网站保留了一大批消费者的消费记录和浏览信息。即使用户没有登录到一个电子商务网站的相关网页,仅仅是浏览网站,也可以被跟踪和分析。电子商务经营者可以通过 IP 和 Cookie 的方法来跟踪用户的浏览行为。用户的 IP 地址可以被用来产生一个用户记录,服务商可以根据记录清楚地了解用户的上网行踪。网络服务提供商也可以通过 Cookies(网络小饼干)或其他跟踪软件来追踪用户在互联网上的行为,获取感兴趣的或其他个人身份信息,然后根据这些信息,向消费者定点投放有针对性的广告,或者把这些信息卖给别人。因此,我们在任何时间,登录任何一个网站,浏览任何新闻,选择任何一种商品,都将被网络服务商跟踪记录。

此外,电子商务交易网站中的个人信息、银行卡、消费记录有可能被黑客窃取,并可能进一步传播,给用户造成新的损失。国内多家著名电子商务网站都曾出现过账户泄漏的案例。有的虽然只有用户的账号、姓名、地址、电话、电子邮件等没有密码的信息,但这些信息可能被别有用心的人发送垃圾邮件,用于网络营销。现在很多电子商务网站采用的是实名制,用户信息一旦泄漏,影响非常恶劣,邮件地址、真实姓名、地址、电话号码,这些隐私数据泄露无疑会冲击现有的信用体系。

6. 电子商务的信任难题

由于电子商务的参与者可以是机构或个人,市场进出壁垒低,参与者可以是匿名的,用户注册容易,这就决定了它的不确定性、高度动态性、交易用户的虚拟性和电子商务技术与管理的发展阶段局限性等特点。这些都可能导致电子商务交易的风险更大,也是网上欺诈现象层出不穷的原因。

根据互联网欺诈观察网站的调查研究,在电子商务发达的美国,消费者受网络诈骗伤害的金额呈现上升的趋势,以典型的 C to C 电子商务拍卖市场为例,每人平均损失金额从 310 美元(1999 年)增长至 518 美元(2001 年),2002 年有小幅回落,为 468 美元,但在 2005 年又达到新高,增至 2033 美元。电子商务的信用问题影响了网上交易的热情,降低了实际交易量。国外的学者也研究表明:正是由于日益增长的信用风险问题,更多的互联网用户已经放弃了在线交易。

有很多原因影响了电子商务中的信任缺失,其中最主要的问题是存在严重的信息不对称。这种不对称就包括网上交易者的身份信息,也包括商品质量信息。目前,电子商务网站主要是从电子邮件进行身份验证,而电子邮件可以通过各种渠道免费获得。

尽管一些大型的电子交易平台已经建立自己的信誉评价体系,但国内的虚假交易方通过招中介公司和雇佣员工等方式,刷高自己产品的信用评级,增加了消费者识别的困难度。

7. 知识产权被侵犯

社会财富不仅表现为土地、资本等实物形式,更表现为知识、信息、技术等形式,虽然后者不是物质财富,但可以转化为物质财富,因此信息致富、知识致富、技术致富就成为新的致富途径,知识、信息、技术是社会财富占有的新形式。

然而,信息不同于其他资产,其他资产的使用是排他性的,但信息的使用不是唯一的,而是具有可以共享使用的特点。特别是,互联网是一个面向各个方向的巨大的信息网络,网上信息资源非常丰富。随着互联网上出现越来越多的信息资源,一方面创造了人们共享信息资源的有利条件,另一方面也为侵犯他人知识产权的犯罪提供了温床,如侵犯别人的计算机软件、专利、商标、各种作品、商业秘密、未经授权的数据,以及半导体芯片等。

随着时代的进步,知识产权和商业秘密的安全在商业活动中的重要性,逐渐被人们所认识。在蓬勃发展的电子商务产业中,保护知识产权和商业秘密的安全性已成为了焦点。

1.2.2 电子商务受到攻击的案例

随着网络安全漏洞的不可避免和黑客软件及技术的普及,很多黑客的攻击已经不是通过专业的黑客发出,通过一些学习,普通人也可以进行黑客活动。

电子商务的网络安全和信息安全存在问题,不仅是技术层面的问题,它同时也反映其在管理上存在一定的问题。

据相关数据统计,仅2013年下半年,挂载木马病毒的网页数量就达到3亿个,有接近10亿网民访问过挂载木马的网页。网络病毒的数量呈几何数增长,病毒变种更是层出不穷。网络病毒、木马的大量繁殖和无法抑制,给电子商务活动的开展造成了极大的影响。网络木马、病毒的挂载给了不法分子以盗取、篡改交易信息内容的机会。有些贸易交易信息是具有一定的机密性的,一旦被网络不法分子通过恶意途径盗取或篡改,就可能给商务贸易活动的双方造成极大的损失。

1. 近年来国外的安全事件

1) 美国黑客发动网络攻击战

2000年2月7日至2月9日,美国发生大量网站闪电式被袭事件。包括雅虎公司、eBay公司、亚马逊书店、电子港湾、微软、ZDNet、有线电视新闻网CNN在内的美国各大公司的网站接连遭到来历不明的电子攻击。这次黑客事件还殃及了亚洲和欧洲的众多网站,直接和间接经济损失达10亿美元。

美国各大站点遭受攻击的技术是分布式"拒绝服务"攻击(distributed denial of service, DDoS)。

2月9日,美国司法部和联邦调查局(FBI)宣布向网站攻击者开战。美国司法部部长珍妮特·雷诺前日召开新闻发布会,称近日来一系列的攻击很可能是同一伙人联手所为。尽管现在还无法确定袭击者这样做的目的和动机,但看起来他们是企图"阻止和破坏电子商务的正常运作"。

2) 韩国电信运营商SK Communications信息外泄事件

2011年8月,韩国电信运营商SK Communications的信息外泄事件造成韩国用户账户信息大量遭到曝光。此事涉及的范围似乎比媒体原先报导的更大,因为韩国专门开发防毒、压缩等软件的ESTsoft公司已发出公告表示其软体更新服务器已遭到入侵。

ESTsoft已于8月4日以更新方式发布了一个补丁文件,此外也强调他们正与韩国警方密切合作,试图理清之前入侵事件的原因与范围。

从表面上看来，ESTsoft 有可能是造成 SK Communications 信息外泄的感染管道之一。就目前的发展指出，这很可能并非是一次针对特定某家公司的攻击，因为多家公司遭殃。攻击者可能先发动一波广泛的攻击来侦查有些什么对外的漏洞可以利用，然后再评估个别漏洞的可行性。以这一案例来说，ESTsoft 的漏洞就是一个可用来挟带恶意文件的攻击管道，而 SK Communications 的资料外泄更提供了丰富的情报，可供歹徒进一步从事其他网路犯罪。

3）安全漏洞导致上千万银行卡客户信息泄露

2012 年 1 月 21 日至 2 月 25 日期间，总部设在美国的万事达卡、维萨(Visa)和发现金融服务公司(DFS)称，它们已经成为一个潜在安全漏洞的受害者，或已导致成百上千万的信用卡持有人的个人信息面临风险。万事达卡、维萨和 DFS 分别是全球最大、第二大和第四大信用卡处理公司，这几家公司表示，问题来自于一家第三方服务提供商，而并非其自身内部系统的问题。

这一事件很可能影响到所有主要信用卡服务商的数据。据报道，维萨和万事达卡均表示，已就这个安全漏洞向银行发出了通知，他们客户的账户数据可能在第三方机构的系统中存在危险，但是维萨和万事达卡自己的系统并无问题。同时，万事达卡表示已经通知了执法部门官员，并聘用了一家独立数据安全组织来对这个安全漏洞进行检查。但是这两家公司还不能明确有多少客户会受到影响。

金融部门的资金来源“被发现受到‘严重’威胁，并且可能有超过 1000 万的卡号受影响”。

4）索尼用户信息泄密事件

2011 年 5 月 1 日，日本索尼公司证实索尼公司游戏网络遭黑客入侵近两星期。位于圣地亚哥的信息中心遭到黑客攻击，7700 万名用户资料可能遭黑客盗取，涉及的信用卡可能高达 1000 万张。

5）LinkedIn 账号密码泄漏事件

2012 年，LinkedIn 网站攻击中失窃的密码被发布在俄罗斯的某个黑客论坛上。这些发布的内容包括一个含有 640 万个密码的巨型文件，该文件没有用户名。LinkedIn 网站宣称全球有 1 亿 6100 万名会员。

2. 近年来国内的安全事件

1）中银用户遭遇网银升级骗局

2011 年 1 月，许多人都收到了一条来自号码为 13225870398 发来的短信，称中行网银 E 令已过期，要求立即登录 www.bocc.nna.cc 进行升级。金山网络安全中心 20 日发布橙色安全预警称，这是不法分子冒充中国银行以中行网银 E 令(网上银行动态口令牌)升级为由实施网络诈骗，此类诈骗手法将传统的短信诈骗与钓鱼网站相结合，欺骗性更强。

“收到短信，我也没多想，随即登录短信中的网址，输入银行卡号和密码，网站提示升级成功，之后发现其卡上的 16 000 元现金被转走了。”网友黄某已经向公安机关报案。

据《钱江晚报》报道，绍兴市民章某在接到假冒的中行网银 E 令卡升级的短信后，登录假中行网站，48 秒 100 万元被偷走。无独有偶，当地的魏先生、陆先生也分别被相同骗局骗走了 1700 元和 11 万元。

2）广发银行网银升级后系统存漏洞多人信用卡被盗刷

2011年5月20日，广发网银系统在一次升级后，在北京、上海、广东等地相继有12名持卡人遭遇了类似的网银失窃，都是犯罪分子在网上修改他们接收“动态验证码”的绑定手机号后冒名盗刷。

目前国内信用卡交易所采取的安全技术措施包括静态口令、动态口令、USB令牌、数字证书、手机验证码等，从此次事件来看，以往一直被认为较为可靠的手机验证措施并非无懈可击，相较而言，采用USB令牌或数字证书验证的手段从目前来看安全性似乎更高一些。

如何有效确保众多持卡人及网银用户的用卡安全，将是各家银行今后面临的重大挑战。

3）上千万台计算机被盗取QQ及Q币

重庆市公安局网安总队2012年2月间接到多起报案，称QQ号码和Q币被非法窃取。警方调查发现，失窃的Q币都被换成网络游戏“QQ仙侠传”中的元宝进行了转移，仅一个月内便涉及交易QQ号码1471个，折合人民币近29万元。

经调查，从2011年7月起，犯罪嫌疑人梁某夫妻通过在网店贩卖“QQ仙侠传”元宝，获利达86万余元人民币。

随着网络应用的普及，Q币、游戏币等虚拟资产也成为被普遍认可的新形式资产，而针对此类虚拟资产的犯罪行为也屡屡发生。当前网络犯罪往往具有智能化、隐秘性强、反复作案概率大的特点，并且多为跨区域作案，调查取证十分困难。

4）新浪微博爆发蠕虫病毒

2011年6月28日，新浪微博突然出现大范围“中毒”。病毒利用新浪微博系统漏洞，向中毒者好友大量发送私信，并在内容内加上流行词汇，进行快速传播。用户点击病毒链接后即会中毒，大量向好友发送私信和@好友。提醒有疑似症状用户清空缓存。

此次新浪微博事件，反映出了病毒木马产业链变革的冰山一角。传统的病毒产业链通过传播木马获取网络游戏账号以及网上银行账号，通过盗取用户的虚拟财产和银行存款获利。而目前流行的社交网络尤其是网上以付费买粉丝为代表的一系列不法行为，正好为传统的病毒木马产业链转身做了一次尝试。通过编写恶意脚本进行传播，诱导用户点击恶意脚本，从而强行使受到感染的用户账号去关注某一些特定的账号以及进一步发微博传播，诱导更多的用户受到感染。最终，黑客使用传播恶意脚本来强迫用户关注一些特定账号的手段，来获得较强的关注度，不排除用这种手段来牟取利益。

1.2.3 电子商务安全的法律法规建设

除了针对安全风险加强安全措施、提高用户安全意识外，电子商务安全问题还需要在管理层面和法律法规层面加以完善，只有同时兼顾技术的改进、管理和法规制度的完善，才能更好地解决电子商务安全问题。

与电子商务有关的法律法规有：电脑犯罪立法、有关计算机安全的法律法规、有关保护个人隐私的法律法规、有关网络知识产权保护的法律法规、有关电子合同的法律法规。

1. 电脑犯罪立法情况

在不同国家或地区，对于电脑犯罪的确定和刑法各不相同，如表1-1所示。

表 1-1 各国或地区对于电脑犯罪的界定和处罚

犯罪行为		美国	英国	澳大利亚	中国香港
黑客攻击	尝试性(如口令猜测)	无	有	无	有
	成功攻击,但不造成损失	无	有	有	有
	成功攻击,且造成损失	有	有	有	有
	有进一步犯罪动机	有	有	有	有
篡改行为	未经授权访问并篡改电脑数据	有	有	有	有
	经授权访问电脑但擅自篡改电脑数据	无	无	有	有
	干预和破坏正常的电脑运行	有	无	有	有
其他方面	买卖口令	有	无	无	无
	跨国界适用	无	有	无	无
	涉及所有电脑	无	有	无	有
最长刑期	黑客行为	20 年	5 年	2 年	5 年
	篡改行为	20 年	5 年	10 年	12 年

2. 有关计算机安全的法律法规

从 20 世纪 60 年代开始,世界各国开始对计算机安全与犯罪立法保护。

1) 美国

1970 年,美国颁布《金融秘密权利法》,规定了对一般个人或法人了解银行、保险业以及其他金融业的计算机中所存储的数据的必要的限制,并禁止在一定时间内把有关用户的“消极信息”向第三者转让。

1984 年,美国制定通过了《伪造存取手段以及计算机诈骗与滥用法》,规制了由计算机所处理记录有关生存中的个人资料之收集、持有、公开等行为,以防止不当侵害个人之隐私权。

1986 年美国制定了《计算机诈骗与滥用法》和《国家信息基础保护法》。

1987 年《联邦计算机安全处罚条例》对金融业计算机存储数据的保护做了规定,明确了对网络犯罪的处罚。

2) 欧盟

2001 年 11 月 23 日,欧洲理事会在布达佩斯匈牙利议会召开的网络犯罪大会上举行了《关于网络犯罪的公约》的开放签署仪式,这是国际社会第一个控制网络以及其他形式的计算机滥用行为的国际公约。该公约通过从实体法、程序法和国际合作方面对网络犯罪的系统规定,构建了一套打击网络犯罪的最低国际标准。

3) 中国

1994 年我国颁布了《中华人民共和国计算机信息系统安全保护条例》。1996 年 2 月 11 日,国务院第 195 号令发布了《中华人民共和国计算机信息网络国际联网管理暂行规定》,以促进中国互联网的有序发展。1997 年颁布《计算机信息网络安全保护管理办法》和《计算机信息系统安全专用产品分类原则》。2000 年颁布《互联网信息服务管理办法》和《关于维护互联网安全的决定》。

3. 有关保护个人隐私的法律法规

1) 美国

1980 年制定《隐私保护法》,确立了执法机关使用报纸和其他媒体拥有的记录和其他信息的标准。1986年制定《电子通信隐私法》，目的是让执法机构在保护个人隐私权的情况下访问信息。1988年制定《视频隐私保护法》，旨在保护消费者视频观看记录隐私。1997年美国制定了《消费者因特网隐私保护法》、《联邦因特网隐私保护法》、《通信隐私和消费者权利法》和《资料隐私法》。1999年美国公布了《因特网保护个人隐私的政策》和《金融服务现代化法》。

2）英国

1998年7月制定了新的《数据保护法》，着重对电子商务中的个人隐私权加以保护。

3）澳大利亚

澳大利亚公布了"个人数据保护十原则"。

4）日本

日本制定了《个人数据保护法》。

4. 有关网络知识产权保护的法律法规

世界知识产权组织：1996年12月《世界知识产权组织版权保护条约》，对信息网络环境下的软件、数据库的著作权保护和信息数字化、网络传输、技术措施、版本信息等问题进行了解释。

欧盟：2001年《关于网络犯罪的公约》，加强社会防卫，打击盗版、网络欺诈、儿童色情和危害网络安全等严重的网络犯罪。

美国：1997年《禁止电子盗窃法》，是保护网络知识产权方面最重大的进步。

《数字版权净化和技术教育法》，通过豁免远程教学的版权，限制了数字版权侵犯的范围。

《在线版权有限责任法》，保护因特网服务提供商，使他们在无法控制或不知侵害结果的特殊情况下直接或间接违法时免予承担责任。

1998年《数字版权法》规定，侵权行为即使不带有盈利性的动机，达到一定条件亦可被判定为犯罪。

5. 有关电子合同的法律法规

1997年7月，克林顿总统发表了《全球电子商务纲要》，其中的重要内容之一就是表示要制定相关的电子商务法。但由于电子商务经常是跨州甚至是跨国进行的，为了避免各州之间出现电子商务法的立法冲突，1999年7月，由300名法学教授、法官、律师等组成的"全美通用州立法委员会(NCCUSL)"草拟了"计算机及信息交易统一法"(Uniform Computer and Information Transaction Act,UCITA)，推荐给各州进行表决以决定是否在本州适用。

1999年7月，英国政府公布了《电子通信法案》的草案。该草案包括加密服务提供商、便利化的电子商务和数据存储、对被保护的电子数据的调查及附录等四章。该草案规定了自愿的许可登记制、电子签名的有效性、电子签名的证据力、取消其他法律中对以电子媒介替代纸张的限制等内容。

我国2005年4月1日出台的《中华人民共和国电子签名法》承认了电子签名的法律效力，它是我国电子商务领域的第一部国家法，具有划时代的意义。

1.3 电子商务安全需求

由于 Internet 本身的开放性及目前网络技术发展的局限性，以及黑客的攻击、管理的欠缺、网络的缺陷、软件的漏洞或“后门”、人为的触发等原因，网上交易面临着种种安全威胁，这也对电子商务提出了种种安全需求。

电子商务是建立在网络基础上的，所以其安全需求与网络安全需求类似，但是也具有其自身的要求。如图 1-8 所示，这些安全需求主要包括以下内容：保密性、完整性、可用性、不可否认性、认证性、匿名性、可信性和合法性。

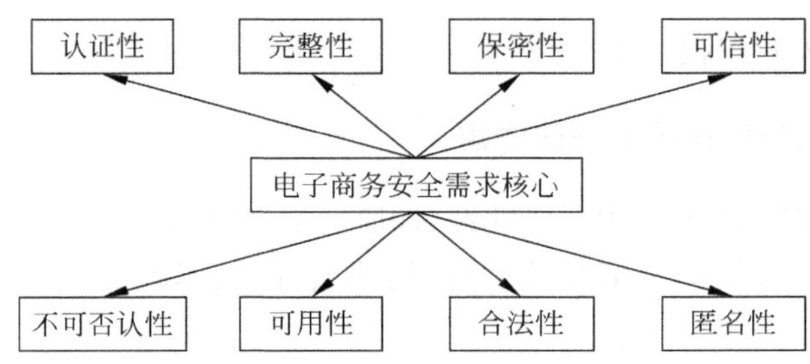

图 1-8　电子商务的安全需求

1. 信息保密性

保密性也被称为机密性，是指信息传输或存储过程中不被他人窃取，或是不可泄露的信息不可披露给未经授权的人员或组织，或通过技术手段，使未经授权的人员无法了解其内容。

保护商业机密是电子商务系统最基本的安全要求。电子商务的保密性主要是通过“数据不被窃取、窃取不可破译”理念设计的。

在传统的贸易中，一般通过面对面的交流信息，或通过邮寄封装或可靠的通信信道发送商业信息，以实现保守商业秘密的目的。电子商务是建立在开放的网络环境下的，因此处理传输的电子商务信息系统是经过加密处理的，以防止信息在交易过程中被非法截取或读取，从而导致泄漏。另外存储在网络服务器上的交易信息需要考虑采用访问控制等保密措施，防止黑客入侵。

如果不能保证交易的保密性，则会导致企业的重大损失。例如，如果客户的信用卡账号和密码被知悉，它就可能被盗用；如果企业的订单和付款信息被竞争对手获取了，则可能会失去商机。

2. 信息的完整性

完整性是指数据在传输、存储和处理过程中不被非法篡改或意外改变。完整性对涉及敏感数据的交易是非常重要的，如在交易中的金额、产品种类和数量等。电子商务系统应防止交易信息被篡改、在数据传输过程中交易信息丢失和重复，并保证信息传递的秩序的统一。

为了确保电子商务活动中信息的完整性这个重要的安全要求，意味着，交易双方可以验证接收到的信息是完整的，即，信息是否被篡改，或者在数据传输过程中是否有信息丢失、信息重复等错误。

3. 服务可用性

保证合法用户的电子商务系统和信息资源的使用没有被不正当地拒绝。即,提供持续稳定的服务。

电子商务系统应有效地防止系统延迟或拒绝服务的情况发生。要预防和控制网络故障、硬件故障、操作错误、应用程序错误等威胁,以保证交易数据的健壮性、有效性。

4. 交易的不可否认性

不可否认性也称为不可抵赖性,主要是指交易双方不能否认彼此之间的信息交流。电子商务系统应具有对商业欺诈的有效防治,保证商业信用和行为的不可抵赖性,保证交易各方不能否认已完成交易。

达成的交易是不可否认的,如果否认肯定会损害另一方的利益。信息的不可否认性用于保护通信用户对其他合法用户的威胁,比如发送方对其所发消息的否认,接收方对所收消息的否认等。不可否认性是能够迅速分辨孰是孰非的重要证据,对此当前普遍使用的技术是数字签名等。

5. 身份认证性

身份认证是指交易开始前,交易的双方能验证对方的身份,即,对方的身份识别是可靠的。

传统的交易中,双方往往是当面交易,通过双方在合同或其他书面文件的手写签名或盖章来鉴别身份。在电子商务模式的虚拟特性下。为了保证交易双方身份的正确,分辨参与者所声称身份的真伪,需要为参与实体提供可靠的鉴定。这往往需要第三方的介入,通过信息安全措施来实现,例如采用数字签名和生物性身份认证技术等技术。

6. 匿名性

电子商务系统应确保交易的匿名性,防止交易过程被跟踪,以确保交易过程不泄露用户的个人信息给未知或不信任的人,确保合法用户的隐私不受侵犯。在交易的隐私性中,还包括了一点就是交易的不可跟踪性。例如,电子交易的时候,其他人无法通过对消费者采用支付手段的分析,发现消费者的身份。

7. 可信性

交易双方的身份认证,只能确认其身份是否可靠,但是无法保障其行为的可信性。从某种意义上说,信任是交易的基础,没有信任就没有交易。

电子商务的信任问题涉及交易产品或服务的质量、快递服务质量、支付的便捷性、产品的价格等多个方面。

8. 交易的合法性

合法性,保证各方的交易(或业务)符合可适用的法律和法规。

1.4 电子商务中的安全体系

1.4.1 电子商务体系结构

电子商务是多种技术的集合体：数据获取（如数据库共享）、数据加工处理（如认证、加密）、数据交换（如电子邮件、EDI 等）。

电子商务是多种服务的复合：网上广告宣传，网上咨询和交易洽谈；网上的产品订购、货币支付、电子账户管理；网上商品的传递及查询、用户意见征询和交易活动的管理。

电子商务需要一个完整的技术体系做支撑，如图 1-9 所示，包括：电子商务网络基础、电子商务安全基础、电子商务支付系统、电子商务应用系统。

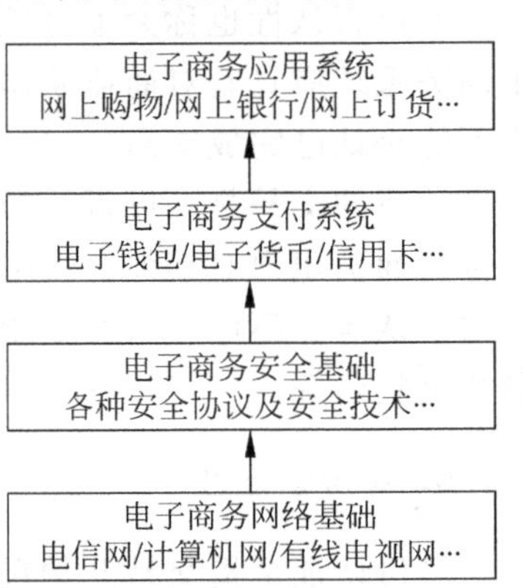

图 1-9 电子商务技术体系

电子商务涉及的安全领域包括以下几个。

（1）密码安全：通信安全的最核心部分。

（2）计算机安全：一种确定的状态，使计算机化数据和程序文件不致被非授权人员、计算机或其程序访问、获取或修改。

（3）网络安全：包括所有保护网络的措施。

（4）信息安全：保护信息财富，使之免遭偶发的或有意的非授权泄露、修改、破坏或处理能力的丧失。

1.4.2 电子商务安全体系结构

电子商务安全体系的结构包括基本的加密算法、数字签名、CA 体系和各种安全协议以及安全电子交易系统（SET）等。

电子商务安全系统的功能层次结构可分为以下几种。

（1）服务层安全：包括加密服务、通信、归档、用户接口和访问控制等模块。它提供了实现安全服务的安全通信服务。

（2）传输层安全：传输层的功能是发送、接收、组织商业业务所需的数据信息，根据客户端和服务器之间所规定的安全角色传输数据。

基本数据类型为：签名文本、证书、收据、报表、信息、数字产品、访问某种服务所需的信息，以及获得物理商品所需的信息。

传输层包括付款模块、文档服务模块和证书服务模块。

（3）商务层安全：提供了商业方案，如在线销售信息、邮购等。

电子商务的安全体系结构是保证电子商务中数据安全的一个完整的逻辑结构，同时它也为交易过程的安全提供了基本保障。如图 1-10 所示，电子商务安全体系结构可以分为网络服务层、加密技术层、安全认证层、交易协议层、电子商务应用系统层。由上文可知，电子商务安全问题可以大致归结为网络安全和商务交易安全这两个方面。网络服务层提供网络安全，加密技术层、安全认证层、交易协议层、商务系统层提供商务交易安全。

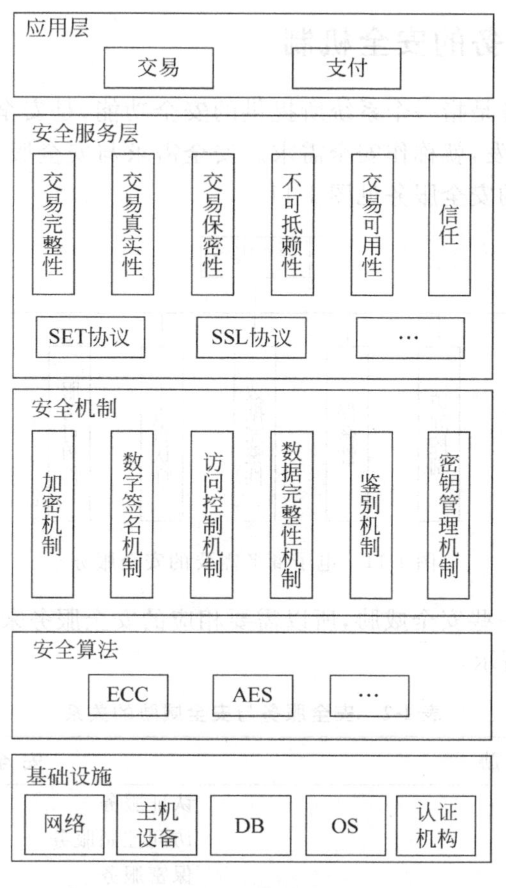

图 1-10 电子商务系统安全系统结构

电子商务系统是通过网络实现的，需要利用 Internet 的基础设施和标准，因此构成电子商务安全系统结构的底层是网络服务层。网络服务层主要提供计算机网络安全，包括物理安全、网络安全和数据库安全等。网络服务层主要是针对计算机网络本身可能存在的安全问题，实施网络安全方案，主要包括：防火墙技术、加密技术、漏洞扫描技术、入侵检测技术、反病毒技术和安全审计技术等，具体见本书后续章节。

交易安全是针对传统商务在 Internet 上运用时产生的各种安全问题而设计的一套安全技术，目的是在计算机网络安全的基础上确保电子商务过程的顺利进行，即实现电子商务的保密性、完整性、可靠性、匿名性、原子性和不可否认性等。加密技术层、安全认证层和交易协议层一起构成电子商务交易安全。

加密技术层采用各种加密手段对通信中的信息进行加密，目前在电子商务实际运用中多以非对称加密机制为主。在安全认证层，则主要采取身份认证手段进行安全保证，包括数字签名、数字证书、认证中心 CA 等方式。安全协议层是加密技术层和安全认证层的综合运用，目前，电子商务中比较成熟的安全协议包括 SHTTP 协议、安全套接层协议（secure socket layer，SSL）和安全电子交易协议（secure electronic transactions，SET）等，具体参见本书后续章节。

1.4.3 电子商务的安全机制

电子商务的安全服务是指一个系统所提供的安全功能，是安全策略的功能实现。同一个概念，从用户的角度出发，就称作安全需求。安全需求与安全服务是同一事务、两种角度的描述。电子商务需要的安全服务见图 1-11。

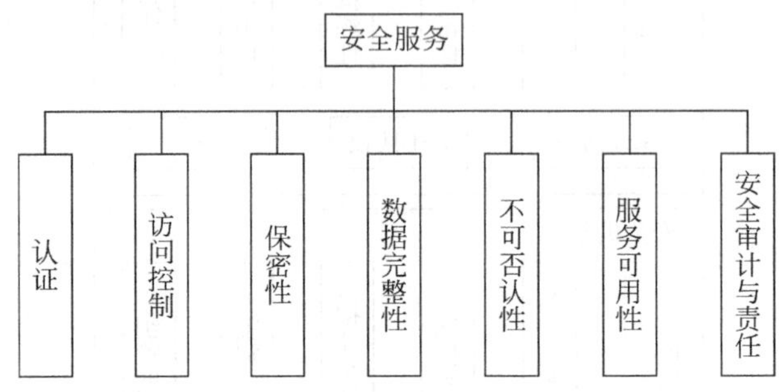

图 1-11 电子商务需要的安全服务

由于电子商务面临一些安全威胁，所以需要相应的安全服务来解决相应的安全威胁，两者之间的关系如表 1-2 所示。

表 1-2 安全服务与安全威胁的关系

安 全 威 胁	安 全 服 务
假冒攻击	认证服务
授权侵犯	访问控制服务
窃听攻击	保密服务
完整性侵犯	完整性服务
业务否认	不可否认服务
业务拒绝	认证服务、访问控制服务、完整性服务

安全机制是安全服务的技术实现措施。一种安全服务可由一种或多种安全机制来实现，一种安全机制也可用于多种安全服务的实现中。两者之间的关系如表 1-3 所示。

表 1-3 安全服务和机制的关系

	口令 PIN 密钥管理	加密	身份鉴别	数字签名	访问控制	安全设备保护	路由控制	证书机制	防火墙	数据完整性	软件保护	安全审计	安全恢复	票证鉴别
数据完整性	√	√		√				√		√	√	√	√	
鉴别和标识	√	√	√			√		√						
访问控制	√		√		√			√	√					
服务可用性	√		√	√	√	√	√		√	√	√	√	√	√
抗否认	√		√	√				√		√				
可审计性与责任性	√		√					√			√	√		
保密性	√	√			√	√	√	√						

综上所述，可得电子商务逻辑层次和安全需求关系见图1-12。

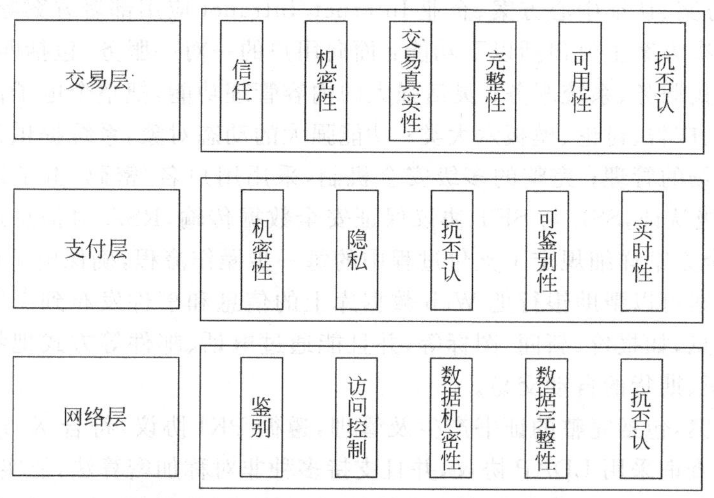

图1-12 电子商务逻辑层次和安全需求

其中，在交易层的安全需求中，由于电子商务所具有的虚拟性和身份不确认性，买家与卖家的信任缺失是最重要的需求；在支付层中，当今电子商务多用网上支付的非当面交易手段，在支付过程中，会涉及比交易层更隐私的信息，如用户实名、用户银行卡信息、用户电子支付密码等，所以其最重要的交易需求是机密性及隐私，必须防止支付行为与交易信息被关联利用；作为最基础的网络层，除了最基本的一些安全需求之外，必须为电子商务的实现提供更稳定的网络环境，可用性需求更高。

1.5 电子商务中的安全设计方案

1.5.1 Sun公司电子商务解决方案

电子商务已经随着近年来网络技术的高速发展而取得了广泛的应用，无论是对商业机构还是政府部门，电子商务的安全都面临着严峻的考验，怎样设计一整套的电子商务解决方案便成了电子商务中的首要问题，下面以Sun公司为例，简单介绍Sun公司的电子商务解决方案。

Sun公司是电子商务解决方案的主要提供商，倡导开放的系统和Internet/Intranet解决方案，在电子商务所涉及的所有领域都有先进的产品和很多合作伙伴，积累了丰富的经验，并在此基础上提出了Sun Connect电子商务架构。

Sun Connect是以Sun公司的服务器产品系列、操作系统、网络安全产品、Java技术为基础，建立一个框架结构，使所有的电子商务软件产品都可以加入这个框架，并利用Sun公司专业级的集成技术和服务，向用户提供完整的电子商务解决方案。同时它可以使用户在保护原有投资的基础上利用各种Java API和Java工具进行电子商务的开发。

目前，向Sun Connect提供应用软件的第三方厂商有很多，它们与Sun公司合作，已经在世界各地的电子商务领域取得了骄人的业绩。每个公司的产品各有所长，按照Sun

Connect 的架构组合在一起，就能提供功能强大的电子商务整体解决方案。例如电子商场方案、电子银行方案、认证中心方案、企业 Internet/Intranet 应用部署方案等。

电子商场解决方案主要包括以下功能：面向用户的一对一服务，包括匹配服务、交易服务、内容服务、采集服务、系统服务；灵活强大的内容管理功能，把整个电子商场的内容分为产品、评论、奖励、广告、讨论、模板六大类；功能强大的动态对象，系统提供很多动态对象方便商家对电子商场的管理；完整的多级安全机制，采用用户名/密码、电子证书进行基本认证，IC 卡进行高级认证，SSL 与 SET 协议保证安全数据传输，RSA 对信息进行加密等。同时，电子商场安全方案详细规定了支付过程中的每一步操作流程，确保电子商场的安全。

电子银行方案可以帮助银行把 Web 数据库上的信息和事件发布到浏览器，实时传送、显示各种市场信息，如报价、新闻、图标等，并且能通过电话、邮件等方式把特定事件通知客户，还能实现股票、期货的自动交易。

认证中心方案，包括完整的证书产生及管理，遵循 PKI 协议，符合 X.509 证书标准，证书的存放、管理、查询采用 LDAP 协议，并且支持多种非对称加密算法，能实现多级认证。

Sun 公司提供了一个四层分布式计算结构，是一个开放的、面向对象的纯 Java 体系结构，包括客户端、商务逻辑模块、通用事务处理框架模块、数据库连接模块。通过将商务逻辑与应用框架分离开来，使企业能快速部署 Internet/Intranet 应用，并可以很容易将 Intranet 应用推广至 Extranet。

电子商务系统层次结构见图 1-13。

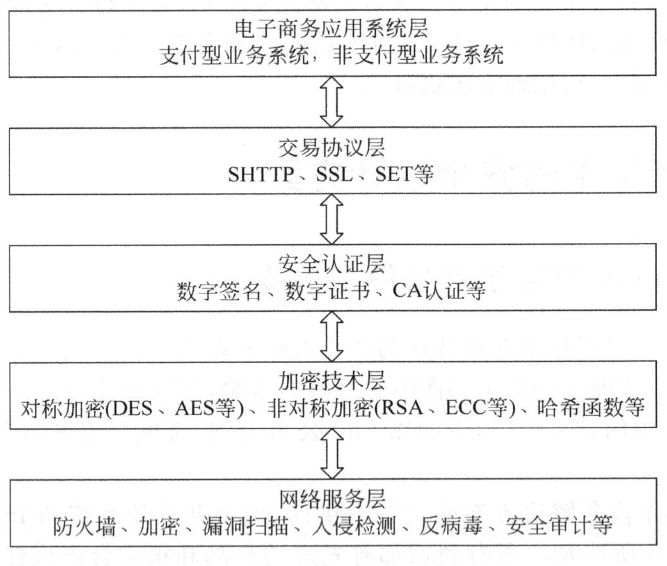

图 1-13　电子商务系统层次结构

1.5.2 IBM 公司电子商务解决方案

在电子商务领域，IBM 公司无疑是先行者和坚定的支持者。1997 年，IBM 公司以全新的服务概念 e-Business 作为其产品研发的核心策略，由此引发了电子商务时代的到来。第一次互联网泡沫破裂后，IBM 公司对电子商务进行了慎重思考，提出了“随需应变的电子商务”理念。这种创新思维下的电子商务理念以商务本身的业务流程为核心，追求电子商务系统部署和实施的简单化、实用化。近几年，随着市场的变化、竞争的加剧和新技术的不断涌现，IBM 公司进一步完善了其电子商务理念，提出了以客户为中心、以服务为导向的电子商务理念。在这一理念的引导下，IBM 公司在第一代电子商务解决方案——Net. commerce 的基础上开发出第二代电子商务解决方案——WebSphere Commerce。其具有如下特点。

(1) 快速的、高度自动化的跨渠道营销。WebSphere Commerce 的主要价值是实现快速、高度自动化的跨渠道营销和销售流程，帮助各种规模的企业实现随需应变，确保企业能够随时随地以任何方式开展业务。

(2) 集成的电子商务解决方案平台。WebSphere Commerce 是一个集成的电子商务解决方案平台，支持超过 200 个可修改的已有业务流程，这从整个价值链上为企业到顾客(B2C)和企业到企业(B2B)的电子商务提供了强大的解决方案。作为一个软件产品，WebSphere Commerce 是一个基于 Java 的开放架构，并提供了一个由一组集成的软件组件组成的健壮的 Java EE 平台，通过这些组件，企业能够构建并管理个性化的电子商务站点。

(3) 完整的电子商务解决方案。WebSphere Commerce 是一个完整的电子商务解决方案，它包括 IBM 公司的 WebSphere Application Server、DB2、WebSphere Payments 及 HTTP 服务器，并且能够与 IBM 公司其他软件产品，如与 Tivoli、Rational、Lotus 等进行集成，为企业提供了完整的软件解决方案。

(4) 实现了各功能模块的单独部署和独立动作。WebSphere Commerce 是以 SOA(面向服务架构)为架构，由紧耦合的模块化向松耦合过渡，实现了各功能模块的单独部署、独立动作。SOA 对外提供统一的服务接口，使产品开发者、最终用户及第三方提供商都可以通过统一的服务接口来定制商业逻辑，给用户以更多的灵活性，并能更好地适应用户的业务流程。同时，由于各个模块功能也都提供了 SOA 接口，就使得各模块相对独立，企业可以根据自身需要定制模块和功能。

SaaS 是 Software-as-a-Service(软件即服务)的简称，它与 on-demand software(按需软件)、the Application Service Provider(ASP，应用服务提供商)、Hosted Software(托管软件)具有相似的含义。SaaS 是一种软件服务提供的模式，是一种将软件部署为托管服务并通过 Internet 进行访问的模式。用户不用再购买软件，而改用向提供商租用基于 Web 的软件来管理企业经营活动，且无须对软件进行维护，服务提供商会全权管理和维护软件。对于许多中小型企业来说，SaaS 是采用先进技术的最好途径，它消除了企业购买、构建和维护基础设施和应用程序的需要。

CaaS(Commerce-as-a-Service，电子商务即服务)是 IBM 公司的 WebSphere Commerce 产品基于云计算而提出的电子商务即服务的新概念(CaaS)，就是电子商务应用领域的 SaaS，它可以降低中小企业应用电子商务的门槛。它是一个由 IBM 公司建造并运营的在线租用电子商务解决方案，该平台可迅速为客户开辟网上商城。客户可以利用该解决方案完成在线交易。客户是卖家，将负责产品信息、库存、销售、市场营销等。在我国，大量的中小型企业构成了电子商务应用市场的“长尾”，具有大量的电子商务应用需求。对于 IT 预算并不宽裕的企业来说，通过 CaaS，它们可以像用水、用电一样按需购买电子商务应用，便捷地使用电子商务。CaaS 使企业可以更加快速、灵活和公平地获取商机。

CaaS 采用云计算最新技术，特别为中国客户优化界面，同时兼具个性化的促销推广功能。该平台架构在IBM公司的蓝云技术之上，能够为企业提供全生命周期的虚拟化管理以及业务支撑，从而保证网上商店的高可靠性和高性能。商家只需挑选所需功能便可快速上线。并且采用了Revenue Share(收入分成)的业务模式，降低了企业的风险。平台拥有强大的后台集成功能，能够快速、无缝地与企业IT系统集成，帮助企业实现资源利用的最大化。此外，CaaS的后台可以与淘宝上面的C2C、B2C的网页结合起来，把互联网上分散的订单结合起来，把顾客都梳理到企业的信息系统；还可以把产品信息通过统一平台发布，大幅提高内部运营效率。把所有订单结合以后，可以通过统一的供应链订单处理系统来完成订单的处理，使效能更高。

CaaS方案基于IBM公司的云计算技术、电子商务套件(WebSphere Commerce)和SaaS(软件即服务)服务交付模式，是告别了传统的电子商务建设过程中的自购物理硬件(服务器、存储设备、网络设备)和电子商务软件(如IBM公司的WebSphere Commerce套件)使用许可的模式。客户只需要使用云计算的平台服务就能拥有健壮、稳定、可扩展的电子商务IT架构，以及SaaS服务提供的功能强大的电子商务套件。Cass解决方案如图1-14所示。

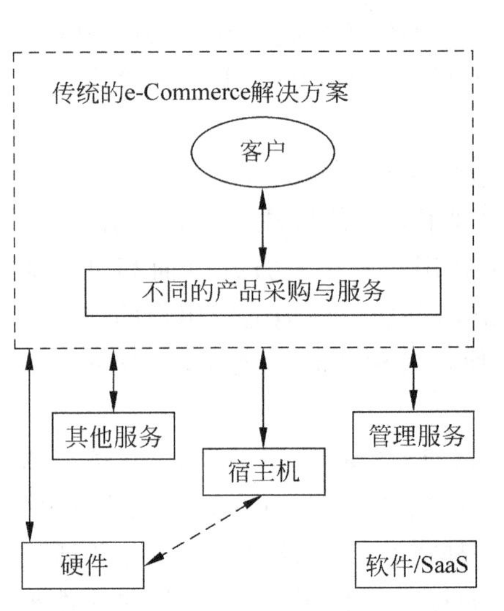

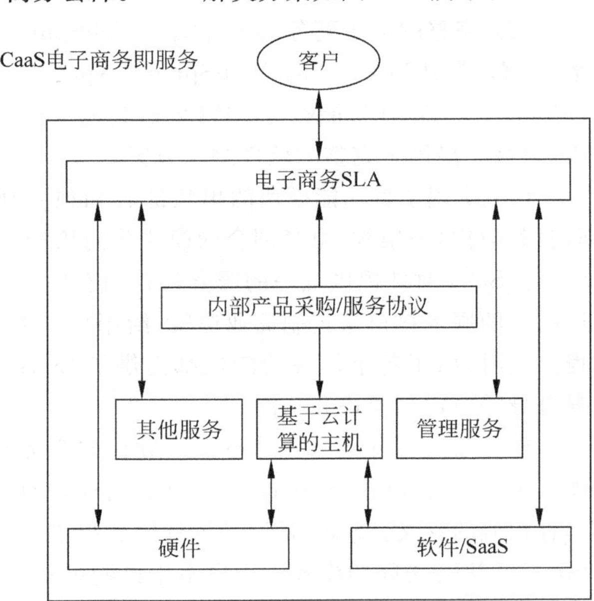

图1-14 CaaS解决方案

而在传统的电子商务解决方案中，为了开展电子商务业务，用户需要去采购相关的硬件：服务器、存储、网络等，还要配备相应的IT维护人员。这个庞大的采购和团队建设工程会持续6～12个月的时间，碰到各种各样的问题，国内电子商务人才的缺失会阻碍电子商务团队筹建的进度，和不同的硬件厂家的价格谈判让人在各种数字的报表中烦恼不已，运营维护人员的管理培训和管理制度的制定的各种成本会大大超出原有的预算。

第1章 课后习题

1. 请结合实际情况阐述电子商务的特点和优势。
2. 电子商务的发展经过几个阶段？

3. 电子商务有哪几种交易模式？它们有什么不同？

4. 电子商务的系统架构由哪几部分组成？请阐明它们在架构中的关系。

5. 目前电子商务面临哪些方面的安全威胁？请举例说明。

6. 请详细说明电子商务的各类安全需求。

7. 电子交易有哪些安全风险？请举例说明。

8. 电子商务安全系统的功能层次结构分别有哪几种？各层次的具体功能是什么？

9. 安全服务和安全威胁有什么关系？

10. 请说明安全服务和安全机制的关系。

11. 请说明安全需求和电子商务逻辑层次的关系。

参考文献

[1] 张仙锋.网络贸易[M].北京：中国铁道出版社，2011.

[2] 汪勇，熊前兴.电子商务技术发展综述[J].武汉科技大学学报(自然科学版)，2005(4).

[3] 张健，吕慧.电子商务和电子政务安全[M].武汉：武汉大学出版社，2012.

[4] 刘河伟.电子商务概论[M].昆明：云南大学出版社，2011.

[5] 林枫，等.电子商务安全技术及应用[M].北京：北京航空航天大学出版社，2001.

[6] 洪勇，张永美，解淑青.电子商务模式理论与实践[M].北京：经济管理出版社，2012.

[7] 刘可明，熊传洲，叶云霞.浅论网络社区电子商务的发展[J].科技情报开发与经济，2010(21).

[8] 张峻玮.移动电子商务发展研究综述[J].经济研究导刊，2011(1).

[9] 王丹.移动电子商务发展现状及前景展望[J].中国商贸，2014(20).

[10] 蔡志文.电子商务安全[M].北京：北京大学出版社，2013.

[11] 魏明侠.电子商务信用机理研究[M].北京：经济管理出版社，2007.

[12] 詹玉宣，等.电子商务系统设计[M].南京：东南大学出版社，2002.

[13] 汤兵勇.物联网管理[M].北京：中国铁道出版社，2012.

第2章 信息安全基础

电子商务的安全是构建在基本的信息安全技术基础上的，所以我们有必要回顾一下信息安全的关键性的技术知识。在本章我们简要介绍密码技术、信息安全机制、网络安全技术和相关安全产品等内容，见图 2-1。

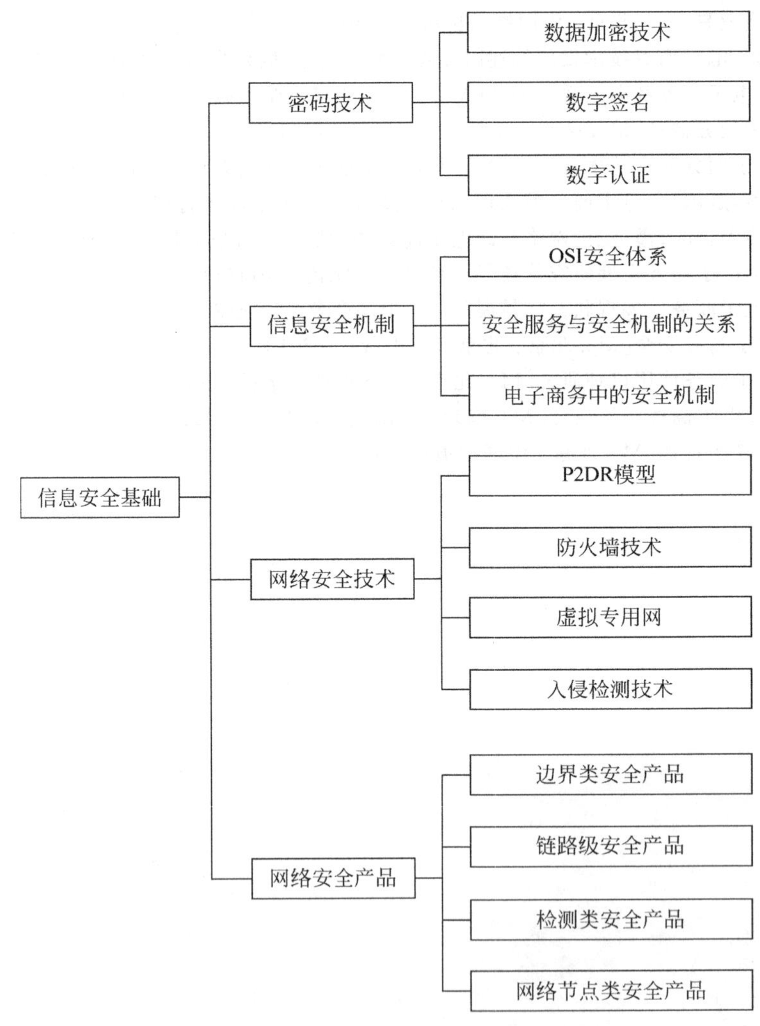

图 2-1　本章主要内容结构

2.1　密码技术

2.1.1　数据加密技术

1. 加密技术基本概念

数据加密技术是对信息重新编码，从而达到隐藏信息内容的目的，使未经授权的用户无法获得真实的信息。网络中的数据加密是基于对在信息网络中的传输数据进行加密，满足网络安全中数据完整性和机密性的要求，并且基于数据加密技术的数字签名技术可以满足不可抵赖性的安全性要求。

2. 对称密钥

对称密钥加密又称专有密钥加密，对称加密采用了对称加密编码技术，这种加密手段具有使用相同的密钥的特点，在文件加密和解密的过程中，发送和接收数据的双方使用相同的密钥对明文(密文)加密或解密。对称加密算法简单快速，密钥较短，破译困难。对称密钥加密算法主要包括 DES、3DES、IDEA、FEAL、BLOWFISH 等。加密和解密变换过程如图 2-2 所示。

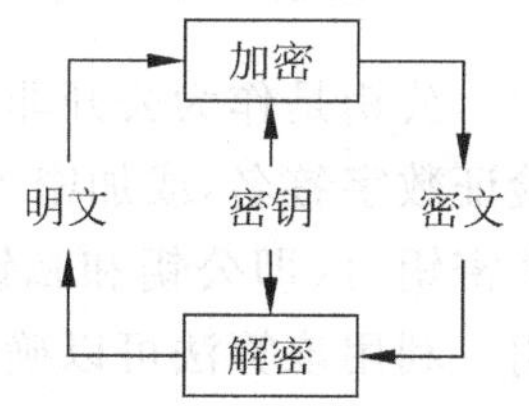

图 2-2　加密解密变换

DES 是美国国家标准和技术局(NIST)在 1977 年才有的数据加密标准，DES 的思路就是参照第二次世界大战时期盟军缴获的德军恩格玛加密机，当然更为复杂和严谨，广泛地使用使其颇具名气。DES 是最常用的对称加密算法。DES 密匙长度为 56 位，分组长度为 64 位。为了提高加密强度，后来又发展出三重 DES 加密，即 3DES。

3DES(TDEA)最初是由 Tuchman 提出的。在 1985 年的 ANSI 标准 X9.17 中第一次为金融应用进行了标准化。TDEA 合并到数据加密标准中，文献编号为 FIPS PUB46-3，TDEA 使用三个密匙，并执行三次 DES 算法。TDEA 密匙长度是 168 比特。通过提高密钥长度和提高时间复杂度，来提高安全性。

IDEA 是在 1991 年由瑞士联邦技术协会的 Xuejia Lai 和 James Massey 开发的。IDEA 以 64 位的明文块进行分组，密匙长度为 128 位，主要采用三种运算：异或、模加、模乘。

对称密钥是双方使用相同的密钥，必须以绝对安全的形式传送密钥才能保证安全，这点不如非对称密钥。对称加密的主要要求包括以下几点。

(1) 需要强大的加密算法。该算法至少应该满足：即使知道算法和能够访问一些或更多的密文，分析人员也无法破译出所需的密文或得出密钥。通常，这个要求的表达形式显得更加强硬，即：即使分析人员得到一些密文和相应的明文，也无法翻译出所需密文或找到密钥。这便是要求加密算法可以抵抗已知明文类型的破译。

(2) 发送者和接收者必须使用安全的方式来获得保密的密钥副本，必须保证密钥的安全性。如果有人发现了密钥，并知道了算法，则使用此密钥的所有通信便都是可读取的。

以一个具体例子来说明有助于真正理解对称加密这个概念。假设 A 需要把一份明文为 M 的资料发给 B，但是因为怕资料在传输的中途被窃听或者篡改，A 用了对称加密法将 M 经过一个加密函数 Fk 处理后生成 M′加密文，而 B 接收到加密文后通过事先商定好的 Fk 再次处理 M′便可以还原成明文 M，从而达到安全传输信息的目的，如图 2-3 所示。

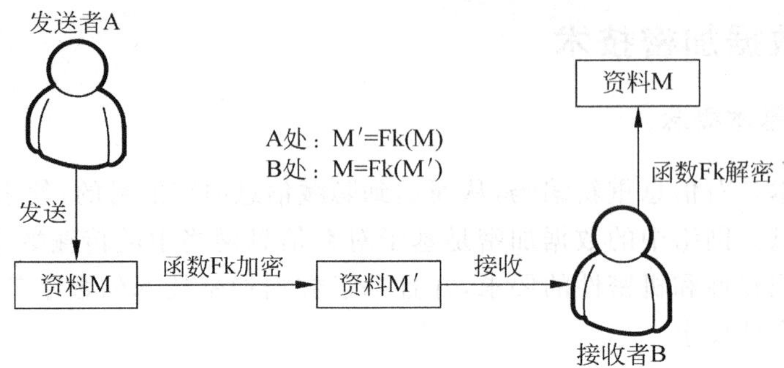

图 2-3 对称加密算法

3. 公钥加密

公钥是作为公开非秘密的密钥与私钥算法一起使用的。公钥通常用于加密会话密钥、验证数字签名，或加密可以用相应的私钥解密的数据。公钥和私钥是由一个算法得到的一个密钥对(即公钥和私钥)，其中一个是向外界公开的，称为公钥；另一个自己保留，称为私钥。利用该算法可以确保密钥在世界上是唯一的。使用密钥对的时候，如果使用一个密钥加密了数据块，我们必须使用另一个密钥来解密。如公钥加密的数据必须使用自己的私钥去解密它，如果使用私钥加密了数据，则必须用公钥解密，否则是不会成功的。DES/IDEA 和 RSA 结合使用如图 2-4 所示。

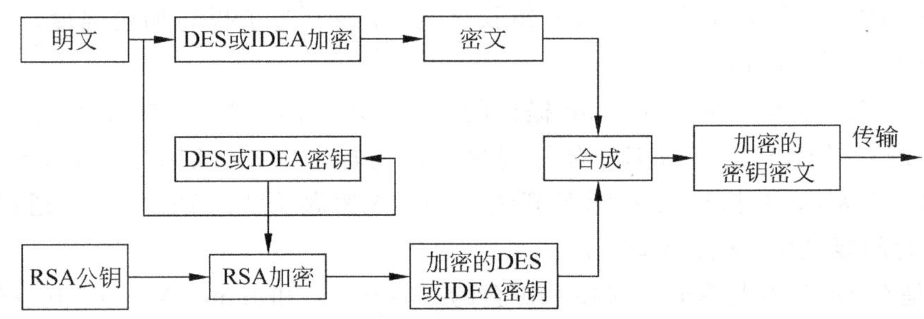

图 2-4 DES/IDEA 和 RSA 结合的加密

每个钥匙产生一个用于改变属性的功能。私钥产生一个私有属性改变的功能，公钥也亦然，生成一个改变公共属性的功能。这些功能是反向相关的，例如，如果一个函数是用来实现加密信息的功能，那么另一个函数就是用来解密信息的。改变属性功能的运行顺序是不重要的。公共密钥系统的优势是两个用户可以安全地交换信息并且不需要交换密钥。例如，假设发送者需要发送消息给接收者，信息的保密性是必要的，发送者可以使用收件人的公钥加密信息，只有收件人的私钥才能解密该信息。公钥密码是非常适合用来进行用户身份的认证、信息完整性和不可否认性的服务，这些服务就是数字签名的运用。

在这种新思想提出一年后，麻省理工学院的里维斯特(Ronald Rivest)、沙米尔(Adi

Shamir)和阿德勒曼(Len Adleman)提出了第一个完善的公钥密码体制——RSA 体系，这个由三个发明家的姓氏首字母命名的体系在密码学历史中占有十分重要的地位。这是一种基于大数因子分解的算法。它是第一个成熟的，到目前为止最成功的公钥密码系统理论。其安全性是基于数论中的大整数因子分解。该问题是数论中的一个难题，至今没有有效的算法(如大整数分解问题不能在多项式时间内完成)，具有高度保密性，并已得到广泛的应用。不为人知的是，早在 1970 年的秘密研究中，英国情报机构 GCHQ 的数学家 James H. Ellis 便已发明非对称钥匙密码学，而且 Diffie-Hellman 与 RSA 都曾被 Malcolm J. Williamson 与 Clifford Cocks 分别发明于前。这两个最早的公钥系统提供优良的加密法基础，因而被大量使用。其他公钥系统还有 Cramer-Shoup、ElGamal 以及椭圆曲线密码学等。这些事件直到 1997 年历史文件解密的时候才为大众所知。

除了加密，公钥密码学最显著的成就是实现数字签名。数字签名，顾名思义，就是普通签章的数字化，其特征是一个人可以很容易地制造签名，但别人难以伪造。数字签名可以永久地结合被签署的信息而不能被删除签名。数字签名大致包括两个算法：一个是签名，使用私密钥匙处理信息或信息的哈希值而产生签章；另一个是验证，使用公开钥匙验证签章的真实性。RSA 和 DSA 是两种最流行的数字签名机制。数字签名是公开钥匙基础建设(public key infranstructures，PKI)以及许多网络安全机制(SSL/TLS、VPNs 等)的基础。

公钥算法大多是基于复杂度的计算问题，通常来自数论。例如，RSA 源于整数因子分解问题，DSA 源于离散对数问题。椭圆曲线密码体制的快速发展是基于和椭圆曲线相关的数学问题，与离散对数相当。因为这些问题涉及更多的模乘法或指数运算，相对于分组密码算法需要更多的计算资源。因此，公共密钥系统通常是复合式的，含有效率很高的对称密钥算法，用于加密信息，再以公开钥匙加密对称钥匙系统所使用的钥匙，以增进效率。

4. 链路加密

数据加密可以在一个 OSI 七层协议网络的多层实现，从加密技术应用的逻辑位置分析，主要是两种方式：链路加密和端到端加密。

链路加密(又称为在线加密)是仅在物理层之前的数据链路层加密。接收器的传输路径上的每个节点机器，在每个节点上的机器中，信息必须被解密和重新加密，依次进行，直到到达目的地。

链路的加密方式是将网络当作由链路连接的节点集，每个链路都是被独立的加密。它是用来保护通信节点之间的数据传输。每个连接相当于 OSI 参考模型中建立于物理层之上的链路层。链路加密方式如图 2-5 所示，其中，Ek1、Ek2 为加密变换，Dk1、Dk2 为解密变换。

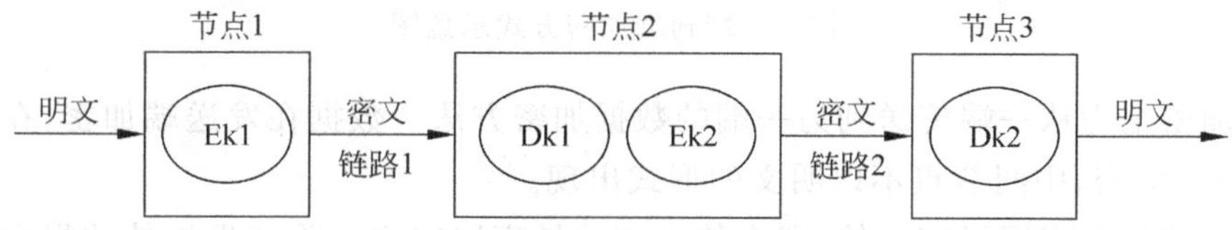

图 2-5 链路加密方式示意图

对于在两个网络节点间的一次通信链路，链路加密技术能为网络数据传输提供安全保证。所有信息都在传输之前进行了加密，每一个节点会解密接收到的消息，并使用下一个链路的密钥对消息进行加密，然后进行传输。在到达目的地之前，消息可能会通过多个通信链路传输。

因为在通过每一个中间传输节点的信息都会被解密和重新加密，因此，包括路由信息的链路上的所有数据均以密文形式出现。因此，链路加密达到了加密消息源头和目的地的作用。由于使用填充技术和填充字符的数据在不需要传输的情况下就能进行加密，这使得消息频率和长度特性得以隐瞒，可以防止对通信业务的分析。

尽管在计算机网络环境下，链路加密技术已经普遍使用了，但它并非没有问题。链路加密通常用在点对点的同步或异步电路上，它需要先对使用链路加密的两端设备实现同步，然后用一种链模式对链路上的数据加密。这给网络的性能和可管理性带来了副作用。

在线路/信号经常不通的海外或卫星网络上，链路加密设备需要频繁地实现同步性，这会带来数据重传或丢失的后果。另一方面，即使只有一小部分数据要求加密，也会使得所有的传输数据都是加密的。

在一个网络节点，链路加密只提供安全的通信链路，消息仍是以明文形式存在，因此所有节点在物理上必须是安全的，否则会泄漏明文的内容。然而，保证每个节点的安全需要很高的成本，为每一个节点提供加密硬件设备和一个安全的物理环境包括以下几个部分所需的费用：保护节点物理安全的员工开销、审核以确保策略的安全和程序的正确实施所需的费用，以及防止安全破坏所造成的损失而投放的安全保险费用。

在传统的加密算法中，使用加密信息的密钥和解密信息的密钥是相同的，这个密钥必须被保密，并按一定规律变化。这样，在链路加密系统中的密钥分配便成为一个问题，因为每个节点都必须存储与它进行链路连接的所有加密密钥，为确保密钥的机密性，这就需要进行物理传送或者建立专有的网络设施。而网络节点在地理分布上的随机广阔性使得过程更加复杂，同时增加了密钥连续分配时的费用。

5. 端到端加密

端到端是基于OSI参考模型的网络层和传输层的加密方法。这个方法需要数据从源端到达目的地的传输过程中一直保持密文状态，任何通信链路的错误不影响整个数据的安全。端到端加密方式如图2-6所示，Ek为加密变换，Dk为解密变换。

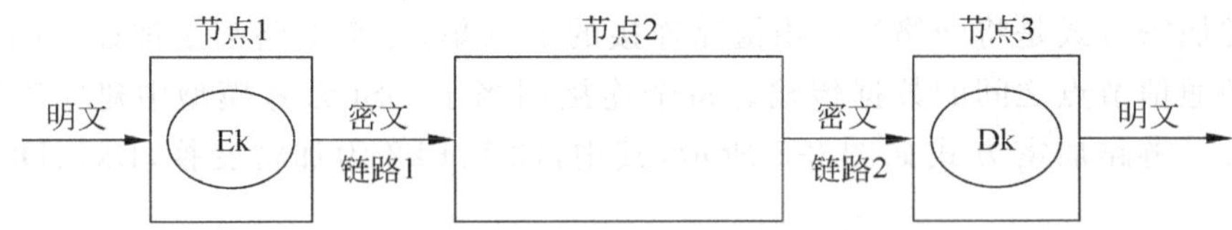

图2-6 端到端加密方式示意图

端-端加密是为从一端传送到另一端的数据加密方法。数据在发送端加密，在最终的目的地(接收端)解密，中间节点不以明文的形式出现。

端-端加密是在应用层完成的，即在传送前的最高层完成。除了报头外的报文在整个传输过程中，都以密文形式存在。只有在发送端和最终端才需要加密和解密设备，而中间节点不需要解密任何消息,因此,不需要有密码设备。与链路加密方法相比,端-端加密可减少密码设备的数量。另一方面,信息是由头和报文组成,报文为要传送的信息,报头为路由选择信息。但是使用端-端加密时,通道上的每个中间节点虽然没有将报文解密,但为了将消息发送到目的地,必须检查路由选择信息,因此,加密只能针对报文,不能将报头加密。所以这很容易被某些通信分析发现,并获取一些敏感信息。

2.1.2 数字签名

1. 数字签名概念

数字签名(也称为公钥数字签名、电子签名)是类似于被写在纸上的常见物理签名,但使用了公共密钥加密技术,用于数字信息的认证。一套数字签名通常定义两种互补的操作,一个用于签名,另一个用于验证。数字签名是只有信息的发送者才能产生的一串数字,这串数字是别人无法伪造的,而且是对信息的发送者发送信息真实性的一个有效证明。

在电子商务的安全系统中,数字签名技术具有识别电子商务安全服务中的源,确保完整性服务和不可否认服务等运用,在保证电子商务的安全技术中有着重要的地位。

文件的数字签名的完整性是非常容易验证的(不需要骑缝章、骑缝签名,也不需要笔迹专家),而且数字签名具有不可抵赖性(无须笔迹专家验证)。简要地说,数字签名是对数据单元的加密变换或在数据单元上附加某些数据。这个数据或数据转换单元的收件人用于确认数据单元的来源可靠和完整性并保护数据,防止人为(如接收者)伪造。它是一种对电子信息签名的方法,一个签名消息可以在通信网络中进行传送。基于公共密钥加密体制和私钥加密体制均可以得到数字签名,主要是基于公共密钥加密体制下的数字签名,包括普通数字签名和特殊数字签名。普通的数字签名算法包括 RSA、Fiat-Shamir、Guillou-Quisquarter、Schnorr、Ong-Schnorr-Shamir 数字签名算法、Des/DSA、椭圆曲线数字签名算法和有限自动机数字签名算法等。特殊的数字签名算法包括盲签名、代理签名、群签名、不可否认签名、公平盲签名、门限签名、具有消息恢复功能的签名等,这些都密切相关于其具体应用的场景。显然,数字签名的应用涉及法律问题,在基于离散对数有限域问题上,美联邦政府已经制定了自己的数字签名标准(DSS)。

2. 数字签名优点

数字不仅具有手工签名的所有功能,而且还具有易于更换、难以伪造、可以进行远程传输等优点,它是目前实现电子商务数据传输安全的主要手段之一。

3. 数字签名主要方法

数字签名的算法是依赖于公钥加密技术实现的。在公钥加密技术中,每个用户都有一对密钥:一个公钥和一个私钥。公钥可以自由发布,但私钥是需要保密的;还有一个要求就是不可能通过公钥推导出私钥。

普通的数字签名算法包括三种算法。

(1) 密码生成算法:即对签名密码的处理方法,如 RSA 签名中的密码生成算法是建立在大数分解和素性检测上的方法,ECC 数字签名利用椭圆曲线特性建立密码生成算法,而

Hash签名则是建立单向函数进行密码生成。密码生成算法是数字签名算法的核心，它承载着数字签名的安全重任。一个好的密码生成算法才能保证数字签名的不可否认性。

(2) 标记算法：即签名的产生者在通过私钥将信息加密处理的过程中，对信息进行标记算法之后，发起者将上面的签名和电子文档的文本以及签名证书的公钥一起封装，形成一个签名结果发送给接收方，等待接收方的验证。

(3) 验证算法：即接收方通过公钥将签名解码，进行验证的算法。

2.1.3 数字认证

电子商务是在网络中完成，交易双方不曾见面，为确保每个用户和机构(如银行、商家等)都能被唯一并准确无误地识别，这就是身份认证存在的必要性。

对于非对称加密，有一个公钥/私钥对，公钥可以在网络中公开，私钥是由用户自己保存的，公钥加密的数据只有自己的密钥才能打开，从而保证了数据的安全。经私钥加密的数据可以被持有相应的公钥的人解开，因为用户的私钥只有自身知道，证明了是从私钥持有人发出的信息，这一特性可以作为签名，具有不可替代性和不可撤销性。

虽然公钥/私钥提供了一种用户认证的方法，但是它们不能保证公钥属于所声称的拥有者。为了确保公钥真正属于某一个人，私钥必须被可信赖的认证机构所认证。在经过认证之后，公钥和其他信息将一起形成证书，证书可以作为个人身份的识别证明。

1. 数字证书定义

数字证书是一种权威性的电子文档，通过以数字证书为核心的加密技术(传输加密、数字签名、数字信封等安全技术)可以对网络传输的信息执行加密和解密、数字签名和签名验证等，以确保信息的保密性、完整性和交易的不可抵赖性。使用了数字证书，即使你在网上发送的信息被截获，甚至你失去了你的个人账号、密码等信息，还是可以确保你的账户和资金的安全。

数字证书颁发过程一般为：用户首先生成一个自己的密钥对，将公共密钥和个人身份信息的一部分发送到认证中心。认证中心通过身份核实后，将执行一些必要的步骤，以确保请求确实由用户发送而来，然后，认证中心将发给用户一个数字证书，该证书包含用户的个人信息和他的公钥信息，并附有认证中心的签名信息。用户就可以使用自己的数字证书进行相关的各种活动。数字证书由独立的证书颁发机构发布。数字证书是各不相同的，每一种不同的证书提供不同级别的可信度，可以从证书发行机构获得你自己的数字证书。

2. 数字证书特点

数字证书绑定持有人的公钥和真实身份，这类似于现实生活中的身份证，不同的是数字证书不再是一纸证书，而是一段含有证书持有者身份信息并经过认证中心审核签发的电子数据，可以更加方便灵活地运用于电子商务和电子政务中。

数字证书作为安全保密技术是非常出色有效的，它保证了四个基本的安全要素：信息传输的保密性、数据交换的完整性、发送信息的不可否认性、交易者身份的确定性。

3. 数字认证机构

作为一个权威的电子文档，数字证书必须由一个公正权威的机构认可授权它，赋予它一定的法律意义。该机构就是认证中心。

认证中心(Certificate Authority，CA)，也被称为电子认证中心，是电子商务的一个核心部分，是致力于网上电子交易中承担安全认证服务的机构，是签发数字证书、确认用户的身份、与具体交易行为无关的独立权威的第三方机构。

认证中心是能承担网上安全电子交易的认证服务，可以颁发数字证书，并确认用户身份的服务机构。认证中心通常是企业性的服务机构，主要任务是接受数字证书的申请、签发和数字凭证的管理。

认证中心通过对电子商务参与各方发放数字证书，以确认各方的身份，保证网上支付的安全性。认证中心主要由三部分组成：注册服务器(RS)、注册管理机构(RA)和证书管理机构(CA)。注册管理机构(RA)负责证书请求的批准，是持卡人的发卡行或商户的收单行。因此，认证中心离不开银行的参与。

CA 具有四大功能：证书发放、证书更新、证书撤销、证书验证。

(1) 证书发放：对于 SET 用户，可以有多种方法申请各种证书，可以发布给最终用户签名的或加密的证书，给持卡人只能发放签名的证书，对商家和支付网关则可以发放签名并加密的证书。

(2) 证书更新：持卡人证书、商家和支付网关证书应定期更新，更新过程与颁发证书的过程是相同的。

(3) 证书撤销：当用户的个人身份信息发生变化时，或用户的私钥丢失、泄漏或疑似泄漏时，证书用户应该及时向 CA 提出证书撤销请求，CA 也应及时将此证书放入公开的证书撤销列表。证书的撤销也表示了证书生命的终结。

此外，数字证书在一些特殊情况下也可以在其到失效期限之前撤销。例如，数字证书用户没有按时到 CA 公司支付年费，数字证书用户擅自授权其证书进行 CA 不允许的用途并被 CA 发现，或政府机构等权力部门(超出 PKI 系统技术范畴但依法具有法律行政权力的部门单位)提出对尚处于有效期内的某数字证书的撤销要求。

当发生上述各种情况时，相应的数字证书的正常使用可能会造成更严重的影响，应及时撤销。例如，私钥泄漏，可能会被其他获得此私钥的实体仿造数字签名去签署各种电子文件等，导致各种不可预知的结果包括经济损失。

CA 一般采用证书撤销列表的方式将被撤销的证书通知其他用户，CRL 中列出了所有在有效期内但被撤销的数字证书。

(4) 证书验证：SET 证书是通过信任分类体系进行验证的，每一种证书与签发它的单位相联系，沿着该信任树直接到一个认可信赖的组织，我们就可以确定证书的有效性，信任树"根"的公用密钥对所有 SET 软件来说都是已知的，因而可以按次序检验每一个证书。认证和授权机制的可靠性取决于以下标准：①系统的保密结构，包括运营程序以及由认证授权机构提供的机械和电子保护措施。②用来确认申请证书是用户身份的政策和方法。③进入电子商务交易的用户是否能信赖由其他人证明的身份或证书内容。证书申请机构在安全管理方面的经验，尤其是在很长的一段时间内提供这些服务的信誉。

2.2 信息安全机制

2.2.1 OSI 安全体系

信息安全机制是实现信息安全服务的技术手段。例如，网络信息系统的安全是一个系统的概念，为了保证整个系统的安全可以采用多种安全机制。为了适应网络安全技术的发展，国际标准化组织(ISO)计算机专业委员会根据开放系统互联 OSI 参考模型的网络安全体系结构，包括安全服务和安全机制，除此之外还确定 OSI 的安全管理。图 2-7 显示了 ISO 7498-2 协议层、安全服务和安全机制之间的三维空间关系。

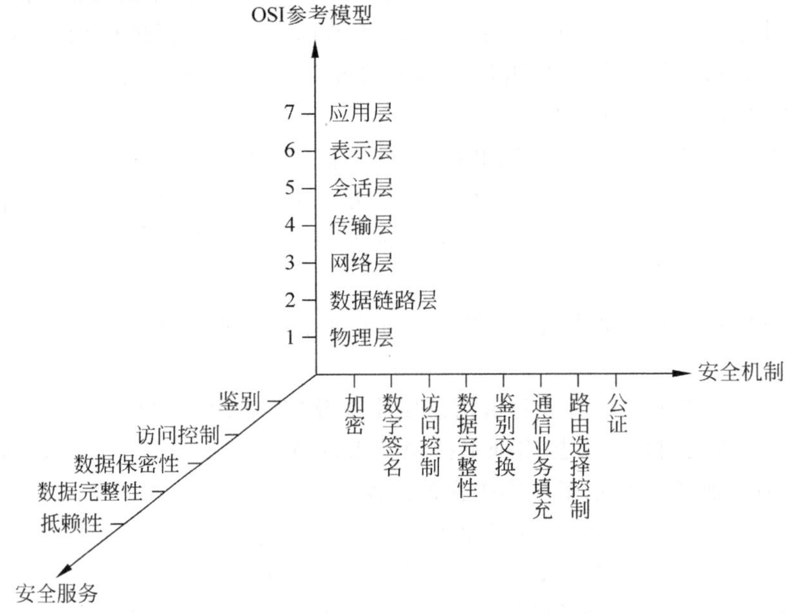

图 2-7 ISO 7498-2 中的协议层次、安全服务与安全机制之间的三维空间关系

在 ISO 7498-2 中定义了八类安全机制：加密机制、数据签名机制、访问控制机制、数据完整性机制、认证机制、业务流填充机制、路由控制机制、公证机制。五类安全服务包括认证(鉴别)服务、访问控制服务、数据保密性服务、数据完整性服务和抗否认性服务。该模型主要解决网络信息系统中的安全与保密问题，如图 2-8 所示。

ISO 制定了开发系统互联参考模型(open system interconnection reference model，OSI 模型)作为理解和实现网络安全的基础。

1. OSI 的安全服务

安全服务是打开某一层所提供的服务，保证系统或数据传输有足够的安全性。一个安全的计算机网络应该能够提供以下五种安全服务：认证(鉴别)服务、访问控制服务、数据保密性服务、数据完整性服务和抗否认性服务。

(1) 认证(鉴别)服务：提供对通信中对等实体和数据来源的认证(鉴别)。连接的建立

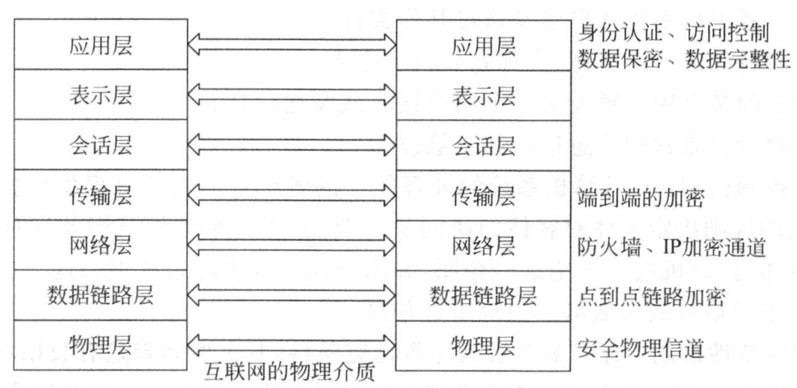

图 2-8 安全服务的层次模型

和在同一层的两个实体开放系统在数据传输过程中,对所连接的实体的身份识别和规定提供服务。这种服务防止假冒或重放先前的连接,即防止伪造连接初始化式的攻击。认证服务可以是一个或两个途径。

(2) 访问控制服务:用于防止非授权用户非法使用系统资源,包括用户身份认证和用户权限确认。可以防止未经授权的用户非法使用系统资源。这个服务不仅可以提供给个人用户,也可以提供给封闭的用户组中的所有用户。

(3) 数据保密性服务:为防止各网络系统之间的数据交换被截获或非法访问而造成泄密,提供机密保护。同时,可能预防通过观测信息的流动情况而获取推导信息的内容。主要包括:连接保密、无连接保密、选择保密的字段、信息流安全。

(4) 数据完整性服务:用于组织非法实体对交换数据的修改、插入、删除以及在数据交换过程中的数据丢失,以确保信息发送者发送的数据与信息接收者收到的信息完全一致。具体包括:可恢复的连接完整性、无恢复的连接完整性、选择字段的连接完整性、无连接的完整性、选择字段的无连接完整性。

(5) 抗否认性服务:用于防止发送方在发送数据后否认发送和接收方在收到数据后否认收到或伪造数据的行为。

2. OSI 的安全机制

安全机制是用来实现安全服务机制的。安全机制可以是具体的、特定的,也可以是通用的。为了实现上述各种 OSI 安全服务,ISO 建立了以下八种安全机制。

(1) 加密机制:确保数据安全的基本方法,在 OSI 安全体系结构中应该基于加密的对象不同和加密所在的层次不同而采用不同的加密方法。根据密钥类型划分,加密算法可分为对称密钥加密算法和非对称密钥两种;根据密码体系划分,可以分为序列密码和分组密码算法两种。当加密算法与其他技术相结合时,可以提供数据机密性和完整性的保护。除了会话层不提供加密保护之外,加密可以在其他层上进行。和加密机制伴随而来的是密钥管理机制。

(2) 数字签名机制:确保数据真实性的一个基本方法,使用数字签名技术可以为用户进行身份验证和消息认证,具有解决双方纠纷的能力。尤其是对通信双方发生争端时可能产生的以下安全问题。

否认：发送者事后不承认自己发送过某份文件。

伪造：接收者伪造一份文件，声称它发自发送者。

冒充：网上的某个用户冒充另一个用户接收或发送信息。

篡改：接收者对收到的信息进行部分篡改。

(3) 访问控制机制：从计算机系统的处理能力的各个方面对信息提供保护。访问控制按照事先确定的规则决定主体对客体的访问是否合法，当一个主体试图非法使用一个未经授权使用的客体时，该机制将拒绝这一企图，并附带向审计跟踪系统报告这一事件。审计跟踪系统将产生报警信号或形成部分追踪审计信息。

(4) 数据完整性机制：有许多因素破坏数据完整性，其主要因素是有数据在信道中传输时受信道干扰影响而产生错误，当数据在传输和存储的过程中被非法入侵者篡改，如计算机病毒对程序和数据的传染等。纠错编码和差错控制是一种有效处理信道干扰的方法。对付非法入侵者主动攻击的有效方法是报文认证，对付计算机病毒有各种病毒检测、杀毒和免疫方法。

保证数据完整性的常见的方法是：在发送实体数据单元添加一个标记，这个标记是一个数据本身的函数，如一个分组校验，或密码校验函数，它本身是经过加密的。接收实体是对应的标记，并将所产生的标记与接收的标记相比，确定在数据传输的过程中数据是否被修改。

数据单元序列的完整性是要求数据编号的连续性和时间标记的正确性，为了防止假冒、丢失、重传、插入或修改数据。

(5) 认证机制：在计算机网络中认证主要包括用户身份认证、消息身份认证、站点认证和进程认证等，可以用于认证的方法有已知信息(如口令)、共享密钥、数字签名、生物特征(指纹)等。

(6) 业务流填充机制：攻击者通过网络中一些路径上的信息流量和流向的分析确定某些事件的发生，为了应对这种攻击，在无正常信息传送的情况下，一些关键站点之间持续地提供一些随机数据，使攻击者不知道哪些数据是有用的，哪些数据是无用的，挫败了攻击者对信息的流量分析。

(7) 路由控制机制：在大型的计算机网络中，经常有多条路径从源点到目的地，其中一些路径是安全的，一些路径是不安全的，路由控制机制可以根据信息发送者的申请选择安全的路径，以确保数据安全。

(8) 公证机制：在大型的计算机网络中，并不是所有的用户都是诚实可靠的，同时可能是由于技术原因，如设备故障等导致信息丢失、延迟等，这可能会导致用户之间的责任纠纷。为了解决这个问题，你需要有一个第三方提供公证仲裁，提供为仲裁数字签名这种公证机制的一种技术支持。

通用安全机制不具体针对某个特殊的安全服务。可信功能机制为执行与安全紧密相关的操作提供可信的计算基础。安全标志代表数据的敏感等级(如顶级机密等)。安全恢复包括主机或用户的黑名单或与公共网络连接断开等测量。安全审计提供对受保护系统中与安全紧密相关的活动的持续监督。它的任务还包括对系统控制适合程度的测试，并测试与已有安全策略的一致性程度(一致性管理)。审计的结果称为安全审计跟踪(如日志文件等)。事件检测或入侵检测的作用是观测特定的违反安全的操作或潜在的危险事件或某特定事件的发生次数等。

3. OSI 的安全管理

安全管理是 OSI 网络管理五大功能域之一。在 OSI 网络环境中有两类信息尤显重要，即端用户信息和网络管理信息。正因为其重要性，使之更加容易受到恶意的个人或组织的攻击。而安全管理通过多种信息和实体为网络提供安全保证。为进行安全管理，必须首先确定期望达到的安全目标以及明确安全环境应具备的特征，这正是安全策略研究的范畴。

安全策略往往通过不同的安全域(security domain)分级分层实施，特定的安全域有其特定的安全策略，但一个安全域的安全策略应适用于其全部的子域(sub-domains)。属于不同安全域的实体要进行安全的交互，必须保证其端系统在安全策略、安全服务和安全机制上的兼容性。

针对特定的应用定义好安全策略，就可以通过 OSI 系统管理功能实施该策略。OSI 安全管理即对 OSI 安全服务和安全机制进行管理，这样的管理要求给这些服务与机制分配管理信息，并收集与这些服务和机制的操作有关的信息。例如，密钥的分配、设置行政管理强加的安全选择参数、报告正常的与异常的安全事件(审计跟踪)，以及服务的激活与停止。安全管理并不强调在呼叫特定的安全服务的协议中(例如连接请求的参数中)传递与安全有关的信息。与其他网络管理功能域类似，管理信息库、管理者、代理和被管对象等概念同样反映在 OSI 安全管理的方法学中。

OSI 安全管理方法分为以下四类。

1) 系统安全管理

负责对整个开放网络环境的安全进行管理，其典型的功能有：①总体安全策略的管理，包括一致性的修改与维护；②与其他 OSI 管理功能的相互作用；③与安全服务管理和安全机制管理的交互作用；④事件处理管理，包括远程报告那些违反系统安全的明显企图，以及对用来触发事件报告的阈值的修改；⑤安全审计管理，包括选择将被记录和被远程收集的事件，授予或取消对所选事件进行审计跟踪日志记录的能力，所选审计记录的远程收集，准备安全审计报告；⑥安全恢复管理，包括维护那些用来对实有的或可疑的安全事故做出反应的规则，远程报告对系统安全的明显违反，安全管理者的交互作用。

2) 安全服务管理

负责对每一种安全服务进行管理，其典型的功能有：①确定安全服务所对应的安全目标；②指定与维护选择规则(存在可选情况时)，用以选取为提供所需的安全服务而使用的特定的安全机制；③对那些需要事先取得管理同意的可用安全机制进行协商；④通过适当的安全机制管理功能调用特定的安全机制，例如，用来提供行政管理强加的安全服务；⑤与别的安全服务管理功能和安全机制管理功能的交互作用。

3) 安全机制管理

负责为实现安全服务的安全机制提供必要的管理信息。典型的安全机制有：①密钥管理。包括间歇性地产生与所要求的安全级别相称的合适密钥；根据访问控制的要求，对于每个密钥决定哪个实体应该接受密钥的拷贝；用可靠办法使这些密钥对实体开放系统中的实体实例是可用的，或将这些密钥分配给它们。②加密管理。包括与密钥管理的交互作用、建立密码参数、密码同步。密码机制的存在意味着使用密码管理和采用共同的方式调用密码算法。由加密提供的保护的辨别水准决定于 OSI 环境中哪些实体独立地使用密钥。

③数字签名管理。包括与密钥管理的交互作用、建立密码参数与密码算法、在通信实体与可能的第三方之间使用协议。一般说来，数字签名管理与加密管理极为类似。④访问控制管理。包括可涉及安全属性(包括口令)的分配，或对访问控制表或权力表进行修改。也可能涉及在通信实体与其他提供访问控制服务的实体之间使用协议。⑤数据完整性管理。包括与密钥管理的交互作用、建立密码参数与密码算法、在通信的实体间使用协议。当对数据完整性使用密码技术时，数据完整性管理便与加密管理极为类似。⑥鉴别管理。包括把说明信息、口令或密钥(使用密钥管理)分配给要求执行鉴别的实体。它也可以包括在通信的实体与其他提供鉴别服务的实体之间使用协议。⑦通信业务填充管理。包括预定的数据率；指定随机数据率；指定报文特性，例如长度；可能按日时间或日历来改变这些规定。⑧路由选择控制管理。包括确定那些按特定准则被认为是安全可靠或可信任的链路或子网络。⑨公证管理。包括分配有关公证的信息、在公证方与通信的实体之间使用协议、与公证方的交互作用。

4) OSI 管理的安全

负责对 OSI 管理协议和管理信息进行安全保护。由于 OSI 安全相关标准假定端系统是安全的，而将注意力集中在端系统与网络的接口上，因此在实施 OSI 安全管理时，必须对端系统和中间系统的安全附加额外的考虑。

2.2.2 安全服务与安全机制的关系

ISO 7498-2 标准说明了实现哪类安全服务应该采用哪种安全机制。一般来说，一类安全服务可以通过某种安全机制单独提供，也可以通过多种安全机制联合提供；一种安全机制也可以提供一类或多类安全服务。表 2-1 说明了 OSI 安全服务与安全机制之间的关系。表 2-2 说明了安全服务与 OSI 参考模型协议层之间的关系。

表 2-1 OSI 安全服务与安全机制之间的关系

安全服务		安全机制							
		加密	数字签名	访问控制	数据完整性	鉴别交换	通信业务填充	路由选择控制	公证
鉴别	对等实体鉴别	Y	Y	—	—	Y	—	—	—
	数据原发鉴别	Y	Y	—	—		—	—	—
访问控制	访问控制	—	—	Y	—	—	—	—	—
数据保密性	连接保密性	Y	—	—	—	—	—	Y	—
	无连接保密性	Y	—	—	—	—	—	Y	—
	选择字段保密性	Y	—	—	—	—	—	—	—
	通信业务流保密性	Y	—	—	—	—	Y	Y	—
数据完整性	带恢复的连接完整性	Y	—	—	Y	—	—	—	—
	不带恢复的连接完整性	Y	—	—	Y	—	—	—	—
	选择字段连接完整性	Y	—	—	Y	—	—	—	—
	无连接完整性	Y	Y	—	Y	—	—	—	—
	选择字段无连接完整性	Y	Y	—	Y	—	—	—	—
抗抵赖	有数据原发证明的抗抵赖	—	Y	—	Y	—	—	—	Y
	有交付证明的抗抵赖	—	Y	—	Y	—	—	—	Y

说明：Y 表示安全服务可由该机制提供；—表示不提供。

表 2-2 安全服务与 OSI 参考模型协议层之间的关系

安全服务		协议层						
		1	2	3	4	5	6	7
鉴别	对等实体鉴别	—	—	Y	Y	—	—	Y
	数据原发鉴别	—	—	Y	Y	—	—	Y
访问控制	访问控制	—	—	Y	Y	—	—	Y
数据保密性	连接保密性	Y	Y	Y	Y	—	Y	Y
	无连接保密性	—	Y	Y	Y	—	Y	Y
	选择字段保密性	—	—	—	—	—	Y	Y
	通信业务流保密性	Y	—	Y	—	—	—	Y
数据完整性	带恢复的连接完整性	—	—	—	Y	—	—	Y
	不带恢复的连接完整性	—	—	Y	Y	—	—	Y
	选择字段连接完整性	—	—	—	—	—	—	Y
	无连接完整性	—	—	Y	Y	—	—	Y
	选择字段无连接完整性	—	—	—	—	—	—	Y
抗抵赖	有数据原发证明的抗抵赖	—	—	—	—	—	—	Y
	有交付证明的抗抵赖	—	—	—	—	—	—	Y

说明：Y 表示安全服务可由该机制提供；—表示不提供。

2.2.3 电子商务中的安全机制

电子商务安全服务是通过安全机制来实现的，安全机制是实现安全服务的具体方法和技术。不同的安全机制可实现不同的安全服务，一种安全服务可通过几种不同的安全机制结合来实现。在本小节中主要介绍电子商务中采取的认证交换机制和流量填充机制。

1. 认证交换机制

电子商务交易顺利进行的关键问题是安全问题。解决安全问题的基本条件是要具有相应的电子商务认证机构，为买卖双方提供值得信任的认证服务。从技术角度讲，电子商务认证机构所提供的服务包括签证的管理、使用者公钥的产生与保管，以及密钥管理三大类。通过采用国际上最先进的安全保密技术对网络上的数据发送方、接收方进行身份情况确认和资信情况确认，以保证交易各方信息的安全性、保密性和可靠性。从商业角度讲，每一个电子合同的签订，买卖双方都需要对对方的身份情况、资信情况和经营情况进行认证，否则，很难做出正确的决策。所以，通过认证机构来进行买卖双方的全面认证，是保证网络交易安全的重要措施。

认证是一种证实某人或某事为有效或名副其实的过程。在计算机系统或通信中，认证是良好的数据安全措施中的一个重要组成部分。对于确认传输的信息、存储的数据、人员和设备的身份等，密码学提供了非常可靠的手段。

根据 ISO 各项已颁布及草拟中的相关标准，Internet 网络工程技术小组（Internet Engineering Task）在安全领域方面，正在制订基于 X.509 的公开密钥基础建设标准（Public Key Infrastructure，PKIX）、通用鉴别技术（Common Authentication Technology，CAT）、防火墙通过鉴别标准（Authenticated Firewall Traversal，AFT）、简单公开密钥基抽建设标准

(Simple Public Key Infrastructure, SPKI)、交易层安全标准(Transport Layer Security, TLS)、网络交易安全标准(Web Transaction Security, WTS)等相关标准,逐步建设世界权威性的全球电子认证机构机制。

认证交换机制通过互相交换信息的方式来确定彼此的身份。用于认证交换的技术有:①口令:由发送方给出自己的口令,以证明自己的身份,接收方则根据口令来判断对方的身份。②密码技术:发送方和接收方各自掌握的密钥是成对的。接收方在收到已加密的信息时,通过自己掌握的密钥解密,能够确定信息的发送者是掌握了另一个密钥的那个人。在许多情况下,密码技术还和时间标记、同步时钟、双方或多方握手协议、数字签名、第三方公证等相结合,以提供更加完善的身份鉴别。③特征实物:例如磁卡、IC卡、指纹、唇纹、声音频谱等。

一般来说,所有的认证方案都有一个共同的步骤,那就是必须检验一个或多个参数的有效性。一个认证方案是由存在于已检验过的参数和待鉴定量之间预先建立的关系的性质来表征的。对于认证技术来说,一般都假定:①密码算法是强的,它具有一种不可逆的性质;②密码系统能保持其密钥的秘密性和完整性。

认证的机制一般分为两类:简单认证机制和强认证机制。简单的认证中只有名字和口令被服务系统所接受。由于明文的密码在网上传输极容易被窃听截取,一般的解决办法是使用一次性口令(one-time password, OTP)机制。这种机制的最大优势是无须在网上传输用户的真实口令,并且由于具有一次性的特点,可以有效防止重放攻击(replay attack)。根据一次性口令生成机制的不同,通常OTP可分为Time Synchronization的Secure ID(安全标志符)、Challenge-Response的Crypto Card(密码卡)和增强的S/Key(安全密钥)等。RADIUS协议就是属于这种类型的认证协议;强认证机制一般将运用多种加密手段来保护认证过程中相互交换的信息,其中,Kerberos协议是此类认证协议中比较完善、较具优势的协议,得到了广泛的应用。下面讨论几种常用的身份认证机制,并对它们的安全性进行分析。

1) Kerberos认证协议

Kerberos认证协议是由美国麻省理工学院(MIT)首先提出并实现的,是该校雅典娜计划的一部分。这个定名是贴切的,因为Kerberos认证是一个三路处理过程,依赖称为密钥分发中心(KDC)的第三方服务来验证计算机相互的身份,并建立密钥以保证计算机间的安全连接。本质上每台计算机分享KDC一个密钥,而KDC有两个部件:一个Kerberos认证服务器和一个票据授权服务器。如果KDC不知道被请求目标服务器,则会求助于另一个KDC来完成认证。它允许在网络上通信的实体互相证明彼此的身份,并且能够阻止窃听和重放等攻击手段。不仅如此,它还能够提供对通信数据保密性和完整性的保护。

Kerberos系统为工作站用户(客户)到服务器以及服务器到工作站用户提供了认证方法,该系统使用了对称密码技术和在线认证服务器。Kerberos认证的实现不依赖于主机操作系统,不基于对主机操作系统的信任,不要求网络中全部主机的物理安全性,并且是基于这样的假设:沿网络传送的数据包可能被增、删、改。在这些条件下,Kerberos使用传统密码技术,即对称密钥加密技术,来提供可信任的第三方认证服务。实体必须向所期望的任何服务证明自己的身份。

Kerberos认证服务的工作过程主要包含三种不同类型的交换:认证服务交换

(authentication service exchange, AS)、票据认可服务交换(ticket granting service exchange,TGS)、客户/服务器认证交换(client/server authentication exchange,CS)。

(1) 认证服务交换

这是在客户和知道客户的秘密密钥的 Kerberos 认证服务器之间的一次初始交换。这次交换使客户获得了一张用于访问某一别的指定的服务器的票据。指定的服务器通常是一个认可票据的认证服务器。

(2) 票据认可服务交换

这是在客户和认证服务器之间进行的一次交换,该认可服务器被称作票据认可服务器,没有使用客户的秘密密钥。然而,客户对票据认可服务器使用了从 AS 那里获得的票据,这次交换使得客户获得了进一步用于访问任何别的服务器的票据。

(3) 客户/服务器认证交换

这是在客户和目标服务器之间进行的一次交换,客户向服务器进行认证或服务器向客户进行认证。这一过程使用了从 AS 或 TGS 交换获得的票据。

图 2-9 描述了包含 User-to-User Authentication Exchanges 的认证过程,这个过程由四步组成。

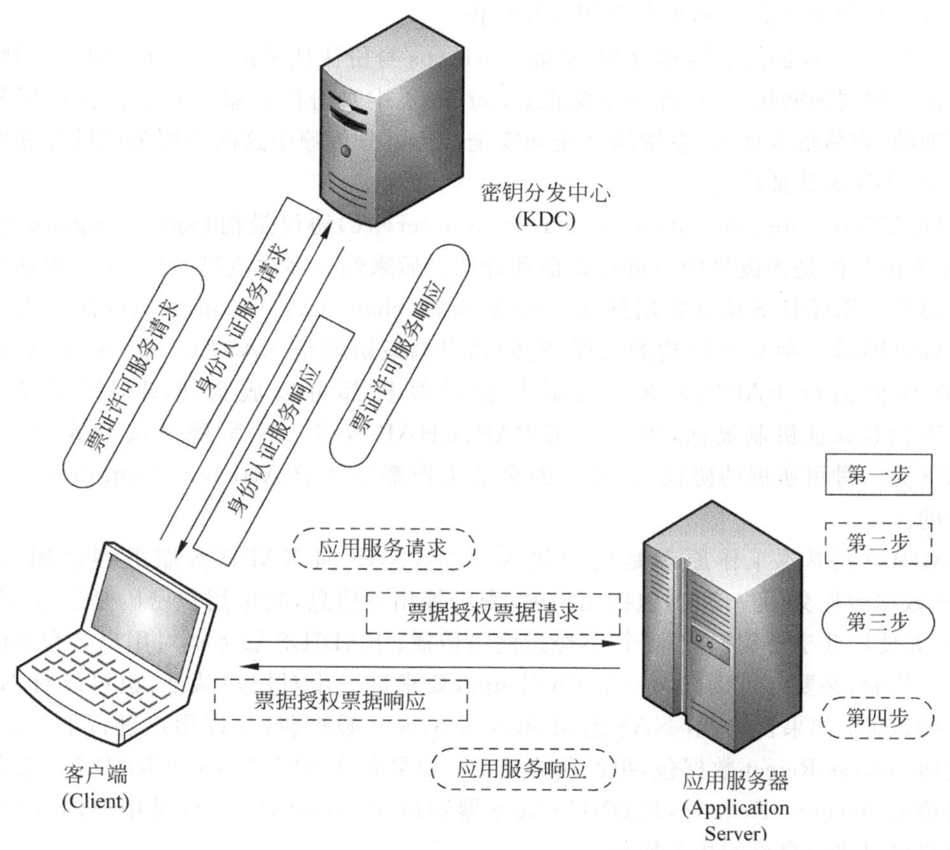

图 2-9 Kerberos 四步认证过程

首先通过 AS Exchange,Client 获得属于自己的 TGT,便可凭此向 KDC 申请用于访问某个 Server 的票据。

第二步的主要任务是获得封装了SKDC-Server的属于Server的TGT。如果该TGT存在于Server的缓存中，则Server会直接将其返回给Client。否则Server将通过AS Exchange从KDC获取。

接着Client通过向KDC提供自己的TGT、Server的TGT以及鉴别码来申请用于访问Server的票据。KDC先用自己的主密钥解密Client的TGT获得SKDC-Client，通过SKDC-Client解密鉴别码验证发送者的身份，验证通过后再用自己的主密钥解密Server的TGT获得SKDC-Server，并用SKDC-Server加密票据返回给Client。

最后，Client将使用SKDC-Server加密的票据和SServer-Client加密的鉴别码访问Server，Server通过SKDC-Server解密票据获得SServer-Client，通过SServer-Client解密鉴别码实现对Client的验证。

在分析了整个Kerberos认证过程之后，Kerberos的优点也体现出来了。首先它具有较高的性能，一旦Client获得用于访问某个Server的票据，则该Server就能根据票据实现对Client的验证，不再需要KDC的参与；其次Kerberos可以进行双向验证，Client在访问Server的资源之前可以要求对Server的身份进行验证；第三就是互操作性，Kerberos最初是由MIT提出并实现的，现在已经成为计算机领域一个被广泛接受的标准，所以使用Kerberos可以轻松实现不同平台之间的互操作。

但是Kerberos的缺点同样存在，比如Kerberos身份认证采用的是对称加密机制，加密和解密使用相同的密钥，安全性有所降低；Kerberos中身份认证服务和票据授权服务是集中式管理的，容易形成瓶颈，系统的性能和安全性也过分依赖于这两个服务的性能和安全。

2）RADIUS认证机制

RADIUS(remote authentication dial in user service)协议最初是由Livingston公司提出的，原先的目的是为拨号用户进行认证和计费。后来经过多次改进，形成了一项通用的认证计费协议。RADIUS认证要用到基于挑战/应答(challenge/response)的认证方式。

RADIUS是一种C/S结构的协议，它的客户端最初就是NAS(net access server)服务器，现在任何运行RADIUS客户端软件的计算机都可以成为RADIUS的客户端。RADIUS协议认证机制灵活，可以采用PAP、CHAP或者UNIX登录认证等多种方式。RADIUS是一种可扩展的协议，它进行的全部工作都是基于Attribute-Length-Value的向量进行的。

RADIUS的基本工作原理是用户接入NAS，NAS向RADIUS服务器使用Access-Require数据包提交用户信息，包括用户名、密码等相关信息，其中用户密码是经过MD5加密的，双方使用共享密钥，这个密钥不经过网络传播；RADIUS服务器对用户名和密码的合法性进行检验，必要时可以提出一个Challenge，要求进一步对用户认证，也可以对NAS进行类似的认证；如果合法，给NAS返回Access-Accept数据包，允许用户进行下一步工作，否则返回Access-Reject数据包，拒绝用户访问；如果允许访问，NAS向RADIUS服务器提出计费请求Account-Require，RADIUS服务器响应Account-Accept，对用户的计费开始，同时用户可以进行自己的相关操作。

RADIUS服务器和NAS服务器通过UDP协议进行通信，RADIUS服务器的1812端口负责认证，1813端口负责计费工作。采用UDP的基本考虑是因为NAS和RADIUS服务器大多在同一个局域网中，使用UDP更加快捷方便。

RADIUS协议还规定了重传机制。如果NAS向某个RADIUS服务器提交请求没有收到返回信息，那么可以要求备份RADIUS服务器重传。由于有多个备份RADIUS服务器，因此NAS进行重传的时候，可以采用轮询的方法。如果备份RADIUS服务器的密钥和以前RADIUS服务器的密钥不同，则需要重新进行认证。

3）基于公共密钥的认证机制

目前在Internet上也使用基于公共密钥的安全策略进行身份认证，具体而言，使用符合X.509的身份证明。PKI是通过使用公开密钥技术和数字证书来确保系统信息安全并负责验证数字证书持有者身份的一种体系。例如，某企业可以建立公钥基础设施（PKI）体系来控制对其计算机网络的访问。在将来，企业还可以通过公钥基础设施（PKI）系统来完成对进入企业大门和建筑物的提货系统的访问控制。

PKI让个人或企业安全地从事其商业行为。企业员工可以在互联网上安全地发送电子邮件而不必担心其发送的信息被非法的第三方（竞争对手等）截获。企业可以建立其内部Web站点，只对其信任的客户发送信息。

在电子交易中，无论是数字时间戳服务（DTS）还是数字证书（digital ID）的发放，都不是靠交易的自己能完成的，而需要有一个具有权威性和公正性的第三方来完成。认证中心（certificate authority）就是承担网上安全电子交易认证服务、能签发数字证书并能确认用户身份的服务机构。认证中心通常是企业性的服务机构，主要任务是受理数字凭证的申请、签发及对数字凭证的管理。认证中心依据认证操作规定（certification practice statement）来实施服务操作。

在PKMS和使用支持SSL、S-HTTP的浏览器用户之间的身份验证是建立在公开密钥加密数字签名和授权证明之上的。数字签名工作流程如下。

用户产生一段文字信息然后对这段文字信息进行单向不可逆的变换。用户再用自己的秘密密钥对生成的文字变换进行加密，并将原始的文字信息和加密后的文字变换结果传送给指定的接收者。这段经过加密的文字变换结果就被称作数字签名。

文字信息和加密后的文字变换的接收者将收到的文字信息进行同样的单项不可逆的变换。同时也用发送方的公开密钥对加密的文字变换进行解密。如果解密后的文字变换和接收方自己产生的文字变换一致，那么接收方就可以相信对方的身份，因为只有发送方的秘密密钥能够产生加密后的文字变换。

要向发送方验证接收方的身份，接收方根据自己的密钥创建一个新的数字签名然后重复上述过程。

4）基于挑战/应答的认证机制

顾名思义，基于挑战/应答（challenge/response）方式的身份认证机制就是每次认证时认证服务器端都给客户端发送一个不同的“挑战”字串，客户端程序收到这个“挑战”字串后，做出相应的“应答”。认证过程如下。

（1）客户向认证服务器发出请求，要求进行身份认证。

（2）认证服务器从用户数据库中查询用户是否是合法的用户，若不是，则不做进一步处理。

（3）认证服务器内部产生一个随机数，作为“提问”，发送给客户。

（4）客户将用户名字和随机数合并，使用单向Hash函数（例如MD5算法）生成一个字节串作为应答。

(5) 认证服务器将应答串与自己的计算结果比较，若二者相同，则通过一次认证；否则，认证失败。

(6) 认证服务器通知客户认证成功或失败。

以后的认证由客户不定时地发起，过程中没有了客户认证请求一步。两次认证的时间间隔不能太短，否则就给网络、客户和认证服务器带来太大的开销；也不能太长，否则不能保证用户不被他人盗用IP地址，一般定为1～2分钟。

2. 流量填充机制

流量填充机制提供针对流量分析的保护。有时攻击者可能通过观测两个参与方之间数据流量的变化情况得到有用信息，流量填充机制能保持流量基本恒定，使攻击者无法获取任何信息。

通过填补使得数据包长度一致，以完全改变流量的统计特征，该方法称为流量填充。香农的完美保密原理(perfect secrecy theory)提供了流量填充的理论依据：若能变化原始通信流量，使其符合预定的统计特征模式，信道中的流量将失去分析意义。Baran在此基础上提出了通过在原始数据流中填充虚假数据包的方法来实现隐藏两个通信主机间真实流量的目的。流量填充又分为链路填充(link padding)和端到端填充(end-to-end padding)。前者工作于数据链路层，可以隐藏信息的内容、源地址和目的地址。但该方法要求所有通信对之间都要共享加密方法，资源消费大，会造成较大延迟，并且难以将资源消耗分派到每个用户，而有些用户不需要这些保护。后者工作于传输层(或之上)，虽然该方法的源地址和目的地址没有受到保护，但它更适宜作为安全机制。

3. 消息新鲜性

消息新鲜性指确保信息访问者获取的信息是当前最新的，而不是过期的或重复获取的消息。保证认证消息的新鲜性，是防止重放攻击的重要手段。

判断某条信息是否新鲜是数据源认证必不可少的一部分，同样在实体认证中，注意也要考虑与意定通信方通信的真实性，因此，证明消息新鲜性或主题活现性的机制成为认证协议中最基本的组成部分。现假设A是某种属性的声称者，B是验证者，负责验证某种声称的属性。如果机制中使用的是对称密码技术，我们就假设A和B共享某个密钥K_{AB}；如果机制是用非对称密码技术，我们就假设B通过公钥证书框架知道了A的公钥。

1) 询问-应答机制及其标准化

(1) 基于对称密码技术

在询问-应答机制中，B(验证者)在协议消息的组合中拥有他的输入信息，并且该信息涉及了A(声称者)所进行的密码操作，于是B能够通过他自己输入的消息的新鲜性来验证A通信的真实性。B输入的通常的形式可以是他生成的某个随机数(称为一次性随机数)并且预先传送给A。假设N_B代表B生成的一次性随机数。这种消息新鲜性机制通常具有以下交互形式。

① B→A：N_B //B传给A一次性随机数N_B

② A→B：$E_{K_{AB}}(M, N_B)$ //A发送给B通过K_{AB}加密消息M以及N_B

③ B:$D_{K_{AB}}(M,N_B)$ //B 通过 K_{AB}解密,得到消息 M 及 N'_B

$$B:\begin{cases}\text{Accept } M & \text{if } N'_B=N_B\\ \text{Refuse } M & \text{else } N'_B=\text{others}\end{cases}$$ //如果解密后的 N'_B与 N_B 相等,接收信息;反之拒绝。

以上给出的机制使用了对称密码技术:对称加密。因此,接收到 A 的应答以后,B 必须使用共享密钥 K_{AB}来解密收到的密文分组。如果解密后正确提取出了 B 的一次性随机数(“正确”实际上意味着正确的数据完整性),那么 B 就能够断定 A 确实在他发出询问这一动作以后执行了所要求的密码操作;如果询问和应答之间的时间间隔(由应用的需求决定)是可以接受的,就认为该消息 M 是新鲜的。这种消息新鲜性机制的基础是确信 A 的密码操作肯定是在接收到 B 的一次性随机数之后进行的。这是因为 B 的一次性随机数是在一个足够大的空间中抽样得到的,所以没有人能够在抽样之前预测该值。

该机制的缺陷是:如果这种认证机制的加密算法没有提供合适的数据完整性服务,那么 B 就不能确认消息 M 的新鲜性。

(2) 基于篡改检测码 MDC

使用对称密码技术实现数据完整性服务的真正正确和标准的方法就是使用篡改检测码,因此,在上面的机制中加密附加上 MDC,其中 MDC 由共享密钥控制,输入是共享密钥和需要进行完整性保护的密文分组。如果消息 M 不需要机密性保护,那么下面的机制就是实现消息新鲜性的一种合适机制。

① B→A:N_B //B 传给 A 一次性随机数 N_B

② A→B:M,MDC(K_{AB},M,N_B) //A 发送给 B 消息 M 和通过检测码检测的结果 MDC(K_{AB},M,N_B)

③ B Refactor:$MDC'(K_{AB},M,N_B)\begin{cases}\text{Accept M} & \text{if MDC}'=\text{MDC}\\ \text{Refuse M} & \text{else MDC}'=\text{others}\end{cases}$ //如果 B 重构的 MDC′与 MDC 相等,则接收信息;反之拒绝。

该机制的缺陷是:M 得不到机密性保护。

(3) 基于非对称密码技术

询问-应答机制也可以采用非对称密码技术来实现,该机制如下。

① B→A:N_B //B 传给 A 一次性随机数 N_B

② A→B:$sig_A(M,N_B)$ //A 发送给 B 签名后的消息 M 和 N_B

③ B: use $N_B$verify $sig_A(M,N_B)\begin{cases}\text{Accept M} & \text{if } N'_B=N_B\\ \text{Refuse M} & \text{else } N'_B=\text{others}\end{cases}$ //B 使用 N_B 验证签名,如果验证成功,则接收信息;反之拒绝。

在该机制中,A 能够自由地选择 M 是很重要的。A 对 M 的自由选择是防范措施的一部分,用于防止 B 利用该机制来欺骗 A 使她不经意地为 B 准备好消息签名。

2) 时戳机制及其标准化

在时戳机制中,A 把当前的时间加入到合成消息中,该合成消息就会涉及某种密码操作,这样,当前的时间就通过密码操作综合到她的消息中。

假如 T_A 表示 A 创建的时戳,A 在合成她的消息时会创建该时戳。A 将当前时间 T_A 加入到消息 M 中,B 收到消息后,根据得到的 T_A 和本地时间进行比较,如果比较结果所显示的时差足够小，那么就认为 M 是新鲜的。

(1) 基于对称密码技术

① $A \rightarrow B: E_{K_{AB}}(M, T_A)$ //A 发送给 B 通过 K_{AB} 加密消息 M 以及当前时间 T_A

② $B: D_{K_{AB}}(M, N_B)$ //B 通过 K_{AB} 解密，得到消息 M 及时间戳 T_A

③ $B: \begin{cases} \text{Accept M} \quad \text{if } T_A \text{ is Effective} \\ \text{Refuse M} \quad \text{else } T_A \text{ is Failure} \end{cases}$ //如果解密后的 T_A 有效，则接收信息；反之拒绝

类似地，还有以下两种机制。

(2) 基于篡改检测码 MDC

① $A \rightarrow B: M, T_A, MDC(K_{AB}, M, T_A)$//A 发送给 B 消息 M 和当前时间 T_A 以及通过检测码检测的结果 $MDC(K_{AB}, M, T_A)$

② $B\ \text{Refactor}: MDC'(K_{AB}, M, T_A) \begin{cases} \text{Accept M} \quad \text{if } MDC' = MDC \text{ and } T_A \text{ is Effective} \\ \text{Refuse M} \quad \text{else } MDC' = \text{others or } T_A \text{ is Failure} \end{cases}$

//如果 B 重构的 MDC′与 MDC 相等并且 T_A 有效，则接收信息；反之拒绝

(3) 基于非对称密码技术

① $A \rightarrow B: \text{sig}_A(M, T_A)$ //A 发送给 B 签名后的消息 M 和当前时间 T_A

② $B: \text{verify sig}_A(M, T_A) \begin{cases} \text{Accept M} \quad \text{if Successful signature and } T_A \text{ is Effective} \\ \text{Refuse M} \quad \text{else Signature verification failed or } T_A \text{ is Failure} \end{cases}$

//B 验证签名，如果验证成功并且 T_A 有效，则接收信息；反之拒绝

3) 序列号机制

序列号的用法与时戳的用法相似，使用序列号时，A 和 B 维护某个同步的序列号，序列号应该以一种 B 知道的方式增加，从而确定消息的新鲜性。

然而，每一个可能的通信方都必须维护一系列的状态信息，而认证协议一般是无状态的，有状态的协议在恶劣的环境中不能很好地工作。管理序列号在通信出错时会很难处理，一般不主张使用序列号。

2.3 网络安全技术

20 世纪 90 年代以来，计算机网络技术得到了飞速发展。互联网进入了社会生活的各个领域和环节。安全成为了计算机网络尤其是互联网技术中的一个薄弱环节。网络安全技术指致力于解决诸如如何有效进行介入控制，以及如何保证数据传输的安全性的技术手段，主要包括物理安全分析技术、网络结构安全分析技术、系统安全分析技术、管理安全分析技术，以及其他的安全服务和安全机制策略。

2.3.1 P2DR 模型

P2DR 模型是一个动态的网络安全体系模型。P2DR 是由 PDR(Protection、Detection、Response)模型引申出的概念模型，增加了 Policy 功能，包含四个主要部分：Policy(安全策略)、Protection(防护)、Detection(检测)和 Response(响应)，并突出了管理策略在信息安全

工程中的主导地位。它的指导思想比传统静态安全方案有突破性提高。特点是动态性和基于时间的特性。防护、检测和响应组成了一个所谓的"完整的、动态的"安全循环,它在安全策略的整体指导下能保证信息系统的安全,如图2-10所示。

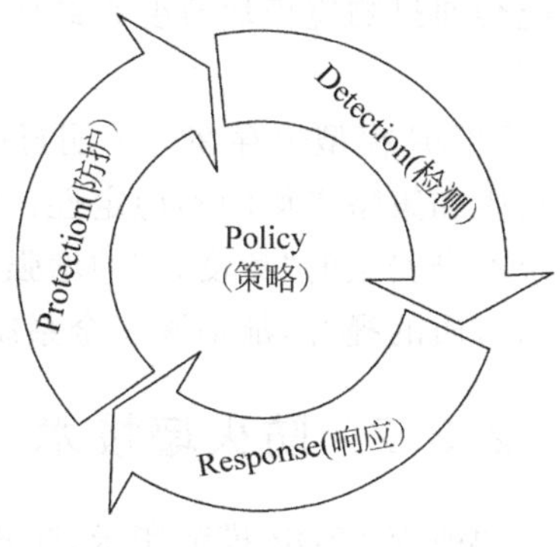

图2-10 P2DR安全模型

具体而言,P2DR模型的内容包括如下几项。

1. 策略

策略是P2DR模型的核心内容,它是围绕安全目标、依据网络具体应用、针对网络安全等级在网络安全管理过程中必须遵守的原则。

具体实施过程中,策略规定了系统所要达到的安全目标和为达到目标所采取的各种具体安全措施及其实施强度等。安全措施的实施必然会影响到系统运行的性能,以及牺牲用户操作的舒适度,因此安全策略必须按需而制。不同的网络需要不同的策略。在实现安全目标时必然要牺牲一定的系统资源和网络运行性能,所以策略的制定要权衡利弊。

2. 防护

防护是网络安全的第一道防线,是用一切手段保护信息系统的保密性、完整性和可用性。

具体包括制定安全管理规则、进行系统安全配置工作以及安装各种安全防护设备。采用的安全措施,如信息加密、身份认证、访问控制、防火墙、风险评估、VPN等软硬件装置。这种防护现在称为被动防御,它不可能发现和查找到安全漏洞或系统异常情况并加以阻止。

3. 检测

检测是网络安全的第二道防线,是动态响应和加强防护的依据,具有承上启下的作用。在采取各种安全措施后,根据系统运行情况的变化,对系统安全状态进行实时动态监控。

目的是采用主动出击方式实时检测合法用户滥用特权、第一道防线遗漏的攻击、未知攻击和各种威胁网络安全的异常行为,通过安全监控中心掌握整个网络的运行状态,采用与安全防御措施联动方式尽可能降低网络安全的风险。检测的对象主要针对系统自身的脆弱性及外部威胁。

4. 响应

响应是在发现了攻击企图或攻击时,需要系统及时地反应,采用用户定义或自动响应方式及时阻断进一步的破坏活动,自动清除入侵造成的影响,从而把系统调整到安全状态。

当发现了入侵活动或入侵结果后,需要系统做出及时的反应并采取措施,其中包括:记录入侵行为、通知管理员、阻断进一步的入侵活动以及恢复系统正常运行等。

P2DR模型阐述了这样一个结论:安全的目标实际上就是尽可能地增大保护时间,尽量减少检测时间和响应时间。在P2DR模型中,安全策略处于中心地位,但是从另一个角度来看,安全策略也是制定入侵检测中检测策略的一个重要信息来源,入侵检测系统需要根据现有已知的安全策略信息来更好地配置系统模块参数信息。当发现入侵行为后，入侵检测系统会通过响应模块改变系统的防护措施，改善系统的防护能力，从而实现动态的系统安全模型。

P2DR模型也存在一个明显的弱点，就是忽略了内在的变化因素，如人员的流动、人员的素质和策略贯彻的不稳定性。实际上，安全问题牵涉面广，除了涉及防护、检测和响应外，系统本身安全的"免疫力"的增强、系统和整个网络的优化，以及人员这个在系统中最重要角色的素质的提升，都是该安全系统没有考虑到的问题。

2.3.2 防火墙技术

如前面P2DR模型所示，防火墙是一类保护产品，也是网络中最先面临攻击的防护系统，是整个网络的重要防护屏障。作为内部网络与外部公共网络之间的第一道屏障，防火墙是最先受到人们重视的网络安全产品之一。

防火墙技术，最初是针对Internet网络不安全因素所采取的一种保护措施，如图2-11所示。顾名思义，防火墙就是用来阻挡外部不安全因素影响的内部网络屏障，其目的就是防止外部网络用户未经授权的访问。网络防火墙技术的原理是通过加强网络之间的访问控制，防止外部网络用户以非法手段通过外部网络进入内部网络，访问内部网络资源，保护内部网络操作环境的特殊网络互联设备。它对两个或多个网络之间传输的数据包如链接方式按照一定的安全策略来实施检查，以决定网络之间的通信是否被允许，并监视网络运行状态。防火墙是一种逻辑隔离部件，而不是物理隔离部件。

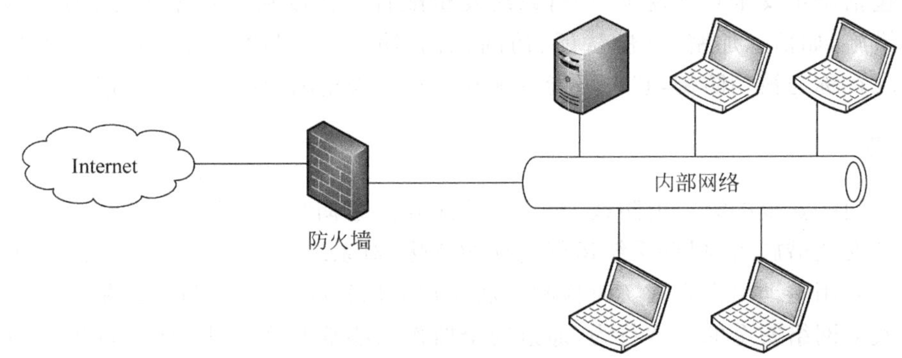

图2-11 防火墙技术示意图

1. 防火墙技术的类型

从实现原理上分，防火墙的技术包括四大类：包过滤型防火墙、应用级网关、电路级网关和规则检查防火墙。它们之间各有所长，一个防火墙产品可能包含多种防火墙技术。

1) 包过滤型防火墙

包过滤型防火墙是最简单的防火墙。这类防火墙通过在网络中的适当位置对数据包进行过滤，根据检查数据流中每个数据包的源地址、目的地址、所有的IP端口号和IP链路状态等要素，然后依据一组预定义的规则，以允许合乎逻辑的数据包通过防火墙进入内部网络，而将不合乎逻辑的数据包加以丢弃。

包过滤路由器的最大优点就是价格较低，对用户透明，并且对网络性能的影响很小。

2) 应用级网关

应用级防火墙是在 TCP/IP 堆栈的“应用层”上运作，使用浏览器时所产生的数据流或是使用 FTP 时的数据流都是属于这一层。应用层防火墙可以拦截进出某应用程序的所有数据包，并且封锁其他的数据包(通常是直接将数据包丢弃)。理论上，这一类的防火墙可以完全阻绝外部的数据流进受保护的机器里。

防火墙借由监测所有的数据包并找出不符规则的属性，可以防范电脑蠕虫或是木马程序的快速蔓延。实际上，这个方法繁复(主要因为软件种类极多)，所以大部分防火墙都不会考虑以这种方法设计。

3) 电路级网关

电路级网关用来监控受信任的客户或服务器与不受信任的主机间的 TCP 握手信息，这样来决定该会话(session)是否合法。电路级网关是在 OSI 模型中会话层上来过滤数据包，这样比包过滤型防火墙要高两层。另外，电路级网关还提供一个重要的安全功能：网络地址转移(NAT)将所有公司内部的 IP 地址映射到一个“安全”的 IP 地址，这个地址是由防火墙使用的。

4) 规则检查防火墙

这种防火墙采用了一个执行网络安全策略的软件引擎，称之为检测模块。检测模块在不影响网络正常工作的前提下，对网络通信的各层实施监测，抽取相关数据(状态信息)，并动态地保存起来作为以后制定安全决策的参考。检测模块支持多种协议和应用程序，并可以很容易地实现应用和服务的扩充。理论上这种防火墙的安全特性非常好，能比应用级代理在过滤数据包上更有效。

2. 防火墙的优点

1) 保护那些易受攻击的服务

防火墙能过滤那些不安全的服务。只有预先被允许的服务才能通过防火墙，这样就降低了受到非法攻击的风险性，大大地提高了企业内部网的安全性。

2) 控制对特殊站点的访问

防火墙能控制对特殊站点的访问。如有些主机能被外部网络访问，有些则要被保护起来，防止不必要的访问。

3) 集中化的安全管理

对于企业而言，使用防火墙比不使用防火墙可能更加经济。通过集中化管理，提高管理效率和整个网络的安全度。

4) 对网络访问进行记录和统计

如果所有对 Internet 的访问都经过防火墙，那么，防火墙就能记录这些访问，并能提供网络使用情况的统计数据。当发生可疑操作时，防火墙能够报警并提供网络是否受到监测和攻击的详细信息。

3. 防火墙的缺点

虽然防火墙是保护网络免遭黑客袭击的有效手段，但也有明显不足：无法防范通过防火墙以外的其他途径的攻击，不能防止来自内部变节者和不经心的用户们带来的威胁，也不能完全防止传送已感染病毒的软件或文件，以及无法防范数据驱动型的攻击。

4. 防火墙技术的发展

自从1986年美国Digital公司在Internet上安装了全球第一个商用防火墙系统，提出防火墙概念后，防火墙技术得到了飞速的发展。国内外已有数十家公司推出了功能各不相同的防火墙产品系列。

虽然从理论上看，最基本的包过滤型防火墙处于网络安全的最底层，负责网络间的安全认证与传输，但随着网络安全技术的整体发展和网络应用的不断变化，现代防火墙技术已经逐步走向网络层之外的其他安全层次，不仅要完成传统防火墙的过滤任务，同时还能为各种网络应用提供相应的安全服务。另外还有多种防火墙产品正朝着数据安全与用户认证，防止病毒与黑客侵入等方向发展。

2.3.3 虚拟专用网

简单地说，虚拟专用网(VPN)是利用开放的公共网络建立专用数据传输通道，连接远程业务中的分支机构、商业合作伙伴、移动办公人员等，并为数据通信提供一个安全的端到端传输环境的一种广域网技术。从本质上来说，VPN是一种网络互联型业务，通过共享的网络基础设施满足企业的网络互联需求，在网络资源共享的同时保证像专用网络一样，确保用户网络的安全性、可靠性、可管理性。使用VPN服务并不限制网络，它可以建立在互联网或互联网运营商(ISP)的IP网络之上，也可以构造在帧中继(FR)或异步传输模式(ATM)等网络基础设施之上，如图2-12所示。

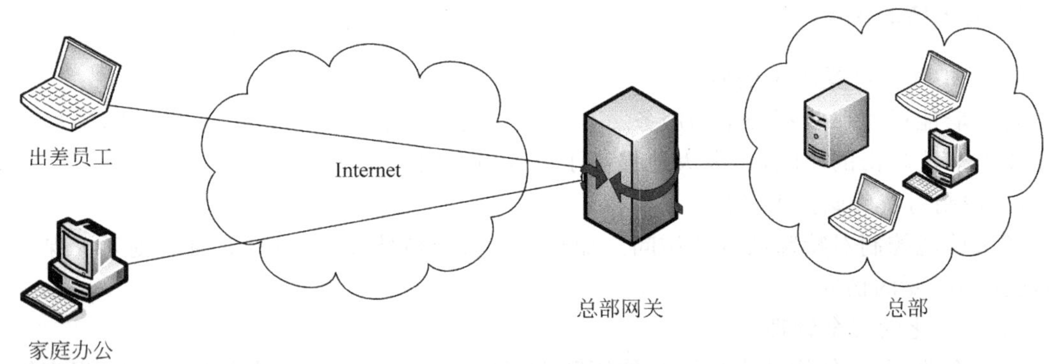

图2-12　VPN技术示意图

VPN使用已加密的通道协议(tunneling protocol)来达到保密、安全、发送端认证、消息准确性等私人消息安全效果。该技术可以在不安全的网络(如互联网)来传输可靠、安全的信息。需要注意的是，加密的消息是可以被控制的，没有加密的虚拟专用网络信息还是存在被窃取的危险。

1. 虚拟专用网的类型

VPN有三种类型：Access VPN(远程访问VPN)、Intranet VPN(企业内部VPN)和

Extranet VPN(企业扩展 VPN),这三种类型的 VPN 分别对应于传统的远程访问网络、企业内部的 Intranet 以及企业和合作伙伴的网络所构成的 Extranet。

1) Access VPN

Access VPN 即移动 VPN,适用于企业内部人员流动频繁或远程办公的情况,在家办公的员工或者出差的员工利用当地 ISP(Internet service provider,Internet 服务提供商)就可以和企业的 VPN 网关建立私有的隧道连接。

2) Intranet VPN

如果要进行企业内部异地分支机构的互联,可以使用 Intranet VPN 方式,这是网关对网关 VPN,它对应于传统的 Intranet 解决方案。

3) Extranet VPN

如果一个企业希望将客户、供应商、合作伙伴或兴趣群体连接到企业内部网,可以使用 Extranet VPN,它对应于传统的 Extranet 解决方案。

2. 支持虚拟专网的相关协议

虚拟专用网是一个非常复杂的技术,涉及很多方面,其中最关键的技术是隧道技术。简单地说,虚拟专用网络实际上是将企业网的数据封装在隧道中,然后开始传输。由于隧道协议比较复杂,所以虚拟专用网络技术也随之变得复杂。隧道协议中最典型的是 L2F、PPTP、L2TP、GRE 等。其中 GRE(generic routing encapsulation)属于第三层隧道协议,IPSec 属于第二层隧道协议。第二层隧道和第三层隧道的根本区别是用户的 IP 数据包在隧道传输中是被封装为何种数据包。

3. 虚拟专网的优点

1) 降低成本

VPN 是利用 Internet 或其他公共网络的现有基础设施,为用户创建一个安全隧道。不需要使用专用线路,如 DDN 和 PSTN,从而节省了专门线路的租金。

2) 易于扩展

如果采用专线连接,实施起来比较困难,在分部增多、内部网络节点越来越多时,网络结构趋于复杂,费用昂贵。

如果采用 VPN,只是在节点处架设 VPN 设备,就可以利用 Internet 建立安全连接,如果有新的内部网络想加入安全连接,只需添加一台 VPN 设备,改变相关配置即可。

3) 保证安全

VPN 技术是利用了可靠的加密认证技术,在建立隧道的内部网络之间,可以保证通信数据的机密性和完整性,确保信息不被泄露或暴露给未授权的实体,保证信息不会被未经授权的实体改变、删除或替换。在目前的网络应用中,除了让外部合法用户通过 VPN 访问内部资源外,还需要内部用户方便地访问互联网,这样可将 VPN 设备和防火墙配合,在保证网络畅通的情况下,尽可能地保证访问安全。

2.3.4 入侵检测技术

入侵检测(intrusion detection)就是检测入侵的行为。通过收集和分析计算机和网络的一些关键点的信息，检查网络或系统中是否存在违反安全策略的行为和被攻击的迹象。进行入侵检测的软件与硬件的组合称为入侵检测系统(intrusion detection system，IDS)。不同于其他的安全产品，入侵检测系统需要更多的智能，它必须能够将得到的数据进行分析，并得出有价值的结果。

入侵检测技术的主要技术手段是实现 P2DR 模型中“Detection”部分。作为一种积极主动的安全防护技术，当出现内部攻击、外部攻击和误操作的时候，可以提供实时保护，在网络系统受到危害之前拦截和响应入侵。因此被认为是防火墙之后的第二道安全闸门，可以在不影响网络性能的情况下对网络进行监测。

1. 入侵检测系统的类型

1) 根据检测对象(信息源)分类

可分为基于主机的和基于网络的入侵检测系统。

(1) 基于主机的入侵检测系统(HIDS)

安装在被保护的主机上，通常用于保护需要运行关键应用的服务器。它通过监视与分析主机的日志文件和审计记录来检测入侵行为。系统日志中包含发生在系统上的不寻常或不期望活动的证据，这些证据可以指出正在进行的入侵或入侵后留下的痕迹；也可以通过其他方式，如监视系统调用等从所在的主机中提取相关信息进行分析。

HIDS 具有配置灵活、监控粒度细、对网络流量不敏感、不需要额外的硬件等优点。然而，它会占用主机的资源，在服务器上产生额外的负载，可移植性也较差，而且无法检测网络攻击。

(2) 基于网络的入侵检测系统(NIDS)

一般安装在需要保护的网段中，利用网络侦听技术实时监视网段中传输的各种数据包，并对这些数据包的内容、源地址、目的地址等进行分析和检测。如果发现入侵行为或可疑事件，入侵检测系统就会发出警报甚至切断网络连接。NIDS 的攻击识别模块通常使用如下技术来识别攻击标志：模式、表达式或字节匹配；频率或穿越阈值；次要事件的相关性；统计意义上的非常规现象检测等。

NIDS 如同网络中的摄像机，自成体系、容易部署。只要在一个网络中安放一台或多台入侵检测引擎，就可以监视整个网络的运行情况，其他的主机无须变动，它的运行不会给原系统和网络增加负担。同时，网络的入侵检测系统无须考虑被保护的操作系统类型及版本问题。基于网络的入侵检测系统可能在黑客攻击造成破坏之前，预先发出警报。其主要缺点在于防欺骗能力较差、难以定位入侵者、交互环境下难以配置等。

2) 根据数据分析方法分类

入侵行为的属性可分为异常(anomaly)和误用(misuse)两种。分别对其建立异常检测模型和误用检测模型，再对入侵行为进行分析。从这个角度看，IDS 可分为异常检测和误用检测两类，这是一种传统的分类方法。

异常检测假定所有的入侵行为都与正常行为不同。通常是先定义一组系统在正常条件下的资源与设备利用情况的数值，如 CPU 利用率、缓存剩余空间等，建立正常活动的模型，然后再将系统在运行时的此类数值与事先定义的原有正常指标相比较，从而得出是否有偏离，以此判断攻击是否发生。该技术的关键是异常阈值和特征的选择，其优点是可以发现新的未知入侵行为，缺点是容易产生误报。

误用检测假定所有入侵行为、手段及其变种都能够表达为一种模式或特征，系统的目标就是检测主体活动是否符合这些模式，因此又称为特征检测。这种方法的关键是如何表达入侵的模式，把真正的入侵行为与正常行为区分开来。因此，入侵模式的表达直接影响入侵检测的能力。其优点是误报少；缺点是只能发现攻击库中已知的攻击，且其复杂性将随着攻击数量的增加而增加。

2. 入侵检测系统关键技术

入侵检测系统研发中涉及的关键技术包括入侵检测技术、入侵检测系统的描述语言、入侵检测的体系结构、移动代理技术、安全部件间的互动协议和接口标准等。入侵检测技术主要关注入侵特征的提取、合并和推理，其中有一些是传统的方法，比如统计分析和模式匹配等。近年来，其他领域的一些技术，如模糊系统、神经网络、遗传算法、免疫系统、数据挖掘、数据融合和协议分析等也被应用到入侵检测系统中。限于篇幅，我们只介绍常见的两种。

1）模式匹配

模式匹配检测是由入侵检测领域的资深专家 Kumar 在 1995 年提出的，是入侵检测领域中应用最为广泛的检测手段和机制之一。模式匹配的方法用于误用检测，通过建立一个攻击特征库，并检查发送过来的数据是否包含这些攻击特征，来判断是不是攻击。这种方法准确率较高，缺点是只能检测已知的攻击，攻击模式库需要不断地更新。另外，对于高速大规模网络，由于要分析处理大量的数据包，系统的速度将会受到影响。

2）统计分析

统计分析方法是产品化 IDS 中常用的方法，通常用于异常检测。SRI International 的 NIDES 是应用统计分析方法的一个典型的入侵检测系统。常用的入侵检测统计分析模型有以下几种。

(1) 操作模型。该模型假设异常行为可通过测量结果与一些固定指标相比较来断定。固定指标可以根据经验值或一段时间内的统计平均得到，如在短时间内多次失败登录，可能是口令尝试攻击。

(2) 方差。计算参数的方差，设定其置信区间，当测量值超过置信区间的范围时，表明有可能是异常。

(3) 多元模型。对操作模型的扩展，通过同时分析多个参数实现检测。

(4) 马尔可夫过程模型。该模型将每种类型的事件定义为系统状态，用状态转换矩阵来表示状态的变化。当一个事件发生时，如果状态矩阵转移的概率较小，则可能是异常事件。

(5) 时间序列分析。将事件计数与资源耗用根据时间排成序列，如果一个新事件在该时间发生的概率较低，则该事件可能是入侵。

(6) 统计分析是一种较成熟的入侵检测方法。其最大的优点是它可以学习用户的使用习惯或日常行为，具有较高的检出率与可用性。但是，入侵者可能通过逐步训练使入侵事件符合正常操作的统计规律，从而穿透系统。

本小节以 P2DR 模型为切入点，讲解网络动态安全的实现，并以此为基础，简单介绍各类相关的网络安全技术。

2.4 网络安全产品

一般来说，根据信息安全产品的功能和应用环境，可以将信息安全产品划分为：平台安全产品、网络安全产品、数据安全产品和用户安全产品等类。下面我们重点介绍其中最重要的一类，也是子分类最多的网络安全产品。

2.4.1 边界类安全产品

本类产品通过网络边界安全技术来防止来自互联网的攻击，主要是防范来自公共的网络服务器的各种攻击，如 HTTP 或 SMTP 的攻击。所谓网络边界，即是采用不同安全策略的两个网络连接处，比如用户网络和互联网之间连接、和其他业务往来单位的网络连接、用户内部网络不同部门之间的连接等。

1. 防火墙类产品(包括安全网关)

本类产品指的是隔离在本地网络与外界网络之间的一道防御系统。防火可以使企业内部局域网(LAN)网络与 Internet 之间或者与其他外部网络互相隔离、限制网络互访用来保护内部网络。典型的防火墙具有以下三个方面的基本特性。

(1) 内部网络和外部网络之间的所有网络数据流都必须经过防火墙。

这是防火墙所处网络位置特性，同时也是一个前提。因为只有当防火墙是内、外部网络之间通信的唯一通道，才可以全面、有效地保护企业内部网络不受侵害。

(2) 只有符合安全策略的数据流才能通过防火墙。

防火墙最基本的功能是确保网络流量的合法性，并在此前提下将网络的流量快速地从一条链路转发到另外的链路上去。防火墙是一个类似于桥接或路由器的、多端口的转发设备，它跨接于多个分离的物理网段之间，并在报文转发过程之中完成对报文的审查工作。

(3) 防火墙自身应具有非常强的抗攻击能力。

这是防火墙之所以能担当企业内部网络安全防护重任的先决条件。防火墙处于网络边缘，它就像一个边界卫士一样，每时每刻都要面对黑客的入侵，这样就要求防火墙自身要具有非常强的抗击入侵本领。

防火墙有许许多多种形式，有以软件形式运行在普通计算机之上的，也有以固件形式设计在路由器之中的。有三种主要类型：包过滤防火墙、应用级网关和状态监视器。

选择防火墙时，要考虑如下性能指标。

1) 吞吐量

吞吐量是指在不丢包的情况下能够达到的最大速率。吞吐量作为衡量防火墙性能的重要指标之一，吞吐量小就会造成网络新的瓶颈，以至于影响到整个网络的性能。

对于中小型企业来讲，选择吞吐量为百兆级的防火墙即可满足需要，而对于电信、金融、保险等大公司大企业部门就需要采用吞吐量千兆级或者更高的防火墙产品。

2) 延时

延时指的是防火墙入口处输入帧最后一个比特到达至出口处输出帧的第一个比特输出

所用的时间间隔。防火墙的时延能够体现它处理数据的速度。

3）丢包率

丢包率指在连续负载的情况下，防火墙设备由于资源不足应转发但却未转发的帧百分比。防火墙的丢包率对其稳定性、可靠性有很大的影响。

4）最大并发连接数

最大并发连接数指穿越防火墙的主机之间或主机与防火墙之间能同时建立的最大连接数。这项性能可以反映一定流量下防火墙所能顺利建立和保持的并发连接数及一定数量的连接情况下防火墙的吞吐量变化。

2．网络隔离产品

这类产品是确保把有害的攻击隔离，在可信网络之外和保证可信网络内部信息不外泄的前提下，完成网间数据的安全交换。

网络隔离产品的安全要点如下。

(1）要具有高度的自身安全性。隔离产品要保证自身具有高度的安全性，至少在理论和实践上要比防火墙高一个安全级别。从技术实现上，除了和防火墙一样对操作系统进行加固优化或采用安全操作系统外，关键在于要把外网接口和内网接口从一套操作系统中分离出来。

(2）要确保网络之间是隔离的。保证网间隔离的关键是网络包不可路由到对方网络，无论中间采用了什么转换方法，只要最终使得一方的网络包能够进入到对方的网络中，都无法称之为隔离，即达不到隔离的效果。

(3）要保证网间交换的只是应用数据。既然要达到网络隔离，就必须做到彻底防范基于网络协议的攻击，即不能够让网络层的攻击包到达要保护的网络中，所以就必须进行协议分析，完成应用层数据的提取，然后进行数据交换。

(4）要对网间的访问进行严格的控制和检查。要确保每次数据交换都是可信的和可控制的，严格防止非法通道的出现，以确保信息数据的安全和访问的可审计性。

(5）要在坚持隔离的前提下保证网络畅通和应用透明。隔离产品会部署在多种多样的复杂网络环境中，并且往往是数据交换的关键点，因此，产品要具有很高的处理性能，不能够成为网络交换的瓶颈，要有很好的稳定性；不能够出现时断时续的情况，要有很强的适应性，能够透明接入网络，并且透明支持多种应用。

3．远程访问安全产品

本类产品是提供远程用户接入内部网络的安全控制与代理服务，如VPN服务器、远程安全代理等功能。

本类产品的安全功能可归纳为两个方面。

(1）为远程用户的安全接入和安全代理。

(2）保护内部网络不受外部攻击，防止内部信息泄漏。

任何提供以上一种或两种功能的产品均可归入本类。

2.4.2 链路级安全产品

1. 虚拟专用网

本类产品使用加密技术和安全协议提供数据链路层的安全服务，分为虚拟专用网和安全协议产品。

虚拟专用网通过对网络数据的封包和加密传输，在公网上传输私有数据，达到专用(私有)网络的安全级别。在传输中为了保证数据的保密性和完整性，VPN提供专用链路，采用加密和隧道协议。

VPN的建立有三种方式：一种是企业自身建设，对ISP透明；第二种是ISP建设，对企业透明；第三种是ISP和企业共同建设。

VPN产品选择主要从安全性、稳定性、性能和服务质量保证、是否支持动态IP、可管理性和可扩展性，以及是否支持移动用户等方面进行考虑。

1) 安全性

安全性是VPN的首要目标。要确保加密算法能够保证数据不被侦听或篡改，确保接入用户身份的唯一性。另外，还应能控制用户对内网资源的访问权限，做到指定人访问指定资源。

2) 稳定性

要实现数据实时传送要求一个稳定的网络基础。利用各种技术手段，保证在网络出现故障时能够迅速检测和恢复。有足够的备份和负载均衡技术，确保部分网络瘫痪时仍有备份网络，保证VPN正常运作。

3) 性能和服务质量保证

VPN产品的性能会影响VPN所能容纳的计算机、网络容量和传输效率，服务质量确保重要的业务应用数据能够得到优先传送。

4) 是否支持动态IP

这点对于ADSL连接的许多用户来说非常重要。因我国IP地址资源缺乏，目前常用的因特网接入方案都是由ISP为接入用户动态分配临时IP地址。如果企业的两个分支机构均采用动态IP地址方式接入因特网，那么这两个分支机构之间的VPN隧道策略参数必须进行动态调整。

5) 可管理性和可扩展性

VPN是跨区域的，如何对整个VPN网络进行有效的管理、维护和监控，使用户能够自主管理重要的基础网络平台，是用户必须要考虑的问题。同时，用户还需要考虑现有的VPN系统是否能够适用于未来快速发展的因特网技术，以确保系统的扩展性。

6) 是否支持移动用户

如何将越来越多的移动用户纳入公司整体网络，帮助移动用户安全、方便地访问公司资源，也是建设VPN网络需要解决的问题。用户在选择VPN产品时必须清楚其是否支持移动功能。

2. 安全协议产品

本类产品使用安全性高的安全协议，如IPSec等，来提高数据链路层的安全性。

2.4.3 检测类安全产品

检测类产品根据其检测对象和应用场景不同，形成了多种产品。其中，最有代表性的产品是入侵检测系统。

入侵检测系统是一种网络安全设备或应用软件，可以对网络传输进行即时监视，在发现可疑传输时发出警报或者采取主动反应措施。它与防火墙的不同之处在于，IDS 是一种积极被动的安全防护技术。IDS 最早出现在 1980 年 4 月。该年，James P. Anderson 为美国空军做了一份题为 *Computer Security Threat Monitoring and Surveillance* 的技术报告，在其中他提出了 IDS 的概念。20 世纪 80 年代中期，IDS 逐渐发展成为入侵检测专家系统(IDES)。1990 年，IDS 分化为基于网络的 N-IDS 和基于主机的 H-IDS，后又出现分布式 D-IDS。

入侵检测系统的性能参数如下。

1. 准确性(accuracy)

准确性指 IDS 正确地识别入侵的能力，当一个 IDS 的检测不准确时，就有可能把系统中的合法活动当作入侵行为，称之为误报。

2. 处理效率(performance)

处理效率指一个 IDS 处理数据源数据的速度。显然，当 IDS 的处理性能较差时，它就不可能实现实时的 IDS，并有可能成为整个系统的瓶颈，进而严重影响整个系统的性能。

3. 完备性(completeness)

完备性指 IDS 能够检测出所有攻击行为的能力。如果存在一个攻击行为，无法被 IDS 检测出来，那么该 IDS 就不具有检测完备性。也就是说，它把对系统的入侵活动当作正常行为(漏报现象)。由于在一般情况下，攻击类型、攻击手段的变化很快，我们很难得到关于攻击行为的所有知识，所以关于 IDS 的检测完备性的评估相对比较困难。

2.4.4 网络节点类安全产品

本类产品是涉及网络各级节点的安全性设备，包括安全路由器(交换机)、安全服务器、安全终端等。

1. 安全路由器(交换机)

本类产品通常是集常规路由与安全功能于一身的网络安全设备。该设备将路由技术、VPN 技术和防火墙技术集成于一身。从主要功能来讲，它还是一个路由器，主要承担网络中的路由交换任务。

本类产品的安全功能可归纳为四个方面。

(1) 网络的互连。路由器面向网络层的数据报，高性能安全路由器除了可以实现不同的局域网的互连，还可以实现局域网与广域网的互连以及广域网与广域网的互连。为此，这类路由器必须具有如下几个功能：地址映射、数据转换、路由选择和协议转换。

(2) 网络的隔离。路由器不仅可以根据局域网的地址和协议类型，而且可以根据网络号、主机的网络地址、地址掩码、数据类型(如高层协议是文件传输、远程登录还是电子邮件)来监控、“拦截”和过滤信息。

(3) 流量的控制。路由器可以有很强的流量控制能力，可以采用优化的路由算法来均衡网络负载，从而有效地控制拥塞，避免因拥塞而使网络性能下降。

(4) 网络和信息安全维护。路由器通过身份认证、加密传输、分组过滤等手段对路由器自身及所连网络提供安全保障；对进出网络的信息进行安全控制；同时还具有安全管理功能，包括安全审计、追踪、告警和密钥管理。

2. 安全服务器

本类产品通过软件与硬件结合，使用加密技术、安全操作系统技术、软件及硬件防护墙等安全技术为网络提供可信的安全访问接口，系统的每个层次之间都有一个可信的接口，通过可信的接口互联、互通、互操作。用户都将接受管理层可信产品的管理，统一配置策略、查询、审计等。通过安全服务器，用户在一个界面上就能够兼顾到服务器范围内安全的各个方面。提供安全操作系统＋安全应用系统＋普通服务器。安全服务器主要涉及以下几方面的技术：一是安全的操作系统，二是访问控制技术，三是加密技术，四是硬件的可靠性。

本类产品是安全网络系统，即从网络系统的设计、实现、使用和管理各个阶段遵循一套完整的安全策略的网络系统。

任何具有不同安全级别的安全网络系统均可归入本类。

3. 安全终端

本类产品是提供网络终端节点的高安全性能，通过软件或硬件方式增强终端的安全性，如通过内置软件或硬件防火墙、高安全级别的操作系统、系统保护卡等各种安全手段方式提供远高于普通终端的安全性。

第2章　课后习题

1. 简述加密技术的定义，举出三种加密技术并阐明其加密过程。
2. 简述数字签名的概念。请说明数字签名的实现方法。
3. 请说明数字证书的颁发过程及数字证书的特点。
4. 数字认证中心的组成及其功能是什么？
5. OSI 安全服务包括哪些？OSI 安全机制包括哪些？举例说明两者的关系。
6. 详细说明 Kerberos 认证协议的认证过程。
7. 请概述 RADIUS 认证机制的工作原理。
8. 什么是消息新鲜性？为保证消息安全性，有哪些安全机制？并简单说明它们的工作原理。
9. 简述 P2DR 模型的含义，并简单介绍其基本原理。
10. 防火墙技术有哪些类型？请对比其优缺点。

11. 请说明入侵检测系统类型及其关键技术。
12. 选择防火墙需要考虑哪些性能指标?
13. 选取 VPN 技术需要考虑哪些性能指标?
14. 交换机的安全功能包括哪几个方面?请简要说明。

参考文献

[1] 黄志清.网络安全中的数据加密技术研究[J].微型电脑应用,2000(5).
[2] 张建标,赖英旭,侍伟敏.信息安全体系结构[M].北京:北京工业大学出版社,2011.
[3] 王德秀.信息安全服务与安全机制管理[J].电信快报,2008(6).
[4] 李增智,刘康平,王志文.基于OSI网络的安全管理[J].微电子学与计算机,2000(2).
[5] 杨坚争.电子商务认证机构问题研究[J].计算机工程,1999.
[6] 李中献,詹榜华,杨义先.认证理论与技术的发展[J].电子学报,1999(1).
[7] 董泽浩.电子商务中基于哈希算法的身份认证机制[M].合肥:合肥工业大学,2002.
[8] 张连成,王振兴,苗甫.网络流量伪装技术研究[J].计算机应用研究,2011(7).
[9] 廖卫民.口令认证密钥交换新协议[M].广州:广州大学,2006.
[10] 唐正军,李建华.入侵检测技术[M].北京:清华大学出版社,2004.
[11] 骆耀祖.网络安全技术[M].北京:北京大学出版社,2009.
[12] 杜晔,张大伟,范艳芳.网络攻防技术教程[M].2版.武汉:武汉大学出版社,2008.
[13] 书缘工作室.电子商务安全[M].北京:人民邮电出版社,2001.
[14] 何宝宏.IP虚拟专用网技术[M].北京:人民邮电出版社,2002.
[15] 李剑.入侵检测技术[M].北京:高等教育出版社,2008.
[16] 步山岳,张有东.计算机信息安全技术[M].北京:高等教育出版社,2005.
[17] 于九红.网络安全设计[M].上海:华东理工大学出版社,2012.
[18] 李剑,等.信息安全产品与方案[M].北京:北京邮电大学出版社,2008.

第3章 电子交易安全

在介绍了信息安全的基础知识和技术后，本章重点介绍与电子交易相关的安全技术。本章将从电子交易过程的安全性、交易信息安全以及电子交易的信任机制三个方面进行阐述，见图3-1。

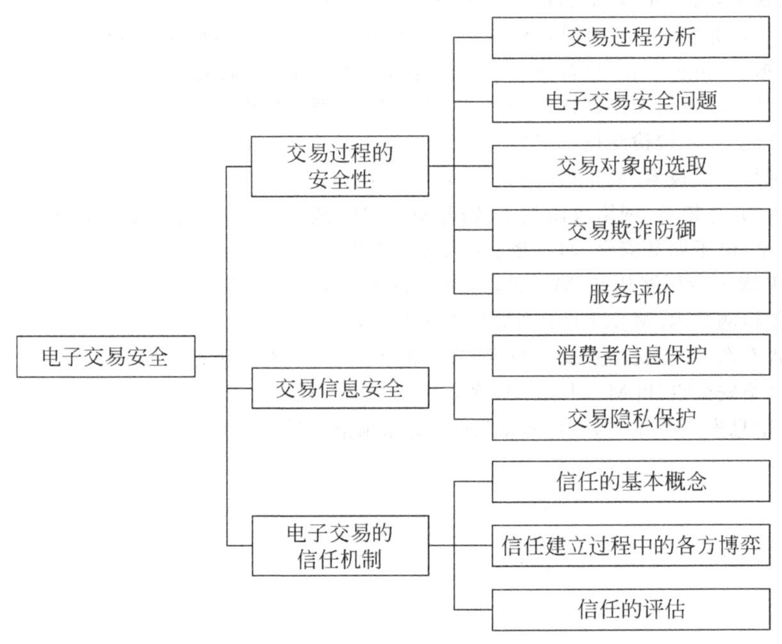

图3-1 本章主要内容结构

3.1 交易过程的安全性

电子商务的核心是网上交易，尤其是通过公共的因特网将众多的社会经济成员联系起来的网上交易更是成为发展的热点。根据中国互联网络信息中心(CNNIC)发布的《2013年中国网络购物市场研究报告》显示，2013年网络购物市场继续快速向前发展，交易金额达到1.85万亿元，较2012年增长40.9%。截至2013年12月，我国网络购物用户规模达到3.02亿人，较上年增加5987万人，增长率为24.7%，使用率从42.9%提升至48.9%。在当前电子商务快速发展的过程中，电子交易的安全问题还没有得到很好的解决，电子商务交易面临一系列安全隐患。

3.1.1 交易过程分析

与传统交易活动一样，电子商务交易也可分为三个阶段：交易前、交易中、交易后，只不过电子商务交易主要借助于互联网这个媒介，而不再是传统交易的面对面的方式。

1. 交易前：买方与卖方的准备

这一阶段主要是指买卖双方和参加交易各方在签约前的准备活动。

买方根据自己要买的商品，准备购货款，制订购货计划，进行货源市场调查和市场分析，反复进行市场查询，了解各个卖方所属地的贸易政策，修改和完善购货计划和进货计划。非个人的买方，可能还需要确定和审批购货计划，再按计划确定购买商品的种类、数量、规格、价格、购货地点和交易方式等，尤其要利用 Internet 和各种电子商务网络寻找自己满意的商品和商家。

卖方根据自己所销售的商品，召开商品新闻发布会，制作广告进行宣传，全面进行市场调查和市场分析，制订各种销售策略和销售方式，了解潜在买方所属国的贸易政策，利用 Internet 和各种电子商务网络发布商品广告，寻找贸易伙伴和交易机会，扩大贸易范围和商品所占市场的份额。其他参加交易各方包括中介方、银行金融机构、信用卡公司、海关系统、商检系统、保险公司、税务系统、运输公司也都为进行电子商务交易做好准备。

2. 交易中：交易谈判、签订合同与办理手续

这一阶段分为两个部分。交易谈判、签订合同主要是指买卖双方对所有交易细节进行谈判，将双方磋商的结果以文件的形式确定下来，即以书面文件形式和电子文件形式签订贸易合同。电子商务的特点是可以签订电子商务贸易合同，交易双方可以利用现代电子通信设备和通信方法，经过认真谈判和磋商后，将双方在交易中的权利，所承担的义务，对所购买商品的种类、数量、价格、交货地点、交货期、交易方式和运输方式、违约和索赔等合同条款，全部以电子交易合同做出全面详细的规定，合同双方可以利用电子数据交换(EDI)进行签约，可以通过数字签名等方式签名。

办理手续主要是指买卖双方签订合同后到合同开始履行之前办理各种手续的过程，也是双方贸易前的交易准备过程。交易中要涉及有关各方，即可能要涉及中介方、银行金融机构、信用卡公司、海关系统、商检系统、保险公司、税务系统、运输公司等，买卖双方要利用 EDI 与有关各方进行各种电子票据和电子单证的交换，直到办理完可以将所购商品从卖方按合同规定开始向买方发货的一切手续为止。

3. 交易后：交易合同的履行和索赔

这一阶段是从买卖双方办完所有手续之后开始，卖方要备货、组货，同时进行报关、保险、取证、信用等，卖方将所购商品交付给运输公司包装、起运、发货，买卖双方可以通过电子商务服务器跟踪发出的货物，银行和金融机构也按照合同处理双方收付款、进行结算、出具相应的银行单据等，直到买方收到自己所购商品，完成了整个交易过程。索赔是在买卖双方交易过程中出现违约时，需要进行违约处理的工作，受损方要向违约方索赔。

图 3-2 所示为电子商务交易过程。

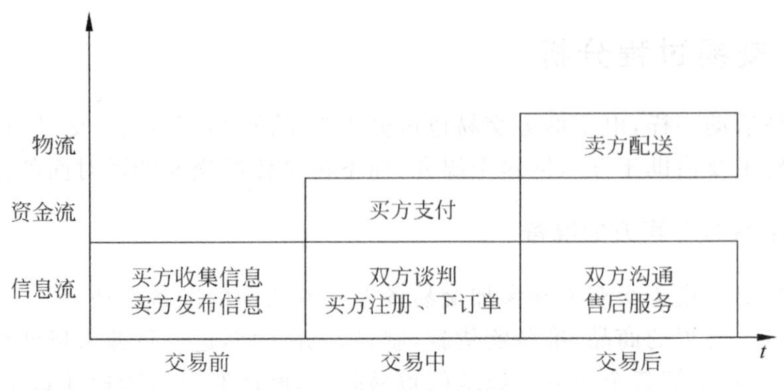

图 3-2 电子商务交易过程

3.1.2 电子交易安全问题

电子交易的安全现状不容乐观。首先是依靠网络的电子交易必须面临着现在各种各样的网络安全问题，而且直接涉及经济信息的电子交易是不法分子攻击的重灾区，所以一旦电子交易的安全出现问题，便会导致直接的经济利益损失。从官方发布文件《2012 年中国互联网违法犯罪问题年度报告》来看，形势是触目惊心的。2011 年 7 月至 2012 年7 月，中国估计有超过 2.57 亿人成为网络犯罪受害者，直接经济损失达人民币 2890 亿元。同一时期，被网络犯罪侵害的在线成人达 72%(即每天有超过 70 万名中国网民遭受网络犯罪的侵害，每分钟有 489 名受害者)，平均每位网络犯罪受害者蒙受的直接经济损失达到人民币 1126 元。其中电子交易占很大一部分，而且这种情况并未得到改善。由 360 互联网安全中心基于大数据统计分析而发布的《2014 年上半年中国网购安全报告》显示，2014 年上半年 360 网购先赔服务共接到网络欺诈报案约 1.3 万例，占开启网购先赔服务用户的比例接近万分之一。这意味着，每一万名网购消费者中，就有一个人实际遭遇网购损失。网络欺诈手法花样百出，层出不穷，让人防不胜防。案例一：资深股民高先生在浏览股市信息时，无意中发现了一个名为“国金证券”的网站，该网站每天推荐三只包涨停的股票。为了提前看到推荐的股票，高先生按网站的要求，汇去了 9888 元“入会费”，正式成为该网站的会员。后来该网站又以要求“验证”客户资金为由，要求高先生汇入更多的资金到对方指定的账户。可是接下来几天过去，网站并没有归还其资金，高先生想再联系该网站的时候，却发现电话打不通，网站也已经注销。案例二：最近有一个网友上淘宝购物，于是卖家通过即时通信软件，给网友发了一个 RAR 的压缩包。解压后是个类似“图片”的文件，可是当网友运行以后提示错误，于是卖家声称“发成店铺装修工具了”。首先网友下了一笔 39 000 元的订单，接着又下了第二个 7800 元的订单，可是网银支付成功后返回淘宝确认的页面居然出现错误。后来网友发现自己的钱已经被银行扣除，才知道自己已经被骗了四万多块钱。这些案例可以说是电子交易中的典型案例。而 2012 年还发生了一件举世瞩目的“浮云”木马网银盗窃案，江苏省徐州警方破获将木马程序植入受害人计算机、窃取网银资金案，警方抓获一犯罪团伙嫌疑人 50 余名，涉案金额 1000 余万元，木马可以轻易攻破 20 多家银行的网银系统，让人不寒而栗。

1. 交易信息安全

电子交易安全指电子商务交易在网络媒介中体现出来的安全问题，也就是要实现电子商务交易信息的保密性、完整性、真实性和不可抵赖性。

信息安全是指由于各种原因引起的信息泄露、信息丢失、信息篡改、信息虚假、信息滞后、信息不完善等，以及由此带来的风险。具体的表现有：个人私密信息被盗取；窃取商业机密；泄漏商业机密；篡改交易信息，破坏信息的真实性和完整性；接收或发送虚假信息，破坏交易、盗取交易成果；伪造交易信息；非法删除交易信息；交易信息丢失；病毒破坏；黑客入侵等。如果信息被非法窃取或泄露，可能给有关企业和个人带来严重的后果和巨大的经济损失。如果不能及时得到准确、完备的信息，企业和个人就无法对交易进行正确的分析和判断，无法做出符合理性的决策。非法删除交易信息和交易信息丢失可能导致经济纠纷，给交易的一方或多方造成经济损失。最常见的信息风险是信息的非法窃取和泄露，它往往引起连锁反应，形成后续风险，这也是目前企业和个人最担心的问题。信息风险的典型表现是网络欺诈，它不仅使厂商和消费者在经济上蒙受重大损失，更重要的是可能会打击人们对电子商务这种新的经济形式的信心。

在早期的电子交易中，曾采用过一些简单的安全措施。例如将网上交易中最关键的数据如信用卡号码及成交数额等用电话告知，以防泄密，网上交易后再用其他方式对交易做确认，以保证其真实性和不可抵赖性。这些方法不仅操作不便，而且有一定的局限性，也不能实现其真正的安全性。电子商务安全中普遍存在以下几种信息安全隐患。

1）窃取信息

由于未采用加密措施，数据信息在网络上以明文形式传送，入侵者在数据包经过的网关或路由器上可以截获传送的信息。通过多次窃取和分析，可以找到信息的规律和格式，进而得到传输信息的内容，导致消费者消费信息、账号密码和企业商业机密等信息的外泄。

2）篡改信息

当入侵者掌握了信息的格式和规律后，通过各种技术手段和方法，将网络上传送的信息数据在中途修改，然后再发向目的地，从而破坏信息的真实性，入侵者通过改变信息流的次序，更改信息的内容，删除信息的某些部分，甚至在信息中插入一些附加内容，使接收方做出错误的判断与决策。这种方法并不新鲜，在路由器或网关上都可以做此类工作。

3）信息假冒

由于掌握了数据的格式，并可以篡改通过的信息，攻击者可以冒充合法用户发送假冒的信息或者主动获取信息，而远端用户通常很难分辨。常见的方式有伪造用户和商户的收订货单据，套取或修改相关程序的使用权限等。

4）恶意破坏

由于攻击者可以接入网络，则可能对网络中的信息进行修改，掌握网上的机要信息，甚至可以潜入网络内部，其后果是非常严重的。

2. 交易财产安全

财产安全是指在进行电子商务交易时由于各种原因造成电子商务参与者面临的财产或利益安全。财产安全一直都是广大网民最关心的也是最担心的问题，因为财产安全直接涉及网民最根本的利益。财产安全往往是电子商务安全问题的最终表现形式，也是信息安全问题和交易安全问题结果的表现。财产安全问题主要表现为财产损失和其他经济损失。前者如：客户的银行资金被盗取；交易者被冒名，其财产被窃取。后者如：信息的泄露、丢失，使企业的信誉受损，经济遭受损失；遭受网络攻击或故障，企业电子商务系统效率下降甚至瘫痪等。如果财产安全得不到保证的话，相信电子商务也很难取得进一步的发展。

3. 信任问题

1）主要表现

（1）网络欺诈时有发生

网络欺诈是网民在网络购物时最常见的问题。电子商务经营者实施的网络欺诈行为主要是利用网络交易的虚拟性、间接性特征，发布虚假的或者不完整的商品信息诱导网上购物者，诈骗网上购物者的购物款。

（2）虚假信息充斥网络

在网络这一新兴媒体中，发布信息不再像传统媒体那样会受到那么多的制约，而且由于网络的虚拟特点，一般消费者即使觉察到信息的错误，也很难向发布信息者进行追究，甚至根本就不知道网络企业的地址。在网络上，由于双方没有发生直接面对面的接触，仅仅通过网络上的简单的字符认识对方，对于对方所提供信息的真实性难以判断。一些不诚信的商家利用这一点发布虚假的商品信息，夸大其词，吸引消费者；注册虚假的个人信息，使消费者在仅仅通过网络平台的情况下，即使察觉也难以找到其本人。虚假信息一方面误导消费者，另一方面也给网络监管和消费者维权增加难度。因此，一些网络企业便表现得肆无忌惮，在网上发表各种各样的虚假信息，或者制造出各种各样的虚假新闻，以此来吸引消费者或创造所谓的点击率，从而扩大自己的商业影响，谋求经济效益。这种高度自由化的垃圾信息的出现，阻碍了正常的电子商务信息的传播，扰乱了健康的电子商务网络信息环境，进而在一定程度上影响了消费者对电子商务的信任感。

（3）假冒伪劣商品泛滥

电子商务虽然在诸多方面对传统商业交易有所改进，但电子商务交易双方无法面对面完成交易，消费者不能亲自对商品试用鉴别，这就使得消费者很难及时分辨商品的真假、质量的好坏等，也为假冒伪劣商品的泛滥提供了机会。

（4）消费维权困难重重

近年来，在每年的“3·15”消费者权益保护活动上，与电子商务相关的消费者投诉呈直线上升态势。从已公布的这些消费者投诉案例来看，这些案件普遍具有虚拟性、技术含量高、跨区域的特点，消费者一旦发生消费纠纷，因为电子商务交易的虚拟性、匿名性、时空分离（支付与配送的时间分离、顾客与商家之间的空间分离）等特征，使得侵权方难找到、侵权证据难掌握、侵权责任难认定、侵权赔偿难落实，维权困难重重。

正是这些问题导致我国的电子商务信任正在一步步流失，这也最终影响着消费者的购买动机、满意度、忠诚度及推荐给他人。由此可见，我国要发展电子商务必须高度重视电子商务信任问题。

（5）信用评价问题

信用评价的出现是电子商务的进步，消费者通过评价了解卖家的信用及商品。信用评价是判断卖家诚信与否的重要标准，信用越高，消费者越容易信赖，说明了货物更可信，附加的商业价值就越高。正是网络诚信的高价值，有些商家为了提高信用度，进行信用炒作，网络上也出现了专门的信用炒作机构，也有些卖家为了攻击竞争对手，购买对方商品并恶意评价,网络上也出现了专门恶意差评的人,我们称之为“职业差评师”。淘宝上信用炒作十分严重,虽然淘宝也严厉打击,但是屡禁不止。目前,我国一些主要的电子商务网站,如淘宝网、拍拍网、eBay等都有各自的评价管理系统。以市场份额最大的淘宝为例,在淘宝上,几乎绝大多数的卖家都有刷信用的意识,比如一笔交易分成多次完成,以累积交易量或朋友之间相互买东西,创造虚假的交易。不仅信用低的卖家会通过这种手段提高信用,即使是信用高的“皇冠”卖家也会通过信用炒作来增加产品的人气和销量。

炒作信用对于消费者来说是一种欺诈行为,它蒙蔽了消费者,侵犯了消费者的知情权;对于卖家,则构成了不正当竞争。同时如果“虚假信用”不能得到及时打击,消费者一旦被“虚假信用”所蒙蔽,就可能蒙受一些损失,打击网络消费信心,深深地伤害了这一行业。

2) 应对策略

(1) 健全法律法规体系

近年来我国已经出台了一些有关法规,如《中华人民共和国电子签名法》、《国务院办公厅关于加快电子商务发展的若干意见》、《电子商务模式规范》、《非金融机构支付服务管理办法》和《网络购物服务规范》等相关法律法规,并在2014年3月正式实施修订后的新版《中华人民共和国消费者权益保护法》,但这与网络经济发展的要求相比还有不小的差距。如电子商务网站质量和服务方面的问题、电子商务操作的基本规则方面的法律问题、电子商务安全性方面的法律问题、信息基础设施和市场准入方面的法律问题、电子商务中的知识产权保护、司法管辖及法律冲突、电子商务中的税赋和关税问题等,都没有相应的法律法规进行规范。

要改善这些问题,一方面要在传统法律环境建设的基础上,通过对传统法律条文的修改或增加,实现对电子商务相关行为的规定;但另一方面,由于在实际生活中,消费者处于弱势地位,且他们在网上商店所购商品价值较小,依靠司法体系的解决方式也比较烦琐,对欺诈方的惩罚也更多地局限在对用户进行警告,对账户进行冻结、取消等方面,存在威慑力不强等情况。因此,也要加强对法律的监督执行。

(2) 推行隐私保护机制

由于在购物过程中需要向网站提供个人信息(姓名、住址、电话、E-mail等)以便于配送,消费者非常担心其个人隐私信息能否得到安全的保护和合理的使用。但目前国内的网站基本上意识不到保护用户隐私的重要性,这导致很多用户信息被盗用或买卖,严重损害了消费者的利益。目前国际上常用的两种有效降低用户隐私关注的策略是隐私声明和隐私保护。隐私声明是在商户的信息中告知用户将收集哪些信息,如何存储、使用与保护信息。而隐私标识则是由独立的第三方隐私认证机构所颁发给那些通过其审查的网站的符号,表明网站的隐私保护操作能够有效地保护用户的信息隐私。

(3) 建立安全认证机制

身份欺诈是网上欺诈的主要形式,为后期交易的其他欺诈埋下了祸根。因为在交易伊始对交易方身份识别错误的前提下,后期再好的信任机制也徒劳无益。因此,要给交易者创造一个安全环境,首先需建立一个能对网络交易双方身份进行验证,对网上传递的信息给予证实的机构——网上认证机构(CA)与体系。

(4) 发展第三方支付安全机制

第三方网上支付体系是目前电子商务发展的一个焦点,它通过与银行紧密合作,作为第三方监管和技术保障的中介，安全实现客户间不同种类银行卡的在线货币支付、现金流转、资金清算、查询统计等，促进资金流动，同时将收款方与付款方隔离，有效地防止了资金欺诈和隐私泄漏，打开了制约电子商务发展的瓶颈，满足了电子商务中商家和消费者对信誉和安全的要求。它的出现和发展给电子商务发展带来了全新的生机和活力。

3）主要影响因素

（1）交易方的信誉

在电子商务条件下，交易双方是彼此看不见的，关于交易伙伴和产品的信息不可能完全掌握，参与交易将面临较大的风险。因此，与传统商务相比，电子商务条件下的信誉显得更加重要。

（2）交易历史

在电子商务中，交易历史包括顾客与多个商家的交易情况，以及商家与多个顾客的交易情况。如果顾客对商家提供的产品或服务不满意，他们可以将这种经历反映给负责管理商家信誉的可信任权威，从而对该商家的信誉产生影响。

（3）信任方的个性

信任方的信任水平与他的主观因素有关，如对潜在盈利的估计、风险偏好等。在同等条件下，不同实体的信任水平也不相同。

（4）文化背景

从社会学的角度讲，信任是社会关系的一个重要维度，是与社会结构和文化规范密切相关的社会现象。也就是说，信任与人文背景有关，由于社会文化的差异，不同社会中的信任度差别很大，这一现象已得到理论和实践两方面的证实。

3.1.3 交易对象的选取

在市场经济中，为了防范风险和提高交易的成功率，对于交易对象的选取是非常重要的。而交易对象的选取，又受到成本、场所和服务质量等因素的制约。

1. 交易成本因素

交易成本经济学认为，交易活动是稀缺的，交易成本不为零。企业存在就是为了节约交易成本。电子商务是与传统交易完全不同的一种交易形式，它能通过降低企业交易前、交易中和交易后的交易成本，降低企业的边际交易成本水平。由于边际交易成本水平的降低，企业边际组织成本必然相应降低，从而导致企业规模变小。企业在电子商务条件下进行投资决策时必须考虑到这种变化。

首先，我们要理解交易成本的含义。

利斯(R. H. Coase)在其1939年发表的著名论文《企业的性质》(*The Nature of the Firm*)中认为，交易成本是获得准确的市场信息所需要付出的费用，以及谈判和经常性契约的费用。后来交易成本经济学的又一代表人物奥利弗·威廉姆森(Oliver Williamson)认为，交易成本分为两部分：一是事先的交易成本，即为签订契约、规定交易双方的权利、责任等所花费的费用；二是签订契约后，为解决契约本身所存在的问题，从改变条款到退出契约所花费的费用。可以说，到目前为止，交易成本这个概念在经济学上完全可以与价格、分工等基本范畴等量齐观。

电子商务下企业交易成本的构成并没有与传统交易有本质的区别，仍然要包括度量、界定和保证产权(即提供交易条件)的费用，发现交易对象和交易价格的费用，讨价还价的费用，订立交易合约费用，执行交易的费用，监管违约行为并对之制裁的费用，维护交易秩序的费用等。电子商务下的企业仍然是为了节约交易成本而存在，但是电子商务本身具有的有别于传统交易的不同特点，使企业的交易成本具有很多独特之处。下面按交易过程对电子商务下交易成本的不同点进行分析。

交易前的成本。在进行交易之前，交易双方都需要进行信息的搜索，以找到合适的交易对象。现在随着全球一体化的发展和世界市场的形成，企业在交易之前所发生的成本在整个企业交易成本中占的比重越来越大。在传统交易中，交易双方的沟通需要经过许多不同的媒介，进行协调很困难。但在电子商务条件下，网络作为众多企业和客户进行交易的虚拟市场，任何企业或客户都可以使用一些专门的网络搜索引擎，方便快捷地收集到很多对方的信息，然后从中选择合适的进行交易。同样，电子商务条件下的广告不再是单向的信息流动，企业通过网络能够取得广告效果的反馈信息，从而可以更加容易地对客户的行为方式和偏好进行跟踪，改进生产或营销策略。因此，交易双方可以在网络中直接相互接触，相互选择，显著降低了搜索成本，缩短了搜索的时间，促进了交易的达成。

交易过程中的成本。完成信息的搜寻之后，交易双方开始接触，就交易的条款进行协商，最终达成合同。达成合同后，交易双方必须履行各自的责任，划拨款项，提供商品或服务。传统交易条件下，当企业和客户之间期望建立一种交易关系后，复杂的交易过程不仅加大了签约过程中的成本，而且延长了交易的时间。而在电子商务条件下，交易双方可以通过网上协商各种条款，直接在网上签订合同，避免了签约人员的奔波之苦和减少成本的支出。同时，通过各种网上的电子账单可以实现款项的直接划拨。这样，电子商务就加速了交易过程，降低了交易的签约和执行成本。

交易后的成本。交易双方在交易完毕之后，并不就是银货两讫，两不相干了，企业还应对商品使用或接受服务过程中出现的问题加以解决。在这些问题中，一些小的问题会最经常出现，这些问题在技术人员的指导下客户完全有能力解决。解决这些问题的费用是企业交易成本的另一个重要构成部分。传统交易条件下，客户在使用商品或接受服务过程中出现了这些问题之后，需将这些问题反馈到企业的服务部门，然后交由企业的技术部门解决。问题反馈到企业需要一定的时间，企业解决问题还需要一定时间。这样企业必须同时设立专门接受问题的机构和解决问题的机构，增加了成本支出，同时还延误了问题的解决，给客户带来了不便甚至损失。电子商务条件下，一旦货物或服务出现问题，客户可以随时将信息反馈到企业的信箱或网站中，可以与企业专门设立的网上技术服务人员进行交流，在他的指导下实现问题的快速解决。所以，电子商务减少了冗余人员和售后成本，缩短了问题解决的时间和与客户的距离，方便了客户，为下一次交易的成功奠定了基础。

2. 交易场所因素

整体来看，中国网络购物发展环境向好。网购市场发展面临的政策环境更加宽松，市场内部结构和环境也更趋优化。同时，随着互联网普及率的持续上升，网民对互联网的使用也更加成熟，但也存在着不少问题。

其一，国内缺乏统一的物流配送市场，影响网民的网购热情。逐步增多的物流公司和配送系统不仅给交通系统增加了压力,也使得物流行业呈现高度分散化的局面。而物流行业整体的改进则需要政府、企业和相关行业协会的共同协作。

其二,售后服务的责权划分不明确,相关服务的保障性不强。作为新的经济形式,我国网络购物行业目前还没有纳入国家统一口径管理。尤其是在网络交易的服务纠纷上,虽然有一些行业标准,但是都还没有上升到法律的高度。目前,对网购消费者的服务和保护大多是网商自发的行为,服务的规范性还有待加强。

其三,网络安全诚信环境较差,制约网购市场向更大规模发展。目前,我国网民对在网上开展商务活动的信任度较低,仅有 29.2%的网民认为网上交易是安全的,不到四成的网民愿意在网上填写真实信息。安全性担忧是消费者不愿意进行网络交易的重要原因。为了促进网络购物市场向更大规模发展,安全可信的网络交易环境的建立刻不容缓。

3. 服务质量因素

服务与人们的生活息息相关,服务理念和服务态度已经成为企业文化的重要组成部分,也是企业外部形象塑造是否成功的关键所在。对于什么是服务,不同的专家学者进行了不同的定义。ISO 9004-2：1991《质量管理和质量体系要素第 2 部分：服务指南》中"服务"的定义是："服务(Service)为满足顾客的需要,供方与顾客接触的活动和供方内部活动所产生的结果。"

不可感知性是服务最为显著的一个特征,它可以从三个不同的层次来理解。第一,服务的很多元素看不见,摸不着,无形无质；第二,顾客在购买服务之前,往往不能肯定他能得到什么样的服务,因为大多数服务都非常抽象,很难描述；第三,顾客在接受服务后通常很难察觉或立即感受到服务的收益,也难以对服务的质量做出客观的评价。正因为服务的不可感知性,许多服务业为了变不可感知为可感知,常常通过服务人员、服务过程及服务的有形展示,并综合运用服务设施、服务环境、服务方式和手段等来体现。

B2C 电子商务服务质量评价影响因素模型见表 3-1。

表 3-1 B2C 电子商务服务质量评价影响因素模型

服务质量特性	服务质量指标	服务质量特性	服务质量指标
交易安全性	交易安全机制	响应性	服务的柔性
	个人隐私保密性	服务完整性	提供的付款方式的灵活性
	交易过程的安全性		产品的准备速度
可靠性	承诺履行情况		产品配送方式及速度
	承诺兑现的时间		售后服务情况
	解决问题的真诚性		顾客信息反馈的便利性
	服务信息的准确性	移情性	个性化服务
有形性	网页整体设计		定制化服务
	网站界面友好程度		便利服务
	页面反应速度		关心顾客
	交易流程设计	补救性	顾客投诉处理机制
响应性	处理顾客要求时的快捷性		补救性服务措施的完整性
	顾客获得帮助时的等待时间		补救性服务提供的速度

3.1.4　交易欺诈防御

在网络贸易欺诈案件中，主要有四大主流欺诈类型：收款不发货、严重货不对板、虚假订单、收货不付款。

对于欺诈的定义，各国法律有不同的司法解释。美国《布莱克法律辞典》对欺诈的解释为：欺诈是指故意歪曲事实，诱使他人依赖于该事实而失去属于自己的有价财产或放弃某项法律权利。通过语言或行为，通过说谎或错误引导，或者隐瞒应该披露的事实虚假地陈述事实，使别人据此行动从而造成法律上的损失。有时欺诈和恶意是同义词。

我国最高人民法院在《关于贯彻执行〈中华人民共和国民法通则〉若干问题的意见（试行）》第六十八条中明确规定："一方当事人故意告知对方虚假情况，或故意隐瞒真实情况，诱使对方当事人做出错误意思表示的，可以认定为欺诈行为。"所谓欺诈行为，是指一方当事人故意告知对方虚假情况，或者隐瞒事实真相，诱使对方做出错误意思表示而订立合同的行为。

从司法角度，我们可以明确，欺诈最大的特点是：实施欺诈的行为人主观上存在恶意，在客观上实施了虚构事实或隐瞒实情的行为，其根本目的在于使对方对自己的欺诈陈述产生误解，从而对不付出任何代价的情况下诈取对方钱财。随着信息技术的大力发展，电子商务已经成为一个巨大的经济产业，其涵盖的巨大经济利益自然也吸引了大量不法分子的侵入。电子商务区别于传统商务的最大特征就是虚拟性，这就为整个交易增加了不确定性，因而是欺诈等犯罪行为频繁发生的一个全新领域。

1. 虚假交易

虚假交易泛指平台商家为了提升店铺信誉、商品排名、搜索权重等而采取的作假提升销量欺骗平台、消费者的行为。

主要形式表现为：①将一件商品拆分为多个不同形式或页面发布。②将赠品打包出售或利用赠品提升信誉等。③使用虚假的发货单号或一个单号重复多次使用。④以直接或是间接的方式，变更商品页面信息、大幅度修改商品价格或商品成交价格等。⑤以换宝贝形式累积销量或人气。⑥卖家限制买家购买虚拟物品的数量。⑦在移动/联通/电信充值中心、网络游戏点卡、腾讯 QQ 专区三个类目中发布虚拟类商品时使用限时折扣工具。

具体手段表现为：朋友、同学、家人等相互进行线上购买；同家公司内部多个人反复多次购买同件商品；卖家自己注册多个马甲小号，购买自己发布的商品；卖家利用第三方炒作团伙，或通过和别人协议交换购买的方式；通过变更商品页面信息，或大幅度修改商品价格，来提高商品销量；其他非正常交易手段来提高商品销量。虚假交易是一种不道德的行为，对于其他卖家很不公平，所以网站查到后都会做出严厉处罚。

2. 买卖方欺诈行为

1）买方欺诈行为

身份欺诈。买方身份欺诈是指买方用捏造的虚假身份进行交易，对卖方造成经济损失的行为。为了增加交易额，鼓励买方积极参与，C2C 交易平台对买方没有进行严格的限制，买方匿名交易大量存在，其身份欺诈较为普遍，主要表现为买方的一次性交易行为，即买方通过电子邮件注册身份，参与竞拍并欺诈卖方，继而更换电子邮件再次注册。典型的身份欺诈是多重投标，C2C交易的谈判环节存在多重投标欺诈，指买方通过申请多个电子邮件注册多重身份，同时竞拍特定商品或服务，使价格逐渐上升，驱逐其他潜在买方推出竞标。然后，在拍卖最后几分钟撤回高价投标，以非常低的投标价赢得商品。

发布虚假信息。买方的虚假信息发布是指买方以交易达成的前提，散布虚假的、夸大的或不存在的欺诈性信息，为实现自己的利益，对卖方造成经济损失和伤害等。C2C交易的虚假信息发布主要集中在展示、沟通和谈判等环节，表现为买方对个人信息的虚假发布，进行身份欺诈；对商品信息的虚假发布，以质量缺陷为由要求退款或换货，进行退款欺诈。B2C交易的虚假信息发布主要表现在售后服务环节，买方通过对商品、服务质量的虚假信息发布要求退款，进行退款欺诈。

拒绝履约。买方拒绝履约主要表现在拒绝付款和退款欺诈，买方拒绝付款是买方欺诈的一种主要方式，是买方在接到商品或享受服务后拒绝付款的行为。C2C和B2C交易都存在拒绝付款。买方退款欺诈是买方在接受商品、享受服务后，以商品或服务的低质量等为由要求卖方退款，而当卖方将款项退回后，买方却拒绝交付商品。

2）卖方欺诈行为

在卖方欺诈中，虚假信息欺诈和身份欺诈较为普及，贯穿于B2C和C2C交易的各个环节。同时，在支付、配送和售后服务环节又集中存在拒绝配送商品、拒绝实施服务、商品质量问题、虚增费用、拒绝售后服务、不履行保障条件、售后服务质量等。此外，C2C交易的沟通环节还存在"托"投标欺诈。

身份欺诈。C2C和B2C都存在卖方身份欺诈，即卖方通过虚假身份使买方受到利益损失。B2C交易常见的卖方欺诈主要表现为卖方制造假象使得买方对卖方的身份认识出现错误，继而进行交易，造成了一定的利益损失。C2C交易常见的卖方欺诈行为有三种：首先，卖方注册自己的电子邮件，然后竞拍，继而更换电子邮件再次注册，从而欺诈买方，也就是一次性欺诈行为。随着网上拍卖市场的不断规范化、卖方准入门槛的不断提高，卖方一次性交易欺诈的行为也不断减少。其次，卖方在多次诚信交易后，出现单笔欺诈（多为大额欺诈）。最后，是"托"投标行为，在C2C交易中卖方申请买方身份或要求其他相关人注册参与其售卖商品的拍卖，制造竞争假象，故意抬高价格，牟取暴利。

发布虚假信息。虚假信息发布贯穿于各环节。B2C和C2C的虚假信息发布集中表现为捏造自身的良好信誉、夸大其商品质量、宣称有各种售后服务保障等。虚假信息主要是在产品质量和服务信誉方面的欺诈，质量欺诈和服务信誉问题是卖方配送给买方的商品或实施的服务比宣称的质量和服务信誉低的欺诈行为。

拒绝履约。拒绝履约包括售前和售后的整个过程，卖方拒绝履约主要表现在拒绝交货或实施服务、提高履约费用和降低履约成本。拒绝交货或实施服务是卖方在收到支付款后的违约行为；拒绝售后服务是指卖方在交易完成后，当买方所购商品或服务出现质量问题需要售后维护时，卖方不按照合约进行售后服务；或虽然实施了售后服务，但质量很差；或在交易后的配送环节通过增加配送费用或增加服务附加费，来提高商品或服务的最后销售价，使自己获得更大的利益，影响买方对整个商品信任度的行为。

表 3-2 列出了基于交易链的网上买卖方的欺诈行为。

表 3-2 基于交易链的网上买卖方的欺诈行为

交易状态	展示	沟通	谈判	签约	支付	配送	售后
B2C 卖方欺诈	虚假信息、身份欺诈					拒绝配送	拒绝售后
C2C 卖方欺诈	虚假信息、身份欺诈和托投标					拒绝配送	拒绝售后
B2C 买方欺诈	虚假信息、身份欺诈和多次投标				拒绝支付		退款欺诈
C2C 买方欺诈	虚假信息、身份欺诈				拒绝支付		退款欺诈

3. 合同诈骗

合同诈骗是指以非法占有为目的，在签订、履行合同过程中，通过虚构事实、隐瞒真相、设定陷阱等手段骗取对方财产的行为。或者是合同一方当事人故意隐瞒真实情况，或故意告知对方虚假情况，诱使对方当事人做出错误的意思表示，从而与之签订或履行合同的行为。

合同又称契约，根据我国《中华人民共和国合同法》(以下简称《合同法》)第二条规定："合同是平等主体的自然人、法人、其他组织之间设立、变更、终止民事权利义务关系的协议。"合同是反映双方或多方的意思表示一致的法律行为。在电子技术引进之前，传统合同主要有口头和书面两种形式。随着电子技术的引进和发展，电子合同得以出现。电子合同，又称电子商务合同，根据联合国国际贸易法委员会《电子商务示范法》以及世界各国颁布的电子交易法，同时结合我国《合同法》的有关规定，电子合同可以界定为：电子合同是双方或多方当事人之间通过电子信息网络以电子的形式达成的设立、变更、终止财产性民事权利义务关系的协议。通过上述定义可以看出，电子合同是以电子的方式订立的合同，其主要是指在网络条件下当事人为了实现一定的目的，通过数据电文、电子邮件等形式签订的明确双方权利义务关系的一种电子协议。

电子合同欺诈主要表现为以下几种情形：一是在网络中盗用电子身份证信息，冒充合法企业的名义与相对人签订电子合同，当被害人通过网络银行把钱款打到犯罪人预设的账户后，犯罪人就消失了。受害人一般在找不到交易方之后才发现受骗上当，但已经来不及了。二是行为人本身并不具有实际履行能力，用电子商务交易为幌子骗取受害人财务后便不再履行合同或不按电子合同规定履行义务、完成交易。三是通过虚假认证手段，完成电子合同交易骗取受害人财物。四是使用伪造的网上支付账户通过骗过网上结算机构的检查来完成交易，骗取被害人的财物。

4. 网络钓鱼

网络钓鱼是指通过大量发送欺骗性的 E-mail 和伪造的 Web 站点来进行诈骗活动，使受骗者泄露自己的重要数据，如信用卡号、用户名和密码等信息的一种攻击方式。最典型的网络钓鱼攻击方式是在 E-mail 中给出一个网站链接，将收信人引诱到一个通过精心设计与目标网站非常相似的钓鱼网站上，让用户输入个人信息，这些信息就被钓鱼者获取，网络钓鱼攻击者就可以假冒受害者进行欺诈性金融交易，从而获取经济利益，致使受害者遭受经济损失。

1）网络钓鱼的主要手段

网络钓鱼的主要伎俩在于仿冒某些公司的网站或电子邮件，然后对其中的程序代码动手脚，如果使用者信以为真地按其链接和要求填入个人重要资料，资料将被传送到诈骗者手中。归结起来主要有以下几种攻击手段。

(1) 通过电子邮件发布虚假信息引诱用户。钓鱼者大量发送欺诈性邮件，这些邮件多以中奖、顾问、对账等内容引诱用户在邮件中填入金融账号和密码，或是以各种紧迫的理由要求收件人登录某网页提交用户名、密码、身份证号、信用卡号等信息，继而盗窃用户资金。

(2) 建立假冒网上银行、证券网站，骗取用户账号密码实施盗窃。钓鱼者建立起域名和网页内容都与真正网上银行系统、网上证券交易平台极为相似的网站，引诱用户输入账号密码等信息，进而通过真正的网上银行、网上证券系统或者伪造银行储蓄卡、证券交易卡盗窃资金；还有的利用跨站脚本，即利用合法网站服务器程序上的漏洞，在站点的某些网页中插入恶意 JavaScript 代码，屏蔽住一些可以用来辨别网站真假的重要信息，从而窃取用户信息。如曾出现过的利用数字 1 和字母 i、数字 1 和小写字母 l、vv 和 w 非常相近的特点企图蒙蔽粗心的用户，然后散布一些虚假消息，引诱用户访问这些网站并获取用户个人信息。

(3) 利用虚假电子商务进行诈骗。通过建立电子商务网站，或是在比较知名、大型的电子商务网站如"易趣""淘宝"上，发布虚假的商品销售信息，以所谓"免税商品""走私货""慈善义卖"的名义出售各种产品，很多人在低价的诱惑下上当受骗。在收到受害人的购物汇款后就销声匿迹，或以次充好，以走私货充当行货，消费者买到的是质次价高的商品。

(4) 利用木马和黑客技术窃取用户信息后实施盗窃。木马制作者通过发送邮件或在网站中隐藏木马等方式大肆传播木马程序，当感染木马的用户进行网上交易时，木马程序即以键盘记录的方式获取用户账号和密码，并发送给指定邮箱，有些木马甚至可以突破软键盘密码保护技术和盗取用户的数字证书，使用户的资金安全受到严重威胁。

(5) 利用用户弱口令等漏洞破解猜测用户账号和密码。由于部分用户贪图方便设置弱口令，使得钓鱼者可通过猜测和一些破解算法对计算机或银行卡密码进行破解。实际上，网络钓鱼者在实施网络诈骗的过程中，经常采取以上几种手法交织、配合进行，还有的通过手机短信、QQ、MSN 进行各种各样的"网络钓鱼"违法活动。

2）网络钓鱼的主要危害

网络钓鱼的发生给电子商务和网络营销带来了巨大的危害。

(1) 它恶化了电子商务的生态环境，影响了经济秩序。电子商务交换模式的一个重要特点是要实现从看货到付款的"直接交换"，过渡到以信用工具和信用体系为中介的"间接交换"。这种间接交换的普遍性，就依赖于信用体系的有效性。网络诈骗活动的发展和蔓延将使广大用户对这种交易方式表示怀疑，为此我们将不得不付出极大的信用建设成本。

(2) 骗取网民钱财使网民遭受经济损失。网上发布的海关查没品、超低价电子产品等诱饵具有极大的诱惑力，又有极大的欺骗性。一旦有人与他们联系，便以代缴税金、邮寄费、保险费等名义让受害人汇款。据调查，这类诈骗犯罪涉及全国各地，受骗者既有工人、农民、知识分子，也有国家机关干部；既有城市居民，也有乡村群众。犯罪分子诈骗金额越来越大，几万元、几十万元，甚至上百万元人民币，使受害者倾家荡产，甚至有机关、企业财会人员不惜动用公款汇给骗子，给国家、集体和个人财产造成重大损失。

(3) 破坏了网上的诚信交易环境。诚信,一直被认为是中国电子商务发展的最大瓶颈。据有关专家分析,中国市场交易中由于缺乏信用体系,无效成本占 GDP 的比重至少为 10%~20%。中国人民银行公布的数据显示,中国每年因逃废债务造成的直接损失约 1800 亿元人民币;国家工商总局统计,由于合同欺诈造成的直接损失约 55 亿元人民币;还有产品低劣和制假售假造成的各种损失至少有 2000 亿元人民币,这都直接导致了诚信成为当前中国电子商务所面临的最难以逾越的鸿沟。

3.1.5 服务评价

1. 商品质量评价

商品质量是现代企业市场竞争焦点之一,是影响企业核心竞争力的重要因素。商品质量水平高是企业实行差异化战略的核心内容,但是,质量不好、消耗过大是目前我国企业的症结。

在商品生产尚不发达、商品供不应求的社会经济条件下,物质的需要、数量的满足占据主导地位,人们商品质量观的核心内容是商品的基本性能和寿命,即强调商品的内在质量,如食品的热量(商品猪肉是以脂肪层厚度作为定级的依据)、衣服用品的保暖和耐穿耐洗、日用工业品的坚固耐用等基本内容。人们在评价商品质量时,只要商品质量符合"国家的有关法规、质量标准以及合同规定的对产品适用、安全和其他特性要求",则为"优质"商品,而未能全面考虑消费者对商品质量的综合欲求。

随着科技进步和商品经济发展,市场逐渐由卖方市场转变为买方市场,供不应求转化为供大于求,市场竞争日趋激烈。人们不再仅仅满足于基本物质需求,而开始追求更高层次的文化精神需求的满足,追求与人们根本利益相一致的社会和经济需求的满足,因而现代商品质量观已从仅考虑商品的内在质量和个体性质量,发展到越来越注重商品的外观质量、社会质量、经济质量和市场质量的综合质量观。

对商品质量评价,我国许多学者进行了不少研究,大体上可分为两方面内容:一是商品质量评价指标的选择;二是商品质量评价的方法。但是,还存在一些可以改进的方面:一是质量评价指标应与时俱进,适应经济社会发展需要,评价体系要全面、综合;二是指标之间的层次应得到体现;三是各指标权重应当客观,提高评价结果可信度。

商品质量综合评价的指标体系分为三层:目标层、准则层和指标层,如图 3-3 所示。

商品内在质量,是指能够实现商品预定使用目的或规定用途,保证人身和财产不受伤害和损害所应具备的基本质量要求,包括商品的实用性能(如化学性能、物理性能、机械性能、生物性能等)、寿命、可靠性、安全与卫生性等。

商品外观质量,是指商品能够满足人们审美和心理舒适需要的程度,包括外观构型、质地、色彩、气味手感、表面疵点和包装装潢等。

商品的经济质量,是指人们按其真正需要,期望以尽可能低的生产质量成本获得尽可能优良性能的商品,并且在消费(或使用)中付出较低的使用和维护成本(蔺哲,1999)。

商品的市场质量,是指该商品在市场上的美誉度、商品品牌的市场影响力以及商品的售后服务质量等。

商品的社会质量,是指商品满足全社会利益需要的程度,如对生态环境造成污染、浪费

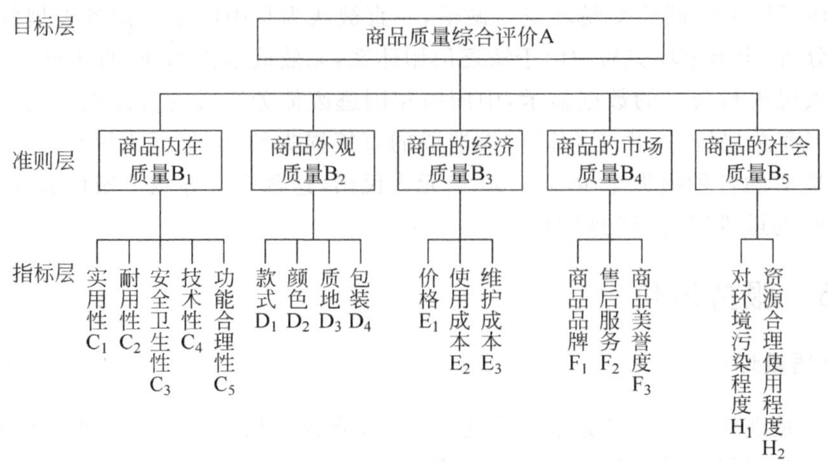

图 3-3 商品质量综合评价体系

能源和资源等社会所关切的利益；一种商品不管它如何先进，只要它有碍于社会利益，就难以生存和发展。

商品质量评价原则如下。

(1) 目的性原则。设立商品质量综合评价体系的目的在于改变过去单一评价商品质量的方法，真实准确地综合反映现代商品的质量状况，促进企业树立现代商品质量观。

(2) 系统性原则。影响人们对商品质量评价的因素非常多，因此，在对商品质量进行评价时不能只考虑某一因素，必须采取系统、全面的评价原则，才能综合、客观地做出对商品质量的评价。

(3) 适当性原则。由于人们对商品质量评价的指标非常多，所以指标的选取范围既要尽量全面，又不能无限扩大，只能选取有代表性的指标进行评价，使研究工作具有可操作性。

2. 物流评价

在经济全球化和贸易领域的透明度增加的背景下，城市物流成为一个城市综合竞争力的组成部分之一，城市物流服务水平和物流成本成为影响投资环境的重要因素。科学评价城市物流发展的条件和潜力，对促进企业物流发展，解决城市发展中所面临的一系列社会问题，提高城市竞争力具有重要意义。

近年来人们逐渐认识到城市货物运输对城市的长期可持续发展发挥着重要作用。然而最近几年城市货物运输面临着许多挑战性的问题，包括交通拥挤、环境的负面影响、过高的能源消耗和劳动力短缺问题。同时，货物承运人还要以更低的成本提供更高水平的服务。为解决这些问题出现了运输计划的一个新领域——城市物流。城市物流是通过考虑城市货物流通对社会、环境、经济、金融和能源的影响，使城市物流活动达到整体最优的过程。

Taniguchietal(1991a)把城市物流定义为："在市场经济中，考虑城市交通环境、交通堵塞和能源消耗的同时，由私人企业来实现的使物流和运输活动总体最优的过程。"

在城市货物运输中有四个主要参与者：货主、货物承运人、居民和管理者。货主是承运人的顾客，货主通过承运人向别的公司或个人发送或接收货物，所以货主一般希望得到服务水平最大化，包括运输或配送的时间和成本、运输的可靠性和跟踪信息。货物承运人努力使为顾客集中和递送货物的成本达到最小化，以实现利润最大化，而要实现这一点存在很多困难。居民是在城市中生活、工作、消费的人们，居民希望居住地和附近地区的交通堵塞、噪音、空气污染和交通事故最小化，而城市商业区的零售商们则想在便利的时间收到货物，这有时与当地渴望宁静和安全的居民相冲突。城市管理者试图发展城市经济，增加就业率，同时减轻城市交通堵塞，改善环境质量和加强道路安全，应当在促进城市物流的发展中起主导作用。

物流评价原则如下。

(1) 目的性原则。设计城市物流评价指标体系的目的在于：根据对城市物流系统的综合评价，衡量城市物流发展状况，找出城市发展的瓶颈所在，通过改善不足之处，最终实现商品配送的成本最小化，并提高城市地区生活质量。

(2) 科学性原则。首先，指标的选取应具有科学的理论根据。其次，城市物流评价指标体系应能准确地反映实际情况，有利于城市之间的横向比较，发现自身优势和不足之处，挖掘竞争潜力。城市物流评价指标应成为城市完善物流系统、解决社会问题、提高居民生活质量的有力工具。

(3) 系统性原则。对城市物流系统的评价是一个涵盖多因素、多目标的复杂系统，评价指标体系应力求全面反映城市物流的综合情况，既能反映系统的内部结构与功能，又能正确评估系统与外部环境的关联，既能反映直接效果，也能反映间接影响，以保证评价的全面性和可靠性。

(4) 定性与定量相结合的原则。在综合评价城市物流水平时应综合考虑影响城市物流水平的定量和定性指标。对定性指标要明确其含义，并按照某种标准赋值，使其能恰如其分地反映指标的性质。定性和定量指标都要有清晰的概念和确切的计算方法。

(5) 实用性原则。所建立的城市物流指标评价体系力求达到层次清晰、指标精练、方法简洁，使之具有实际应用与推广价值。为此，选取的指标要具有可操作性，指标应含义明确且易于被理解，指标量化所需资料收集方便，能够用现有方法和模型求解。

3. 交易过程评价

交易的过程，也是交易成本的形成过程；交易成本的形成，是伴随交易行为出现的。人们对交易过程有不同的认识，因此交易过程有狭义的交易过程和广义交易过程之分。一般而言，狭义的交易过程是指交易双方使交易对象位移的过程，即在一定的背景或局限条件下，由交易双方借助于交易媒介，按照双方约定的规则，在约定的时间内把交易对象(可以是有形的实体或无形的服务)从交易的一方转移到另一方，它是通过市场的价格机制来发生作用的。广义的交易过程则是在狭义的交易过程的基础上，还包括交易的事前准备过程和事后执行监督过程。具体而言，交易过程可以分为下面几个阶段。

1) 交易动机的形成过程

交易是两个或两个以上的个体的交互博弈行为，因此交易双方的动机很重要。交易者必须清楚地了解其动机：缺乏什么，需要什么，他有什么可供选择的交易对象，为达到交易目的需要采取什么样的行动，其交易动机的强烈程度如何，采取何种交易方式(市场的或经济组织的)。交易者在社会分工结构中的地位决定其知识结构、认知水平和经济活动的范围，而这些因素又限定了其交易动机的复杂程度。

2）对交易环境的评估过程

交易环境应包括三个要素：一个确定的知识结构、一群由其知识片断所确定偏好的人、一个基本权利结构和一个可交换权利结构。对交易环境进行评估，需要考察下面的因素：交易参与者的角色与地位；交易的对象、交易的数量和交易的频率；交易行为的约束规则；交易技术；交易的场所。这些因素受制于交易的三个维度：不确定性、资产专用性和交易频率。在交易世界中，存在着随机变化，交易者的不同偏好、信息的不对称及交易者机会主义行事的可能，使得不确定性必然影响着交易过程中博弈双方的合作空间：交易与否的选择、交易契约条款的达成与不断修改、对交易实现的预期程度和契约方式的选择等。资产专用性确定了交易者进入或退出交易过程的难易程度。它还引发了交易的事前反应，即潜在交易者交易动机、交易目标、交易条件和范围的确立；交换物品的属性、特征、称量与测度的说明。事中的契约的起草与谈判。事后则对达成的交易进行监督与控制，以防止某交易方的机会主义行为破坏执行契约的连续性。交易频率则是交易各方之间在是否合作或不合作的博弈中多次反复的结果。交易各方之间不确定性因素越多，资产专用性越高，交易的频率就越低；反之，则交易的频率则越高。

3）交易者之间的谈判过程

交易者在交易动机的驱使下，开始尝试相互交换。在交换时，交易者可能会考察个体所处的交易环境，并评估交易的必要性以确定进一步的行动策略：采取合作博弈或非合作博弈，有无必要采取投机取巧的机会主义行为，或者说，在有限理性的条件下，交易者为了实现其效用最大化，将选择偶然的或一次的博弈行为，或是恒常的重复博弈行为。在交易博弈过程中，一方的最佳策略选择是通过另一方的行为模式或偏好信息做出初步判断和理性预期，针对对方的行为采取动态跟随策略，不断调整自己的战略和策略行为，从而获得满意的博弈结果。

在信息充分的情况下，不确定性和风险比较容易预期，交易者双方了解交易对象的可能性越大，产权界定越清晰，通过博弈、谈判或合作的可能性较大。合作博弈需要交易者双方拥有充分的信息与交流。

4）交易者之间的签约过程

合作意向确定后，则交易双方开始订立契约。交易双方进一步对下列情况做出明确表述：某一价格下，物品的品质和数量的检验，律师的聘请与咨询，合同的起草与修改，保证条款的规定，物品的转移与交易的登记，对违约行为的处罚规定等。签约行为受到未来预期对交易者双方的影响。如一方认为资产的专用性强，则希望签订长期契约，而另一方考虑到未来的风险和不确定，则倾向于采取机会主义行为而签订短期契约，因此契约条款必须充分反映双方利益的权衡，且签订的契约内容的修改会反复多次，这延长了签约时间。

5）契约的执行和监督过程

达成契约后，交易者要实施其契约条款和内容，以实现交易对象的转移。为了防止机会主义行为造成交易损失，交易双方需要设计出一整套与交易相关的制约机制和惩罚机制，以保证交易正常进行，顺利地实现产权的让渡。对交易过程的刻画，初步勾勒出交易成本形成的大体轮廓，但人们对交易行为和交易过程的认识分歧，造成了人们对交易成本的不同认识。

3.2 交易信息安全

3.2.1 消费者信息保护

现代信息技术的飞速发展使得电子商务企业收集、处理与散播消费者个人信息变得轻而易举,网络消费者个人信息的收集与交换呈爆炸化发展趋势,而不当收集、恶意使用及散播个人信息的现象也日益突出,严重地侵犯了网络消费者的自由、基本权利与正当权益。

目前我国并没有哪一部法律对个人信息有一个明确的解释或定义,但基本普遍认为所谓个人信息就是一个人的姓名、联系方式、住址等可以把该人与其他个人分别出来的那些信息。

消费者个人信息是电子商务发展的最宝贵资源之一。现阶段影响电子商务发展的因素不是技术问题,而是法律环境与安全信心的问题。

1. 消费者信息侵权类型

1) 消费者个人信息的不当收集

在 B2C 电子商务中,不当收集消费者个人信息包括两种情况:未经同意收集消费者个人信息、超范围收集消费者个人信息。

未经同意收集消费者个人信息。个人信息的收集方式分为三种,第一种是消费者应网站要求而提供其个人信息,即消费者在浏览 B2C 网站时,如果需要使用网站提供的服务或在该网站购物,就要按照相关提示和步骤填写个人信息进行注册。在这种收集方式中,消费者采取的是积极主动地向商务网站提供个人信息,网站一般也会说明收集的方式、收集个人信息的目的或个人信息的使用情况。第二种方式是自动获取信息,即商务网站附随着消费者浏览网页和购物过程来收集个人信息,这种收集方式一般比较隐蔽,网站不会做出说明,这种方式相对于前者对消费者具有潜在的危害性。第三种是其他来源获取信息。在以上三种个人信息收集方式中,自动获取和其他来源获取都未经消费者本人同意。

超范围收集消费者个人信息。对消费者个人信息收集的范围,既无相关行业规范来指导,更没有国家法律法规予以明确划定,基本上属于行规和法律监管的真空地带。电子商务网站收集了哪些个人信息也无任何说明,消费者更无从得知。在电子商务的常见模式中,同一模式下的电子商务网站需要交易对方提供的信息范围基本相同。如果在交易中有其他联系方式能够保证交易顺利完成,而注册时仍然要求消费者提供手机号码等敏感的个人信息就属于超范围收集消费者个人信息。此外,收集与特定交易无关的个人信息,或通过问卷调查收集消费者的个人信息来了解消费者的喜好、兴趣等,都属于超范围收集消费者个人信息。

2) 消费者个人信息的不当利用

与合作企业共享消费者个人信息。在一些 B2C 电子商务网站上,经常存在与该网站有链接的第三方网站,这些网站可能是一些广告公司或其他合作企业,如携程旅行网网站上就有东方财富网、珍爱网和易车网等合作企业的链接。B2C 网站为了得到广告收入或与合作企业互相交易而盈利,对本网站上的个人信息不限制地由第三方网站链接甚至与之分享。

个人信息的非法交易。个人信息的非法交易包括两种，一种是两个电子商务公司间的交易，也即信息互换。另一种则是电子商务公司向不特定对象出售其所掌握的个人信息。《华尔街日报》的调查发现，互联网上成长速度最快的生意之一就是监测互联网用户。调查发现，在互联网用户和广告投放者之间，存在着100多家中间机构，包括追踪公司、数据中间商和广告投放者网络等，它们彼此竞争，以满足企业对消费者行为和偏好的日益增长的数据需求。B2C商务网站最终目的是为了获利，面对数据中间商和广告投放者的不断增长的个人信息需求，持续地将收集到的个人信息出卖给以上机构就可以获得价值不菲的一笔收益。

3）消费者个人信息的泄露

消费者因个人信息泄露遭受骚扰。消费者个人邮箱经常成为垃圾广告投放的对象，消费者个人联系电话泄露后被不明的推销电话所骚扰。

不法监视。不具有法定监视资格的组织，如私家侦探利用非法获取的消费者个人信息对消费者进行跟踪或监视以满足其客户的要求，使消费者私人生活安宁遭受威胁。

网络服务商的不作为导致个人信息泄露范围扩大。对明知是泄露的个人信息，网络服务商既不断开信息服务中的链接，也不采取删除措施，导致个人信息泄露的范围进一步扩大。

信息技术侵权，木马病毒泛滥。国内有信息专家指出，挂马网站已经成为威胁国内互联网安全的主要因素。为了获利，大量的木马病毒在互联网上泛滥，从制造木马、传播木马到盗窃账户信息，再到通过第三方平台销赃继而洗钱，形成一条重要的产业链。

黑客攻击。电子银行、B2C电子商务网站遭受黑客攻击并导致消费者个人数据库外泄。黑客利用各种技术手段，攻破电子银行的防火墙，获取电子账户的用户名和密码，利用消费者的这些信息进行转账或消费。此外，黑客使用一些特殊程序进入电子商务网站的系统，实现非授权登录，对消费者的个人信息进行控制和利用。

2. 消费者信息的保护措施

1）电子商务消费者的自我保护

电子商务消费者如果适当懂得一些保护自己个人信息的方法，便可以大大减少个人信息被非法收集和利用的机会。消费者的自我保护模式应当是自我控制、自我选择和自我防卫的综合体系。

自我控制，即依靠技术手段加强消费者个人信息的控制，如有效运用匿名注册和浏览，对Cookies的删除与禁用以及应用技术软件等。

自我选择，即主动了解经营者的隐私权保护政策，包括经营者收集的信息内容和种类，收集信息的方式与目的，信息使用的主体、范围、途径及使用期限，提供或不提供这些信息的后果以及可能拥有的任何补偿权等。据此，在不同的信息隐私保护可能性之间做出完全自主的选择。

自我防卫，即运用法律武器保护合法权益。电子商务消费者自我保护个人信息的方法有很多，比如：尽可能地将个人信息资料与网络隔离；传输涉及个人信息的文件时，使用加密技术；不要轻易在网络上留下个人信息；在计算机系统中安装防火墙；利用软件，反制Cookie和彻底删除档案文件；针对未成年人的个人信息保护，除了对未成年人进行隐私知识和媒介素养教育外，还应在家长或监护人的帮助下，借助相关的软件技术进行。

2）从电子商务行业自律的角度进行保护

各行业协会如中国互联网协会、中国电子商务诚信联盟等行业组织应主动积极地承担起责任。2002 年 4 月 24 日，中国互联网行业自律公约公布施行。自律公约指出，互联网行业是指从事互联网运行服务、应用服务、信息服务、网络产品和网络信息资源的开发、生产以及其他与互联网有关的科研、教育、服务等活动的行业的总称。2004 年 12 月 21 日，在国务院有关部门和单位的支持下，中国电子商务协会正式成立了“中国电子商务诚信联盟”，该联盟成立的宗旨是要通过建立权威、公正的第三方资信评估平台，加强我国电子商务信用体系的建设，在充分保护网上购物者权益的同时，增强全社会对电子商务的信心，从而使中国电子商务在一个健康、成熟、完善的环境中获得更大的发展。该联盟制定了“中国电子商务诚信公约”，共有八大条款，其中第二条款就是关于消费者隐私权保护的。

3）从立法的角度进行保护

首先，在法律上把对个人信息的重要组成部分——个人隐私的保护确立下来，将隐私权作为单独的人格权确立下来。我国宪法中有保护人的尊严不受侵犯的原则，但未把原则上升为权利。而隐私与人的尊严是密不可分的。由于我国尚未建立起人权推定制度，所以隐私目前在尊严未成为基本人权前还仅是在民法层面上受保护。今后的民法中，需要对隐私、隐私权和隐私权的保护范围进行明确的界定，隐私权应限定在对私人信息、私人活动和私人领域三个方面的保护。其次，要将隐私权与名誉权分开，采用直接保护的方式。同时，还应明确侵害隐私权的行为方式，包括侵害他人隐私信息、侵扰他人私人活动、侵入他人私人空间等形式。另外，还应对侵害隐私权的民事责任进行明确规定，应包括停止侵害、赔偿损失和赔礼道歉等形式。通过对隐私权的保护，包含个人隐私内容的个人信息在很大程度上也可以得到保护。

4）制定相应的法律法规保护个人信息

在与个人信息（或资料）保护相关的法律法规中，应该对个人信息的具体内容、个人信息收集的知情权、选择权，个人信息的控制权，个人信息安全的请求权，个人信息使用的限制权等内容进行详细而明确的规定。另外，从行业自律和法律法规两个层面对电子商务消费者个人信息进行保护时，还应该注意到目前我国两岸三地对于电子商务消费者个人信息保护的不平衡现状。有关方面应积极主动地面对这一问题，以寻求解决的有效途径。

3. 美欧对消费者信息的保护措施

有学者曾言，“考察法律，应着眼超越地域、国度和民族，甚至超越时空的人际层面，努力发现本来属于整个人类的理念和规范，并在此基础上寻求并促进人与人、民族与民族、国家与国家之间越来越普遍深入的交往。吾人之规可为他人所取，他人之法可为吾人所用，概其皆出乎人之本性。所以‘取法人际，天道归一’，当为人类社会法律进步之最高思想境界。”正所谓他山之石，可以攻玉。认真研习域外相关法律保护模式并结合我国具体国情加以合理借鉴，对完善我国电子商务中消费者个人信息隐私的法律保护具有积极意义。

1）美国的行业自律模式

基于信息隐私的经济特性，对电子商务中消费者个人信息的隐私保护，美国采取了以市场调节与行业自律为主导的保护模式。美国坚持认为，急促立法将会制约电子商务的发展，对个人信息保护应采取较为宽松态度，尽量限制政府的干预，注重市场的调节作用，强调依赖电子商务企业自身的力量，即由其在网站上公布隐私政策，然后通过该隐私政策的实施来保护网络消费者的个人信息。保护个人信息的行业自律机制，因美国政府和美国人的提倡而出名，被认为是法律外的个人信息的有效保护机制。美国行业自律模式的主要表现形式包括建议性的行业指引、网络隐私认证计划和技术保护三类。

建议性的行业指引(suggestive industry guidelines)。许多从事网络业务的行业联盟，都以发布网上隐私保护准则或行业指南的形式，声明并倡导本行业对个人隐私的保护。此种个人隐私保护的具体做法是，由相关行业的领袖企业或主导企业发起，建立本行业内的联盟，并制定一些隐私保护的政策性指引和标准，而不涉及具体的实施细则。这种指南性质的隐私保护政策不具有要求本行业内从业者必须遵守之性质，它只是依靠来自于团体内部和社会公众的压力，使从业者根据隐私保护的行业指南，自行制定具体的个人隐私保护政策或办法。

网络隐私认证计划(online privacy seal program)。美国的网络隐私认证计划是一种私人行业实体致力于实现网络隐私保护的自律形式。该计划是通过对遵守特定的信息收集规则并服从一定形式的监督管理的实体颁发认证标志的形式，督促产业实体加强对个人信息的保护。它给予的最高处罚是取消认证。与建议性的行业指引不一样，网络隐私认证是跨行业的，其功能和作用同传统的商业认证相类似。它是行业自律模式中最具特色且最为普遍的一种形式。

技术保护(technical protection)。现代信息技术的发展催生出了以技术为基础的商业运用系统，而网络用户也期待通过使用不同程序及系统来实现不同程度的隐私保护及通信安全，技术手段的保护就是这样应运而生的。这种模式是将保护网络消费者隐私权的希望寄托于消费者自己手中，通过某些隐私保护软件，在消费者进入某个收集个人信息的网站时，提醒消费者什么样的个人信息正在被收集，由消费者决定是否继续浏览该网站，或者，由消费者在软件中预先设定只允许收集特定的信息，除此之外的信息不许收集等。目前实现这种模式的软件主要是美国互联网协会推出的个人隐私选择平台(personal privacy preference platform，P3P)。

2) 欧盟的国家与政府主导的立法规制模式

欧盟是电子商务中消费者个人信息隐私保护的立法规制之典范。其提出“No privacy, no trade”的贸易原则，强调以明确的方式对个人信息提供法律保护，把个人信息之上的权利提升至人权的高度。该立法规制模式是指由国家和政府主导的模式，其基本做法是由政府通过制定法律的方式，从法律上确立网络隐私权保护的各项基本原则与具体的法律制度，并在此基础上建立相应的司法或行政救济措施。欧盟对于网络消费者隐私的保护有着严格的标准，它通过特别委员会的设立，敦促各国以立法的形式来保护网络消费者的隐私。欧盟网络隐私保护的特点在于对于欧盟有网络交易的他国的网络隐私保护情况提出了要求，将其所确立的网络消费者隐私保护标准提升为国际标准，这使得在国际范围内出现了大规模的网络隐私保护的立法活动。

1985年10月生效的《保护自动化处理个人数据公约》，是当今世界上第一个具有法律约束力的有关个人信息隐私保护的国际公约。1995年10月通过《个人数据保护指令》。此外，欧盟关于个人信息隐私保护方面的法律渊源还有2002年通过的《隐私与电子通信指令》、2006年通过的《数据保存指令》。

《个人数据保护指令》在借鉴各国立法及实践的基础上为欧盟各成员国建立起了一整套

全面的个人数据保护体制,给个人信息提供了较高的保护水平,为欧盟内部个人信息的自由流动扫除了阻碍,使得欧盟各国在数据保护上以同一声音说话,且对美国及其他国家的个人数据保护产生了极大的影响。其主要内容和特点包括:①信息自由流动与信息隐私并重;②信息隐私保护水平的底线与较高的信息隐私保护水平;③全面规制信息处理;④严格的信息处理标准;⑤广泛的个人信息权利;⑥全面有效的信息保护执行体制;⑦严格的跨境信息转移标准;⑧指令的统一适用。

3) 美国的行业自律模式与欧盟的立法规制模式对比

美国的行业自律模式是一种由行业内部制定行为规范来保护网络消费者个人信息隐私的自下而上(bottom-up)的保护机制。相对于欧盟的立法规制模式,它有自身特有的优势。第一,在保护网络消费者个人信息隐私的及时性与灵活性上,行业自律模式相对于立法规制模式更优。第二,行业自律模式较之立法规制模式,在保护网络消费者个人信息隐私上更具有成本上的优势。第三,较诸公共规范制度,在 SRAs 的程度以及规则较为不正式的范围内,修改标准的成本(包括导致迟延的因素)降低了。第四,这种制度的管理成本通常是在其规范的行业或活动内部承担,而独立的公共机构的管理成本通常由纳税人承担。

欧盟的立法规制模式是由国家立法来统一保护网络消费者个人信息隐私的自上而下(up-bottom)的保护机制。相对于美国的行业自律模式,它具有如下优势。第一,立法规制模式可使网络消费者个人信息隐私保护在一国内明确化,使网络消费者在其个人信息之上的权利成为一项绝对性法律权利。第二,立法规制模式可为网络消费者个人信息隐私保护提供统一的法定标准。第三,立法规制模式可为网络消费者个人信息隐私保护提供相对科学的行为规范。第四,立法规制模式可对损害提供足够的救济。第五,较于自律模式的自律规范,法律规范具有高度的权威性。

4. 我国对消费者信息的保护措施

现有法律和相关司法解释为电子商务交易过程中消费者隐私权的保护提供了法律依据。但是这些法律和司法解释规定简单,操作性不强,对于电子商务交易过程中消费者隐私权屡被侵犯的现实显得严重滞后,这对电子商务交易过程中消费者隐私权保护十分不利,因而迫切需要强化和完善我国电子商务交易过程中消费者隐私权相关立法。

现实生活中电子商务企业侵犯网络消费者个人信息隐私的不当信息行为俯拾即是,而目前我国对电子商务中消费者个人信息隐私的保护还处在初级阶段。针对当前我国电子商务的迅猛发展和消费者个人信息保护的需求,以及网络消费者个人信息隐私保护的立法供给现状,完善网络消费者个人信息隐私法律保护体系是最基本的举措。

1) 电子商务法律规范

我国目前并没有实施专门的电子商务立法,但是我国商务部开始关注电子商务企业信用,大力推行电子商务企业信用评估体系,2013 年 12 月正式启动了电子商务法立法工作。2011 年 12 月 15 日,商务部出台了《关于“十二五”电子商务信用体系建设的指导意见》,其中强调要制定电子商务交易规范和信息管理规范,但是并未提出对消费者隐私信息的保护意见。由此可见,我国电子商务法律规范中并没有涉及对消费者信息隐私权的保护。

2) 网络信息安全法律规范

我国对网络信息安全的法律规制曾经有过原则性规定。1998 年施行的《计算机信息网络国际联网管理暂行规定实施办法》第十八条规定，不得在网络上侵犯他人隐私。2000 年通过的《互联网电子公告管理规定》第十二条规定，电子公告服务提供者应当对上网用户的个人信息保密，未经上网用户同意不得向他人泄露，但法律另有规定的除外。2002 年实施的《药品电子商务试点监督管理办法》第十三条规定，药品电子商务网站必须有用户信息管理制度。2012 年 4 月征集意见的《深圳经济特区互联网信息服务安全条例(征求意见稿)》规定，互联网信息服务提供者收集用户身份信息，应当取得用户同意，并按照用户同意的方式、内容和范围收集和使用信息；未经同意不得改变信息用途，不得披露、泄露或者转让该信息，否则将由市公安部门责令改正，并处以 10 万元罚款。情节严重的，还可以处停业整顿，并建议吊销经营许可证或者营业执照。2011 年《信息安全技术个人信息保护指南》草案对个人信息处理原则、主体权利、保护要求进行了具体规定，这也是我国行政机关就网络个人信息保护首次发布如此细致的保护措施。而该草案经过一年多的修改后，2012 年 4 月 12 日工业部宣布已编制完成并将于年内通过《信息安全技术公共及商用服务信息系统个人信息保护指南》。

3) 消费者权益保护法律规范

个人信息被非法泄露和使用的情况成为困扰人们生活的一大难题，不但给人们的生活带来很多不便，还对人们的人身、财产安全和个人隐私构成严重威胁。早在 2009 年《中华人民共和国刑法修正案(七)》中就规定了“国家机关或者金融、电信、交通、教育、医疗等单位的工作人员，违反国家规定，将本单位在履行职责或者提供服务过程中获得的公民个人信息，出售或者非法提供给他人，情节严重的，处三年以下有期徒刑或者拘役，并处或者单处罚金”。这一规定虽然有助于保护公民的个人信息，但是该规定过于笼统，只规定了“违反国家规定”，所以该规定的实施还离不开具体法律制度的协助。

2013 年我国《中华人民共和国消费者权益保护法》进行修订，在修订中新增了第二十九条：“经营者收集、使用消费者个人信息，应当遵循合法、正当、必要的原则，明示收集、使用信息的目的、方式和范围，并经消费者同意。经营者收集、使用消费者个人信息，应当公开其收集、使用规则，不得违反法律、法规的规定和双方的约定收集、使用信息。经营者及其工作人员对收集的消费者个人信息必须严格保密，不得泄露、出售或者非法向他人提供。经营者应当采取技术措施和其他必要措施，确保信息安全，防止消费者个人信息泄露、丢失。在发生或者可能发生信息泄露、丢失的情况时，应当立即采取补救措施。经营者未经消费者同意或者请求，或者消费者明确表示拒绝的，不得向其发送商业性信息。”2014 年 10 月，工商总局出台了《侵害消费者权益行为处罚办法》。

新的《中华人民共和国消费者权益保护法》首次明确保护消费者个人信息的内容，不但规定了经营者收集、使用消费者个人信息应当经消费者同意，还规定了对侵害消费者个人信息的经营者予以相应的处罚，这一规定将有助于有效遏制消费者个人信息被滥用的情况。

3.2.2 交易隐私保护

1. 交易过程中的隐私侵权

隐私权是公民依法享有拒绝、排斥任何未经法律批准的监视、窥探和防止个人私生活秘密、个人信息(个人数据)被披露的权利。个人数据、个人私事、个人领域是隐私权的三种基本形式。任何人非法利用计算机网络技术收集、存储、控制、传播、使用个人数据的，均构成对他人隐私权的侵犯。

1）电子商务中消费者隐私权的内涵

电子商务交易过程中的消费者隐私权主要针对的是消费者私人信息的权利保护方面，这是由电子商务依托于虚拟的而非实体运行的网络平台的性质所决定的，在这个平台中，消费者的私人信息被入侵的概率远远大于消费者私人生活被打扰的概率（私人生活安宁的权利被侵犯也是衍生于私人信息泄露的结果）。除此之外，电子商务本身的性质与特点也决定了消费者私人信息更受威胁的现实，因为电子商务交易活动是消费者运用自身所有的电子设备，通过网络进行交易的一个过程，这个过程一般包括了电子商务活动的准备阶段、合同签订或协议达成的阶段、合同履行或违约责任追究的阶段，消费者要参与这个过程，必然会访问相关的网页，注册或使用个人的真实信息以顺利达成交易。在此过程中，消费者的隐私问题实际上伴随着交易的始终，消费者的姓名、地址、联系方式、职业等信息，甚至于消费者的消费爱好、消费习惯等信息都可以归类于消费者的隐私权范围内，因此，电子商务中消费者隐私权的内涵包括但不限于消费者的个人基本信息（如姓名、地址、电话号码等）、消费者的个人偏好（如购物习惯等）和消费者网络存储信息（如个人网络空间等）。

2）消费者隐私权被侵犯的主要表现形式

电子商务交易过程有诸多参与主体，其中除了消费者之外，尚有物流企业、第三方支付平台、网络中的“卖方”、提供交易平台的服务方等其他主体角色，甚至于恶意篡取他人信息的软件发布者也频频活动于电子商务交易过程中，以上这些除了消费者之外的交易相关方主体都有接触到并记录消费者私人信息的可能性，进而延伸到在掌握了信息之后侵犯消费者隐私权的可能性。因为消费者个人隐私的获取在网络这个虚拟平台中显得尤其重要，具有较大的市场价值。在电子商务交易过程中，消费者隐私权被侵犯的主要表现形式主要有消费者个人基本信息被非法收集、消费者私人网络空间被肆意入侵、消费者网络活动被非法追踪记录这三种形式，而这三种形式在严重程度、先后次序上又是层层递进的。

隐私的研究综述框架见图 3-4。

2. 交易过程中的隐私保护

电子商务带来了消费市场的拓宽和消费信息量的丰富，只有建立和完善电子商务中消费者权益保护法律制度，才能为消费者营造一个良好的电子商务交易环境，保护消费者合法权益，促进电子商务良性循环发展。

强化和完善我国电子商务中消费者隐私权的立法。在信息化时代，人们生活节奏加快，特别是在经济通胀的背景下，电子商务交易额和参与交易的消费者将急剧增长，迫切需要制定电子商务交易中消费者隐私权的相关法律。可以制定隐私权保护的特别法即《数据保护法》或《个人信息保护法》，在特别法中应对电子商务交易中消费者隐私的含义、权利内容以及其法律地位等进行规定；对电子商务交易中消费者个人数据的收集、披露、公开、传播等行为进行规范；明确电子商务数据拥有主体的权利和义务；电子商务交易中消费者隐私权侵权救济和相关责任。

建立电子商务交易参与主体的相关协会，提高电子商务交易行业自律。通过法律的具体规定对电子商务企业在网上收集用户数据和隐私的行为提出一定的限制，使其在网上收集用户隐私材料的行为更规范，相对于用户来讲更透明，对网上贸易涉及的敏感性资料和个

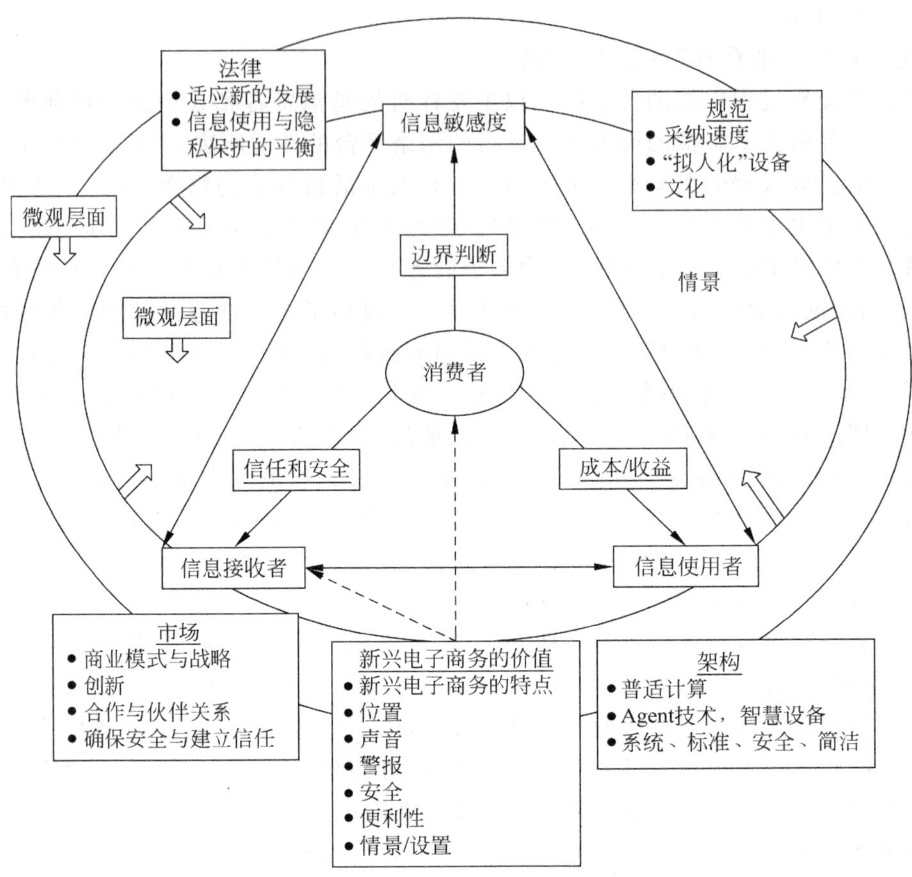

图 3-4　隐私的研究综述框架

人数据给予法律保护。同时，鼓励行业自律，依照法律和行业惯例制定个人资料使用政策和隐私权保护政策。这既有利于提高网络运营商的商业信誉，也可以增添用户使用互联网的信心，扫除用户对个人隐私保护的忧虑，促进电子商务更加有序高效地开展。

引导和培养公众在电子商务交易过程中隐私权保护的意识。通过政府及相关舆论的宣传和引导，以及相关知识的普及，用户应随时注意上网时所可能产生的隐患，不向网站泄露自己的真实情况，不把重要的信息存放在电脑中，不随便使用网上下载的软件，定期清除历史记录，访问完网站之后通过浏览器的 Internet 选项，删除过时的 Cookies 文件，养成良好的浏览习惯，从而从源头上杜绝网络隐私安全问题的发生。这些措施主要包括：第一，了解隐私权相关法律法规和电子商务行业隐私权的政策；第二，大力宣传和教育公众不要在电子商务交易过程中随意泄露个人资料；第三，养成良好的网络消费习惯；第四，经常查看自己计算机系统安全状况，防止被攻击等。

运用先进电子装备和电子技术从技术上保护电子商务交易过程中的隐私权。电子商务交易是利用电子和电子技术手段通过因特网进行交易的商务模式，电子商务中消费者隐私权的保护离不开电子技术和电子装备。电子商务交易中消费者可以配置先进的电子装备和电子技术防止在电子商务交易过程中被跟踪、被窥探，从技术上可以防止消费者隐私权被恶意收集或是任意侵权。通过密码技术、密码协议尽可能地避免了网上交易面临的假冒、篡改、抵赖、伪造等种种威胁；通过建立虚拟专用网在开放的公共网络上建立安全专用隧道的网络，更好地为电子商务的开展及其个人隐私提供保护服务。

3. 交易商发布信息时的隐私保护

交易商在广告或信息发布时，如果数据过于具体，就可能泄露购物者的个人敏感信息，从而侵犯个人隐私。另外，通过关联多个公开发布的信息，也可能分析出某些敏感信息。所以交易商在发布信息时要进行适当处理，以保护用户的隐私信息。

4. 支付过程中的隐私保护

在线支付具有方便、快捷等优点，尤其是在线信用卡支付方式已经成为主要的在线支付方式。但电子支付的技术性、网络的虚拟性和电子支付过程中的复杂性等原因，使得电子支付中消费者隐私保护面临极大的挑战，支付过程中仍存在安全隐患。

在线支付过程中，如果持卡人的信息汇集在某处，那么持卡人的隐私很可能得不到保护。例如，发卡银行掌握了持卡人的个人信息，如果同时记录了持卡人的交易信息，就可以追踪、分析出持卡人的消费偏好；同样，如果收单银行掌握了持卡人的交易信息及持卡人个人信息，也可以追踪、分析出持卡人的消费偏好。如果这些信息被卖给销售公司作为行销工具，会对持卡人造成不良影响。

根据 Need-to-Know 原则，每个交易参与方只能得知执行自己工作时所需知道的信息。根据这个原则，可以分析出持卡人隐私保护需求主要有以下三点：①信用卡信息只能被持卡人与发卡银行所知，商家与收单银行无须知道信用卡信息就能完成自己的工作。②订单信息只能被持卡人与商家所知，发卡银行和收单银行无须知道订单信息就能完成自己的工作。③发卡银行不应知道持卡人在哪里消费，因为发卡银行只需要确认持卡人是否授权这笔交易就可以了。

保护消费者隐私的支付技术主要有：①使用电子现金进行支付。电子现金，是一种以数字形式存在而通过计算机网络流通的货币。数字现金实际上是一个加密的序列数。电子现金可以被设计得具有匿名性，也可以被设计得具有不可追踪性。它可以保护消费者的隐私权，即使是银行也不清楚消费者的每一笔消费。②使用盲签名技术。盲签名使签名者在不知道消息 m 的情况下对 m 进行签名，签名完成后，签名者不知道 m 也不知道自己对 m 的签字，即无法将被签名的信息与发送者联系起来。对于消费者的每一笔消费，网购网站采用盲签名技术，网购网站也无法将消费行为与消费者联系起来。③使用公钥加密技术。公钥是一个公开的密钥，私钥是密钥所有者才掌握的密钥。如果在加密操作中使用了特定的公钥，只有密钥所有者使用私钥才可以解密。用公钥加密提供给网络商品供应商的必需信息，网络商品供应商只能用私钥解密，可使消费者信息尽可能少地泄露出去。

3.3 电子交易的信任机制

3.3.1 信任的基本概念

1. 信任的定义

由于信任的重要性，包括社会学、经济学、心理学、管理学、信息系统及电子商务和人机交互等多个学科都对其展开了研究。在不同的文化背景和学科领域下，信任有着不同的含义。

1）传统学科中信任的概念和特征

Mayer 等(1995)在其关于信任的“种子”文章中对信任的含义和定义进行了研究，该文是信任研究领域中被引用次数最多的文章之一。Mayer 对信任的经典定义是：一方对于另一方的行为处于一种弱势地位的意愿，该意愿基于这样一种预期，即另一方会履行特定的并且对信任者很重要的行动，不论自己是否有能力去监控对方的行为。Mayer 认为信任表现为一种承担风险的意愿，这已成为信任研究的基础。

(1) 心理学。心理学对信任的研究最早始于 1958 年美国心理学家 Deutsch 的著名囚徒困境试验。这项试验开创了心理学人际信任研究的先河，被视为人际信任(interpersonal trust)的经典研究之一。心理学家一般认为信任是个人或组织信赖另一方的语言、口头或书面承诺的意愿，是一种主观信念。Gambetta(1988)认为信任是在能够监控对方行为之前并且无法了解环境对自己行为的影响情况下，一个实体对另一实体即将发生的行为的一种主观概率评估。Lewis(1999)认为信任是人际关系的产物，并且由人际关系中的理性计算和情感关联决定人际态度。

(2) 社会学。在社会学中，将信任理解为社会制度和文化规范的产物，是建立在法规、道德和习俗基础上的一种社会现象。Barber(1983)认为信任是一种通过社会交往所习得和确定的预期，其中最一般的预期是对自然的及道德的社会秩序能坚持并予以履行的信心。还有学者提出了不同于“个人信任”(personal trust)的宏观层面上的信任现象，如 Luhmann(1979)的“系统信任”(system trust)，Zucker(1986)的“基于制度的信任”(institution-based trust)等。

(3) 管理学。在管理学中，信任的研究常常与企业绩效、风险、交易成本联系在一起，认为信任能提高客户满意度与企业绩效，减少不确定性以及降低组织内和组织间的交易成本。Kumar(1996)认为真正能够区分信任关系的是双方建立相互信任的能力，他们相信双方利益相关，任何一方采取行动之前都会考虑自身行为对另一方所产生的影响。

(4) 营销学。在营销学中，信任的研究主要在买卖关系或分销渠道背景下进行，因此信任的对象包括供应商和销售人员。消费者可以对供应商产生信任，也可以对销售人员产生信任。信任既被看做是对于伙伴可信度的信念，也被看做是在处于弱势情况下依靠伙伴的意愿。信任对企业的关系营销(relationship marketing)战略非常重要，因为信任是依赖自己所依赖的交易方的意愿，信任会帮助交易双方建立长期的交换关系与合作关系。

虽然不同学者对传统信任的概念和特征有不同理解，但我们可以归纳出信任具有以下几方面特性。

(1) 主观性。信任是一种主观期望。不同的实体对同一个实体的信任存在差异。

(2) 风险性。信任的本身代表了愿意承担风险。

(3) 可依赖性。信任是一种心理预期，即有信心地认为对方未来愿意履行承诺。

(4) 善意性。信任意味一方有信心地认为另一方未来不会欺骗自己。

(5) 领域相关性。不同的人擅长不同的领域，例如电脑专家就不一定精通音乐，而主任医生也可能不知道如何修理汽车，因此信任需要限制在某一个或某几个特定领域中讨论才有意义。

(6) 不可完全传递性。A 信任 B,B 信任 C,并不一定就能推导出 A 信任 C。

2) 信息系统与电子商务中信任的概念和特征

在信息系统与电子商务领域中,信任研究主要基于消费者角度,所提出的定义往往综合了心理学、管理学、营销学的观点。信任包括信念与动机,信念包括四个层面的含义,即能力、诚实、善意、可预测性,动机则包括依赖对方的意愿、依靠的主观可能性。

信任与声誉的区别主要在于,信任是关于被信任者的可信度的所有推荐的聚合值。声誉值不能被赋值,只能被信任者聚合。

电子商务中信任具有传统信任的一般特性,但同时还具有自身的特点。

(1) 上下文相关性。信任关系总是和特定上下文紧密联系。在某个特定上下文中,能够建立起信任关系的实体 A 和实体 B 很可能在另一个上下文中无法建立起相应的信任关系。

(2) 可测量性。计算机学科的学者出于计算和处理的实际需求,认为能够使用类似于度量信息的方式来度量信任,将信任关系划分为不同等级。

(3) 动态性。随着近期增加的证据和交往经验,可能会增加或减少我们对另一个实体的信任度。信任者认同被信任者的行为时,将会提高对被信任者的信任等级,增强和被信任者之间的信任关系。

2. 信任的分类

作为一个宽泛的概念,信任根据不同的分类方法可以有很多不同的类别。

1) 从时间维分类

根据信任的发展阶段,信任可分为以威慑为基础的信任、以信息为基础的信任和以转移为基础的信任。①以威慑为基础的信任,是指刚刚建立关系时,双方会按照自己的承诺行动,因为他们害怕违背承诺带来的惩罚,这一阶段的信任是建立在这种惩罚威慑基础上的信任。②以信息为基础的信任,是指随着关系的建立,交易双方的交互越来越多,获得对方的信息也越来越多,从而在此基础上建立起来的信任。③以转移为基础的信任,是指随着双方长期的交流和交易,以信息为基础的信任水平不断提高,一方(A)可根据另一方(B)对第三方(C)的信任水平形成一方(A)对第三方(C)的信任。

根据信任的发展速度,信任可分为慢信任和快信任。①慢信任是伴随时间的延续产生,在长期工作关系中建立起来的一种典型的信任。②快信任是当关系迅速产生随后迅速结束时产生的,如虚拟团队成员之间的信任。

根据信任的发展程度,信任由浅及深依次体现为基本信任、保证性信任、延伸性信任。①基本信任是一种基本的信任形式,是社会生活的前提。②保证性信任是用合同、协议和承诺保证的信任。③延伸性信任是建立在公开、宽泛的基础之上,表现为随着关系的不断加深以至于正规的合同已经不必要了。

2) 从空间维分类

根据网络环境,信任可分为网下信任与网上信任。①网下信任涉及公司的离线行为(如直接销售、渠道销售、其他的沟通和交易等),以及公司与消费者及其他干系人之间的关系。传统销售条件下,企业要同消费者、供应商、合作伙伴等打交道,这些实体之间的信任关系均属于网下信任的范畴。此外,消费者往往是通过与企业销售人员的交互来建立对企业的信任。②网上信任涉及以电子为媒介,尤其是以互联网作媒介的公司的商业行为。消费者网上信任的对象包括网站、商家、互联网技术。网站充当了传统销售条件下的销售人员的角色，消费者通过对网站的考察来建立对商家的信任。此外，消费者对互联网技术的信任是整个网上信任体系的前提。

根据信任产生的层面，信任可分别在三个层面产生：个人层面、人际关系层面和社会层面。①基于个人层面上的信任是个人人格特质的表现，简单说来就是"我愿意信任某人"。②基于人际关系层面上的信任是人际关系的产物，是基于人际关系中的理性计算、情感关联而产生的信任，简单说就是"我信任你"。③基于社会层面上的信任是群体共性的一个特征，简单说来就是"我信任所有的人"。

根据环境特异性，信任可分为一般信任与特殊信任。通过特定的方式在特殊的环境下产生的信任就是特殊信任，反之则为一般信任。比如，在网上信任中，相信网站可以提供准确、及时的信息是一般信任；相信某个特定的网站可以提供某一方面准确而及时的信息就是特殊信任。

3. 交易结果评价

在制约电子商务发展的因素中，交易风险及其纠纷的存在处于首位。为了降低交易中的信息不对称问题，电子商务交易平台设计了在线信誉评价系统，对买卖双方的交易历史及其评价进行记录。在声誉效应的影响下，卖家也更加重视买家的交易满意度，并且也形成了为获取好评减少差评而提高服务质量的良好风气。交易结果评价中的不满意(或者成为纠纷)是产生非好评(包括中评和差评)的直接原因。而影响交易结果评价的主要因素为商品问题、收货问题、沟通问题、售后问题。交易结果评价研究模型如图 3-5 所示。

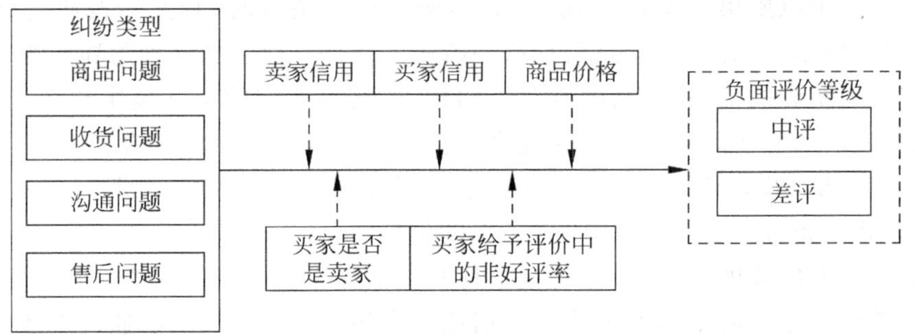

图 3-5 商品问题研究模型

1) 商品问题

商品问题指买家购买收到的商品，存在有破损、与网上商品描述存在差异、影响正常使用或其他质量瑕疵。商品问题包括以下四种情况：商品与描述不符、商品质量问题、商品价格问题、卖家发错商品。商品描述不符指买卖双方成交后，买家收到的商品与网上描述(包括图片描述与文字描述)有不符的情况。商品质量问题指买卖双方成交后，买家收到的商品是假货、劣质品或瑕疵，如劣质面料或有瑕疵的服装。卖家发错商品指买、卖双方在成交后，买家收到商品的数量、尺码、颜色、运送方式与下订单时不一致。

2) 收货问题

网络购物中，时空的阻隔使得商品配送一般都要通过第三方物流公司实现。收货问题纠纷包括由第三方物流公司引起的问题和卖家发货延迟或不发货引起的纠纷，往往会导致买家给卖家中评或差评。个人卖家，大多有货物渠道资源，由于资金问题，有的手上并没有货物或只有少量品种的货物。卖家在网站上贴出货物信息和图片，待买家拍下商品后他们再与供货商联系进货发货，造成买家常常会抱怨收获速度慢，甚至有时会因为供货商缺货而卖家无货可发，这对先拍了商品等待收货的买家来说是一个非常不愉快的心理体验，很可能会对交易给出负面的差评或中评。

3）沟通问题

沟通问题纠纷包括沟通态度纠纷和沟通有效性纠纷。买卖双方有沟通的交易比没有沟通的交易成功率更高、纠纷更少。从评分反馈来看，缺乏沟通是产生拍卖纠纷的一个因素。买家给中评和差评的理由常常是卖家态度不好或是卖家不回复留言。各个店铺的客服在人员数量、在线时间、素质等方面参差不齐，往往导致买家抱怨客服态度差或者买卖双方不能有效地沟通，特别是交易量大的店铺，在客服人员少的情况下，容易发生这类纠纷后来不及解释，使得买家给出负面的评价。卖家可以通过改进客服水平来减少这类纠纷从而提高好评率。

4）售后问题

售后问题纠纷，主要是退换货标准和由此产生的运费承担问题，很多卖家为避免退换货问题往往在“买家须知”里面写着“确定为质量问题可以退换，其他诸如面料不好、色差、与想象不符等不接受退换”，但对于“质量问题”并没有相关部门出示的统一标准，很难判断。买卖双方常常就这一问题产生纠纷，若在双方协商过程中卖家态度不好或者结果不能令买家满意，那么买家就很可能给卖家负面的评级。再者，由退换货问题产生的运费承担问题各个店铺处理方式不一，就算一些店铺承诺承担“商品质量问题”的退换运费，但如果买卖双方就是否是质量问题不能达成一致，也容易就退换货费用产生纠纷。

4. 商家可信度

电子商务交易互动中，消费者只有在相信商家可以履行承诺也就是对商家有信任感知后，才会产生购买意向从而与商家交易，愿意支付资金换得物品或服务。信任影响因素包括：店铺形象、商品质量、商家与客户沟通性、售后服务、店铺规模、商家信息公开度、物流时间、交易金额和交易时间。

店铺形象。在初始信任形成阶段，就一般商家来说，消费者还不是很了解商家，与商家之间没有交易关系或交易关系很少，网站的形象代表商家的形象，因此网站的声誉会影响消费者的信任。另一方面，就传统企业跨领域的商家来说，虽然消费者对商家本身有一定的了解，但是到电子商务环境中，交易环境的虚拟性产生不确定性，网站与商家是既联系又分开的，企业的形象可以代表网站的形象，却又不能完全代表网站的形象，而网站的形象也同样反作用于企业形象。网站商家对自己网上店铺的装修和管理具体包括商品图片、商品展示、商品分类是否合理，页面浏览是否方便。店铺形象越好，越能吸引广大消费者来光顾，也越能使消费者对店铺商家产生信任。

商品质量。消费者所购买商品的质量，包括产品各方面性质是否如商家产品介绍中一样、产品是否与消费者预想一致等。

商家与客户沟通性。商家与客户沟通性是指商家在与消费者交流的过程中所体现出的沟通能力，消费者在与商家的沟通中获得的积极体验会使消费者对商家产生信任。

售后服务。售后服务是指商家在售出自己商品之后，能及时处理消费者反映的各种关于商品的情况，商家对客户的售后服务质量越高，越能使消费者对商家产生信任。

店铺规模。店铺规模是指商家店铺每天的交易量、商品种类等的规模，这些规模越大，说明商家的店铺规模越大，越能使消费者对商家产生信任。

商家信息公开度。商家信息公开度主要是指产品、邮资、退货规则、产品注意事项等详细说明、卖主联系方式、地址信息公布等有关商家的信息公布程度，其对消费者对商家的信任产生积极影响。

物流时间。物流时间指的是从商家发出商品到消费者接到商家商品的这一段时间。物流时间也是影响消费者对商家信任的一个积极因素。

交易金额。交易金额指消费者在商家店铺购买一次性产品的费用，购买费用越高的消费者的评价对商家信任的影响越大。

交易时间。交易时间指消费者购买商品后，对商家进行网上评价，网上评价时间即为交易时间，时间距离当前越长，对当前商家信任的影响越小，以致可忽略不计。

根据 Oliver 的预期不确认理论，顾客根据购前预期与绩效表现的比较结果判断是否满意。卖家信誉越高，则买家的预期越高，那么发生纠纷以后，预期与感知产品质量差距越大，从而顾客不满意程度更大。网络顾客期望，是指顾客基于过去网络购物经验、个人特定需求和商家的声誉品牌而对购物网站整体服务质量的预期。价格越高的商品，发生同类型纠纷后，买家的不满意程度越高。

5. 用户可信度

买家是直接与卖家发生交易的主体，也是卖家评级的主体。买家的信誉值可以在一定程度上代表买家的经验，不同购物经验的客户对同一纠纷的评价由于对标准的掌握不同可能会有差异。

影响用户可信度的因素主要包括交易时间、交易金额、其他用户的评价。交易时间距当前时间越长，用户的可信度就会随时间的推移有一定程度的衰减。买卖双方交易金额的大小反映了交易的可信度，同时也反映了双方交易结果评价的可信程度。受到其他用户的评价越高，说明该用户评价的真实性越高，其评价也更值得其他用户借鉴参考。

买卖双方进行交易后，买家对卖家进行反馈评分时，买家所提交的反馈信息需要考虑买家本身的可信度，买家可信度高时，其反馈信息越可信、越有价值，反之，则越不可信、越缺少价值。

6. 交易结束后的评价

交易结束后，服务请求者根据实际得到的服务质量和服务提供者自身声称的服务质量计算服务质量差异度，以此判断服务提供者的可信程度，并进行相应的奖惩和信任度更新。

评价指标主要包含信息质量、技术质量、客户服务质量满意度。①信息质量指信息的真实性、完整性、关联度(%)。信息完整性、准确性：商品品种、规格、质量、相关知识的真实性、完整性、准确性。对客户要求的反应速度：信息检索速度、对客户平均响应时间(邮件、电话、短信等)。信息、数据库容量：拥有信息数据库容量、信息分类深度和关联度(%)。

②技术质量，如网页反应速度、客户响应时间、平台并发用户数、每秒响应请求次数。③客户服务质量满意度：指客户服务质量期望值与客户感知之间的差异程度。客户投诉降低率反映服务质量的提升，导致客户投诉率降低。

评价方法主要有综合评价和单项指标评价。

(1) 通过专家参照各项评价指标的重要性所确定的各项评价指标的加权系数，按评价标准对各单项评价指标进行评价打分，通过各级指标逐级加权计算、汇总，形成电子商务服务水平总的评分结果，把该综合评价分数称为电子商务服务指数。

$$E = \sum (I_i \times W_i) \tag{3-1}$$

E 表示电子商务服务指数(总评分)；I_i 表示 i 个评价指标；W_i 表示 i 个指标的权重，$\sum W_i = 1$。

(2) 要按照平台服务商的类型(如综合性服务企业、专业性服务企业)制订各评价指标的评价标准，现针对一般平台服务商、服务提供商提出以下评价方法：评估级别，分优、良、好、中、差五级；百分制，依次为 85～100 分，75～85 分，60～75 分，40～60 分，0～40 分。

3.3.2　信任建立过程中的各方博弈

博弈论是研究各种博弈情景下参与各方及其理性行为选择的理论，也是关于竞争者如何根据博弈环境和竞争对手的情况变化采取最优策略和行为的理论。

参与电子商务交易的主体在选择自己的交易行为和做出决策时，商家、顾客、电子商务平台提供者之前的交易行为和决策是会相互影响的。电子商务市场中信用的高低也是由于不同交易主体交易行为和决策引起的，如果各交易主体都选择诚信交易，那么这个市场就是高信用的，反之就是信用比较低的。

通过博弈论来分析不同交易主体之间的决策是如何相互影响的是非常有效的。首先，从各交易主体之间的关系看，在进行电子商务交易的时候某次交易的信用高低，或者说整个电子商务市场的信用的高低是不同交易主体相互博弈的一种结果；交易主体的决策选择是相互影响的，如果经过系列的决策选择最后都选择进行诚信交易，那么我们就说本次博弈的结果是(诚信，诚信)，那么电子商务市场有较高的信用，当博弈结果交易双方选择(欺诈，欺诈)时的效益最大，则电子商务市场有较低的信用。

1. 卖家和买家的博弈

在电子商务市场中，顾客有很多可供选择进行交易的商家，顾客只要轻点鼠标就能对商家的信用、以前的交易记录、顾客评价和商品的价格一目了然。所以可以将顾客与商家之间的博弈看做是完全信息状态下的博弈。顾客首先关注的是电子商务商家的价格，如果商家的价格比较合适，然后就会看其他顾客评价，如果该商家的评价基本都是良好的，那么就会认为该商家是会进行诚实交易的，就会与该商家产生交易行为；但是一旦发现有评论说该商家存在诚信问题，那么基本不会有顾客再次冒险与该商家进行交易。因此顾客的决策行为是受商家商品价格、信誉等影响的，商家选择诚信交易还是欺诈交易也是受顾客消费心理的影响的。在顾客比较注重商家信用的前提下，商家是不会出现投机行为的，那么这个电子商务市场就是高信用的。

为了更加真实地描述卖家与买家之间的博弈，我们假设：①参与者为卖家和买家，卖家的策略是诚信或者欺诈，买家的策略是购买或不购买。②假设在交易过程中，每次博弈都是独立的，参与者都是完全理性的经济人，参与者同时做出决策且各自支付的信息为各参与者的共同信息。③存在政府的监督。如政府制定相关法律对行骗者进行惩罚，以至于卖家如果不诚信，他都需要付出一定的代价。

根据上述假设，卖家与买家之间的博弈可以视为完全信息静态博弈，双方支付矩阵如表 3-3 所示。

表 3-3 买卖双方纯策略博弈支付矩阵

买家	卖家	
	诚信	欺诈
购买	a_1, a_2	$-b_1, b_2-c$
不购买	0,0	$0, -c$

其中，a_1, a_2, b_1, b_2, c 均大于 0。在买家购买商品且卖家诚信时，a_1 为买家的支付，a_2 为卖家的支付；在买家购买商品但卖家欺诈时，$-b_1$ 为买家的支付，b_2-c 为卖家的支付；c 为卖家采取欺诈策略时所需成本，且实际生活中 b_2-c 应远大于 a_2。

当买家不购买商品，而卖家一直保持诚信时，参与者的支付都为 c，而当卖家实施欺诈时，他是要付出一定的被揭发被惩罚的风险，这个成本我们用 c 表示。当卖家选择诚信时，买家选择购买商品，这时他的支付达到最大。当卖家选择欺骗时，买家选择不购买商品，买家与卖家博弈结果是$(0,-c)$。而当买家选定不管怎么样都购买商品时，卖家的最优决策是选择欺骗，这时他可以获得最大的支付 b_2-c，当买家不论怎么样都不会购物时，卖家的选择是保持诚信。

从以上纯策略的博弈分析我们可知，买家与卖家的博弈不存在纳什均衡。不论怎么选择，双方的利益始终不能达到一致，任何一个纯策略组合都可以通过一个参与者单独改变自己的策略而获得更大的支付，所以我们可将此模型扩展为完全信息下的混合策略博弈。这将存在一个混合策略纳什均衡。现在我们假设买家按照一定的概率，随机地从两种纯策略选择一种作为他的实际行动，卖家同样按照一定的概率随机地选择自己的纯策略是诚信或者欺骗，见表 3-4。

表 3-4 买卖双方混合策略博弈支付矩阵

买家	卖家	
	诚信(p_2)	欺诈$(1-p_2)$
购买(p_1)	a_1, a_2	$-b_1, b_2-c$
不购买$(1-p_1)$	0,0	$0, -c$

设 U_1 为买家期望的支付，U_2 为卖家期望的支付，则有：$U_1=p_1\times p_2\times a_1+p_1\times(1-p_2)\times(-b_1)$，整理后得 $U_1=p_1\times[p_2\times(a_1+b_1)-b_1]$；$U_2=p_1\times p_2\times a_2+p_1\times(1-p_2)\times(b_2-c)+(1-p_1)\times(1-p_2)\times(-c)$，整理后得 $U_2=p_2\times[p_1\times a_2-p_1\times b_2+c]+p_1\times b_2-c$。买卖双方最佳反应函数见表 3-5 和表 3-6。

表 3-5 买家最佳反应函数表

P_1	条　件
0	$p_2 \times (a_1+b_1)-b_1<0$，即 $p_2<b_1/(a_1+b_1)$
[0,1]	$p_2=b_1/(a_1+b_1)$
1	$p_2>b_1/(a_1+b_1)$

表 3-6 卖家最佳反应函数

P_2	条　件
0	$p_1 \times a_2-p_1 \times b_2+c<0$，即 $p_1<c/(b_2-a_2)$
[0,1]	$p_1=c/(b_2-a_2)$
1	$p_1>c/(b_2-a_2)$

所得买家与卖家混合策略博弈的纳什均衡点是 $p_1=c/(b_2-a_2)$，$p_2=b_1/(a_1+b_1)$。即纳什均衡是买家以 $c/(b_2-a_2)$ 的概率选择购买商品，卖家以 $b_1/(a_1+b_1)$ 的概率选择诚信对待顾客。我们可以看到参与者的策略都是对方支付的函数，譬如当 c 越大，也就是当卖家选择不诚信时，法律、国家对他的惩罚越大，买家了解到这个信息，就可以认为卖家选择不诚信的概率较小，从而买家更愿意选择购买商品。同样我们可以假设 b_1 远远大于 a_1 时，买家会认为他选择买的期望支付会远远小于不买的期望支付(0)，所以他会选择不购买商品，而卖家在买家不太可能购买商品时他最好的策略就是诚信，这与我们计算出的纳什均衡点相符，$p_2=b_1/(a_1+b_1)$，当 b_1 增大时，p_2 增大，说明卖家随着 b_1 增大更愿意选择诚信。

在以上这个完全信息静态博弈的分析中，我们了解到买家仍有不购买商品的可能，卖家仍有欺骗顾客的可能。实际交易中，买家与卖家之间可能存在多次交易，且对于同一虚拟店铺不同的买家，卖家所有的历史交易信息是公开的，所有不同的潜在买家都知道这些信息。据此，我们可以将完全信息的静态博弈模型扩展为：一个参与人不固定（如买方不固定），以卖方对一名买方提供产品或服务的博弈为一个阶段的重复博弈。对于扩展的重复博弈模型，我们新增以下假设：①同一卖家虽然可能有不同的潜在顾客，但我们仍然把这些顾客看成一个买家；②买家采取“冷酷策略”，即只要在重复博弈中卖家有一次欺骗行为，将触发买家在以后的策略中永远选择“不买”的策略。

根据表 3-3，我们可以得出卖家的期望支付，当卖家一直保持诚信的期望支付要大于他一次不诚信而获得的支付时，他将会在每次交易中都保持诚信的策略，设 $0<r<1$ 是卖家的投资期望收益率，我们把它当作一个贴现因子。则当卖家选择不诚信经营时的期望支付为：$U_2(\text{cheat})=b_2-c$，当卖家选择一直保持诚信策略时，买家就一定会一直和他交易，卖家将获得的支付是：$U_2(\text{honest})=a_2+a_2 \times r+a_2 \times r^2+\cdots+a_2 \times r^n$，当 n 趋于无穷时，$U_2(\text{honest})=a_2 \times [1/(1-r)]$。当 $U_2(\text{cheat})<U_2(\text{honest})$，即 $b_2-c<a_2 \times [1/(1-r)]$ 或者 $r>1-a_2/(b_2-c)$ 时，卖家会一直采取诚信策略，合作的博弈就产生了，博弈的双方最后的策略都将是买家购买商品，卖家一直保持诚信，这就是重复博弈产生的信用机制。

2. 卖家和卖家的博弈

在电子商务平台上建立商家网站的商家可以说是数不胜数，因为这样可以省去商家建立网站和维护网站的各项费用。这样就使本来在物理空间比较分散的销售统一产品的商家处于比较密集的环境中。与传统交易不同的是，实体商家在租用厂房、生产产品方面的费用都会相差无几，而且顾客不会一眼就能看出销售同质产品的商家的不同。但是在电子商务平台上就会有所不同，因为在电子商务平台上有一个比较明显的特征来区分销售同一产品的商家，那就是信誉等级。

信誉等级也一直是困扰商家的难题，为了获得高的信誉等级，电子商务平台上的商家可以说是绞尽脑汁。因为信誉等级不仅是区分商家的一个指标，在一定程度上也表明该商家的整体质量，包括商家自身的信誉、提供产品的质量、发布消息的真实性等，而这些信息都足以影响顾客的购买决策。所以基于网络平台提供者的商家之间的竞争要比传统商家的竞争更为激烈。

作为区分不同商家的一个重要因素——信誉等级，就成为了商家之间博弈的核心点，从而也就导致了不同的电子商务信用问题。有的商家会通过自己的经营慢慢积累信誉等级，有的会直接从其他商家那里购买已经是高信誉等级的店铺，这两种情况都不会产生电子商务信用问题，但是更多的商家会选择通过不法途径获得高的信誉等级，因为这样获得高信誉的成本相对来说比较低。这种高信誉等级会获得较高的顾客点击率，进而带来的是高的成交量，因此很多商家就会在信誉等级上做文章。

通过上面的描述，我们知道会产生电子商务信用问题的一个方面就是商家通过不正规的手段获得高信誉，而这种高信誉的获得只有商家自己知道，其他商家是无法知道其他商家的高信誉是通过什么途径获得的，所以说在信誉等级方面商家之间是处于一种信息不对称的环境中。但是因为销售统一产品，就存在一个如何标价的问题，因为电子商务平台的原因，价格的这种可比性被放大，顾客只需要轻点鼠标，商品就会按照价格高低进行排列，所以商家还是会考虑价格因素对顾客决策的影响。但是为什么会有很多商家信誉等级不一样，但是对于同一种产品却能在价格上没有差别，甚至高信誉的商家反而标更低的价格？针对不同信誉的商家在标价方面的决策进行博弈研究，分析高信誉与低信誉的商家在标价时会采取怎样的策略，从而判断该商家是偏向于诚信交易还是偏向欺诈交易，这样可以打破“唯信誉论”，也就是说，只要信誉等级高的商家在进行交易的时候就会偏向诚信交易，反之，信誉等级低的商家就会偏向欺诈交易。

3. 交易者和管理者的博弈

商家与平台提供者之间可以说是存在双重关系，首先，平台提供者通过从商家那里获利，越多的商家使用该平台就会获利更多，而且高信誉的商家会给该平台带来好的声誉；但是，平台提供者在某种程度上又承担着一个信息审核者的角色，商家在网站上发布的各种信息都需要经过平台提供者的审核，所以说商家与平台提供者之间还存在某种意义上的利益冲突。因此，商家与平台提供者之间的博弈存在两种不同的博弈情景，首先是以利益共同体角色进行博弈，同时还存在利益冲突者角色的博弈。

针对商家和平台提供者存在相同利益的情境下，主要是商家选择诚信交易或者欺诈交易的时候会对平台提供者造成什么样的影响。商家与电子商务平台作为利益共同体，博弈实质其实就是商家进行欺诈交易获得的利润和对平台提供者造成的声誉损坏程度的一个博弈。

3.3.3 信任的评估

1. 评估的基本原理和概念

目前，研究信任现象和信任关系的领域很多，如心理学、社会学、经济学、组织行为学、哲学以及计算机科学等。信任相关理论层出不穷，不同研究者研究的侧重点也各不相同。就信息安全领域来说，对于信任的概念、性质以及分类等基本问题仍缺乏统一的认识。下面就信任在P2P网络电子商务环境下的基本概念及相关理论进行介绍。

P2P网络环境给出电子商务中信任的定义如下：信任是在特定应用环境和特定应用时间段中，事先期望实体执行某具体商务行为的主观可能性程度，其量化结果即为该实体的信任值。

直接信任指的是某一评价主体基于自己与评价客体直接交互的历史得到对该评价客体的信任。评价主体通过自己和需要了解的实体直接交互，将每次交互的情况进行统计、分析和积累经验，随着双方交互的不断深入，评价主体对评价客体的信任关系更加明晰。

推荐信任是指通过其他中间推荐实体间接获得对目标实体的信任关系。通常在开放的分布式网络环境中，一个实体想要获得网络中所有其他实体的信息是非常困难的。当该实体要与另一陌生实体进行交互时，会向自己比较信任的一些实体查询评价客体的信任信息，这样通过推荐信任评价主体也能对陌生实体进行信任评价。

在P2P网络环境中，实体间的信任关系有如下几个基本性质：①主观性。不同的评价主体对同一评价客体的可信程度可能有不同的理解。②上下文相关性。信任关系总是和特定的上下文相关联，在不同的上下文中，评价主体对评价客体有不同的信任评价。③有条件传递性。信任具有传递性，可以通过中间推荐将信任关系依次传递，但该传递性只在一定条件下满足。④不确定性。由于P2P网络的开放性和应用的复杂性，交互的实体对彼此的信息了解得不够充分，使得一个实体对另一实体将来行为预期的主观判断带有不确定性和模糊性。⑤可度量性。可利用历史经验对评价客体的未来行为进行判断，进而得到信任的具体程度。

2. 信誉与信任(信任值的计算)

传统的交易都是买卖双方面对面地进行交流沟通，从而达成交易意向。而电子商务却是买卖双方在没有谋面的情况下就可以把交易完成。电子商务中的不谋面的交易，使交易的风险增加了很多。

信用是指实体在未来一定时期内兑现承诺的能力。两者之间，时间上有差别，评价内容不同。信誉是信用评价的基础，如果没有好的信誉，即使未来发展前景乐观也不可能有信用。

信任是指对节点身份的认可及对节点能够按照预想完成其行为的能力的信赖。信任用信任值来度量。信任值并不是一个与节点身份绑定的固定值，而是以节点身份为参照，并依赖于特定时间段及特定上下文环境的变量。信任既包含身份信任，也包含行为信任。

信誉是指通过对节点过去交易行为的综合考察并依据其他节点对该节点的信任评估而得出的综合期望值。信誉同样也依赖于特定时间段及特定上下文环境。在两个节点进行交易时，若彼此间从未有过直接的信任接触，往往可借助对方的信誉来进行信任抉择。

在信任管理中，信誉(reputation)是一个经常出现的术语。和信任一样，信誉也没有统一的定义。本质上信誉属于社会学的范畴，在社会学中，信誉是社会网络中的一个网络参数，并且是全局的、公开的。信誉和信任相比，信任的主观性更强，是两个 Agent 间一对一的关系；而信誉是整体的、全局的观点，是一个 Agent 在由多个 Agent 组成的公众中的总体形象与综合评价结果的体现。

信誉、信用、信任的相互关系见图 3-6。

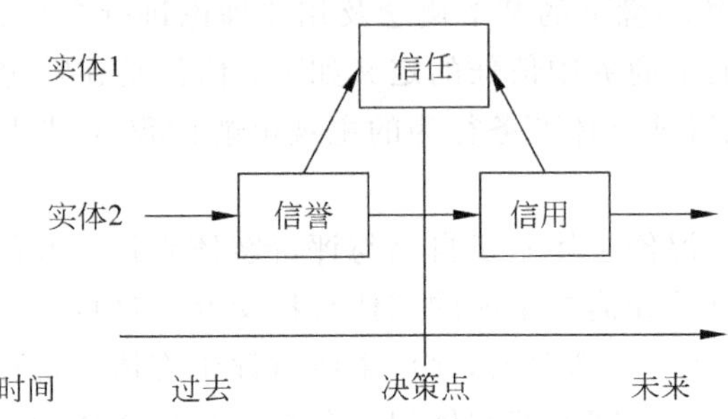

图 3-6 信誉、信用、信任的相互关系

3. 常用的评估模型

在不同的应用领域，国内外很多学者都对信任管理进行了深入的研究，例如 peer to peer(P2P)系统、Web 服务系统、多智能体系统、网格计算系统(Grid)、电子商务系统和安全系统等。通过对主体之间信任关系的描述和获取方法的研究，将信任分为基于策略和凭证的信任、自动信任协商和基于声誉的信任。其中基于策略和凭证的信任，本质上是一种基于身份的信任，主要解决的是授权和访问控制方面的问题；自动信任协商，实现的是对于跨域隐私的保护和信任的建立；而基于声誉的信任，则是建立在用户以往的直接交互经验、其他用户的意见或两者的综合对交互对象未来的行为期望进行预测评估。

目前，国内外众多学者面向各种应用研究开放分布式系统中的动态信任关系，并采用证据理论、模糊推理、贝叶斯函数等数学方法和数学工具对其进行分析设计，建立了信任管理模型。

1) 基于声望的信任模型

基于声望的信任管理起源于电子商务领域，其中最具代表性的是 eBay 和 Amazon 的信任模型，现在这种方法已经被广泛地推广到 P2P 系统、智能体系统、移动自组织网络以及最近很受关注的语义网等领域。基于声望的信任模型根据用户自己直接的交互经验、其他用户的意见、推荐或者是两者合成得到的结果来形成对另一个节点的信任评价。

当顾客和商家进行在线交易的时候，仅仅凭借过去的直接经验是不可能评价所有其他用户的，因此常常面临遭受损失的风险。在这种情况下，我们需要借助于其他的信息来源，通常有两种方式：一种是咨询一个集中式的第三方权威。第三方权威可能与被询问的用户有过交互的经验或者保存有其声望的信息，从而可以提供相应的信任评价。但是由于互联网上资源的多样性和复杂性，因此无法找到一个集中的第三方权威能够提供所有的声望信息。另一方面作为第三方权威，往往要面临信誉受损的风险，因此目前大部分模型都采用的是另外的一种方法——分布式的信任模型：用户不依赖一个中心权威进行信任决策，而是通过获取的声望信息，由智能体自己来进行信任评估。因为不存在中心权威，所以只有智能体之间依靠相互合作并根据过去的行为来确定哪些节点是可信的。

进行信任决策的信息往往不是单方面的，早在1994年，Marsh就提出了一个信任计算模型，这个模型后来被普遍认为是第一个比较全面、正式的信任模型。Marsh用一组变量来描述信任，包括重要性、效用、能力和风险等，而且还给出了一种合成信任的方法，同时Marsh强调时间也是合成最后信任值的一个关键变量。由于该模型需要确定很多变量，而在真实的情况下这些变量又很难获得，所以现在的研究者并没有按照Marsh的模型继续研究下去，但是他所提出的一些理念至今还被广泛地应用，比如信任值可以被量化成一个连续的变量以及信任的几种类型等。

Abdul-Rahman和Hailes将信任(trust)和声望(reputation)合并到一起来进行虚拟团体中的信任计算。在他们的模型中，信任被定义为智能体执行某个特定操作的主观概率，而声望被定义为基于观察和过去的经验，一个智能体对另一个智能体未来行为好坏的一个预期。信任来源于智能体自己过去直接交互的经验和知识，而声望来源于其他智能体的意见和推荐，最后利用加权平均的方法将这两个参数合并成最后的信任评价。在这个模型中，一个最大的问题在于如何确定加权平均的权重，因为权重不同，最后的结果将会完全不同，而权重的确定是非常主观和不确定的。

在网格的环境中，为了避免节点在信任决策过程中的主观随意性，陈等人提出了一个基于贝叶斯函数的信任模型。通过信任模型对节点的分析和判断，采纳其中推荐能力最强的中间节点作为推荐者，并搜索出到资源节点的信任链路，然后利用贝叶斯函数对经由信任链路获得的资源节点的每种属性进行综合评估，最后确定是否访问该资源节点。该模型的主要特点是减少了信任链路上中间节点的主观随意性的判断，请求者可以根据自己的需要自主地进行信任决策，因而具有一定的灵活性。

计算一个节点声望值的最好的方法是根据过去直接交互的经验，但是很多情况下这样的信息是无法获得的，因为在巨大的信任网络中，节点之间的交互往往比较稀疏。为了解决这个问题，一种方法是借助于智能体之间的社会网络关系来获取声望信息，另一种是对不同的信任评价进行归类从而降低稀疏度。Golbeck等人就通过信任网络(web of trust)的连通关系来计算信任度。起始节点将询问请求发送到它的邻居，如果这些邻居没有相关的信息，那么就再向邻居的邻居逐步地扩展开来。在搜索路径上，信任度低的节点所提供的信任评价将被忽略，最后起始节点会平均所有评价值，然后四舍五入为0或者1(0代表不信任，1代表信任)。该模型是建立在人与人之间的社会网络基础上，它的有效性在应用程序Trust Mail中得到了验证。

在信任管理领域中，一个关键的问题是研究信任的传递，而在这个问题上不同领域的学者尚有争议。Christianson和Harbison认为信任值是高度主观的二元值，所以是不可传递的。在安全领域里这个观点得到了普遍的认同，因为实践证明这种传递的信任往往是不可靠的。Finin等人认为当信任管理的范围限定在基于推荐的信任领域时，信任就是条件性部分可传递的。Olsson认为信任只有当知道所有相关的用户都使用同一个信任度量并且这个度量和信任者与被信任者都是无关的情况下才是可传递的。Stewart等人研究在万维网上信任是如何通过超链接在不同组织之间进行传递的。研究发现顾客们倾向于认为在值得信赖的组织和陌生组织之间存在超链接就意味着两者之间存在着某种关系，而这种联系往往会提升陌生组织的信任等级而降低值得信赖组织的信任等级。

信任传递研究中最有代表性的就是 EigenTrust 模型和 Richardson 信任模型。EigenTrust 根据节点过去的信誉历史，在 P2P 网络中计算一个类似 PageRank 的全局信任值，用户可以根据这个全局信任值来选择交易对象，从而规避恶意节点并将它们孤立起来，一个节点的全局信任值是根据信任网络中其他节点对它的局部信任值加权平均计算出来的，而权重就是这些节点本身的全局信任值。EigenTrust 需要预先选定一些信誉高的节点作为起始节点，一旦这些节点不能工作或是退出网络，那么 EigenTrust 模型就无法正常工作了。Richardson 的信任模型利用路径代数来计算信任的传递从而量化信任值和不信任值，和 EigenTrust 计算全局信任值不同，Richardson 模型计算的是针对每个节点个体的个性化的信任值，而且他的模型可以十分有效地抵抗外界环境的噪音。

针对 EigenTrust 模型需要预先选择起始信任节点的缺点，Song 等人提出了一个基于模糊逻辑推理的 P2P 的声望系统 PowerTrust。通过分析 eBay 的真实数据，Song 证明了 eBay 上用户的交易次数符合幂律分布，而对某个节点信任评价起决定作用的是只占整个用户中一小部分的超级客户。在合成最后的信任值时，PowerTrust 将所有一度邻居的评价聚合起来，同样是采用加权平均的方法，只不过 PowerTrust 的权重是由三个变量的模糊值来确定的：节点的信用值、交易的时间、交易的数量。由于采用模糊逻辑，因此 PowerTrust 可以更好地解决 P2P 系统中信任计算的不确定性、模糊性和信息的不完全性等问题。

为了解决非结构化的 P2P 网络中的信任管理，周等人又在 PowerTrust 的基础上提出了利用“闲谈”(Gossip)来进行信任计算的模型 GossipTrust。GossipTrust 利用节点之间相互传递的“小道消息”并行地计算所有节点的全局信任值。每个节点的局部的信任值可以快速地聚集成全局信任值，经过几个周期的迭代，全局信任值就可以收敛到一个确定的值。GossipTrust 模型解决了非结构化的 P2P 系统中的信任计算问题，而且具有较强的可扩展性和健壮性，但是由于在传递“小道消息”的过程中会带来很大的网络通信负载，因此该模型在繁忙的网络中不适用。

Ramchurn 等人开发了一个基于置信度和信誉值的模型，通过利用模糊集来指引智能体对过去的交互进行评价并重新建立彼此之间的关系。通过分析某个智能体的过去交互的历史来获取它的置信度，而通过从社区中其他智能体处获取的经验得出该智能体的信誉值。这个模型采用悲观的策略来评价信息来源的信任值，因而有可能会导致系统中值得信任的智能体不被信任。

Cai-Nicolas 等人提出在某个特定的领域，例如书籍和电影推荐系统，利用信任度和用户兴趣爱好相似度之间的关联可以提高推荐系统的有效性和准确性。基于类似的想法，李等人提出了一个基于 P2P 环境下的全局信任模型 SWRtrust，该模型对不同节点的评分赋予不同的权重，而该权重是根据节点之间评分行为的相似度计算出来的。李等人利用两个节点评分向量的余弦夹角函数来计算相似度，并采用归类的方法来解决向量稀疏的问题。通过使用相似度加权模型，可以避免伪装的恶意节点的攻击。

在上面的叙述中，我们总结了一些典型的基于声望的信任模型。根据计算方法的不同，这些模型又可分为全局信任模型和局部信任模型。全局信任模型为网络中的每个节点计算一个类似于 PageRank 的全局信任值，该信任值是这个节点唯一的一个信任评价，它综合网络中所有其他节点的看法。比较有代表性的全局信任模型有 EigenTrust、PeerTrust、PowerTrust、SWRtrust 等。在局部信任模型系统中,节点利用信任网络通过询问有限的其他节点以获取对某个节点的信任评价,再结合自己和该节点直接交互的历史来确定该节点的信任值,因此对于同一个节点,可能有多个不同的甚至相差悬殊的局部信任评价。比较有代表性的局部信任模型有 Richardson 模型、RSWC 模型、FilmTrust 和 FIRE 模型等。这两种模型各有优缺点,通常来说信任是主观的,因此全局信任模型往往不能很好地体现节点之间的差异性和个性化,但是却拥有较小的计算成本并能避免恶意节点之间的协同作弊。而局部信任模型通过节点之间消息通信或广播的方式来进行交互,往往只能获得小部分节点的信任评价,因此评价结果可能不够全面,但是局部信任模型更能体现个性化的信任计算,而结果也可能更符合个体的需求。

2) 集中式的信任模型

传统情况下,信任都是以集中式的模式来进行管理的,典型的例子是采用一个可靠的第三方或是权威。接下来我们将介绍几个典型的集中式的信任模型。

在我们日常生活中广泛使用的 eBay 和 Amazon 等在线购物网站采用的都是集中式的信任模型。这些网站利用简单的加减和求平均值的方法对在线的买家、卖家进行信任评估,集中地建立和维护信任关系。通过分析 eBay 在线购物网站中大量的真实数据,指出了 eBay 这个集中式信任模型的几个不足:①大约只有一半的用户在交易后会提供反馈;②几乎所有的评价都是正面的,顾客不愿意对卖家进行负面评价,除非是出于报复心理。由此可见,这样的评分结果对于其他顾客而言并没有很大的参考价值,因此也无法为将来的交易提供可靠的借鉴,但是研究人员也指出 eBay 的信誉系统仍然可以在某种程度上发挥作用,一是由于广大用户相信它的奖惩作用。因而大部分人都会自觉地遵守相应的服务规范。二是如果 eBay 可以快速地对恶意节点采取行动,那么就可以避免进一步的危害。通过上面的分析,我们知道一旦一些恶意用户了解到 eBay 信任管理模型的漏洞而进行欺诈的话,那么后果将会非常可怕,因此很有必要为在线交易系统提供更加有效的信用管理模型。

SPORAS 也是一个集中式的信任模型,它对 eBay 等在线信任模型进行了改进,为松耦合的在线社区提供了一个信任机制。在 SPORAS 中,新用户的信任值最低,根据以后交易的表现,信任值不断地累加。无论某个节点的信用有多差,其累积的信任值都不会比新来的用户低。当根据其他节点的反馈对该节点声望值进行更新时,都反映了最近一次交易的信任度,因此可以看出 SPOARS 模型对信任的评价更注重近期的历史信用度,这样可以有效地避免用户信誉榨取的现象。同时交易价值越大,所承担的风险也越大。

Gil 等人提出了一个基于语义网的集中式的信任评估模型——THELLIS。该模型根据每个用户对信息资源的独立反馈来形成对信息资源的信任评价。用户可以对信息资源进行标注来显式或隐式地表达它的可信度和可靠度,系统将这些评价集中起来并将这些平均的反馈结果展示给用户。THELLIS 的信任评估是建立在用户反馈结果平均的基础上的,所以它提供的可信度参考结果缺乏个性化的观点,因此该系统提供的结果只有当用户的意见和大众的意见达成一致的时候才有效。

集中式的信任模型可以最大程度地降低节点之间交互的网络开销,但是也存在着很大的问题。集中式的模型需要有个中心权威来衡量节点的可信度并为用户提供相应的标准,用户为什么要相信这个中心权威?如果这个中心权威是邪恶的怎么办?这个中心权威会不会因为利益等方面的原因而造假？即使一些知名网站具有很高的信誉度，可以避免让用户产生上述的疑问，但是也存在着单点失败的可能。一旦由于某种原因，中心权威无法正常工作，那么整个信任系统也将陷入瘫痪。而且由于互联网上的信息量极其巨大，而且还在迅速地增长，单单依靠一个集中式的权威来进行信任管理显然是不可行的。所以目前绝大多数的研究人员采用的都是分布式的信任模型。

3）基于云的信任模型

基于云模型理论的信任评价模型通过信任云及信任标准云的定义，客观地反映了信任的模糊性和随机性，实现了信任从定性到定量间的相互转换。给出了信任云的合并及相似度计算算法，实现了信任的分属性及综合评价和决策，仿真实验表明模型是可行的和有效的。

由于信任本身是主体间的一种信念，它是对主体特定上下文行为特征的主观判断，因此具有很强的主观性、模糊性和随机性，无法精确地加以描述。为了较为科学地解决信任的评价问题，在 M. Blaze 等人提出了信任管理的概念之后，一些学者基于不同的研究背景，提出了各自的信任评价模型。其中比较典型的如：Beth、Jsang 等人提出的基于概率论知识进行信任度推导和计算的模型，此类模型将信任完全建立在精确的数学模型之上，将信任的模糊性等同于随机性，不能很好地反映信任的本质；为了更加准确地把握和反映信任的本质属性，有部分学者使用模糊数学的方法来建立信任评价模型，此类模型使用模糊集理论作为信任评判的主要工具，用隶属度来刻画信任的亦此亦彼性。然而，用模糊综合评判法进行评价时，虽然较好地表述了信任的模糊性，却存在评判失效的问题，而且没有客观地反映信任的随机性。

李德毅院士基于概率论和模糊理论的有机结合提出了云模型理论，通过隶属云及云发生器等算法，较好地解决了定性概念与定量的统一。因此，将该理论引入信任管理领域，可以客观地反映信任本身的模糊性和随机性本质，较为科学地解决了上述评价模型中存在的不足。

由于信任是交易双方依据历史经验及相关资料建立起来的一种抽象的心理认知，随着交易内容和交易时间的变化，信任的度量具有较强的模糊性和随机性。为了客观地反映信任的这种本质，引进云模型的方式来定义信任，并将信任的度量归属为[0,1]区间的随机数，而且值越大，信任度越高。李德毅院士论述了正态云的普适性，信任评价的语言值适用于一维正态分布云的表达。信任云除了完整的形态之外，在信任区间的边界还有半升云和半降云两种半云形态，半云用来表达具有单侧特征的信任概念。关于信任的度量也不是精确的，实际上，在应用中也无须对信任做出精确的评价，只要确定交易对象能否满足交易阈值的需求即可。

李杰等的实验针对不同的交易上下文，较为全面地考察了节点的各个属性，并客观地反映了信任的模糊性和随机性本质，从而使评价结果更加客观、真实。该方法不仅可用于 C2C 电子商务中，也为开放式网络的信任评价提供了一个有价值的新思路。

4）基于社会关系的信任模型

人和人之间的信任关系是个典型的社会学问题，社会学家和心理学家已经对人类社会的信任问题进行了深入的研究，也积累了很多研究成果。在研究计算机领域的信任管理时，很多学者都借鉴了社会学领域的研究成果。

Sabater 等人提出了一个基于声望的信任系统 Regret，这个系统有一个分等级的本体结构，利用社会网络分析可以将各种不同类型的声望综合起来计算出最终的节点信任值。

Golbeck 等人就利用社会网络分析来建立语义网上的信任模型，该模型扩展了 Friend Of A Friend(FOAF)的描述规范并定义相应的信任本体，并根据小世界原理(small world)通过信任网络计算用户之间的信任值。这种对信任量化的算法就是我们前面提到的信任度量方法(trust metrics)。基于这个信任模型，Gol-beck 等人开发了 FilmTrust，利用社会网络中的信任关系作为电影评价的权值从而为用户提供一个个性化的电影评论网站。

为了提高信任推荐的准确度，一些模型通过分析用户的相似度来进行信任计算，通常有两种方法：一种是匹配过去的历史记录。例如 FilmTrust、BibServ 等需要用户手工输入一些档案资料，包括兴趣、爱好、专长、过去的评价等，然后通过匹配这些资料描述来提供最合适的推荐。Kautz 等人提出的基于社会信息过滤的个性化推荐系统 Ringo 也属于这一种，Ringo 首先通过比对不同用户的历史记录，找出一组相似的用户，然后根据这组用户的评价生成最终的推荐结果。第二种方法是在开放的环境中进行信息挖掘，例如 Referral Web 就是利用数据挖掘技术从互联网上公开的资料例如学术论文、学校部门里的成员构成等获取的社会网络来构建信任模型的。使用这种方法比让用户自己填写资料能够获得更多的社会关系的信息。通常一个用户只会注意到自己社会网络中很小的一部分，当通过社会网络分析来进行信任计算时，就可以扩展到更大的群体，发现更多的人员关联和隐藏的信任信息。借助于小世界原理，Referral Web 通过重建、可视化和搜索 WWW 上的社会网络来获取专家的推荐。

5) 基于语义网的信任模型

随着语义网概念的引入，计算机能够理解信任的描述词汇和进行信息的语义标注。越来越多的学者开始关注未来语义网上信任管理机制的自动建立。

早在 1998 年，TimBerners-Lee 就提出数字签名是解决语义网上信任问题的一个有效方法。在 2000 年的 XML 会议上，他又提出了语义网的七层架构模型，信任层(trustlayer)作为金字塔的最顶层，是一个十分重要的概念：当用户对互联网上的操作、安全以及所提供的信息拥有信任的时候，那么整个互联网就能够最大限度地发挥它的作用和潜能。Palmer 也曾经指出虽然目前关于语义网上的信任描述比较少，但是未来这将是语义网上一个非常重要的课题。O'Hara 认为信任是语义网视图中的核心，他总结出语义网上的智能体能够采取的五种信任管理的策略：乐观式、悲观式、中央式、调查式和传递式。乐观式是假设节点都是可信任的，只有当有证据证明某个节点是不可信的时候才决定不信任对方。而悲观式正好相反，直到证明某个节点是可信的才和该节点进行交互。集中式的信任模型需要依赖一个中心的权威来决定哪些节点是可信的。调查式是节点之间互相传递消息和进行推荐，通过比较和调查来决定相信哪个节点的消息和推荐。传递式是利用节点之间的社会网络和小世界原理来传递信任消息并做出最后的决策。

在语义网上，信任管理的另一个重要作用是当各种不同的信息资源同时存在时，智能体和自动推理机能够做出正确的判断。作为一个开放的系统，人们通过网页博客、Wiki 或是其他各种文件可以很容易地向互联网上增加信息。日常生活中，人们根据过去的经验和知识对网上的信息进行甄别从而形成信任决策。随着本体论和资源描述框架的引入，分布式网络中的元数据是机器可理解的，使得智能体可以自动地进行信息处理。智能体还可以在信任网络中交换信任消息并通过信任链进行通信，同时语义网还可以利用推理和学习的能力来主动寻找可靠的信息。

Golbeck 等人将整个语义网看做是一张巨大的图(Graph)，把网络上的资源或对象看做是图中的顶点(Vertex)，而把谓词(predicate)看做是节点之间的有向边(Edge)。通过本体论来定义信任和声望，利用谓词关系映射的图进行信任的传递，最后用量化的方法来计算任意两个实体之间的信任度。

语义网的引入，使得智能体自己能够从外部环境中获取知识来扩展自己的知识库。而其中一个关键的问题是如何从开放、动态的语义网上发现值得信赖的资源。利用小世界原理，将个人和某个节点之间的交互经验和这个节点的声望信息集成起来形成最后的信任评价。在模型中，作者定义了一个信任的本体，这个本体是基于一个智能体的知识库的拓扑结构，包括社会知识和领域知识。

在语义网上，除了计算智能体之间的信任度外，Heymans 等人还提出了基于逻辑编程进行偏好推理的框架。每一个智能体都可以向任意的知识源提出是或否的问题，当不同的知识源的回答有冲突的时候，系统根据扩展的答案集的语义来提供不同的解决冲突的策略，当一个智能体表达出对某个策略的偏好时，该框架就能够推论出该智能体对不同策略偏好的排序。

语义网上的声望链式模型——RCSW 将成对的信任度因子和可靠度因子整合起来形成最终的信任评价。信任度因子是基于过去交互的经验，用来表明在某个智能体的眼中，另一个智能体完成某个任务或是提供某项服务的能力。而可靠度因子表明的是在信息传递的过程中，一个智能体认为其邻居智能体所提供的信息的准确度概率，智能体利用可靠度因子来决定采纳哪个节点的信息以及如何采纳。我们基于中医药的文献库定义了一个信任本体，该本体用 OWL 语言来描述并可以被机器所理解和自动处理。最后还介绍了 RCSW 模型在语义网上的推理功能并给出了相应的实例。

对于未来电子商务的发展，一些研究者也做了大胆的预测。在 2002 年，Ford 就预言在 2009 年 8 月 Google 将依靠语义网打败 Amazon 和 eBay 而成为世界上最大的独立在线交易市场。利用 RDF 来描述卖家要出售和买家要购买的商品，然后利用网络爬虫自动地搜索、分析并将匹配的买家和卖家联系起来，从而为用户提供一个巨大的交易平台。当然 Ford 也意识到单单把匿名的买家和卖家联系起来是远远不够的，因此他还提出了一个进行信誉评估的方法：借助于 Google 强大的搜索能力来穷尽所有的第三方认证和评价，哪怕某个卖家有一丁点儿的不诚实，Google 都可以让其暴露出来。虽然以目前语义网的研究和发展状况来看，在电子商务领域，距离 Google 彻底打败 Amazon 和 eBay 还有很长的一段距离，而且这个预言是否能够真正实现还是一个未知数，但是这仍然预示了电子商务未来一个新的发展方向，而 Ford 所提出的信任管理方法也给我们一个新的启迪。

6）基于直接评价的分布式信任模型

基于信誉的信任机制能够有效解决 P2P 网络中病毒泛滥和欺诈行为等问题。现有信任机制大多采用单个信誉值描述节点的诚信度，不能防止恶意节点用诚信买行为掩盖恶意卖行为，而且从信誉值上无法区分初始节点和恶意节点。提出一种新的分布式信任机制基于交易历史，通过迭代求解，为每个节点计算全局买信誉值和卖信誉值，根据信誉值便能立断节点的善恶，能够迅速降低恶意节点的全局信誉值，抑制合谋攻击，降低恶意交易概率。

P2P 技术因其自组织、开放性和匿名等特点成为新的网络应用热点。但是，随着 P2P 技术的广泛应用，原本不被重视的安全性问题逐渐成为阻碍其发展的主要因素。一种解决办法是引入基于信誉值的信任机制，它根据每个节点的网络行为动态计算其局部或全局信誉值，通过信誉值的高低判断节点的诚信度。因此，信任机制能够为节点选择交易对象提供参考依据，并激励节点诚信交易。集中式信任机制因为需要中心服务器而不适用于 P2P 应用，而分布式信任机制设计要解决如下两个问题：①如何衡量和计算信誉值；②如何存取和管理信誉值。

在多数现有信任机制中，信誉值只能用于比较节点间的相对诚信度，无法直接从信誉值上判断节点是否可信。事实上，很多应用需要直接从信誉值上判断节点的善恶，例如，在电子商务应用中，用户往往会选择信任值高于一定阈值的节点作为交易对象。另外，用户在网络中的交易行为分为买方和卖方。因此，仅用一个信誉值来衡量节点无法区分同一节点不同角色时的诚信度。因为恶意节点可以用诚信买行为来掩盖恶意卖行为，或者反之。

分布式信任机制由本地信誉评估和全局信誉计算与存取管理两部分组成。节点收集其他节点的信息并进行信誉评估，系统综合所有信誉评估计算各节点的全局信誉值并进行存取管理以保证其安全和有效性，用户结合本地信誉评估和全局信誉值，选择交易对象实施交易。

全局信誉值的分布式计算和管理需要考虑安全性和鲁棒性两个因素，防止节点破坏或窜改信誉值，并保证在动态的网络环境下不影响信誉值的计算和访问。采用 DHT (distributed hash table)结构化网络能够有效解决安全性和鲁棒性问题。DHT 网络在全局范围内分配和管理数据，能够防止在节点离开或失效时丢失数据。其存储内容和存储位置的确定关系、高效的查找和存取功能、较少的计算和通信开销以及匿名性等特点，使得它适用于作为全局信誉值计算和存储平台。

基于直接评价的分布式信任模型，利用历史交易数据，并采用分布式迭代方式为每个节点计算买全局信誉值和卖全局信誉值，便于用户判断交易对象的善恶，从而降低恶意交易概率。

7) 基于反馈可信度的分布式信任模型

由于网络中的节点不受约束，资源的共享是用户自愿的行为，节点间的信任很难通过传统的信任机制建立。一种可行的解决方案是借鉴人际网络中的信任关系，建立一种基于信誉的全局信任模型。已有的工作基本建立在信任度高的节点其反馈也更可信这个假设的基础上，将节点的反馈质量简单地等同于服务质量。针对这一问题，提出了一种基于节点反馈可信度的分布式全局信任模型(简称 FCTrust)用于量化和评估节点的可信程度，并给出了模型的数学表述和分布式实现方法。FCTrust 较已有的全局信任模型在遏制更广泛类型的恶意节点攻击的有效性、迭代计算的收敛性及消息成本上有较大提高。

目前，有关 P2P 的应用日益广泛，但仍然缺乏有效的信任机制提高系统整体的可用性，这非常显著地表现为应用中大量欺诈行为的存在以及不可靠的服务质量。以众多的文件共享应用为例，25%的文件是伪造文件(faked file)，同时，不负责任的用户随意地终止(文件上载)服务，使得服务质量无法得到较好的保证。

在传统的网络环境中，往往通过可靠的第三方(如认证中心 CA)来建立信任关系，但这种集中式的信任机制并不适合于 P2P 网络，已有的工作显示，借鉴人际网络中的信任关系建立有效的基于信誉的信任模型,能够有效地抑制节点资源滥用与欺诈等恶意行为。

目前存在的基于信誉的信任模型多数只将节点信任度作为服务选择的依据,即该类系统根据节点的历史交易反馈信息为节点计算信任等级。当存在多个可选服务时,信任等级高的节点成为首选,并且混淆节点"服务质量"与"反馈质量"的区别。这样做可以在一定程度上抑制节点的一般恶意行为,但在应付许多针对信任模型本身的一些攻击行为,如不诚实反馈、协同作弊及策略型攻击等恶意行为的过程中表现出来的有效性与健壮性仍然不够。除此之外,还存在信任模型迭代计算收敛成本与消息代价过高的问题。如果这些问题不能很好地解决,不仅会直接导致信任机制无法有效发挥作用,还会造成系统本身运行效率低下、管理上混乱的局面,进一步加重其他不良行为的影响,给系统的健康运行和良性发展带来诸多隐患。

将这些信任模型归纳起来可以分为两类,即依赖于第三方与不依赖于第三方的信任模型。前者的典型代表,如基于 PKI 的信任模型。这类系统中,有一个或一组权威节点维护一个可信的节点集合。这些权威节点可以颁发证书给可信的新加入的节点,节点以证书作为其身份的凭证使用网络中的资源,这类系统往往是中心依赖的,与 P2P 的分布式属性不相符合,存在单点失效问题。不依赖于可信第三方的信任模型主要有两类:基于微支付的模型和基于社会信任网络的模型。在基于微支付的模型中,节点接受服务需支付一定的虚拟货币,提供服务可以获得虚拟货币。然而,这需要一个完整的计费系统跟踪记录每一笔小额交易,因此不具有工程可行性。

由于这类方法并没有考虑节点反馈可信度的概念,因而不能很好地解决系统中节点的不诚实反馈、协同作弊等可信问题。相比较而言,由于 FCTrust 信任模型引入了该机制,充分考虑了节点间交互的频繁程度,使节点的信任评价更加精确。同时,利用节点间评分行为一致性评估机制能够有效识别并抑制更广泛类型的恶意节点的攻击行为,保障系统正常有序地运行。在遏制更广泛类型的恶意节点攻击的有效性、迭代计算的收敛性及消息成本上有较大提高。

8) 基于政策的信任模型

基于政策的信任模型主要解决的问题是授权(authorization)和访问控制(access control),其目标是根据一组证书(credentials)和一组政策(policies)来决定一个陌生的用户是否应该被信任。在基于政策的信任管理中,信任的建立过程是通过获得一定数量的证书并通过采用一些政策来进行访问控制的。尽管证书这个术语在基于政策的信任模型中常常出现,但是直到现在还没有一个准确的定义,它往往用来指代一个关于实体的签署声明。例如当我们想要登录某个网上论坛时,一个合法的用户名和密码就是可以进入该论坛的证书。根据系统的政策,上述的信息是被论坛管理员所信任的,因此该用户被允许登录到系统中来。近年来,随着基于互联网的服务的广泛使用,用户个人资料(例如姓名、性别、电话、电子邮件等)被泄露的机会明显增加了。这些个人信息对于服务的访问控制是必需的,但是一旦泄露出去就可能会引起隐私相关方面的问题。为了解决这个问题,Bonatti 等人提出了一个在互联网上规范服务访问控制和个人资料泄露的方法,该方法包含一个统一正式的框架来阐明和推理服务的访问控制和用户信息的泄露,而且还提供了一个方法使得各方可以进行需求方面的通信而同时能够避免隐私的泄露。

4. 经典评估模型

1) EigenTrust 模型

全局信任计算评估模型是信任模型的核心，为获取全局的节点可信度，该类模型通过相邻节点间相互满意度的迭代，从而获取节点全局的信誉度。它为信任模型提供安全保证。它通过特定的信任度求解协议和信任度放置策略确保信任度量的准确性和高效性，减少恶意推荐的影响，并最终做出信任判定决策。

全局信任计算模型研究中最有代表性的就是 EigenTrust 模型。EigenTrust 根据节点交易历史的信誉，在 P2P 网络中计算一个类似 PageRank 的全局信任值，用户可以根据这个全局信任值来选择交易对象，从而规避恶意节点并将它们孤立起来，一个节点的全局信任值是根据信任网络中其他节点对它的局部信任值加权平均计算出来的，而权重就是这些节点本身的全局信任值。EigenTrust 认为直接信任值越高的节点推荐的信任值越可信，在计算全局信任时赋予较大权重。

EigenTrust 的核心思想是，当节点 i 需要了解任意节点 k 的全局信誉度时，首先从 k 的交互节点(曾经与 k 发生过交互的节点 j)获知节点 k 的信誉度信息，然后根据这些交互节点自身的局部可信度(从 i 的角度看来)综合出 k 的全局信誉度。即

$$T_{ik} = \sum_{j}(C_{ij} \cdot C_{jk}) \tag{3-2}$$

C_{ij} 为节点 i 对 j 的局部可信度，T_i 为节点 i 的全局信任度，其计算如下：

$$C_{ij} = \frac{\text{Sat}_{ij} - \text{UnSat}_{ij}}{\sum_{j}(\text{Sat}_{ij} - \text{UnSat}_{ij})} \tag{3-3}$$

Sat_{ij} 为 i 与 j 的历史交易中，i 对 j 的满意次数；UnSat_{ij} 为 i 对 j 的不满意次数。

算法实现如下：

$$\vec{t}^{(0)} = \vec{e};$$

repeat

$$\vec{t}^{(k+1)} = \boldsymbol{C}^{\mathrm{T}}\,\vec{t}^{(k)};$$

$$\delta = \| t^{(k+1)} - t^{k} \|;$$

until $\delta < e$;

算法中，$\boldsymbol{C}$ 为信任矩阵$\vec{t}_i$ 为存储 t_{ik} 的向量。

因上述初始模型不能确保矩阵 $\boldsymbol{C}$ 迭代的收敛性，所以 EigenTrust 继而提出了网络初始时具有预可信节点集合 P 的假设前提。故式(3-2)变为

$$T_i^{(k+1)} = (1-a)\sum_{j}(C_{ij} \cdot C_{jk}) + ap_i \tag{3-4}$$

其中，$p_i = \begin{cases} \dfrac{1}{|P|} & i \in P \\ 0 & \text{否则} \end{cases}$，$|P|$ 为预可信节点集合 P 中的节点个数，常数 $a \in (0,1)$。

改进后的信任计算算法如下：

```
Each peer i do{
Query all peers j ∈ A_i for t_j^(0) = p_j;
Repeat
```

```
        Compute t_i^(k+1) = (1 - a)(C_1i t_1^(k) + C_2i t_2^(k) + … + C_n t_n^(k)) + ap_i;
        Send C_ij t_i^(k+1) to all peers j ∈ B_i;
        Compute δ = | t_i^(k+1) - t_i^(k) |;
        Wait for all peers j ∈ A_i to return C_ji t_j^(k+1);
    Until δ < e;
    }
```

其中,A_i 为从 i 下载文件的申请者(买家)集合,B_i 为给节点 i 提供文件下载的资源拥有者集合(卖家)。

通过试验对比,EigenTrust 模型确实很好地抑制了虚假文件的下载量。实验结果见图 3-7。

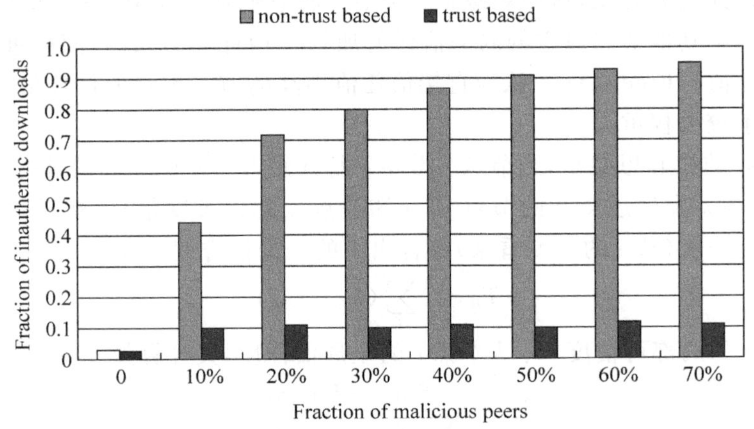

图 3-7　实验结果图

EigenTrust 的优点包括：①提出直接信任值越高的节点推荐的信任值越可信的思想；②算法和实现机制都考虑了恶意行为对算法的影响。缺点主要包括：①初始时需要设置一定数量的预可信节点。②没有对恶意节点的惩罚机制。③动态收集本地信任值并进行全局分布式迭代运算过程中的计算量大,增加了 P2P 网络的开销。尤其是网络规模很大时,迭代收敛明显缓慢。

2) PeerTrust 模型

PeerTrust 给出了一个适用于 P2P 电子社区的局部信任模型,节点的信任值仅由曾经与该节点交易过的一些节点计算,不需要全网络迭代计算。模型力图描述信任评价的全面性与合理性,提出了五个评价因子,包括：①交易评价因子(S)；②评价可信度因子(Cr)；③节点对外提供服务的总次数(I)；④与交易相关的因子(TF),如交易时间、交易额度等；⑤与交易环境相关的因子(CF),如社区对于提交评价反馈的节点提供奖励等。模型的数学描述如下：

$$T(u)=\alpha\sum_{i=1}^{I(u)}S(u,i)\cdot \mathrm{Cr}(p(u,i))\cdot \mathrm{TF}(u,i)+\beta\cdot \mathrm{CF}(u) \tag{3-5}$$

其中 $I(u)$是节点 u 交易的数量,$p(u,i)$是第 i 次交易中与 u 进行交易的节点,$S(u,i)$是 $p(u,i)$在第 i 次交易后对 u 的评价,$\mathrm{Cr}(v)$是节点的可信度,$\mathrm{TF}(u,i)$是与节点 u 第 i 次交易相关的因素所产生的信任因子,$\mathrm{CF}(u)$是与节点 u 相关的交易环境所产生的信任因素,α 和 β 是标准化信任值时的权重参数,且 $\alpha+\beta=1$。模型系统图如图 3-8 所示。

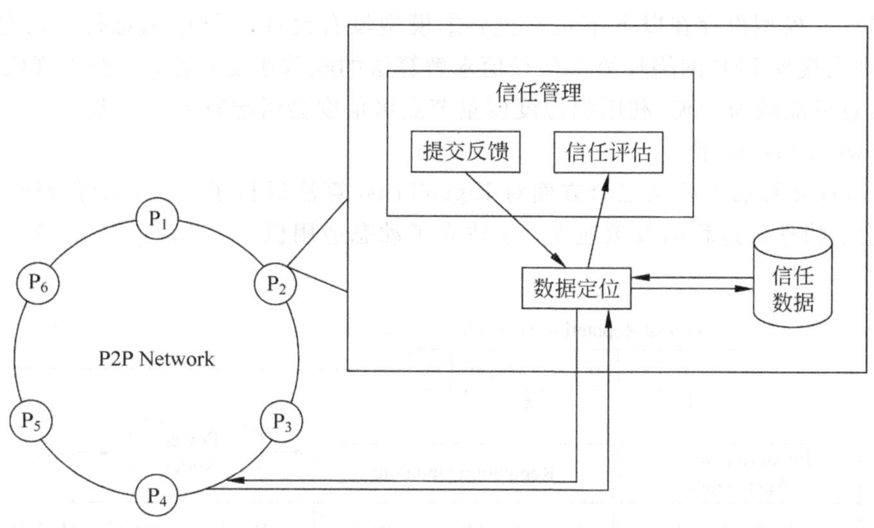

图 3-8 PeerTrust 的数学模型

PeerTrust 的数学模型中 S、I、TF 和 CF 四个因素均可由系统自动收集或确定性计算，只有 Cr 需要根据提交反馈节点过去行为来计算。Cr 求解的两种方法如下：

递归函数(TVM)法，即利用节点信任值作为计算 Cr(v)的依据，信任值越高的节点给出的评价越可信。

$$\mathrm{Cr}=\frac{T(p(u,i))}{\sum_{j=1}^{I(u)} T(p(u,j))} \tag{3-6}$$

个体相似度(PSM)法，即利用两个节点评价相同交易的相似性计算节点的评价可信度，两个节点评价越相似，则对方的评价信息越可信。

$$\mathrm{Cr}=\frac{\mathrm{Sim}(p(u,i),w)}{\sum_{j=1}^{I(u)} \mathrm{Sim}(p(u,j),w)} \tag{3-7}$$

$$\mathrm{Sim}(v,w)=1-\sqrt{\frac{\sum_{x\in US(v,w)}\left(\frac{\sum_{i=1}^{I(x,v)} S(x,i)}{I(x,v)}-\frac{\sum_{i=1}^{I(x,w)} S(x,i)}{I(x,w)}\right)^2}{|\,\mathrm{IJS}(v,w)\,|}} \tag{3-8}$$

PeerTrust 的优点有：①将评价因子进行归一化处理，能够抑制恶意节点提交过高或过低的评价。②求解信任值时考虑了交易额与数量，能够遏制恶意节点利用数量较多的小额交易掩盖它们在大额交易中的欺骗行为。③评价可信度降低了恶意节点提交的评价在信任值求解算法中所在的权重，从而抬高诚实节点的权重；由于恶意节点与正常节点间的评价相似度较低，模型依据评价相似度度量评价的可信度可以抵抗恶意节点的共谋攻击。④该模型还提出了基于自适应时间窗口的动态信任计算方法，即在每个计算周期中，分别在较大的时间窗口和较小的时间窗口里计算节点的信任值，取两者中较小者为最终信任值，从而抑制了节点的动态摇摆行为。⑤利用 PKI 基础设施和数据副本技术确保评价信息的安全性。

PeerTrust 模型也存在以下不足之处：①模型没有设计对节点恶意行为的惩罚机制；②没有考虑大规模 P2P 网络环境下信任值求解算法的收敛速度问题；③在大规模网络环境下，评价信息可能较为稀疏，利用相似度度量节点可信度会引起较大的误差。

3) PowerTrust 模型

PowerTrust 算法主要从三个方面对 EigenTrust 算法进行了改进：①合理确定可信节点集合；②加快迭代过程的收敛速度；③建立了动态适用机制。PowerTrust 模型如图 3-9 所示。

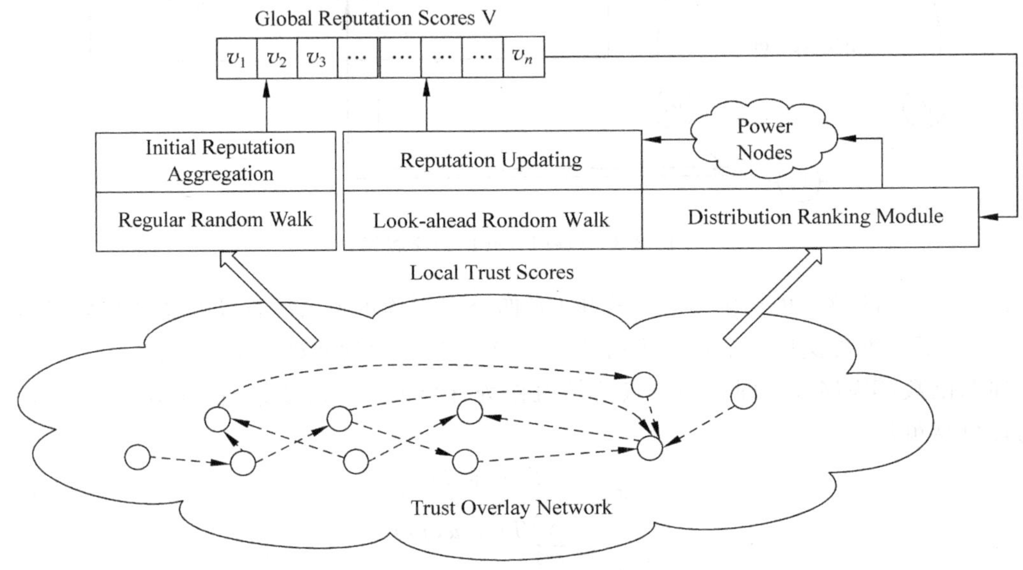

图 3-9 PowerTrust 的模型

首先在 TON 网络中根据节点间已知的局部信任值，利用 Regular Random Walk 策略初始化信任值聚合，计算节点 $V(v_1, v_2, \cdots, v_n)$ 的全局信任值。其次，利用分布式排序算法(Distributed Ranking Module)选取 PowerNodes。最后，根据选取的 PowerNodes 利用 LRW 策略迭代更新全局信任值。

(1) 可信节点集的确定。通过分析 eBay 中 10 000 名用户的交易评价信息，发现 eBay 用户评价信息呈现幂律分布，即存在极少数用户做了大量的交易，它们得到的评价数量显著地多于其他用户。于是，PowerTrust 首先使用加权累计求和方法计算出每个节点的评价数量，再使用分布式排序算法将节点排序，便得到顶部的 m 个节点，称为 PowerNodes；然后，用这 m 个 PowerNodes 取代 EigenTrust 中的 P 集合。由于 PowerNodes 是动态计算的，而不是固定地指定的，符合 P2P 网络的实际情况，解决了 EigenTrust 模型预设高可信节点集在一些实际系统中缺乏可行性的问题。

某节点在经过 k 次随机抓取后成为 PowerNodes 的概率：

$$Q_d = 1 - \left(1 - \frac{d}{\sum_{i=1}^{n} d_i}\right)^k \tag{3-9}$$

其中，d_i 为节点 i 的反馈量，d 为 TON 网络图中节点的入度。TON 网络如图 3-10 所示。

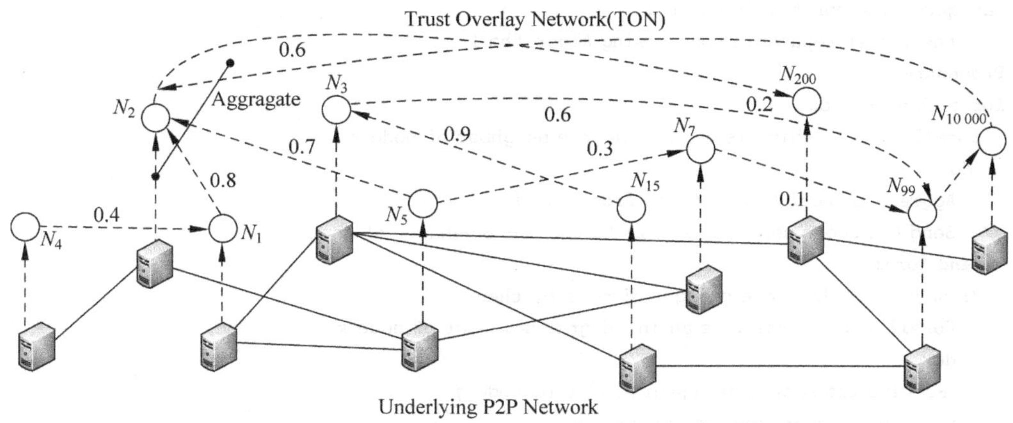

图 3-10 TON 网络

PowerNodes 选取算法：

```
Algorithm 1: Selection of top - m peers(Power nodes)
Input: global reputations stored among score managers
Output: m most reputable nodes
Procedure:
for each score manager j,suppose it is the score manager of
    node i do
    hash reputation value v_i to a hash value H(v_i) using a
    LPH function
    insert the triplet(v_i, i, j) to the successor node of H(v_i).
end for
initialize node x = successor node of the maximum
            hash value
Set p = the number of triplets with highest reputation values
    stored in node x
loop: if p>m then return;
        else
        node x sends a message to its predecessor
        node y to find the
        next m - p highest reputation triplets
        node x = node y
        m = m - p
        p = number of triplets stored in node y
          goto loop
    end if
```

(2) 迭代算法的收敛速度。在全局信任值求解过程中，PowerTrust 提出了一种向前看随机游走(look-ahead random walk, LRW)策略，迭代算法既考虑了节点邻居的推荐信任，也考虑了邻居的邻居的推荐信任，即信任矩阵 $\boldsymbol{R}=\boldsymbol{C}_2$。利用 LRW 策略使得迭代算法的收敛速度提高两倍多。

```
Algorithm 3: Global Reputation Updating Procedure
 Input:Local trust scores stored among nodes
 Output: Global reputation scores for all nodes for use by score
```

```
managers collaboratively to find
    the m most reputable nodes using Algorithm 1
Procedure:
for each node i do
  forall node j, which is an out-degree neighbor of node i
   do
    Aggregate local trust scores from node j
    Send the score message (r_ij, i) to the score manager of node j
   end forall
  If node i is the score manager of node k, then
    forall node j, which is an in-degree neighbor of node k
    do
     Receive the score message (r_jk, j) from node j
     Locate the score manager of node j
   end forall
  Set a temporary variable pre = 0; initialize the error
  threshold ε and global reputation v_k of node k
   repeat
    Initialize pre = v_k; v_k = 0
    forall received score pair (r_jk, j), where j is an in-degree neighbor of node k do
        if node k being a power node,
              then v_k = (1 - α) ∑ (v_j × r_jk) + α/m j
        else v_k = (1 - α) ∑ (v_j × r_jk)
        end if
    compute δ = | v_k - pre |, until δ < ε
     end if
end for
```

(3) 实现机制。PowerTrust 模型利用 DHT 机制和 LPH(locality preserving hasing)函数,实现动态发现 Power 节点的方法,使得模型能够适应节点的频繁加入和离开的动态环境。

PowerTrust 模型在安全机制方面类似于 EigenTrust 模型,但是它对恶意节点抵抗能力较 EigenTrust 模型强。原因是 PowerTrust 模型动态选举的 Power 节点集相对于 EigenTrust 模型中的预置可信节点集具有更高的可信度。PowerTrust 虽然在 EigenTrust 模型上做出了不少改进,但是该模型也存在一些缺点,包括:① PowerTrust 需要动态地计算 m 个 PowerNodes,增加了系统的计算量与通信量;②计算信任值时对交易额大小没有考虑,这容易使得恶意用户利用小额交易积累信任,而在大额交易上进行欺骗;③模型没有对恶意行为做出惩罚,恶意用户可采用多次正常交易掩盖其恶意行为。

第 3 章　课后习题

1. 请说明一般的交易步骤及其可能出现的安全问题。
2. 交易对象的选取需要考虑哪些因素?
3. 请说明虚假交易的表现形式和具体手段。
4. 买卖双方的欺诈行为在不同的电子商务模式下有什么不同的表现?

5. 简述网络钓鱼手段及其危害。
6. 商品质量评价指标分为哪几个层次？举例说明每层包含的具体内容。
7. 物流评价有哪些准则？
8. 交易过程评价包括哪些过程？请具体说明。
9. 消费者信息侵权类型包括哪些？现阶段提出了哪些保护措施？
10. 请说明隐私权的内涵，并阐述隐私权受侵犯的表现形式。
11. 请说明信任的含义及其基本特性。
12. 请举出影响商家和用户可信度的因素，写出电子商务服务指数公式。
13. 请简要说明信任建立过程中，卖家与买家、卖家与卖家、交易者和管理者之间的博弈。
14. 信任关系有哪些基本性质？
15. 常用的评估模型有哪些？并简要说明。
16. 请详细介绍一个经典评估模型。

参考文献

[1] 2013年中国网络购物市场研究报告.

[2] 周涛.面向交易全过程的电子商务信任研究[M].武汉：华中科技大学，2007：148.

[3] 尹志洪.我国的电子商务信任问题[J].电子商务，2012(4)：19-21.

[4] 宋光兴，杨德礼.电子商务中的信任问题及信任建立途径[J].科技进步与对策，2004，21(11)：129-131.

[5] 王磊磊.电子商务下的交易成本分析[J].北京市财贸管理干部学院学报，2001，17(4)：39-42.

[6] CNNIC分析师：安全网络交易环境建立刻不容缓[OL].http：//tech.qq.com/a/20091203/000348.htm.

[7] 兰琦.B2C电子商务服务质量评价影响因素研究[M].成都：电子科技大学，2010：64.

[8] 淘宝虚假交易的认定和处罚的规则与实施细则[OL].http：//rule.taobao.com/detail-113.htm.

[9] 年志君.C2C电子商务欺诈行为的防范方法研究[M].大连：辽宁师范大学，2011：41.

[10] 廖革元.探析网络钓鱼对电子商务的威胁与对策[J].商场现代化，2006(11S)：111-112.

[11] 李卫忠.商品质量的综合评价体系及方法研究[J].价值工程，2006(9)：67-70.

[12] 史秀苹，刘志英，关志民.城市物流评价指标体系初探[J].冶金经济与管理，2004(4)：43-45.

[13] 张麟.B2C电子商务中消费者个人信息的法律保护研究[M].重庆：重庆大学，2012：48.

[14] 窦晓坤.我国电子商务消费者的个人信息保护研究[M].济南：山东大学.2012：41.

[15] 徐敬宏，文利民.论电子商务消费者个人信息及其保护[J].图书情报工作，2009(8)：130-133.

[16] 李虹瑾.电子商务中消费者个人信息隐私的法律保护[M].湘潭：湘潭大学，2011：70.

[17] 刘廷民.电子商务交易过程中消费者隐私权的保护[J].企业经济，2011(11)：187-189.

[18] 刁塑.新兴电子商务消费者隐私关注与采纳行为研究[M]，北京：北京邮电大学，2010：198.

[19] 刘蓓琳，王彤，丁日佳.基于SET的在线支付持卡人隐私保护研究[J].矿冶，2007，16(1)：103-106.

[20] 孙萧寒，周碧英.电子支付方式下的消费者隐私保护[J].电脑知识与技术，2009，5(30)：8404-8405.

[21] 罗旋.中国C2C电子商务纠纷对交易评价结果的影响[J].重庆：重庆大学，2009：55.

[22] C2C电子商务纠纷对交易评价结果的影响[OL].http：//eb.mofcom.gov.cn/aarticle/al/y/200910/20091006580527.html.

[23] 谷斌，钟建权.C2C电子商务中基于多影响因素的商家信任模型研究[J].科技管理研究，2012，32(20)：210-214.

[24] 龚炳铮.电子商务服务水平评价指标与方法探讨[D].第二届网商及电子商务生态学术研讨会论文集.

[25] 汤清,付阳.C2C电子商务中的博弈论分析[J].特区经济，2006(6)：233-234.

[26] 窦小雨,李秦.P2P网络电子商务环境下信任的基本概念和相关理论分析[J].电脑编程技巧与维护，2010(14)：65,66,72.

[27] Stephen M. Formalising Trust as a Computational Concept [D]. Scotland: University of Stirling,1994.

[28] Abdul-Rahman A,S Hailes. Supporting trust in virtual communities[J]. Systen Sciences,2000(1)：9.

[29] 王海艳,陈建刚,王汝传.网格资源访问的一种主观信任机制[J].电子学报，2006,34(5)：817-821.

[30] Golbeck J,J Hendler. Accuracy of metrics for inferring trust and reputation in semantic web-based social networks[M]. Berlin Heidelberg：Springer,2004：116-131.

[31] Ding L,L Zhou,T Finin. Trust based knowledge outsourcing for semantic Web agents [D]. Proceedings of the 2003 IEEE/WIC International Conference on Web Intelligence,2003：379-387.

[32] K J S,Y Zhang. Effects of hypertext links on trust transfer [D]. In Proceedings of the 5th international conference on Electronic commerce. ACM,2003：235-239.

[33] D K S, S M T,G H. The eigentrust algorithm for reputation management in p2p networks[D]. in Proceedings of the 12th international conference on World Wide Web. ACM,2003：640-651.

[34] Song S, et al. Trusted P2P transactions with fuzzy reputation aggregation [J]. IEEE Internet Computing, 2005,9(6)：24-34.

[35] Zhou R,K Hwang. Gossip-based Reputation Aggregation for Unstructured Peer-to-Peer Networks, in Parallel and Distributed Processing Symposium;IPDPS 2007[J]. IEEE International,2007：1-10.

[36] D R S, S C,G L. Devising A trust model for multi-agent interactions using confidence and reputation [J]. Applied Artificial Intelligence, 2004,18(9-10)：833-852.

[37] 李景涛,等.基于相似度加权推荐的P2P环境下的信任模型[J].软件学报，2007,18(1)：157-167.

[38] Zacharia G, A Moukas,P Maes. Collaborative reputation mechanisms in electronic marketplaces. 1999：7.

[39] Gil Y,V Ratnakar. Trusting information sources one citizen at a time [M]. Berlin Heidelberg: Springer,2002：162-176.

[40] 李德毅,刘常昱.论正态云模型的普适性[J].中国工程科学，2004,6(8)：28-34.

[41] Sabater J,C Sierra. Regret：A reputation model for gregarious societies[D]. In Fourth workshop on deception fraud and trust in agent societies,2001：70.

[42] Golbeck J,H J. Film Trust：movie recommendations using trust in Web-based social networks. 2006：282-286.

[43] Kautz H,B Selman. Referral Web：combining social networks and collaborative filtering [J]. Communications of the ACM, 1997,40(3)：63-65.

[44] Berners-Lee T,J Hendler,O Lassila. The semantic web[J]. Scientific American, 2001,284(5)：28-37.

[45] Heymans S, D Van-Nieuwenborgh,D Vermeir. Preferential reasoning on a web of trust[M]. Berlin Heidelberg：Springer,2005：368-382.

[46] 胡建理,等.一种基于反馈可信度的分布式P2P信任模型[J].软件学报，2009(10)：2885-2898.

[47] Golle P, K Leyton-Brown,I Mironov. Incentives for Sharing in Peer-to-Peer Networks[M]. Berlin Heidelberg：Springer,2001：75-87.

[48] Bonatti P,P Samarati. Regulating service access and information release on the Web[D]. Proceedings of the 7th ACM conference on Computer and communications security. ACM, 2000：134-143.

[49] 李勇军,代亚非.对等网络信任机制研究[J].计算机学报，2010,33(3)：390-405.

[50] 欧阳竟成.对等网络中信任模型与激励机制研究[M].湖南：湖南大学,2012：137.

第4章 电子支付安全

本章首先阐述电子支付的基本概念，以及常见的电子支付工具。针对在使用电子支付工具中存在的安全风险，讲述保障电子支付安全的关键技术原理。最后介绍电子支付系统的框架以及电子支付的流程，见图 4-1。

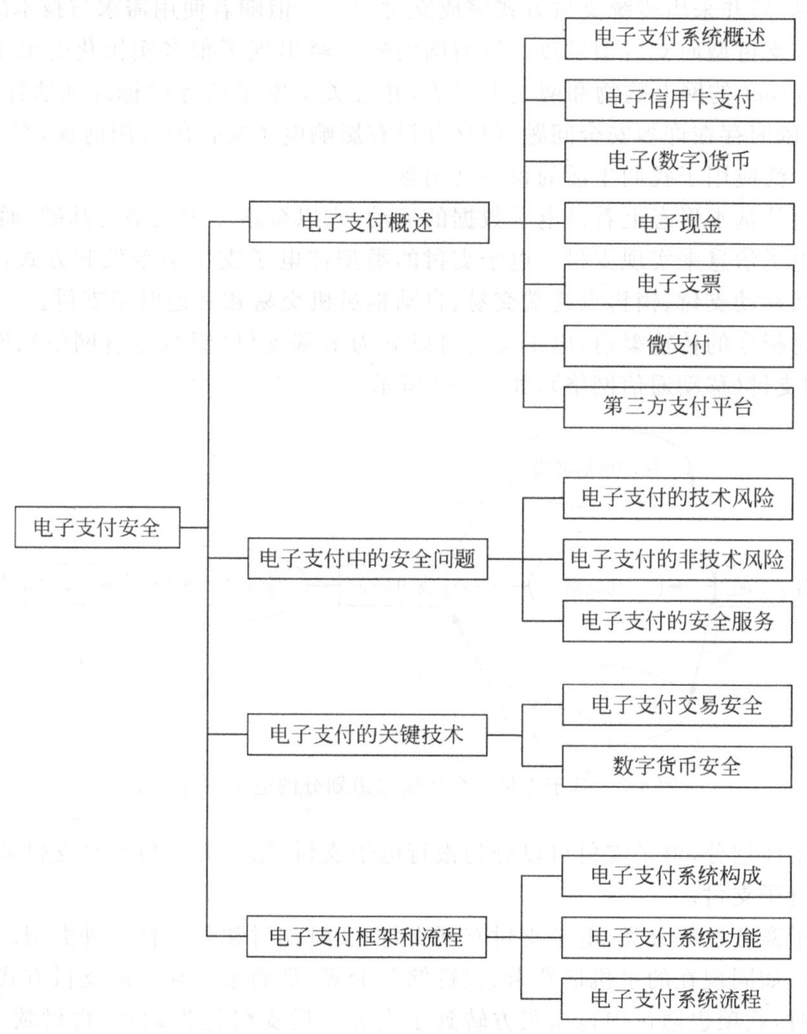

图 4-1　本章主要内容结构

4.1 电子支付概述

4.1.1 电子支付系统

1. 电子支付概念

电子支付(electronic payment),是指电子交易的当事人,包括消费者、厂商和金融机构,使用安全电子支付手段,通过网络进行的货币支付或资金流转。电子支付是电子商务系统的重要组成部分。

在电子商务系统发展初期,电子商务系统只是一种非支付型的电子商务,它只向客户提供商品浏览、订单填写等基本功能,而没有提供电子支付功能。客户只能通过其他通信途径(如电话、传真等)并采用传统支付方式完成支付过程。但随着使用需求与技术的发展,电子商务逐渐由非支付型向支付型过渡。目前国内外已经出现了很多实用化的电子支付系统,例如基于 Internet 的网上购物和网上银行等,并且关于电子商务的标准和法律政策也不断完善,当然也依旧存在许多安全问题,但这并没有影响电子支付的应用前景,在当今社会,电子支付已经广泛应用于我们生活的每一处角落。

电子支付从基本形态上看是电子数据的流动,它以金融专用网络为基础,通过计算机网络系统传输电子信息来实现支付。电子支付的类型按电子支付指令发起方式,分为网上支付、电话支付、移动支付、销售点终端交易、自动柜员机交易和其他电子支付。

按照支付指令的传输渠道,电子支付可以分为卡基支付(银行专有网络)、网上支付(互联网)和移动支付(移动通信网络),如图 4-2 所示。

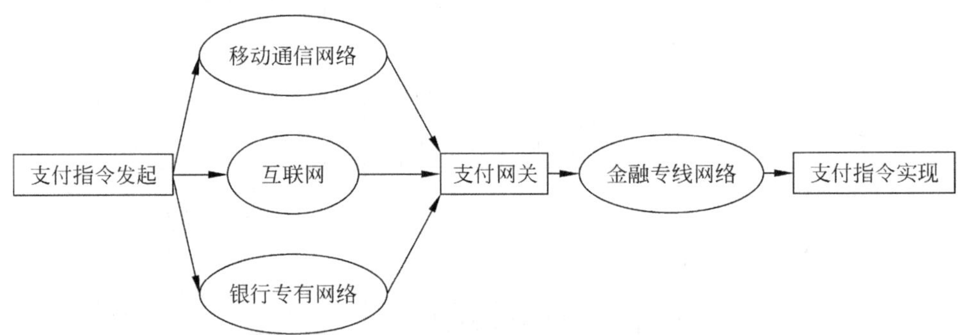

图 4-2　基于支付指令传输渠道划分的电子支付类型

按运营主体划分,电子支付可以分为银行电子支付、第三方支付平台支付和以电信运营商为主体的电子支付。

根据电子商务过程分类,电子支付有预支付、实时支付和后支付三种类型。预支付是先付款、后消费,如同现在的手机话费卡、银行储蓄卡等,是商家最喜欢的支付方式。实时支付在交易的同时,款项也通过银行由买方转到了卖方。后支付是先购买、再付款,信用卡就是一种后支付方式,这样存在商家被欺诈的风险。

2. 电子支付发展

电子支付的发展主要分为五个阶段。

第一阶段是银行间利用计算机处理银行业务，办理结算。

第二阶段是银行计算机与其他机构计算机之间的资金结算，如代发工资或其他业务。

第三阶段是网络终端向客户提供银行的各项服务，如自助银行。

第四阶段是银行销售终端向客户提供自动转账等服务。

第五阶段是最新阶段，是基于互联网的电子支付，这是将第四阶段的电子支付系统和互联网集成在一起，通过互联网实现任何时间、任何地点的直接转账结算，形成了电子商务交易支付平台。

在我国，电子支付随着电子商务的发展得到了广泛的应用。2005 年被称为中国电子支付的元年，这一年中国电子支付市场实现了高速增长，并且完善了很多电子支付法规，实现了我国电子支付的跨越式增长。2006 年，电子支付行业仍保持快速增长的劲头，网上支付、移动支付、电话支付等支付形式的出现加快了整个行业的发展步伐，在企业的业务结算里，电子支付与其他交易结算形式相比，使用率较高，企业的使用率已超过 60%。

2007 年中国第三方支付市场交易额规模稳步上升，从第一季度的 160 亿元到第四季度的 229.24 亿元，中国第三方支付平台得到了巨大的发展和行业的认可。在第三方电子支付市场中，支付宝、银联和财付通的交易量排名前三位。

2008 年全球经济危机对中国网络经济和各个行业产生了深远的影响。但具体到快速发展网络购物行业来说，经济危机成为了网上购物市场发展的一个新的契机。网络购物的几个核心优点在金融危机的衬托下更为突出。国内的电子支付行业仍然稳步向前，所以整个电子支付行业下的金融危机反倒是一个很好的机遇。

3. 电子支付特征

与传统的支付方式相比较，电子支付具有以下一些特征。

1）支付方式

传统支付方式是通过现金的流转、票据的转让及银行的汇兑等物理实体的流转来完成款项支付，电子支付采用先进的信息技术完成信息传输和款项汇兑。

2）工作环境

传统支付方式是在较为封闭的系统中运作，电子支付是在基于开放的网络平台中运作。

3）设备要求

传统支付方式使用传统的通信媒介，对软、硬件要求相对较低，电子支付使用最先进的通信手段，一般要求联网的计算机、相关的软件和其他一些配套安全设施，对软、硬件要求较高。

4）支付效率

传统支付方式支付时间相对较长，效率低，费用高，电子支付具有方便、快捷、高效、经济的优势，用户只要拥有一台联网设备，便可足不出户在很短的时间内完成整个支付过程，支付费用仅相当于传统支付的几十分之一，甚至几百分之一。

电子支付与传统支付方式的比较见表 4-1。

表 4-1 电子支付与传统支付方式的比较

选项	电子支付	传统的支付
支付形式	利用数字流技术，采用数字化方式	以传统的通信媒介，通过现金流转、票据转让等物理实体方式
工作环境	开放的系统平台(Internet)	较为封闭的系统
实施要求	对软硬件有较高的要求，联网微机及配套设施	无特殊要求
时效便捷性	方便、高效、经济	烦琐、低效
信用关系形式	无形化、虚拟化	现实可见、面对面

4. 电子支付协议

电子支付协议是指在电子交易过程中实现交易各方支付信息正确、安全、保密地进行网络通信的规范和约定。

这些协议可以分为不同的类型。一方面，对应于不同的支付工具，有不同的协议，例如，基于卡的支付协议、基于支票的支付协议以及基于电子货币的支付协议；另一方面，对应TCP/IP协议的各层也有不同的安全协议。

目前在电子支付中常用的安全协议有以下几种。

安全套接层协议(secure sockets layer，SSL)包括两个协议子层，SSL记录协议与SSL握手协议。SSL记录协议基本特点是连接是专用的和可靠的。SSL握手协议基本特点是能对通信双方的身份进行认证、进行协商的双方的秘密是安全的、协商是可靠的。

安全电子交易协议(secure electronic transaction，SET)运行的目标包括保证信息在互联网上安全传输、保证电子商务参与者信息的相互隔离、解决网上认证问题、保证网上交易的实时性、规范协议和消息格式。SET协议所涉及的对象有消费者、在线商店、收单银行、电子货币发行机构以及认证中心(CA)。电子支付系统是采用数字化电子化形式进行电子货币数据交换和结算的系统。电子商务支付系统的主要功能是：使用数字签名和数字证书实现对各方的认证；使用加密技术对业务进行加密；使用消息摘要算法以确认业务的完整性；当交易双方出现纠纷时，保证对业务的不可否认性；能够处理贸易业务的多边支付问题。

5. 电子支付类型和手段

目前，电子支付系统的支付模式大致有电子信用卡、电子货币、电子现金、电子支票、微支付和第三方支付平台等。

电子支付的业务类型按电子支付指令发起方式分为网上支付、电话支付、移动支付、销售点终端交易、自动柜员机交易和其他电子支付。目前常用以下三种：

1）网上支付

网上支付是电子支付的一种形式。广义地讲，网上支付是以互联网为基础，利用银行所支持的某种数字金融工具，发生在购买者和销售者之间的金融交换，而实现从买者到金融机构、商家之间的在线货币支付、现金流转、资金清算、查询统计等过程，由此电子商务服务和其他服务提供金融支持。

2）电话支付

电话支付是电子支付的一种线下实现形式，是指消费者使用电话（固定电话、手机、小灵通）或其他类似电话的终端设备，通过银行系统就能从个人银行账户里直接完成付款的方式。

3）移动支付

移动支付是使用移动设备通过无线方式完成支付行为的一种新型的支付方式。移动支付所使用的移动终端可以是手机、PDA、移动PC等。

6. 电子商务支付系统结构

电子支付系统是电子商务系统的重要组成部分，它指的是消费者、商家和金融机构之间使用安全电子商务手段交换商品或服务，即利用现代化支付手段，将支付信息通过网络安全地传送到银行或相应的处理机构，以实现电子支付。电子支付系统是融购物流程、支付工具、安全技术、认证体系以及现在的金融体系为一体的综合大系统。

基于互联网的电子交易支付系统由客户、商家、认证中心、支付网关、客户银行、商家银行和金融专用网络七个部分组成。电子支付系统结构如图4-3所示。

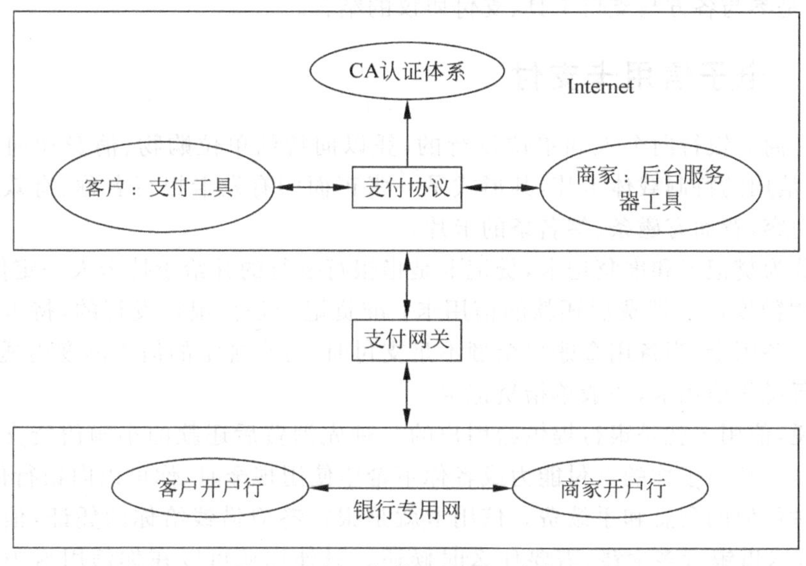

图4-3　电子支付系统的基本构成

客户一般是指利用电子交易手段与企业或商家进行电子交易活动的单位或个人。他们通过电子交易平台与商家交流信息，签订交易合同，用自己拥有的网络支付工具进行支付。客户与某商家有交易关系并存在未清偿的债权债务关系（一般是债务的一方）。

商家是指向客户提供商品或服务的单位或个人。在电子支付系统中，它必须能够根据客户发出的支付指令向金融机构请求结算，这一过程一般是由商家设置的一台专门的服务器来处理的。商家是拥有债权的商品交易的另一方，它可以根据客户发起的支付指令向金融体系请求获取货币给付。

客户银行是指为客户提供资金账户和网络支付工具的银行，在利用银行卡作为支付工具的网络支付体系中，客户银行又被称为发卡行。客户银行根据不同的政策和规定，保证支付工具的真实性，并保证对每一笔认证交易的付款。

商家银行是为商家提供资金账户的银行，因为商家银行是依据商家提供的合法账单来工作的，所以又被称为收单行。客户向商家发送订单和支付指令，商家将收到的订单留下，将客户的支付指令提交给商家银行，然后商家银行向客户银行发出支付授权请求，并进行它们之间的清算工作。

支付网关是完成银行网络和因特网之间的通信、协议转换和进行数据加、解密，保护银行内部网络安全的一组服务器。它是互联网公用网络平台和银行内部的金融专用网络平台之间的安全接口，电子支付的信息必须通过支付网关进行处理后才能进入银行内部的支付结算系统。

金融专用网络是银行内部及各银行之间交流信息的封闭的专用网络，通常具有较高的稳定性和安全性。

认证中心是交易各方都信任的公正的第三方中介机构，它主要负责为参与电子交易活动的各方发放和维护数字证书，以确认各方的真实身份，保证电子交易整个过程的安全稳定进行。

除以上参与各方外，电子商务支付系统的构成还包括支付中使用的支付工具以及遵循的支付协议，是参与各方与支付工具、支付协议的结合。

4.1.2 电子信用卡支付

信用卡是商业银行向个人和单位发行的，凭以向特约单位购物、消费和向银行存取现金，具有消费信用的特制载体卡片，其形式是一张正面印有发卡银行名称、有效期、号码、持卡人姓名等内容，背面有磁条、签名条的卡片。

信用卡分为贷记卡和准贷记卡，贷记卡是指银行发行的并给予持卡人一定信用额度，持卡人可在信用额度内先消费后还款的信用卡；准贷记卡是指银行发行的，持卡人按要求交存一定金额的备用金，当备用金账户余额不足支付时，可在规定的信用额度内透支的准贷记卡。而我们所说的信用卡，一般单指贷记卡。

通俗地说，信用卡就是银行提供给用户的一种先消费后还款的小额信贷支付工具。即当你的购物需求超出了你的支付能力或者你不希望使用现金时，你可以向银行借钱，这种借钱不需要支付任何的利息和手续费。信用卡就是银行答应借钱给你的凭证，信用卡将可以告诉你：你可以借银行多少钱、需要什么时候还。另外你还可以在你信用卡中没有钱的情况下，直接从 ATM 机器中取出现金。信用卡可以透支现金，透支现金没有免息期。

信用卡基本功能包括转账结算功能、储蓄功能、汇兑功能和消费贷款功能。信用卡具有购物消费、信用借款、转账结算、汇兑储蓄等多项功能。信用卡可在商场、饭店等许多场合使用，可采用刷卡记账、售货终端机 POS 结账、自动柜员机 ATM 提取现金等多种支付方式。信用卡不仅是一种支付工具，同时也是一种信用工具。

目前，信用卡主要在以下几个方面得到广泛应用。

(1) POS 机刷卡。在 POS 机上刷卡是目前最常见的信用卡使用方式，是一种联网刷卡的方式。刷卡时，操作员应首先查看信用卡的有效期和持卡人姓氏等信息。然后，根据发卡行以及需要支付的货币种类选择相应的 POS 机，将磁条式信用卡的磁条在 POS 机上划过，或者将芯片式信用卡插入卡槽，连通银行等支付网关，输入相应的金额。远程支付网关接收信息后，POS 机会打出刷卡支付的收据（至少是两联），持卡人检查支付收据上的信息无误后应在此收据上签字。操作员核对收据上的签名和信用卡背后的签名后（包括姓名完全相符和笔迹基本相符），将信用卡及刷卡支付收据的一联给持卡人，至此，POS 机上的刷卡程序完成。

（2）网络支付。从持卡人角度来讲，网络支付被认为是信用卡的几种支付方式中风险最大的一种，因为不怀好意的人可能使用网络钓鱼、窃听网络信息、假冒支付网关等手段窃取用户资料。网络支付时，需要输入卡号、信用卡有效期、卡背面签名栏旁的数字的威士 CVV2 码/万事达卡 CVC2/银联 CVN2、网上交易密码，有时还需要输入姓名、网页随机生成的验证码等。输入完成后，按“提交”按钮即可完成网络支付。

（3）电视、电话交易。同网络支付类似，需要卡号、有效期、威士 CVV2 码/万事达卡 CVC2/银联 CVN2 等信息。

（4）预授权。预授权一般用于支付押金，即冻结一部分信用卡的可用额度，当作押金。预授权和手工压单的过程类似，但是电话内容是要求预授权相应的金额，不是要求支付，也不需要压单，只需要出具收到押金的凭证即可。一般会在结账的时候由商家取消预授权。如果商家忘记取消，可以打电话给商家要求取消，自己打电话给授权机构无法取消，或者等待银行自动取消预授权（一般为 7～30 天不等）。

1. 信用卡的分类及特点

信用卡的分类及特点见表 4-2。

表 4-2 信用卡的分类及特点

分类	类型	使用特点
结算方式	贷记卡	发卡行允许持卡人先消费、后付款，提供给持卡人短期消费信贷，到期依据有关规定完成清偿
	借记卡	持卡人在开立信用卡信用账户时按规定向发卡行交一定的备用金，持卡人完成消费后，银行会自动从其账户上扣除相应的消费款项
使用权限	金卡	允许透支限额相对较大（我国为 1 万元）
	普通卡	透支限额低（我国为 5 千元）
持卡对象	个人卡	持有者是有稳定收入来源的社会各界人士，其信用卡账户上的资金属持卡人个人存款
	公司卡	又称单位卡，是各企业事业单位，部门中指定人员使用的卡，其信用卡账户资金属公款
使用范围	国际卡	可以在全球许多国家和地区通行使用，如著名的 VISA 卡和 MASTER 卡等
	地方卡	只局限在某地区内使用，如我国各大商业银行发行的人民币长城卡、牡丹卡、太平洋卡等都属于地方卡
载体材料	磁卡	在信用卡背后贴有的磁条内存储有关信用卡业务所必需的数据，使用时必须有专门的读卡设备读出其中所存储的数据信息
	IC 卡	IC 卡是集成电路卡（integrated circuits card）的缩写，为法国人 Roland Moreno 于 1970 年所研制，并由法国 BULL 公司于 1979 年推出第一张可工作的 IC 卡。IC 卡的卡片中嵌有芯片，信用卡业务中的有关数据存储在 IC 芯片中，既可以脱机使用又可以联机使用

2. 信用卡的优点与缺点

1）信用卡优点

与其他形式的支付相比，信用卡支付的优点如下。

(1) 保密性强。在电子商务环境中，消费者和团体购买者通过计算机与卖方交流，持卡人通过由发卡机构颁发的信用卡结算。在持卡人和卖方的会话中，SET 可以保证持卡人的个人账号信息不被泄露。

(2) 信誉好。发卡机构一般是金融机构，为每一个建立账户的顾客颁发信用卡。发卡机构根据不同品牌卡的规定和政策，保证对每一笔认证的交易支付。

(3) 费用低。信用卡支付方式一般是由银行操作的，将 Internet 上的传输数据转换为金融机构内部数据，或由指派的第三方处理卖方的支付信息和顾客的支付指令。一般是几个商家和几个银行共用一个支付网关，费用相对较低。

(4) 安全程度高。信用卡支付使用的安全技术有对称密钥系统、公钥系统、消息摘要、数字签名、数字信封、双重签名、认证等技术。密钥系统、公钥系统、消息摘要、数字签名、双重签名和认证等的安全系数比较高。

(5) 携带方便，不易损坏。信用卡一般都是小巧轻薄，便于携带，而且不容易损坏。普通纸币一般由纸制成，容易污损，所需数量较多时携带也不方便。

(6) 信用卡不仅是一种支付工具，同时也是一种信用工具。使用信用卡可以透支消费，给用户带来了方便，但同时也给银行带来了恶意透支的问题。

2）信用卡缺点

电子信用卡虽然具有明显的优点，但是不可否认其仍具有缺点。

(1) 盲目消费。使用电子信用卡没有现金直观，容易导致盲目消费。许多人往往不考虑自己的还款能力，容易造成过度消费。

(2) 利息高。信用卡如果到了还款日期而不能按时还款，需要向银行支付高额利息。

(3) 需交年费。信用卡基本上都有年费，但也有一些免年费的政策。

(4) 盗刷。信用卡基本上默认的是免密码刷卡消费的，这就很容易在丢失或被盗时被别人盗刷，造成不必要的麻烦或损失。但其实信用卡也是可以申请凭密码刷卡消费的。

3. 信用卡的网上支付方式

软件供应商和商业银行都在积极开发基于信用卡的电子支付系统，随着安全性和支付效率的不断完善，逐渐出现了以下几种基于信用卡的电子支付系统。

1）无安全措施的信用卡支付

(1) 流程

支付系统无安全措施模型（如图 4-4 所示）是用户从商家订货、通过信用卡付款的模型，信用卡信息通过电话、传真等非网上传送手段进行传输，也可在网上传输，但无安全措施。

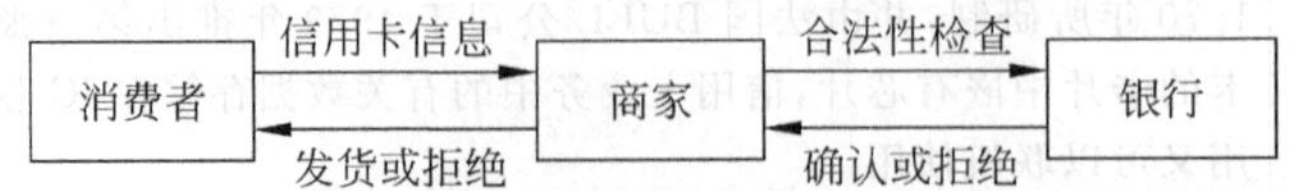

图 4-4　无安全措施的信用卡支付流程

(2) 特点

风险由商家承担，也就是由于卖方没有得到买方的签字，如果买方拒付或否认购买行为，卖方要承担一定的风险。

信用卡信息若通过网络传送，没有任何安全措施，买方要承担信用卡信息在传输过程中被盗取的风险；同时商家完全掌握用户的信用卡信息，买家承担着商家把信用卡信息透露给第三方的风险。

2）通过第三方经纪人的信用卡支付

改善信用卡支付安全的一个途径是在买卖双方之间启用第三方。目的是使卖方看不到买方信用卡信息，避免信用卡信息在网上多次公开传输而导致的信用卡信息被窃取。

(1) 流程

通过第三方经纪人的信用卡支付流程(如图 4-5 所示)，用户在第三方经纪人处开账号，用户得到与信用卡对应的账号，经纪人持有用户账号和信用卡号。用户向商家提交账号和订货单订货，商家把用户账号提供给经纪人，经纪人验证用户身份和账号信息，并将验证信息返还给商家，确认账号信息无误的情况下，商家确认订货，经纪人将信用卡信息传给银行，完成支付过程。

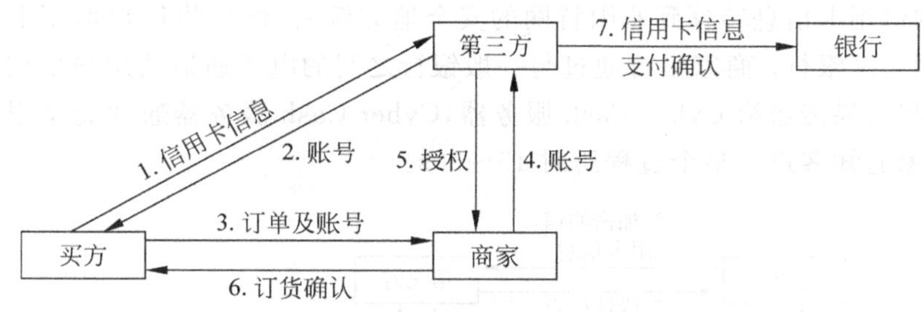

图 4-5　通过第三方经纪人的信用卡支付流程

(2) 特点

① 商家不能得到消费者真正的信用卡信息，避免商家把信用卡信息透露给外人的可能性。

② 支付通过双方都信任的第三方经纪人完成。

③ 买方可以离线在第三方开设账户，同时选择通过电话、传真等非网上传送手段进行传输，这样信用卡信息就不会在开放的网络上多次传送，因此买方的信用卡没有被盗窃的危险。

④ 卖方信任第三方，由第三方对用户进行审核，避免卖方承担买方拒付或否认购买行为风险。

⑤ 支付简单，不使用加密技术，买卖双方不必为了使用此系统而添置新的硬件和软件。

⑥ 交易成本低，对小额交易很有吸引力。

第三方支付作为目前主要的网络交易手段和信用中介，最重要的是起到了在网上商家和银行之间建立起连接，实现第三方监管和技术保障的作用。采用第三方支付，可以安全实现从消费者、金融机构到商家的在线货币支付、现金流转、资金清算、查询统计等流程；为商家开展 B2B、B2C 交易等电子商务服务和其他增值服务提供完善的支持。这种方式的关键在于第三方经纪人，买卖双方都对它有较高的信任度，风险主要由第三方经纪人承担，保密等功能也由它实现。

3）简单加密信用卡支付

这是现在比较常用的一种支付方式。用户只要在银行开设一个普通信用卡账户，在支付时，用户提供信用卡号码，但传输时要进行加密，当信用卡信息被买方通过浏览器窗口或其他电子商务设备时，信用卡信息就被简单加密，安全地作为加密信息通过网络从买方向卖方传递，采用的加密技术有 S. HTTP、SSL 等。这种加密的信息只有业务提供商或第三方付费处理系统能够识别，由于用户进行网上购物时只需提供信用卡号，这种付费方式给用户带来很多方便。但是，一系列的加密、授权、认证及相关信息的传送，使交易成本提高，故这种方式不适用于小额交易。

（1）流程

以 Cyber Cash 安全因特网信用卡支付系统为例，支付流程为（如图 4-6 所示）：Cyber Cash 客户从 Cyber Cash 商家订货后，把信用卡信息加密后传给 Cyber Cash 商家服务器；商家服务器验证接收到的信息的有效性和完整性后，将用户加密的信用卡信息传给 Cyber Cash 服务器，商家服务器看不到用户的信用卡信息；Cyber Cash 服务器验证商家身份后，将用户加密的信用卡信息转移到非因特网的安全地方解密，然后将用户信用卡信息通过安全专网传送到商家银行；商家银行通过与一般银行之间的电子通道从用户信用卡发行银行得到证实后，将结果传送给 Cyber Cash 服务器，Cyber Cash 服务器通知商家服务器交易完成或拒绝，商家通知客户。整个过程历时 15～20s。

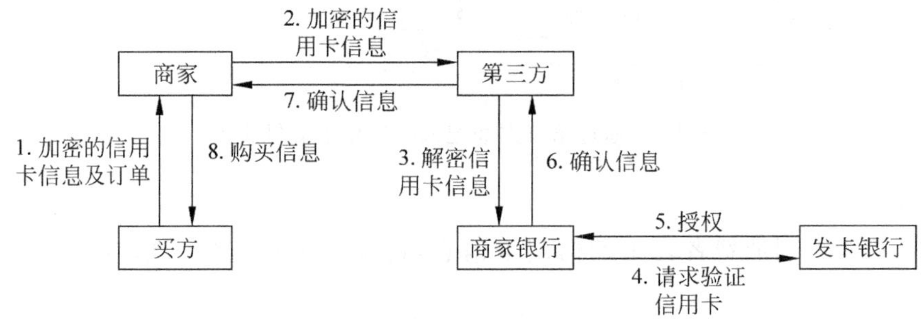

图 4-6　简单加密信用卡支付流程

（2）特点

① 由于购物时只需一个信用卡号，给用户带来了方便。

② 加密的信用卡信息只有业务提供商或第三方机构能够识别。

③ 签名是在注册时产生的，本身不能修改。

④ 交易过程中每进行一步，各方都以数字签名来确认身份，客户和商家都需使用 Cyber Cash 软件。

⑤ 需要一系列的加密、授权、认证及相关信息传送，交易成本较高。

⑥ 加密技术使用工业标准，使用 56 位 DES（数据加密标准）和 768～1024 位 RSA 公开密钥对来产生数字签名。

4）基于 SET 的信用卡支付

SET（security electronic transaction）是一个在开放的因特网上实现安全电子交易的国

际协议和标准。SET最初由Visa Card和Master Card合作开发完成，在保留对客户信用卡认证的前提下，增加了对商家身份的认证。SET是以信用卡支付为基础的网上电子支付系统规范，为了满足客户、银行、商家和软件厂商的多方需求，它必须实现以下目标：第一，信息在因特网上安全传输，不能被窃听或篡改；第二，客户资料要妥善保护，商家只能看到订货信息，看不到用户的账户信息；第三，持卡人和商家相互认证，以确定对方身份；第四，软件遵循相同的协议和消息格式，具有兼容性和互操作性。由于设计合理，SET得到了IBM、HP、Microsoft、Netscape、GTE、VeriSign等大公司的支持，成为事实上的工业标准。

(1) 流程

一次网上交易的过程包括浏览、购买、支付授权和取得支付四个过程。SET协议定义了后面的三个过程。基于SET的信用卡支付流程(如图4-7所示)：首先，消费者通过Internet选定所要购买的物品，并输入订货单。在线商家接到初步订单后做出应答，并询问消费者是否有变化，如没有变化，消费者确认订单后，签发付款指令，并输入信用卡信息。在这个过程中，消费者必须对订单和付款指令进行数字签名，同时利用双重签名技术保证商家看不到消费者账号信息。然后，在线商家接受订单后，向消费者的发卡银行请求支付认可。信息通过支付网关到收单银行，再到发卡行确认。批准交易后，确认信息返回给在线商家。商家发送订单确认信息给消费者。最后，在线商店发送货物。商家可以立即要求收单银行将钱从消费者的银行账号转移到商家的银行账号上，也可以到某一时间请求成批划账处理。

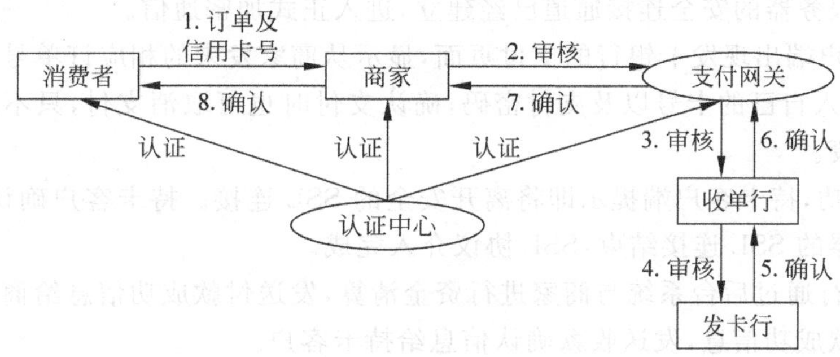

图4-7 基于SET的信用卡支付流程

在整个购买和支付的处理过程中，对通信协议、信息格式、数据类型的定义等，SET都有明确的规定。在操作的每一步，消费者、在线商店、支付网关都通过CA来验证通信主体的身份，以确保通信的对方不是冒名顶替。

(2) 特点

交易各方之间的信息传送都使用SET协议以保证其安全性。SET协议使用的主要技术包括：对称密钥加密、公开密钥加密、Hash算法、数字签名等。SET通过使用公开密钥和对称密钥方式加密保证了数据的保密性，通过使用数字签名来确定数据是否被篡改，保证数据的一致性和完整性，并可以防止交易方抵赖。

5) 基于SSL协议的信用卡网上支付

SSL是目前应用比较广泛的安全协议，消费者客户端上的网络浏览器软件、商家的电子商务服务器软件等大都支持SSL协议。这位持卡客户借助SSL协议，利用信用卡进行网上支付提供了便利。使用基于SSL协议的信用卡网上支付前，消费者必须离线或在线到发卡银行进行信用卡注册，得到发卡银行的网上支付授权。基于 SSL 协议的信用卡网上支付流程如图 4-8 所示。

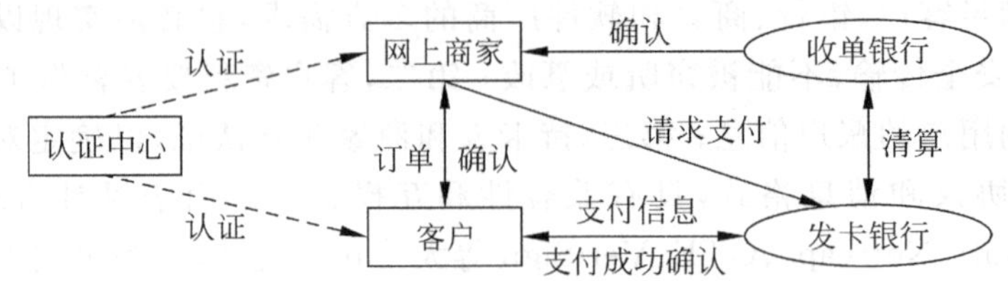

图 4-8 基于 SSL 协议的信用卡网上支付流程

(1) 流程

① 持卡客户在商家电子商务网站选择商品或服务，填写订货信息。持卡客户确认订货单中的交易信息。选择信用卡方式支付以及信用卡类别，提交订货单后生成一个带信用卡类别的订货单发往商家服务器。

② 商家服务器生成相应的订单号，加上支付信息发往发卡银行。

③ 在提交订货单后，持卡客户端浏览器弹出新窗口页面，提示即将建立与发卡银行端服务器的安全连接，SSL 协议介入开始。持卡客户端自动验证发卡银行端服务器的数字证书。验证发卡银行服务器的数字证书后，SSL 握手协议完成。这意味着持卡客户端浏览器与发卡银行端服务器的安全连接通道已经建立，进入正式加密通信。

④ 持卡客户端出现发卡银行的支付页面，显示从商家发来的相应订单号和支付金额信息，持卡客户填入自己的卡号以及支付密码，确认支付时也可取消支付，只不过原来发给商家的订货单作废。

⑤ 支付成功，持卡客户端提示即将离开安全的 SSL 连接。持卡客户确认离开后，持卡客户端与服务器的 SSL 连接结束，SSL 协议介入完成。

⑥ 发卡银行通过后台系统与商家进行资金清算，发送付款成功信息给商家。商家收到银行发来的付款成功信息，发送收款确认信息给持卡客户。

(2) 特点

基于 SSL 协议的信用卡网上支付通过在 SSL 安全连接上传输信用卡卡号的方式构建，能够对信用卡和个人信息提供较强的保护，是多数网上银行所采用的安全协议。SSL 被大部分 Web 浏览器和 Web 服务器所内置，不需要安装对应的软件，使用简单，性能也较好。这种支付模式的缺点在于没有解决持卡人的身份认证和交易的不可抵赖性等问题。

4. 信用卡安全分析

相比于借记卡，近年来，信用卡也逐渐在电子支付中得到更广泛的应用。就本质来讲，信用卡与借记卡一样，都是银行发行的用于消费或是其他金融业务的一种支付卡，不同之处在于，借记卡必须先存款后消费，而信用卡可以透支(当然这里的透支额度和之后各种还款策略则取决于信用卡的发卡行策略与信用卡的种类和额度)，和借记卡一样，信用卡也是采用 ISO 7810 标准的银行卡。

因为信用卡使用起来方便快捷，又加上科技发展的日新月异，信用卡因先消费后付款的机制，所面临的安全问题日趋严重，各大国际级信用卡集团与全球发卡金融机构都面临严峻的挑战。信用卡的安全问题主要分为下述五大方面。

信用卡：不法分子或犯罪集团以假卡或废卡（过期/遗失作废/磁带损毁等）冒充正卡消费，直接蒙骗商家或发卡机构。

持卡人：卡片保管不善/处理不当（过期/磁带失效的信用卡未进行销毁，或遗失未立即作废等），以及个人身份信息无意之间遭窃取或骗取。为避免此类问题发生，公民不要轻易对外提供个人身份信息，最好也不要委托别人代办信用卡。

消费商家：服务人员于持卡人消费过程超刷，或窃取其信用卡资讯至其他商家消费。这种情况无论是实体商家还是网络虚拟商家，皆有可能发生。

发卡机构：电脑系统遭恶意入侵，窃取客户基本/交易资讯。也有机构内部从业人员监守自盗或内神通外鬼等不肖情事。

交易系统与机制：只要是人类所制作的或经手的，就免不了人为的错误与疏失；再严谨的交易机制，配合从确认到结算的世界级交易系统，仍然有被入侵的可能，而且所谓的“入侵”其实也具有等级层次上的差别。

信用卡相比普通银行储蓄卡来说，最方便的使用方式就是可以在卡里没有现金的情况下进行普通消费，在很多情况下只要按期归还消费的金额就可以了。正是这个方便之处，使得信用卡在推出后被人们快速接受和广泛使用。当然，这也会给银行带来恶意透支的问题，不过，目前来讲，这种问题更多的是依靠发卡行或是其他一些金融政策法规来进行完善和规划。

4.1.3 电子(数字)货币

电子货币(electronic money)，是指用一定金额的现金或存款从发行者处兑换并获得代表相同金额的数据，通过使用某些电子化方法将该数据直接转移给支付对象，从而能够清偿债务。电子货币以计算机技术为支撑，进行存储、支付和流通；集储蓄、信贷和非现金结算等多种功能为一体；可广泛应用于生产、交换、分配和消费领域；使用简便、迅速、可靠；现阶段电子货币的使用通常以银行卡(磁卡、智能卡)为媒体。在电子商务中，电子货币通常以电子现金、电子钱包的形式加以运用。

1. 电子钱包的构成

电子钱包是客户用来进行非现金小额支付并且存储交易记录的特殊计算机软件或硬件设备。与一般的钱包用于存放现金、支付卡类似，在电子钱包内可以存放电子货币，如电子现金、电子信用卡等。目前，电子钱包在小额支付领域使用非常普遍，使人们可以方便地在网上、网下购物，支付款项，避免了携带现金所带来的一切不便。

电子钱包目前主要有两种类型：基于储值卡的电子钱包和基于计算机软件的网上支付电子钱包。

1）基于储值卡的电子钱包

这类电子钱包是由专门的发行机构发行的，用于小额支付的、不设密码的、预先存入现金的卡片(如交通卡、校园卡、购物卡等)。持卡人在特约商户选购商品后，将电子钱包出示给商户，通过刷卡完成支付。另外还可以实现充值、查询、安全认证等功能，既可以进行联机支付，也可以进行脱机支付。

(1) 充值卡式电子钱包的特点

① 预先储值,不计息。该类电子钱包是预付费卡,在申请卡片时即预付资金,或者在需要时进行充值,这些资金不计息,为发行者带来大量的沉淀资金,同时为持卡人带来一定风险。

② 不记名、不挂失。为了减少电子钱包的维护成本、简化交易机制和加快交易速度,大部分电子钱包都是不记名、不挂失的。支付时不需要进行身份认证,也不需要打印交易单据并签名确认,使用方便快速。但同时也带来安全性问题,例如,卡片丢失时无法挂失,卡中余额无法取回,非法持有他人卡片进行消费更加顺利等。因此,持卡人能够接受的电子钱包内的资金额度是有限的,这也决定了电子钱包只能用于小额支付领域。

③ 脱机支付。出于对成本控制和交易速度的考虑,大部分该类电子钱包选择使用脱机支付方式。这种方式不需要铺设通信系统将特约商户的刷卡设备同发卡机构相连,减少了通信系统初期投资与维护费用。

④ 使用环境相对封闭。由于电子钱包不是法定货币,其使用的范围与发卡机构的营销手段及受理环境的建设密切相关,一般在小范围、相对封闭的环境中应用,如公交系统、校园内等。

⑤ 小额支付。该类电子钱包的不记名、不挂失特性决定了其安全性较差,客户只会用于小额支付。同时,由于银行卡不能满足小额支付领域对离线支付和交易处理速度的需求,这为电子钱包在小额支付领域提供了良好的生存空间。

(2) 充值卡式电子钱包系统的构成

充值卡式电子钱包系统由以下各方共同构成。

① 发卡机构。电子钱包发行的过程是持卡人向电子钱包发卡机构预付资金的过程,持卡人使用电子钱包在特约商户处消费后,发卡机构才把相应的金额划给特约商户。因此发卡机构掌握了数目庞大、无须付息的沉淀资金。

② 持卡人。电子钱包给持卡人带来的主要利益是支付便利,不用找零,购物更方便。如果发卡机构设置了奖励计划,持卡人还可以获得奖励。

③ 特约商户。电子钱包可以使特约商户避免现金交易的不足,提高支付效率,但需要在用卡环境上进行一定的投资,并且支付一定的费用给发卡机构。

④ 充值机构。充值机构主要完成电子钱包的充值,能获取一定的手续代理费。

⑤ 清算机构。正如银行卡的支付需要银联一样,如果多个发卡机构发行的电子钱包相互通用,也需要一个类似银联的清算机构负责资金清算。

(3) 国外主要的电子钱包标准

目前世界上开放式电子钱包标准主要有四种:Visa Cash、Mondex、Proton 和 CEPS。

Visa Cash 电子钱包卡有三种类型:一次性 Visa Cash 电子钱包卡、可充值的专用 Visa Cash 电子钱包卡以及与其他应用共存于同一张银行卡上的电子钱包卡。

Mondex 是一种灵活的电子现金卡,它最大的特点是可以方便地实现卡与卡之间资金无追踪地划拨,从而充分保证持卡人的支付隐私。

Proton 主要应用于比利时,将电子钱包绑定在借记卡上,通过在 POS 机产品中集成 Proton 技术实现在任何一台 ATM 上为这种电子钱包储值。借记卡的持卡人使用电子钱包之前,需要到银行申请开通。它与 Mondex 电子钱包最大的区别是每笔交易都可以被追踪审计。

CEPS是一种通用电子钱包规范，很多电子钱包发行商都表示支持CEPS，Visa Cash新标准已经符合CEPS的标准，Proton World也表示Proton最终将会被CEPS应用方案所取代。

(4) 充值卡式电子钱包系统的发展趋势

① 标准趋向统一。统一标准带来的通用效果使得不同的电子钱包受理终端可以低成本共享，这是电子钱包跨行业、跨地区发展的重要前提。中国人民银行的金融IC卡标准，制定了接触式IC卡电子钱包标准，在非接触式射频卡领域尚需完善和发展。

② 一卡多用。将电子钱包应用与银行卡、身份卡及其他智能卡应用相结合，实现一卡多用是电子钱包的一大发展趋势。例如，中国香港的八达通卡就是一个成功的例子。

③ 与手机等移动设备的融合。手机、钱包、钥匙几乎是我们每个人出门都要携带的东西，将电子钱包与手机融合，实现手机、电子钱包、身份识别等功能的统一，将是未来的一个发展趋势，目前手机与电子钱包融合的手机电子钱包已经在我国开始运行。

2) 基于计算机软件的网上支付电子钱包

这类电子钱包以软件的形式存在，主要用于网上消费和账户管理，通常与银行账户或银行卡账户连接在一起。在使用之前必须先在客户的计算机或者智能手机上安装符合安全标准的电子钱包软件，或者通过互联网直接使用与自己银行账号相连接的电子商务系统服务器上的电子钱包软件，这些软件通常是免费提供的。

这类电子钱包可以装入电子现金、电子信用卡、网络货币等电子货币。在使用电子钱包时，需要先通过电子钱包软件系统将相应的电子货币装入，支付时只需要在电子钱包软件中点击相应的电子货币项目即可完成。这类电子钱包一般需要身份认证，具有如下功能。

(1) 安全可靠的加密措施和密码保护功能。用户可以改变保密口令和方式。

(2) 安全电子交易。卡户信息及支付指令可以通过电子钱包软件进行加密传送和有效性验证。

(3) 交易记录的保存。用户可以通过电子钱包软件查看自己银行账号上的收付往来账目和清单，以及自己以往的交易清单，并可以把结果打印出来。

目前，随着智能手机的普及，手机电子钱包软件因其方便性应用比较多，这些软件多因智能手机品牌、类型的不同而不同。例如，SPB Software Wallet、CodeWallet Pro forPPC、PocketMoney、eWallet、PhoneWallet等。

2. 电子货币的优点

电子现金同时拥有现金和电子化两者的优点，主要表现在以下五个方面。

(1) 匿名。这同样也是纸币现金的优点。买方用数字现金向卖方付款，除了卖方以外，没有人知道买方的身份或交易细节。如果买方使用了一个复杂的假名系统，则甚至连卖方也不知道买方的身份。

(2) 不可跟踪性。不可跟踪性是现金的一个重要特性。不可跟踪性可以保证交易的保密性，也就维护了交易双方的隐私权。除了双方的个人记录之外，没有任何关于交易已经发生的记录。因为没有正式的业务记录，连银行也无法分析和识别资金流向。也正是因为这一点，如果电子现金丢失了，就会同纸币现金一样难以追回。

(3) 节省费用。这里主要是指节约交易和传输费用。普通现金的交易需要各种分支机构、相关职员等,这都会增加交易带来的费用,而电子现金则节约了这些附加人力物力所带来的额外支出,在小额交易中更显方便。而普通现金是实物,一旦涉及大面额交易,现金的运输和保存就会变得困难和昂贵;电子现金很好地解决了这个问题,使货币的流通大大改观。

(4) 持有风险小。普通现金的持有会带来人身安全威胁。大量现金不方便携带并且必须投入大量的安保力量,而电子现金则没有这个问题,减小了资金安全风险。

(5) 支付灵活方便。电子现金的支付十分灵活,像现实生活中的普通现金需要考虑找零等问题,电子现金很好地解决了这个问题,并且可以支付现实生活中不通用的面额现金(如几分钱)。

3. 电子货币的安全问题及保护

电子货币有以下几个安全问题。

1) 数字现金的伪造

数字现金的载体及其传输在目前到处是安全隐患的网络世界里,绝不是百分之百安全的。高智能的犯罪分子可以巧妙地通过各层安全防卫机制,从消费者那里偷取资金,常常令消费者防不胜防。

例如,伪造数字现金就是一种罪犯常常使用的方法。伪造数字现金可以说是无本万利。通过使用分析软件,伪造者能够进行智能卡分解,并反向分析出工程智能卡。然后,可以试探着去欺骗电脑接受他们放在卡片微处理器中的假密码算法。最后,去骗取电子货币。

目前,如何有效地防止数字现金伪造是一个正在研究的课题。智能卡的发行商可以采取防御性方法去限制伪造者针对智能卡的伪造成功率。为了更容易识别伪造的智能卡,发行商典型的做法是放置全息映像在他们自己的合法卡上,就好像借记卡发行方所做的那样。发行商也在微处理器上设计电脑代码,使得存储于卡内的数据只有通过事先设计好的"授权和访问软件协议"才能被存取和改变。为了防止未被授权的数据读取,智能卡装备了物理壁垒来抑制对微处理器的内存所做的光学或电子分析以及物理改造。大多数的智能卡芯片也被涂上几层金属,并使用了一种如果没有安装芯片授权,就只能以不可修复、破坏芯片的方法进行安装的保护方式。

2) 脱机和在线盗窃电子货币

在银行的自动取款机(ATM)里秘密地将微处理器芯片嵌入计算机化的现金寄存器中。这个芯片从信用卡和借记卡交易中扫描数据,盗窃者可以拿走这个芯片,并下载数据来盗取账户中的资金。

通过互联网,很多时候盗窃者甚至可能通过从智能卡和其他电子资金存储卡直接轻易地到银行的主机上窃取付款信息。

3) 可转移性的离线电子货币

电子货币的可转移性是指,在一次交易活动中收款者收到的电子货币可以在没有银行参与的情况下,在下一次交易活动中支付给其他电子货币用户。实现电子货币的可转移性需要克服很多困难,这些困难可以概括为三点:电子货币的可转移性相对于其他属性来说不是必不可少的;匿名电子货币的转移会使电子货币的尺寸逐步增加;电子货币的匿名转移有助于黑市交易、洗钱等违法活动。虽然实现电子货币的可转移性具有这些困难，但是也会带来很多好处，例如，因为不需要每次交易都在银行进行“取款”和“存款”的动作，因此会大大减轻银行负担和通信量；再比如当用户手中持有电子货币时，不必去银行取款就能进行交易，为用户带来更多的方便。

归纳起来，可转移的电子货币应该满足四个安全属性。

(1) 不可伪造性。不但取款中的电子货币应该不可伪造，而且传递中的电子货币也应该不可伪造。

(2) 不可跟踪性。不但从银行取款的初始电子货币拥有者的身份不可跟踪，而且转移电子货币的参与者的身份也不可跟踪。

(3) 不可重复花费性。如果有用户重复使用了从相同的取款过程中得到的电子货币，则有办法通过交易记录查找出此用户的身份。

(4) 不可陷害性。对正常使用了电子货币的用户，根据他的交易记录可以证明没有重复花费。

4.1.4 电子现金

电子现金(E-cash)是一种以数据形式流通的货币。它把现金数值转换成为一系列的加密序列数，通过这些序列数来表示现实中各种金额的市值，用户在开展电子现金业务的银行开设账户并在账户内存钱后，就可以在接受电子现金的商店购物了。

电子现金是以数字化形式存在的电子货币，其发行方式包括存储性质的预付卡和纯电子形式的用户号码数据文件等，使用灵活简便，无须直接与银行连接便可使用。电子现金支付系统的特点是不直接对应任何账户，持有者事先预付资金，便可获得相应货币值的电子现金(智能卡或硬盘文件)，因此可以离线操作，是一种“预先付款”的支付系统。

电子现金和现实中的现金一样，可以存取和转让，适用于小的交易量。使用电子现金的三方——客户、商家和银行都需要使用电子现金软件，而银行和商家之间有协议和授权关系，有银行负责客户和商家之间资金的转移，因此，使用电子现金对客户来讲是匿名的，使用电子现金消费具有很好的个人隐私保护功能。客户在开展电子现金业务的银行开设账户并在账户内存钱后，然后使用口令和个人识别码将电子现金下载到自己计算机的硬盘中，就可以在接受电子现金的商店购物了。

商务中的各方从不同角度对电子现金系统有不同的要求。客户要求电子现金方便灵活，但同时又要求具有匿名性；商家则要求电子现金具有高度的可靠性，它所接收的电子货币必须能兑换成真实的货币；金融机构则要求电子现金只能使用一次，电子介质不能被非法使用，不能被伪造。

电子现金有它的方便之处，但也有许多问题。电子现金具有灵活性和不可跟踪性，它会给我们带来发行、管理和安全验证等一系列问题。从技术上说，各个商家都可以发行电子现金，如果不加以控制，电子商务将不能正常发展，甚至带来严重的经济和金融问题。电子现金的安全使用也是一个重要问题，包括限于合法人使用、避免重复使用等。对于无国家界限的电子商务应用来说，电子现金还存在税收、法律、外汇的不稳定性、货币供应的干扰和金融危机的可能性等潜在问题，因而有必要制定严格的经济和金融管理制度，保证数字化电子现金系统的正常运作。

具体来讲，电子现金(E-cash)全称 Electronic Cash，又称为电子货币(E-money)或数字货币(digital cash)，是一种非常重要的电子支付系统，它可以被看做是现实货币的电子或数字模拟，电子现金以数字信息形式存在，通过互联网流通。但比现实货币更加方便、经济。电子现金是一种比较成熟的电子支付手段，适用于那些通过网络进行支付的小额交易。它最简单的形式包括三个主体：商家、用户、银行；四个安全协议过程：初始化协议、提款协议、支付协议、存款协议。第一个电子现金方案是由 Chaum 在 1982 年提出，他利用盲签名技术来实现，可以完全保护用户的隐私权。但这种完全匿名的电子现金也为许多不法分子提供了方便，他们利用电子现金的完全匿名性进行一些违法犯罪活动，例如贪污、非法购买(如购买毒品、军火等)、敲诈勒索等。警方即便拿到赃款，也不能抓出犯罪分子。基于这个原因，合理的电子现金系统应该是不完全或条件匿名的。1995 年，Stadler 等人提出了公平盲签名(fair blind signature)的概念，可以用于条件匿名的支付系统。1996 年，Camenisch 等人和 Frankel 等人分别独立地首次提出了公平的离线电子现金(fair off-line electronic cash)的概念，同时给出了两个方案。公平电子现金中的用户的匿名性是不完全的，它可以被一个可信赖的第三方(TTP)撤销，从而可以防止利用电子现金的完全匿名性进行的犯罪活动。

1. 电子现金分类及特点

电子现金根据交易的载体、功能、使用形式等可以分为不同的种类。

(1) 电子现金系统根据其交易的载体可分为基于账户的电子现金系统和基于代金券的电子现金系统。

(2) 根据电子现金在花费时商家是否需要与银行进行联机验证分为联机电子现金系统和脱机电子现金系统。

(3) 根据一个电子现金是否可以合法地支付多次将电子现金分为可分电子现金和不可分电子现金。

(4) 根据电子现金的使用功能，可把电子现金分为专门用途型电子现金和通用型电子现金。

(5) 根据电子现金的使用形式，可把电子现金分为基于卡的预付款式电子现金和纯电子形式电子现金。

电子现金兼有纸质现金和数字化的优势，具有安全性、方便灵活、匿名性、处理效率高、成本低的特点，表现在以下几个方面。

(1) 安全性。随着高性能彩色复印技术和伪造技术的发展，纸币的伪造变得更容易了，而电子现金是高科技发展的产物，它融合了现代密码技术，提供了加密、认证、授权等机制，只限于合法人使用，能够避免重复使用，因此，防伪能力强；纸币有遗失、被偷窃的风险，而电子现金没有介质，不用携带，没有遗失、失窃的风险。

(2) 匿名性。现金交易具有一定的匿名性和不可跟踪性。而电子现金由于运用了数字签名、认证等技术，也确保了它实现支付交易时的匿名性和不可跟踪性，维护了交易双方的隐私权。

(3) 方便性。纸币支付必须定时、定点，而电子现金完全脱离实物载体，既不用纸张、磁卡，也不用智能卡，使得用户在支付过程中不受时间、地点的限制，也不需要像电子信用卡那样的认证处理，因此，使用更加方便。

(4) 成本低。纸币的交易费用与交易金额成正比，随着交易量的不断增加，纸币的发行成本、运输成本、交易成本越来越高，而电子现金的发行成本、交易成本都比较低，而且不需要运输成本。

(5) 不可跟踪性。电子现金不能提供用于跟踪持有者的信息，不可跟踪性可以保证交易的保密性，也就维护了交易双方的隐私权。除了双方的个人记录之外，没有其他关于交易已经发生的记录。因为没有正式的业务记录，连银行也无法分析和识别资金流向，如果电子现金丢失了，就会同纸币现金一样无法追回。

电子现金虽然具有很多优点，但同时电子现金也存在一些缺点。

(1) 电子现金的支付属于"虚拟支付层"模式，真正的资金划拨还需要通过"实际支付过程"进行，例如使用转账的方式从银行卡中划拨一定的资金购买电子现金。

(2) 电子现金支付的匿名性及不可追踪性使得电子现金的持有者一旦丢失相关资料，将无法报失。

(3) 使用电子现金需要安装额外的软件，所以对于付款人来说初期设置比较复杂。

电子现金在经济领域起着与普通现金同样的作用，对正常的经济运行至关重要。除了上述几点外，从安全的角度来讲，电子现金应该具有以下一些特性以保证其使用的安全性。

(1) 独立性：电子现金的安全性不能只靠物理上的安全来保证，必须通过电子现金自身使用的各项密码技术来保证电子现金的安全。

(2) 不可重复花费：电子现金只能使用一次，重复花费能被容易地检查出来。

(3) 匿名性：银行和商家相互勾结也不能跟踪电子现金的使用，就是无法将电子现金的用户的购买行为联系到一起，从而隐蔽电子现金用户的购买历史。

(4) 不可伪造性：用户不能伪造假币，包括两种情况：一是用户不能凭空制造有效的电子现金；二是用户从银行提取 N 个有效的电子现金后，也不能根据提取和支付这 N 个电子现金的信息制造出有效的电子现金。

(5) 可传递性：用户能将电子现金像普通现金一样，在用户之间任意转让，且不能被跟踪。

(6) 可分性：电子现金不仅能作为整体使用，还应能被分为更小的部分多次使用，只要各部分的面额之和与原电子现金面额相等，就可以进行任意金额的支付。

2. 电子现金流程与实现

电子现金在其生命周期中要经过提取、支付和存款三个过程，涉及用户、商家和银行三方。用户与银行执行提取协议，从银行提取电子现金；用户与商家执行支付协议，支付电子现金；商家与银行执行存款协议，将交易所得的电子现金存入银行。

典型的电子现金支付模型流程如下。

(1) 用户在 E-Cash 发布银行开立 E-Cash 账号，用现金服务器账号中预先存入的现金来购买电子现金证书，这些电子现金就有了价值，并被分成若干成包的"硬币"，可以在商业领域中进行流通。

(2) 使用计算机电子现金终端软件从 E-Cash 银行取出一定数量的电子现金存在硬盘上。

(3) 用户与同意接收电子现金的厂商洽谈，签订订货合同，使用电子现金支付所购商品的费用。

(4) 接收电子现金的厂商与电子现金发放银行之间进行清算，E-Cash 银行将用户购买商品的钱支付给厂商。

电子现金支付流程见图 4-9。

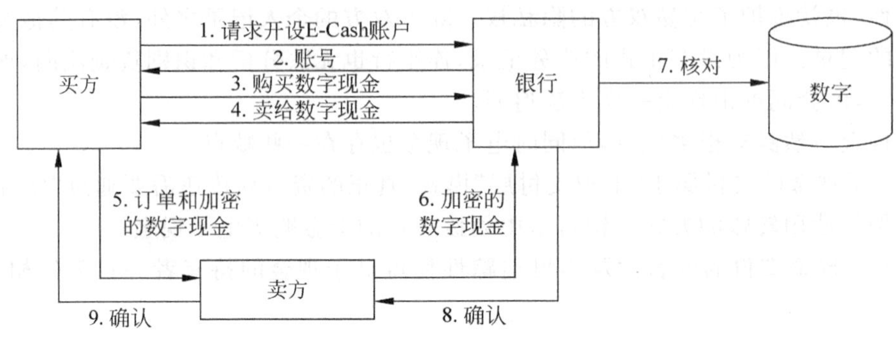

图 4-9 电子现金支付流程

从电子现金支付模型可以看出，电子现金支付的特点如下。

(1) 商家和银行之间应该有协议和授权关系。

(2) 电子现金对软件具有依赖性，客户、商家和电子现金的发行银行都需要电子现金软件。

(3) 用于小额交易，因此适用于 B2C 或者 B2B 模式的电子商务。

(4) 身份验证是由电子现金本身完成的，电子现金的发行银行在发放电子现金时使用电子签名，商家在每次交易中，将电子现金传输给银行，由银行验证电子现金的有效性(伪造或者使用过等)。

(5) 电子现金的发行银行负责客户和商家之间实际资金的转移。

(6) 电子现金具有普通现金特点，可以存、取、转让，一样会丢失。

3. 电子现金安全技术与分析

电子现金的安全性和可靠性等主要是依靠密码技术来实现的，主要有以下几项。

1) 分割选择技术

分割选择技术：用户在提取电子现金时，不能让银行知道电子现金中用户的身份信息，但银行需要知道提取的电子现金是正确构造的。分割选择技术是用户正确构造 N 个电子现金传给银行，银行随机抽取其中的 $N-1$ 个让用户给出它们的构造，如果构造是正确的，银行就认为另一个的构造也是正确的，并对它进行签名。

2) 零知识证明

证明者向验证者证明并使其相信自己知道或拥有某一消息，但证明过程不能向验证者泄漏任何关于被证明消息的信息。

以上两种技术用于将用户的身份信息嵌入到电子现金中。

3) 认证

认证一方面是鉴别通信中信息发送者是真实的而不是假冒的；另一方面是验证被传送

信息是正确和完整的，没有被篡改、重放或延迟。

4）盲数字签名

签名申请者将待签名的消息经“盲变换”后发送给签名者，签名者并不知道所签发消息的具体内容，该技术用于实现用户的匿名性。

在设计电子现金系统中需要重点设计其三个具体的协议：取款协议、支付协议和存款协议。

(1) 取款协议(withdrawal protocol)：用户从自己的银行账户上提取电子现金。为了保证用户匿名的前提下获得带有银行签名的合法电子现金，用户将与银行交互执行盲签名协议，同时银行必须确信电子现金上包含必要的用户身份。一般取款协议分为以下两步子协议。

① 开户协议。这一步通常计算量较大，用于向用户提供包含其身份信息的电子执照。

② 取款协议。这一步只是单纯的盲签名过程，用户能够从其账户中提取电子现金。

(2) 支付协议(payment protocal)：用户使用电子现金从商店中购买货物。支付协议通常也分为两个子协议。

① 验证电子现金的签名，用于确认电子现金是否合法。

② 知识泄露协议。买方将向卖方泄露部分有关自己的身份的信息，用于防止买方滥用电子现金。

(3) 存款协议(deposit protocal)：用户及商家将电子现金存入到自己的银行账户上。在这一步中，银行将检查存入的电子现金是否被合法使用，如果发现有非法使用的情况发生，银行将使用重用检测协议跟踪非法用户的身份，对其进行惩罚。

4. 电子现金发展方向

1）电子现金的传递性的可用性研究

传递性是物理现金一个基本的特征，但在电子现金中还没有应用，最主要的原因是：为了能跟踪重复花费的用户，在电子现金中加入了盲化的用户身份信息，在电子现金流动的过程中将加入使用过该电子现金的所有用户身份信息，因此根据信息论的理论，电子现金的长度是不断地增长的，每次交易都将造成大通信量问题，无法有利于实际应用；另外，电子现金无论是在构造还是存款过程中，相对于物理现金都是相当容易而有效的。因此，目前公平的离线电子现金的研究并不关注电子现金的传递性。

2）多银行电子现金的研究

现有的公平电子现金方案都是由一个银行发行的，但在现实生活中由多个电子银行系统发行的电子现金较之单个银行发行的电子现金更合适，因为在一个国家或地区具有电子现金发行能力的银行可能不止一家。多个银行形成一个群体，它们受国家的中央银行管理，每个银行都可以发行电子现金。所以由多个银行发行的公平电子现金模型是电子现金系统研究的重要方向，在这方面的研究主要是利用改进的群签名方案和群盲签名方案设计的多银行公平电子现金方案。但现在存在两个公开问题：第一是设计一个实用的多银行公平电子现金方案当然不一定只是利用群签名技术，利用其他的技术可能更好地解决；第二是设计一个可废除群成员的群签名方案，这也是群签名研究中的一个公开问题。

3）可分电子现金系统的研究

可分电子现金系统能够让用户进行多次合法的精确支付，减少提款次数，从而可以降低网络通信量，提高系统效率，因此可分的电子现金系统是研究的重点。Okamoto 和 Ohta 于 1991 年首次提出了一个可分电子现金系统，该系统允许用户将电子现金分成任意金额进行多次支付，直到与该电子现金的总额相等为止。为使银行能够有效地检测用户的重复支付，他们采用了二叉树技术对电子现金进行表示，但这种技术导致电子现金的支付协议通信量大、计算复杂度高、效率低，尽管许多学者对该方案从不同的角度提出了改进，但都由于使用二叉树表示使得支付协议的执行效率仍然很低。因此，到目前为止，可分电子现金系统依然是不实用的。关于这方面的研究，还可以引入可信第三方来实现对超额支付者的识别，使电子现金的支付协议中没必要包含进行重复支付检查的信息，这样就可以放弃可分电子现金的二叉树表示技术，从而构造更简单的可分电子现金系统。

4.1.5 电子支票

电子支票是网络银行常用的一种电子支付工具，利用电子支票可以使支票的支付业务和支付过程电子化。

电子支票(electronic check)是客户向收款人签发的，无条件的数字化支付指令。它可以通过因特网或无线接入设备来完成传统支票的所有功能。电子支票是纸质支票的电子替代物，电子支票将纸质支票改变为带有数字签名的电子报文，或利用其他数字电文代替纸质支票的全部信息。电子支票与纸质支票一样是用于支付的一种合法方式，它使用数字签名和自动验证技术来确定其合法性。支票上除了必需的收款人姓名、账号、金额和日期外，还隐含了加密信息。电子支票通过电子函件直接发送给收款方，收款人从电子邮箱中取出电子支票，并用电子签名签署收到的证实信息，再通过电子函件将电子支票送到银行，把款项存入自己的账户。电子支票使用数字签名和自动验证技术来确定其合法性。

1. 电子支票特点

电子支票支付方式具有如下特点。

(1) 电子支票与传统支票工作方式相同，易于理解和接受，简化了顾客的学习过程。

(2) 加密的电子支票使它们比数字现金更易于流通，买卖双方的银行只要用公开密钥认证确认支票即可，数字签名也可以被自动验证。

(3) 电子支票尤其适用于 B2B 等大额电子商务交易，可以很容易地与 EDI 应用相结合，推动 EDI 基础上的电子交易和支付。

(4) 电子支票技术将公共网络连入金融支付和银行清算网络，这充分发挥了现有的金融结算基础设施和公共网络的作用。

与传统的纸质支票和其他形式相比，电子支票具有以下优点。

(1) 处理速度快。电子支票的支付是在与商户及银行相连的网络上高速传递的，它将支票的整个处理过程自动化了，这一支付过程在数秒内即可实现。它为客户提供了快捷的服务，减少了在途资金。在支票使用数量很大时，这一优势特别明显。

(2) 安全性能好。电子支票是以加密方式传递的，使用了数字签名或个人身份证号码(PIN)代替手写签名，还运用了数字证书，这三者成为安全可靠的防欺诈手段。电子支票具有可追踪性，所以当使用者支票遗失或被冒用时可以停止付款并取消交易，风险较低。

(3) 处理成本低。用电子支票进行支付，减轻了银行处理支票的工作压力，节省了人力，降低了事务处理费用。

(4) 给金融机构带来了效益。第三方金融服务者不仅可以从交易双方处收取固定的交易费用或按一定比例抽取费用，它还可以作为银行身份提供存款账目，且电子支票存款账户很可能是无利率的，因此，给第三方金融机构带来了收益。而且银行也能为参与电子商务的商户提供标准化的资金信息，故而可能是最有效率的支付手段。

虽然电子支票方式具有许多优点，但同时电子支票支付模式也有缺点。

(1) 需要申请认证、安装证书和专用软件，使用较为复杂。

(2) 不适合小额支付及微支付。

(3) 电子支票通常需要使用专用网络进行传输。

2. 流程与实现

电子支票的支付包括支票的购买、支付和清算三个过程。

1) 电子支票购买

买方首先在提供电子支票服务的银行进行注册，被授权可以使用银行提供的支票生成工具开具支票。电子支票应有银行的数字签名。

2) 电子支票支付

(1) 由买卖双方协商，决定采用电子支票支付方式，并通过 CA 确定交易双方的身份。

(2) 买方用自己的私有密钥在电子支票上进行数字签名，使用卖方的公钥加密电子支票，使卖方成为唯一的合法接收者，并通过网络将支票传送给卖方。

(3) 卖方用自己的私有密钥解密电子支票，用买方的公钥确认买方的数字签名，再用银行的公钥进一步确认电子支票。

(4) 如果支票上的银行签名真实有效，卖方发货给买方或提供相应的服务。

3) 电子支票清算

卖方用自己的私钥对电子支票签名背书，定期将电子支票存到银行，银行对支票进行买方、卖方以及自己签名的验证，如果验证通过，进行清算并允许支票转账结算，否则拒绝交易。

电子支票的支付总体流程如上所述，对于具体的情况支付流程可能有一些差别，如同行电子支票支付和异行电子支票支付。

同行电子支票网络支付模式流程如图 4-10 所示。

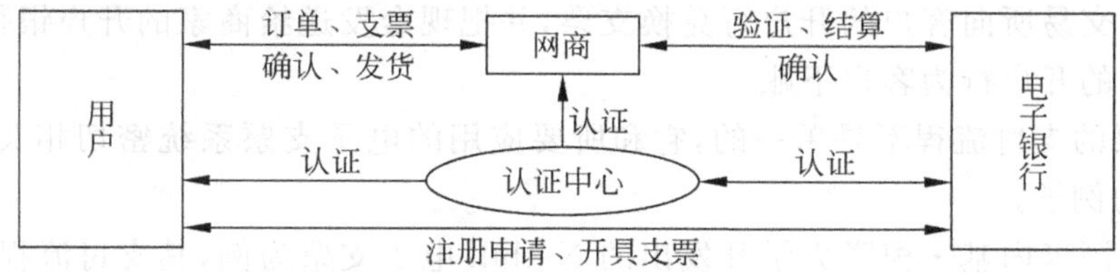

图 4-10 同行电子支票网络支付模式过程

支付流程如下。

(1) 预备工作：认证、授权等。

(2) 用户和商家达成网上购销协议，并选择使用电子支票支付。

(3) 客户通过网络向商家发出电子支票。

(4) 商家通过认证中心CA对客户提供的电子支票进行验证，验证无误后将电子支票送交银行索付。

(5) 银行在商家索付时通过认证中心CA对客户提供的电子支票进行验证，如果有效(如款够不够)，即向商家兑付或转账。

(6) 成功转账后，在网上向客户发出付款成功通知消息，方便客户查询。

异行电子支票网络支付模式流程如图4-11所示。

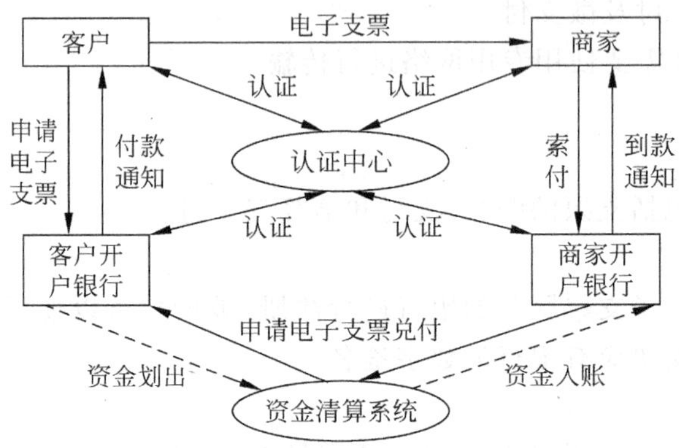

图4-11 异行电子支票网络支付模式

支付流程如下。

第一阶段：客户的购买阶段

(1) 客户访问商家的服务器，商家的服务器向客户介绍其货物。

(2) 客户挑选货物并向商家发出电子支票。

(3) 商家通过认证中心和其开户银行对支付进行认证，并验证客户电子支票的有效性。

(4) 如果支票是有效的，商家则接收客户的这宗业务。

第二阶段：商家索付阶段

商家把电子支票发送给它的开户行。商家可根据自己的需要，何时发送由其自行决定。

第三阶段：行间清算兑付阶段

(1) 商家的开户行把电子支票发送给票据交易所，以兑换现金。

(2) 票据交易所向客户的开户行兑换支票，并把现金发送给商家的开户银行。

(3) 客户的开户行为客户下账。

电子支票的支付流程不是单一的，它和所要应用的电子支票系统密切相关。下面是一个支付流程的例子。

例：以美国卡内基·梅隆大学开发出的Netbill电子支票为例，其支付流程如下。

(1) 客户向商户请求正式的报价单，启动Netbill交易。

(2) 在收到报价单请求后，商户定出价格，并返回报价单。

(3) 如果客户接受所报价格，则应指示其支票簿向商户收款机发送购买请求。

(4) 当收到购买请求后，收款机从商户应用中取出产品，并采用一个密钥来加密该产品。在计算出密码校验和后，将结果传送至客户支票簿。

(5) 在收到加密信息后，支票簿验证校验和，随后，支票簿向商户收款机送回一份签名的电子支付订单。

(6) 收款机对电子支付订单进行背书，然后将之发送至 Netbill 服务器。

(7) Netbill 服务器在验证价格、校验和等符合规定之后，借记客户账户恰当的数额。Netbill 服务器记录该笔交易并且保存一次性密钥的复制件，然后，再将包含有同意或拒绝信息的数字签名信息发送给商户。

(8) 商户对 Netbill 服务器做出回答，如果同意，即同时将解密密钥发送给客户支票簿。

3. 支付方式与安全分析

电子支票支付遵循金融服务技术联盟(financial services technology consortium，FSTC)提交的 BIP(Bank Internet Payment)标准(草案)。典型的电子支票系统有 NetCheque、NetBill、E-check 等。

电子支票的支付目前一般是通过专用网络、设备、软件及一套完整的用户识别、标准报文、数据验证等规范化协议完成数据传输，从而控制安全性。这种方式已经较为完善。电子支票支付现在发展的主要问题是今后将逐步过渡到公共互联网络上进行传输。目前的电子资金转账(electronic fund transfer，EFT)或网上银行服务(Internet Banking)方式，是将传统的银行转账应用到公共网络上进行的资金转账。一般在专用网络上应用具有成熟的模式(例如 SWIFT 系统)，公共网络上的电子资金转账仍在实验之中。目前大约 80％的电子商务仍属于贸易上的转账业务。

1998 年，CheckFree 公司处理了 8500 万宗电子交易，总额达 150 亿美元。不过，目前还没有人试过在电子商务站点通过 Internet 直接使用支票。目前，只有美国银行支持的支票才能在 Internet 上被接受，因为在线检验需要依赖美国的支票兑现基础设施。因此，尽管电子支票可以大大节省交易处理的费用，但是，对于在线支票的兑现，人们仍持谨慎的态度。电子支票的广泛普及还需要有一个过程。

电子支票涉及的金额一般比较大，交易的安全需求更高。目前来说，电子支票还存在以下一些问题。

电子支票需要申请认证，安装证书和专用软件，通常需要使用专用网络进行传输，使用较为复杂，不适合小额支付。

技术问题，数字签名系统和加密体系的建设是实现网上支付的安全保证。中国金融认证中心的建立在很大程度上解决了数字签名、数字证书的问题，然而加密体系还需要在今后不断地加强和完善。

统一性问题，我国已有几家银行和地区金卡中心推出了 BtoB、BtoC 网上支付系统，其他一些银行也正跃跃欲试。如何统一技术标准是一个很紧迫的问题。

法律问题和监督问题，电子签名的法律效应一直还有待相关法律法规的完善和确认，另外，电子支票由于其交易的虚拟性，因而很容易被当作洗钱的工具，随着科学技术的发展，一些中介性的技术服务机构正起着支付结算和资金清算的职能，而我国的现有法律规定只有银行和特许机构才能允许从事支付结算和资金清算，这些都应是国家金融中心(中央银行)所面临的亟待解决的问题。

4.1.6 微支付

微支付是指在互联网上进行的一些小额的资金支付。这种支付机制有着特殊的系统要求，在满足一定安全性的前提下，要求有尽量少的信息传输、较低的管理和存储需求，即速度和效率要求比较高。现在大家所说的微支付，主要是指微信支付。

在满足安全性的前提下，微支付系统还应满足以下需求。

(1) 系统应具有尽量少的信息传输量、较低的管理和存储需求。

(2) 由于交易金额较小，所以系统的交易过程应尽量简单，并且完成每一笔交易所需要的费用也应尽量低。

(3) 支付过程应具有较高的实时性、比较高的处理速度和效率，可以在网络环境下实现电子交易的实时支付。

(4) 系统允许一定程度上的交易记录丢失。

1. 微支付特点

微支付和其他电子支付系统相比，具有如下特点。

1) 支付金额小

微支付的首要特征是能够处理任意微小的支付额，一般一次所支付的商品价格通常在几分到几元之间，而其他电子支付方式一次支付的金额比较大。

2) 安全性低

由于微支付每一笔的交易额小，即使被截获或窃取，对交易方的损失也不大。所以，微支付很少或不采用公钥加密，而采用对称加密和 Hash 运算，其安全性在很大程度上是通过审计或管理策略来保证的。

3) 效率高

由于微支付交易频繁，所以要求较高的处理效率，如存储的信息尽量少、处理速度尽量快和通信量尽可能少等。在实际应用中，可在安全性和效率之间寻求平衡。

4) 成本低

由于小额支付的价值本身就很小，如果采用其他电子支付方式，需要耗费大量的成本，那么商家根本就无法盈利，这就要求微支付系统的支付费用非常低才行。

5) 实时性

微支付要求商品的发送与支付要几乎同时发生在互联网上，具有极高的实时性。

6) 匿名性

现在采用的大多数支付系统，商家经常在网络上搜索并记录人们的各种网上交易活动，造成消费者隐私被滥用。微支付系统能够保证在支付过程中不暴露支付者的真实身份，以维护支付者的合法隐私和利益。

7) 离线性

目前广泛使用的电子支付系统大多为遵从 SET 标准的在线信用卡支付，付款方和收款方在支付过程中必须与第三方(如银行)在线通信，由第三方来检验付款方提供的信息是否正确，进行在线授权和确认。尽管这种在线方式和复杂的密码技术相结合，使得系统的安全性极高，但在线服务的银行网关会成为系统性能的瓶颈。微支付系统不需要第三方在线验证和处理消费者的每笔支付，从而克服了其他电子支付系统中的通信和处理瓶颈问题。

2. 微支付系统类型

微支付系统通常可以分为以下三类。

1) 基于票据的微支付系统

票据是微支付系统中最为常见的支付工具之一，它是一种面值很小的电子货币，一般由商家或经纪人产生，也可以由经纪人独立产生。在不需要第三方参与的情况下，可以由商家在线验证电子货币的合法性。采用票据作为支付工具的微支付系统一般不使用公钥加密技术，而使用对称密钥加密技术或 Hash 算法。常见的票据形式的微支付系统包括 Millicent、Subscrip 和 MicroMint 等。

2) 基于 Hash 链的微支付系统

Hash 链的思想最初由 Lamport 提出，主要用于一次性口令认证，后来被 Ronald L. Rivest 和 Adi Shmir 应用到微支付机制中。对基于 Hash 链的微支付而言，当消费者初次在经纪人处注册时，经纪人会为其颁发一个消费者证书，支付前消费者将 Hash 链的最后结果签名后发送给商家，该签名称为支付承诺。在这种支付模式中，由于消费者在付款之前已获取了商家所提供的信息商品或服务，因而对于消费者的重复花费(同一电子货币在不同商家处使用了多次)和超支消费(所购信息商品或服务的总价值超过其真实账户的余额或信用上限)没有良好的防范措施。基于 Hash 链的微支付机制比较普遍，并出现了多种改版和变形，比较典型的系统有 PayWord、PayTree、Mini-Pay 和 UOBT 等。

3) 其他微支付系统

在以上两种微支付系统的基础上，一些研究机构和公司还提出了多种新的微支付系统及其扩展形式，并在一些新的领域得到了应用，以满足不同的安全性和效率需求。除了前面介绍的微支付系统外，典型的还包括 u-iKP、ITE-SET、Jalda 和 IBM 开发的微支付系统等。

3. 微支付模式

微支付目前存在三种模式，即分别以银行、移动运营商和第三方支付商主导的微支付产业链。

1) 商业银行

目前的商业银行无法满足微支付交易的广泛需要。虽然中国各类商业银行更注重大额以及中等额度的支付，但大多已经开通了个人网上银行业务，支付者可以使用申请了在线转账功能的银行卡转移资金到同城或异地账户，适用于微支付交易。

商业银行实现微支付的优势如下。

(1) 效率高。直接利用银行网络进行支付，支付指令立即生效，收款人立即可以得到收款确认，一般在 10 分钟内。

(2) 费用相对低廉。如建行同城交易不收费，每笔异地同行转账服务费为千分之六，最低 1 元、最高 30 元，这对百元左右的微支付是很划算的。

(3) 安全性高。经过数字签名处理的支付命令一般无法被未经授权的第三方破解。

商业银行实现微支付的缺点如下。

(1) 步骤烦琐。付款人需要向银行申请个人认证，并下载安装证书，如果希望在多台电脑终端使用，还需要对证书的导入导出使用方法加以了解，这些烦琐的步骤环节足以令消费者在交易前神经崩溃，不符合微支付需要的便捷特点。

(2) 买方利益缺乏保障。银行不提供中介认证服务，买方无法确定卖方是否在收款后履行交易，交易后纠纷也难以处理。

(3) 小额交易不便。异地同行转账最低1元手续费，对几元钱的微支付来说很不方便。

(4) 此外，很多银行缺乏异地跨行支持业务，或者需要多个工作日才能到账，导致交易不便。

因此总体上说，商业银行在微支付领域的使用是受到一定限制的，它更适合中等金额且付款人事先能够明确收款人身份，并对其充满信任的付款，例如公共事业费用、住房贷款、学费的交纳等。

2) 移动运营商

运营商要实现微支付受风险和费用划分制约。目前，移动通信运营商运用自己的支付平台支持微支付交易。移动用户通过手机发出指令完成交易，支付交易金额包含在手机费中，而商家可直接从运营商提现。

运营商实现微支付优势：手机用户规模足够大，足以涵盖网上交易用户。Sms、语音方式操作简单，容易实施。

运营商实现微支付缺点：运营商需要承担恶意欠费用户导致的坏账风险。运营商规定的10%～15%的高额渠道费用，商家难以承受。

因此，虽然移动支付模式的特点很适用于几元到数百元内的微支付，但运营商与商家的风险与费用承担划分没有得到合理解决之前，它很难在电子商务的更广范围、更深领域进一步推进。

3) 主流的实现方式

从目前来看，第三方支付主导的微支付产业链模式比较普遍，特别是国际以eBay业务为支撑的PayPal、国内以阿里巴巴业务为支撑的支付宝，都发展到一定的规模，已经比较深入地开展了微支付交易领域的服务。

这种支付方式本质上就是第三方支付商为交易双方提供电子现金兑换交易清算等服务。交易双方均在第三方支付商提供的平台上开通账户，买方通过银行往自己账户中充值后可以任意支付使用，卖方可以把自己账户中收到的电子现金提现到收单银行账户。整个支付链中，第三方支付起到了连接银行和买卖交易双方的作用，并为交易双方提供公证和仲裁服务。

该方式优点如下。

(1) 费用成本低。这对交易双方是很大的吸引力，很多第三方支付都以免费策略来占领市场兑换一定数额电子现金后，可避免每次交易都经过银行网络交付手续费的过程，解决了几元金额类型的微支付难题。

(2) 便捷。与传统现金以及储值卡使用方式相似，易于为国人接受。

(3) 安全。提供第三方公证仲裁等服务，为交易双方提供安全交易机制，促进交易的生成。

该方式缺点为：①第三方支付商之间的流通壁垒。第三方支付商的电子现金彼此不互通，限制交易的广泛展开。②公证环节导致交易流程时间加长。这是为确保交易安全交易双方必须承受的代价。

微支付三种模式优缺点比较见表 4-3。

表 4-3 微支付三种模式优缺点比较

微支付模式	优 点	缺 点
商业银行	效率高、费用相对低廉、安全性高	步骤烦琐、卖方利益缺乏保障、小额交易不便
移动运营商	手机用户规模大；操作简单，容易实施	运营商承担风险；运营商收取高额渠道费用，商家难以接受
第三方支付模式	费用成本低、便捷、安全	第三方支付商之间的流通壁垒、公证环节导致交易流程时间加长

微支付的一般业务处理流程如图 4-12 所示。

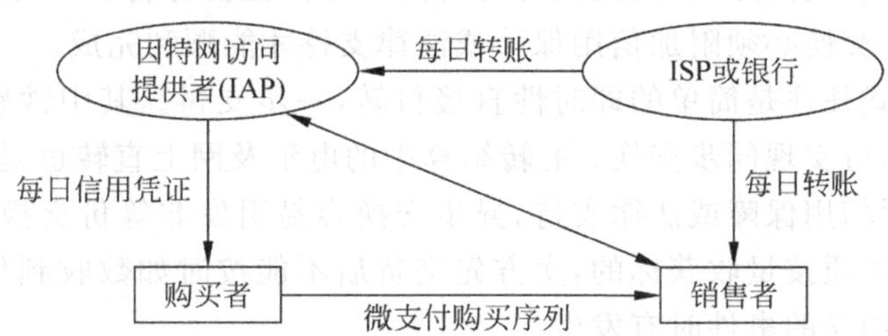

图 4-12 微支付的一般业务处理流程示意图

在该微支付业务处理流程中，包含四个实体。

(1) 购买者：在其计算机上运行微支付客户端软件作为微支付钱包(类似电子钱包)。

(2) 销售者：网上产品或服务提供商。

(3) 因特网访问提供者：IAP 作为购买者的记账系统。

(4) ISP 或银行：ISP 作为销售者的记账系统，不过也可能是银行或作为一个 IAP。

4.1.7 第三方支付平台

第三方支付平台是指与银行(通常是多家银行)签约，并具备一定实力和信誉保障的第三方独立机构提供的交易支持平台。第三方支付是买卖双方在交易过程中的资金“中间平台”，是在银行监管下保障交易双方利益的独立机构。在通过第三方支付平台的交易中，买方选购商品后，使用第三方平台提供的账户进行货款支付，由第三方通知卖家货款到达、进行发货；买方检验物品后，通知付款给卖家，第三方再将款项转至卖家账户。

1. 第三方支付平台的发展

第三方支付平台的发展原因如下。

(1) 最早出现第三方支付平台是源于电子商务的需要。电子商务交易离不开电子支付，而传统的银行支付方式只具备资金的转移功能，不能对交易双方进行约束和监督。

(2) 传统支付手段也比较单一，交易双方只能通过指定银行的界面直接进行资金的划拨，或者采用汇款方式；交易也基本全部采用款到发货的形式。

(3) 在整个交易过程中，无论是货物质量方面、交易诚信方面、退换要求方面等环节都无法得到可靠的保证；交易欺诈行为也时有发生。

第三方支付采用支付结算方式。按支付程序分类，结算方式可分为一步支付方式和分步支付方式，前者包括现金结算、票据结算（如支票、本票、银行汇票、承兑汇票）、汇转结算（如电汇、网上支付），后者包括信用证结算、保函结算、第三方支付结算。

在社会经济活动中，结算归属于贸易范畴。贸易的核心是交换。交换是交付标的与支付货币两大对立流程的统一。在自由平等的正常主体之间，交换遵循的原则是等价和同步。同步交换，就是交货与付款互为条件，是等价交换的保证。

在实际操作中，对于现货标的的面对面交易，同步交换容易实现；但许多情况下由于交易标的的流转验收（如商品货物的流动、服务劳务的转化）需要过程，货物流和资金流的异步和分离的矛盾不可避免，同步交换往往难以实现。而异步交换，先收受对价的一方容易违背道德和协议，破坏等价交换原则，故先支付对价的一方往往会受制于人，自陷被动、弱势的境地，承担风险。异步交换必须附加信用保障或法律支持才能顺利完成。

传统的支付方式往往是简单的即时性直接付转，一步支付。其中钞票结算和票据结算适配当面现货交易，可实现同步交换；汇转结算中的电汇及网上直转也是一步支付，适配隔面现货交易，但若无信用保障或法律支持，异步交换容易引发非等价交换风险，现实中买方先付款后不能按时按质按量收获标的，卖方先交货后不能按时如数收到价款，被拖延、折扣或拒付等引发经济纠纷的事件时有发生。

在现实的有形市场，异步交换权可以附加信用保障或法律支持来进行，而在虚拟的无形市场，交易双方互不认识，不知根底，故此，支付问题曾经成为电子商务发展的瓶颈之一，卖家不愿先发货，怕货发出后不能收回货款；买家不愿先支付，担心支付后拿不到商品或商品质量得不到保证。博弈的结果是双方都不愿意先冒险，网上购物无法进行。为满足同步交换的市场需求，第三方支付应运而生。

第三方支付平台具有如下功能。

(1) 接收、处理并向开户银行传递网上客户的支付指令。

(2) 进行跨行之间的资金清算（清分）；资金清算的功能则为选项，不同平台各有取舍，有的支付平台只具有第一项功能，不负责资金清算。

(3) 代替银行开展金融增值服务，是指在一些银行涉及不到的领域，第三方支付平台可以协助甚至代替银行开发很多金融产品，比如针对专门市场（缴纳水电费等）、社区市场（比如物业结算、小区管理费）、独立单位市场（比如大型连锁企事业单位可能搞一套自己的东西或者委托第三方进行处理，拓展银行服务）、移动市场的相关产品。

第三方支付平台结构图见图 4-13。

2. 第三方支付平台的优缺点

第三方支付平台的优点如下。

(1) 使用方便。

(2) 比较安全。

(3) 支付成本低。

(4) 支付担保业务可以在很大程度上保障付款人的利益。

第三方支付平台的缺点如下。

(1) 这是一种虚拟支付层的支付模式，需要其他"实际支付方式"完成实际支付层的操作。

(2) 付款人的银行卡信息将暴露给第三方支付平台，如果这个第三方支付平台的信用度或者保密手段欠佳，将带给付款人相关风险。

(3) 第三方结算支付中介的法律地位缺乏规定，一旦该中介破产，消费者所购买的"电子货币"可能成了破产债权，无法得到保障。

(4) 由于有大量资金寄存在支付平台账户内，而第三方平台为非金融机构，所以有资金寄存的风险。

(5) 第三方结算支付中介中的资金流无法得到政府的有效监管，可能成为犯罪分子洗钱的途径。

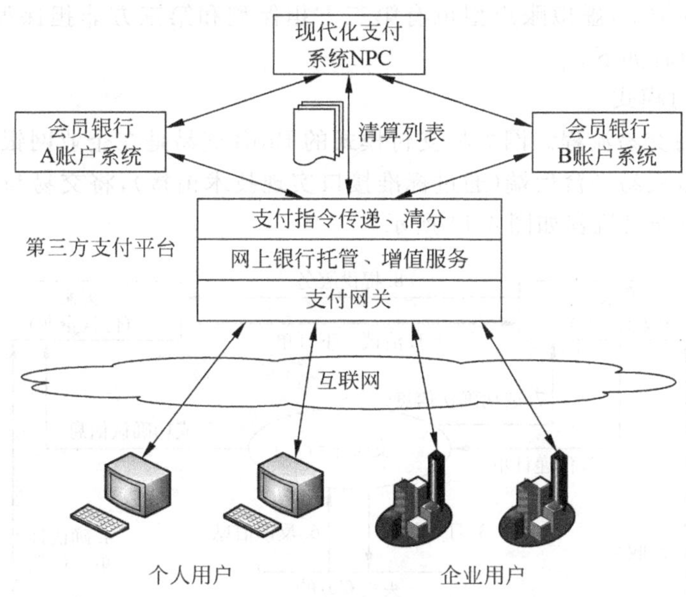

图 4-13 第三方支付平台结构图

3. 第三方支付平台模式及交易流程

除了网上银行、电子信用卡等支付方式以外，还有一种方式也可以相对降低网络支付的风险，那就是正在迅猛发展起来的利用第三方机构的支付模式及其支付流程，而这个第三方机构必须具有一定的诚信度。在实际的操作过程中，这个第三方机构可以是发行信用卡的银行本身。在进行网络支付时，信用卡号以及密码的披露只在持卡人和银行之间转移，降低了应通过商家转移而导致的风险。

同样当第三方是除了银行以外的具有良好信誉和技术支持能力的某个机构时，支付也通过第三方在持卡人或者客户和银行之间进行。持卡人首先和第三方以替代银行账号的某种电子数据的形式(例如邮件)传递账户信息，避免了持卡人将银行信息直接透露给商家，另外也可以不必登录不同的网上银行界面，取而代之的是每次登录时都能看到相对熟悉和简单的第三方机构的界面。

第三方机构与各个主要银行之间又签订有关协议，使得第三方机构与银行可以进行某种形式的数据交换和相关信息确认。这样第三方机构就能实现在持卡人或消费者与各个银行，以及最终的收款人或者商家之间建立一个支付的流程。

在第三方支付交易流程中，支付模式使商家看不到客户的信用卡信息，同时又避免了信用卡信息在网络上多次公开传输而导致信用卡信息被窃。以B2C交易为例：第一步，客户在电子商务网站上选购商品，最后决定购买，买卖双方在网上达成交易意向。第二步，客户选择利用第三方作为交易中介，客户用信用卡将货款划到第三方账户。第三步，第三方支付平台将客户已经付款的消息通知商家，并要求商家在规定时间内发货。第四步，商家收到通知后按照订单发货。第五步，客户收到货物并验证后通知第三方。第六步，第三方将其账户上的货款划入商家账户中，交易完成。

第三方支付平台有网关型支付模式和虚拟账户型支付模式。其中网关型支付模式又有BtoB和BtoC两种类型，虚拟账户型也有第三方担保型和第三方非担保型两种支付模式。各支付模式及其流程如下。

1）网关型支付模式

（1）BtoB支付交易流程。网关型支付模式的BtoB交易是在企业网银的基础上开发的应用，建立在BtoB交易平台后端（通过标准接口实现技术衔接），将交易与支付作为两个独立的过程。其支付交易流程如图4-14所示。

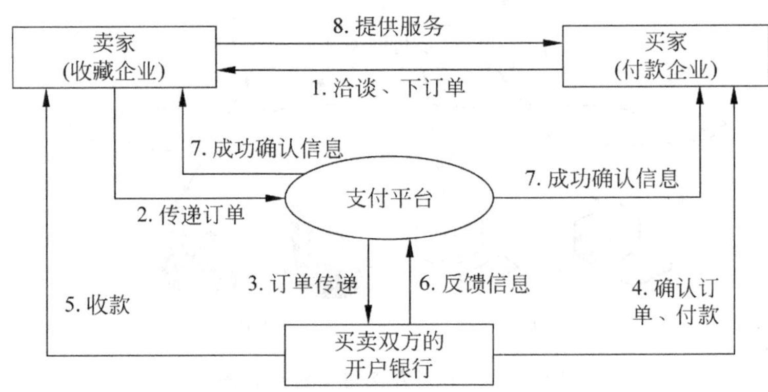

图4-14 网关型支付模式的BtoB支付交易流程图

（2）BtoC支付交易流程。网关型支付模式的BtoC支付交易流程中主要包括四个主体：卖家、买家、支付平台和买卖双方的开户银行。

支付流程管理：银行卡、会员账户、电话银行、自助终端、手机银行等。

商户管理平台：订单管理、结算管理、退款管理、客户服务、权限管理等。

数据交换平台：待付款订单接口、支付结果页面返回接口、通知商户转账结果接口等。

网关型支付模式的BtoC支付交易流程如图4-15所示。

2）虚拟账户型支付模式

（1）第三方担保型支付模式。第三方担保型支付模式中第三方支付平台的工作流程主要分三步：一是将买方货款转拨到第三方平台所在账户。二是当转账成功后通知卖方发货。三是接收买方确认货物信息后，货款转拨到卖方账户。一次成功的第三方支付过程包括九个环节，如图4-16所示。

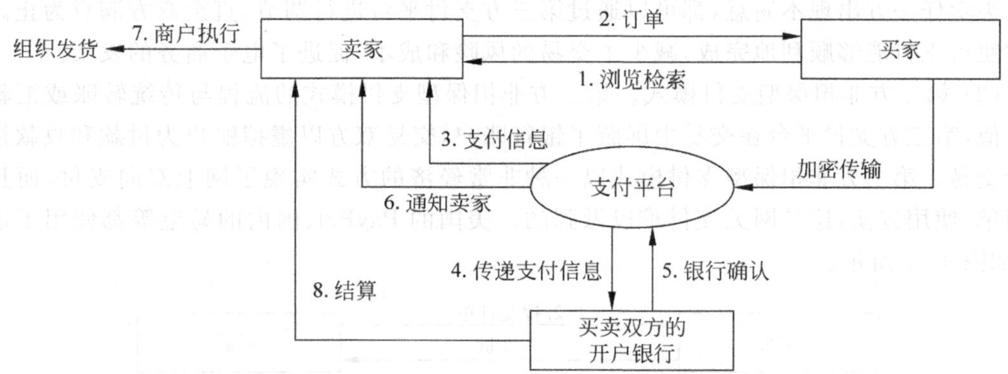

图 4-15 网关型支付模式的 BtoC 支付交易流程图

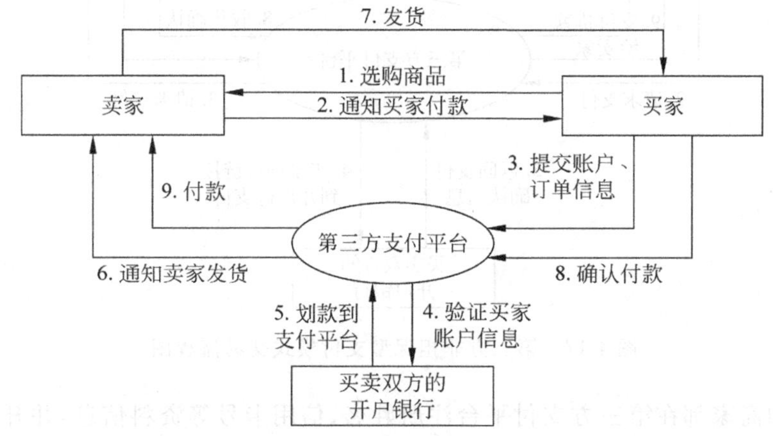

图 4-16 第三方担保型支付模式交易流程图

① 买方进入卖方市场，浏览自己所需商品的信息。

② 买方如果觉得某件商品合适，就和卖方达成交易协议。卖方就发送信息通知买方到第三方支付平台进行支付。

③ 买方进入第三方支付平台，提交其账户和密码以及所付款额等信息给第三方平台。

④ 第三方支付平台接收到买方提供的银行账户信息后，进入买方账户所在银行，对其提供的账户信息进行验证。

⑤ 验证成功后，第三方支付平台将买方所应支付的款额转拨到第三方支付平台所在账户，对其进行临时保管。

⑥ 通知卖家，买方应付货款已到，准备发货。

⑦ 卖家配送商品到买方手中。

⑧ 买方收到商品后进行验证，如果满意就发送信息给第三方支付平台，确认商品已经验收，同意付款。

⑨ 第三方支付平台接收到用户确认信息后，将其临时保存的货款转拨给卖方，完成了一次完整的支付过程。

由此可见，第三方担保型支付模式中第三方支付平台对整个支付流程全面介入，进行监管。买卖任一方出现不满意，都可以通过第三方支付平台进行调节，直至双方满意为止。这样就使得支付能够顺利地完成，减少了交易的风险和成本，促进了电子商务的发展。

(2) 第三方非担保型支付模式。第三方非担保型支付模式的流程与传统转账或汇款流程类似，第三方支付平台在交易中屏蔽了银行账户，交易双方以虚拟账户为付款和收款接口进行交易。第三方非担保型支付模式以一种非常经济的方式实现了网上双向支付，而且流程简单，使用方便，这是网关支付难以做到的。美国的 PayPal、国内的易宝等都使用了该模式，如图 4-17 所示。

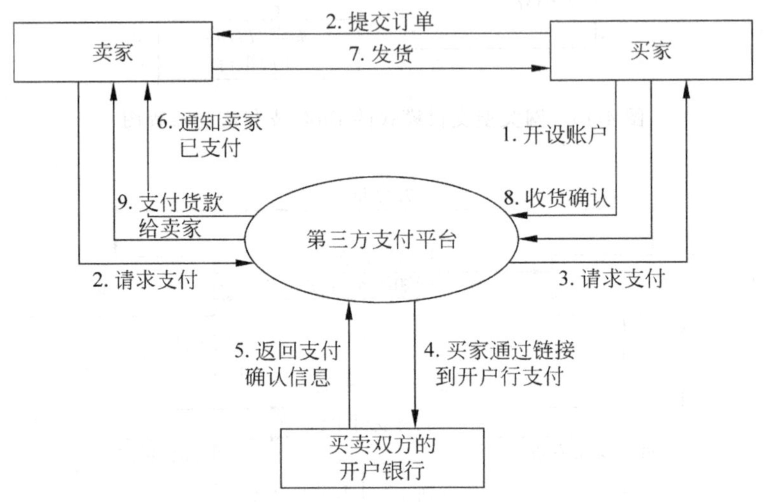

图 4-17 第三方非担保型支付模式交易流程图

① 客户和商家都在第三方支付平台注册姓名、信用卡号等资料信息，并开设账号。

② 客户在商家的网络商店进行购物，提交订单后，商家将客户在第三方支付平台的账号和支付信息传送给第三方平台请求支付。

③ 第三方支付平台向客户发出支付请求。

④ 客户通过第三方支付平台连接到开户银行进行支付。

⑤ 支付确认返回给第三方支付平台。

⑥ 第三方支付平台将客户已经付款的消息通知商家。

⑦ 商家向客户发货。

⑧ 客户收到货物并验证后通知第三方支付平台。

⑨ 第三方支付平台将货款转入卖家的账号中。

3) 第三方支付模式发展趋势

(1) 第三方支付市场将会形成“割据”形势。第三方支付市场潜力巨大、市场前景广阔，客户对象级差范围大，服务种类形式繁多，不可能出现“一枝独秀”的局面。

(2) 第三方支付的服务将更深入、更细化。随着第三方支付平台行业化服务的深入，第三方支付业务也将更细化，走向更加细分的市场。

(3) 大力开发增值服务是第三方支付的必经之路。目前第三方支付企业们的服务大同小异，在未来竞争中要想留住客户，提高客户的忠诚度，必须在更大程度上给自己的产品附加增值服务。

4. 第三方支付平台的优势与安全分析

近年来，第三方支付呈井喷发展趋势，其优势体现在以下几方面。

首先，对商家而言，通过第三方支付平台可以规避无法收到客户货款的风险，同时能够为客户提供多样化的支付工具。尤其为无法与银行网关建立接口的中小企业提供了便捷的支付平台。

其次，对客户而言，不但可以规避无法收到货物的风险，而且货物质量在一定程度上也有了保障，增强客户网上交易的信心。

第三，对银行而言，通过第三方平台银行可以扩展业务范畴，同时也节省了为大量中小企业提供网关接口的开发和维护费用。

除此之外，第三方支付平台还提供一系列的应用接口程序，将多种银行卡支付方式整合到一个界面上，负责交易结算中与银行的对接，使网上购物更加快捷、便利。并且，第三方支付平台本身依附于大型的门户网站，且以与其合作的银行的信用作为信用依托，因此第三方支付平台能够较好地突破网上交易中的信用问题，有利于推动电子商务的快速发展。

然而，第三方支付在近年来的高速发展也带来了许多风险和隐患。

首先，第三方支付从事的业务介于网络运营和金融服务之间，其法律地位尚不明确。虽然多数第三方支付试图确立自己是为用户提供网络代收代付的中介地位，但是从所有这些第三方支付实际业务运行来看，支付中介服务实质上类似于结算业务。此外，在为买方和卖方提供第三方担保的同时平台上积聚了大量在途资金，表现出类似银行吸收存款的功能。按照《中华人民共和国商业银行法》规定，吸收存款、发放贷款、办理结算是银行的专有业务。第三方支付平台经营的业务已突破了现有的一些特许经营的限制。

其次，在为买方和卖方提供第三方担保的同时平台上积聚了大量资金，当吸收的资金达到相当的规模以后，就产生了资金安全问题和支付风险问题。

在第三方支付平台模式中，沉淀下来的在途资金往往放在第三方在银行开立的账户中，一般商家的资金会滞留两天至数周不等，这部分在途资金可能发生的风险有：第一，在途资金的不断加大，使得第三方支付平台本身信用风险指数加大。第三方支付平台为网上交易双方提供担保，那么谁来为第三方提供担保？第二，第三方支付平台中有大量资金沉淀，如果缺乏有效的流动性管理，则可能引发支付风险。在内部交易模式下，涉及虚拟货币的发行和使用。目前虚拟货币尚未纳入央行的监管范围，且游离于银行系统之外，难以跟踪平台内部的资金流向，它将对现实社会产生什么样的影响还不明确。但目前虚拟货币的发行是完全不受控制的，当越来越多的人认可和使用虚拟货币后，一旦虚拟货币与现实货币对接出现问题，将是一个巨大的灾难。

最后，付款人的银行卡信息将暴露给第三方支付平台，如果这个第三方支付平台的信用度或者保密手段欠佳，将带给付款人相关风险，尤其是当大量买家信息都集中在第三方支付平台的时候，当遭受攻击后，可能造成的后果会更加严重。因此，无论是从技术层面还是从相关法规政策角度，第三方支付都仍需进行不断完善和优化，以适应其高速广泛的发展应用。

5. 案例

下面将重点介绍当前流行的第三方支付平台。

1) 支付宝

支付宝(https://www.alipay.com)是由全球领先的B2B网站——阿里巴巴公司创办,并于2003年10月在淘宝网正式推出,致力于为中国电子商务提供各种安全、方便、个性化的在线支付解决方案。截至2012年9月,支持使用支付宝交易服务的商家已超过46万家,涵盖了虚拟游戏、数码通信、商业服务、机票等多个行业。此外,支付宝还与中国建设银行、中国邮政储蓄银行等合作,推出了专注于电子商务的联名借记卡。

支付宝的基本功能是为电子商务交易双方、线下交易者提供代收代付的中介服务和第三方担保,设计的初衷是为了解决国内网上交易资金的安全问题。因此,支付宝平台的支付模式是买方在网上首先把货款付给支付宝,支付宝收到货款之后通知商家发货,买方收到货物之后再通知支付宝,支付宝再把钱转到商家的支付宝账户,交易到此结束。在整个交易过程中,如果出现欺诈行为,支付宝将进行赔付。

除网上支付之外,支付宝推出的支付解决方案有短信支付、电话支付、手机支付宝、条码支付等。短信支付是指用户绑定手机号码之后,通过发送或回复手机短信完成付款。电话支付是指用户通过拨打400电话完成账户查询、账户充值、话费充值等功能。手机支付宝是指在智能手机上安装支付宝手机客户端之后,可进行与普通PC上一样的在线支付活动。条码支付是支付宝为线下实体商户提供的一种快捷、安全的现场支付解决方案,无须安装POS机,可直接通过已有的收银系统或手机,通过扫描用户手机上的条形码或二维码即可向用户发起收银。支付宝发布的“支付宝钱包”增加了优惠卡券管理和声波支付等功能,消费者打开声波支付的手机客户端后,对准收款方的麦克风(话筒),手机会播放一段“咻咻咻”的声音,识别成功后,即可实现支付宝的声波支付功能。

针对网上支付安全问题,支付宝采用免费数字证书、密码和短信等措施保障支付安全。

(1) 数字证书

为推进网上支付行业的发展,支付宝于2005年3月推出了国内支付领域的首张数字证书,并向认证用户免费发放。支付宝对所有使用支付宝的卖家进行双重身份认证,即身份证认证和银行卡认证。除了与公安部全国公民身份证号码查询服务中心合作校验卖家身份证的真伪,支付宝还与各大商业银行进行合作,利用银行账户实名制信息来校验用户填写的姓名和银行账户号码是否准确,摒弃了一些购物网站仅仅凭借一个手机号码或者身份证号码进行简单身份认证的模式。

(2) 密码与短信双重保证

支付宝提出“你敢用,我就敢赔”的服务承诺,使用支付宝购物受到损失将获得全额赔付,这是因为支付宝采用两项服务提升了支付宝的安全性。一方面支付宝账户设置有两个密码,一个是支付宝账户登录密码,主要用于查看账户信息、交易记录、余额等基本操作;另一个是支付密码,凡是涉及资金流转时都需要验证支付密码。这两个密码缺少任何一个都不能使支付宝中的资金发生流转。同时,同一天内系统只允许密码输入错误两次,第三次密码输入出错,系统将自动锁定该账户,三个小时后才会自动解除锁定。另一方面支付宝账户可设置免费的账户变动手机短信通知,在有修改密码、使用支付宝账户余额付款、申请提现、取回密码、更新登记的银行账号、修改 E-mail 地址等操作时，用户会收到支付宝发送的短信通知。如果收到的操作提示短信非自己的，可以及时检查账户并联系支付宝，以保护账户安全。同时，支付宝还通过免费的手机宝令和收费的宝令为用户提供动态口令，当用户利用支付宝进行付款、确认收货等关键操作时，可提供六位动态密码来确保用户支付宝账户资金的安全。

2）银联在线与银联在线支付

银联在线(http://www.chinapay.com)是中国银联倾力打造的互联网业务综合商务门户网站，致力于面向广大银联卡持卡人提供安全、便捷、高效的互联网支付服务。银联在线依托具有中国自主知识产权、国内领先的银联 CUPSecure 互联网安全认证支付系统和银联 EBPP 互联网收单系统，构建了银联便民支付网上平台、银联理财平台、银联网上商城三大业务平台，为广大持卡人提供公共事业缴费、通信缴费充值、信用卡还款、跨行转账、账单号支付、机票预订、基金理财和商城购物等互联网金融支付服务。

银联在线支付平台(https://online.unionpay.com)支持各种类型的银联卡，包含无卡支付和网银支付两大支付方式，用户支付时无须开通网银，即可为其网购火车票、网上转账、生活文娱缴费等提供便利、安全的网上支付服务。银联在线支付平台采用“静态的银行卡信息＋动态的短信验证信息”进行双重身份验证，在方便持卡人的同时保证电子商务支付的安全性。

3）PayPal 与贝宝

PayPal 从 1999 年 11 月开始运行，于 2002 年 7 月被电子商务网站易趣网(eBay)收购，成为其旗下专门提供第三方支付服务的公司。通过 PayPal 提供的跨地区、跨币种和跨语言的支付服务，用户可以在全球范围内开展电子商务。PayPal 国际网站(www.paypal.com)允许中国用户向 55 个国家和地区的用户发送和接收付款，可以使用包括美元、加元、欧元、英镑、澳元和日元等在内的多种货币。

PayPal 支付平台在客户与商家的商品交易中实现了很好的支付中介，起到了安全的屏障作用，很好地屏蔽了敏感的个人信息，并简化了跨行、跨地区甚至跨国界的烦琐转账环节。虽然 PayPal 使用电子邮件地址作为账号，并用简单的执行密码作为支付的命令和指示，避免了将信用卡信息和其他银行账号信息透露给其他商家的过程中被泄露的风险。但是在 PayPal 支付平台使用过程中，仍存在网络诚信与安全问题以及消费者隐私的保护问题。为此，PayPal 采取了一系列安全技术和措施保证网上支付安全。①当用户进行支付时，PayPal 对支付前所绑定的用户信用卡账户或银行账户的有效性、用户身份进行验证。②PayPal 使用 SSL 技术保护支付信息的传输安全。③PayPal 设置了一系列针对网上交易的安全策略，如买方申诉政策、卖方保护政策、买方保护政策和退款担保政策，当卖方未交货或买方收到的货品和网站描述明显不符合时提供退款保障。

贝宝(www.paypal.com.cn)是由上海网付易信息技术有限公司与 PayPal 公司合作开发的一种在线支付平台，中国用户可免费使用贝宝支付平台进行网上即时支付和收取交易款项，但仅支持人民币交易。贝宝利用 PayPal 公司在电子商务支付领域先进的技术、风险管理与控制以及客户服务等方面的优势，通过开发适合中国电子商务市场与环境的产品，为电子商务交易提供安全、便捷和快速的交易支付服务。贝宝是一种直接支付的服务，提供网上转账、网上支付、在线销售收款等服务，支付流程简单，只需要交易双方的邮件地址就可以实现网上支付，无须开通网上支付功能。

4）百付宝

百付宝(https://www.baifubao.com)是百度公司创办的北京百付宝科技有限公司开发并运营的一款在线支付平台，为用户提供在线充值、交易管理、在线支付、提现、账户提醒等功能，特有的双重密码设置和安全中心的实时监控功能能够给百付宝账户提供双重安全保障。

5）财付通

财付通(https://www.tenpay.com/v2)是腾讯公司于2005年9月正式推出的一款在线支付平台，业务覆盖B2B、B2C和C2C等领域。针对个人用户，财付通提供了在线充值、提现、支付、交易管理等功能；针对企业用户，财付通提供了支付清算服务和QQ营销资源支持。此外，财付通还提供信用卡还款、机票订购、游戏充值、话费充值、腾讯服务购买等服务。在财付通支持下，用户只需一张银行卡即可通过互联网、POS终端、电话等方式购买Q币，而无须开通网上银行业务。

财付通采用先进的128位SSL加密技术确保用户信息安全传输，避免敏感数据被窃取；财付通账户特别设置双重密码分别执行一般操作和支付操作；使用财付通提现时系统会自动检查认证姓名与银行登记在案的账户姓名是否相符；财付通具有设置手机短信通知的功能，任何支付操作都会同步发送提示短信供用户检查。2006年12月初，财付通顺利通过了中国国家信息安全评测认证中心的信息系统安全认证，成为国内首家通过国家级权威认证的在线支付平台。

4.2 电子支付中的安全问题

支付电子化的同时，既给消费者带来了便利，也为银行业带来了新的机遇，同时也对相关主体提出了挑战。电子支付面临多种风险，主要包括以下几种。

电子支付本身的技术风险，主要来源于网络技术的安全问题。

电子支付带来的金融风险，金融系统中传统意义上的风险在电子支付中表现得尤为突出。

4.2.1 电子支付的技术风险

首先，电子支付依赖于网络技术的发展，又涉及金融行业的各种问题，所以对传统的网络安全有着更高的需求，然而，目前网络技术的发展依旧有着很多安全问题亟待解决，这就带来了电子支付本身的安全技术风险，例如以下两项风险。

信息安全，即电子支付中交易信息或支付信息的安全性，包括保证信息不被窃听、篡改、截获等，要保证信息的可用性、机密性和完整性。

隐私泄露，随着电子支付的日益成熟和广泛应用，隐私的保护显得越来越重要，这与网络技术中的隐私保护是密不可分、相辅相成的，也是一个亟待解决的重要问题。

1. 传统支付手段的安全问题

1）现金支付

现金支付是一手交钱，一手交货，现金有纸币和硬币两种形式，由国家发行。纸币是由国家权力机构强制发行和使用的货币符号，本身没有任何价值。硬币即金属货币，本身具有一定的价值。使用现金具有一些优点，如简单便捷和匿名性。但同时使用现金也存在一些缺点，如容易磨损，容易丢失、被盗、交易时空受限(交易时空不可分离)，大量携带不方便。

现金存在的一个安全问题是，现金可以被伪造。由于纸币本身不具备价值，而且伪造货币相对容易，所以伪造货币容易获得暴利。

2) 票据支付

票据的广义定义是：各种记载一定文字、代表一定权利的文书凭证。狭义定义是：票据法所规定的汇票、本票和支票。使用票据的优点是：可以实现异地交易、汇兑等功能，同时还能避免清点现金的错误、节约时间。票据的缺点是：业务费用较高，方便性和实效性比现金差，存在不能兑现的可能性。

使用票据存在的安全问题便是，票据的签名可以被伪造，伪造的签名除了专业的鉴定外，一般人很难识别，容易造成客户的损失。同时票据还存在拒绝支付的问题。

2. 电子支付安全风险

1) 银行面临的支付风险

银行的业务风险由来已久，巴塞尔银行监管委员会就曾经组织各国监管机构较系统地归纳出几种常见风险，如操作风险、声誉风险、法律风险等。在传统业务中，这些风险表现形式有所不同。传统业务中的风险大多与技术没有直接的联系，某个环节存在的风险虽然对其他环节有影响，但影响限定在一定范围内。

电子支付加大了风险，也使得其影响范围扩大，某个环节存在的风险对整个机构，甚至金融系统都可能存在潜在的影响。互联网和其他信息技术领域的进步所带来的潜在损失已经远远超过了受害的个体所能承受的范围，已经影响到经济安全。这种情况与技术有着直接的关系，其中表现最为突出的是操作风险。电子货币的许多风险都可以归纳为操作风险。一些从事电子货币业务的犯罪分子伪造电子货币，给银行带来直接的经济损失。这些罪犯不仅来自银行外部，有时还来自银行内部，对银行造成的威胁更大。

(1) 电子扒手

一些被称为“电子扒手”的银行偷窃者专门窃取别人的网络地址，这类窃案近年呈上升趋势。一些窃贼或因商业利益，或因对所在银行或企业不满，甚至因好奇而盗取银行和企业密码，浏览企业核心机密，甚至将盗取的秘密卖给竞争对手。美国的银行每年在网络上被偷窃的资金达6000万美元，而每年在网络上企图电子盗窃作案的总数高达5亿～100亿美元，持枪抢劫银行的平均作案值是7500美元，而“电子扒手”平均作案值是25万美元。“电子扒手”多数为解读密码的高手，作案手段隐蔽，不易被抓获。

(2) 网上诈骗

网上诈骗包括市场操纵、知情人交易、无照经纪人、投资顾问活动、欺骗性或不正当销售活动、误导进行高科技投资等互联网诈骗。据北美证券管理者协会调查，网上诈骗每年估计使投资者损失100亿美元。

(3) 网上黑客攻击

即所谓非法入侵电脑系统者，网上黑客攻击对国家金融安全的潜在风险极大。目前，黑客行动几乎涉及了所有的操作系统，包括UNIX与Windows NT。因为许多网络系统都有着各种各样的安全漏洞，其中某些是操作系统本身的，有些是管理员配置错误引起的。黑客利用网上的任何漏洞和缺陷修改网页，非法进入主机，进入银行盗取和转移资金、窃取信息、发送假冒的电子邮件等。

(4) 电脑病毒破坏

电脑网络病毒破坏性极强。以 NOVELL 网为例，一旦文件服务器的硬盘被病毒感染，就可能造成 NetWare 分区中的某些区域上内容的损坏，使网络服务器无法启动，导致整个网络瘫痪，这对电子支付系统来说无疑是灭顶之灾。电脑网络病毒普遍具有较强的再生功能，一接触就可通过网络进行扩散与传染。一旦某个程序被感染了，很快整台机器、整个网络也会被感染。据有关资料介绍，在网络上病毒传播的速度是单机的几十倍，这对于电子支付的威胁同样也是致命的。鉴于电脑网络病毒破坏性极强、再生机制十分发达、扩散面非常广的特点，如何解决电脑网络病毒是当前电子支付监管要解决的首要问题之一。

(5) 信息污染

正如在工业革命时期存在工业污染一样，信息时代也有信息污染和信息爆炸问题。大量与问题无关的或失真的信息不是资源而是灾难。美国在线公司每天处理的 3000 万份电子函件中，最多时有三分之一是网上垃圾，占据了很多宝贵的网络资源，加重了互联网的负担，影响了电子支付发送和接收网络信息的效率，更严重的是信息堵塞及其他附带风险也随之增加。

此外，由于技术更新很快，内部雇员和管理人员可能不熟悉电子货币的新技术，不能很有效地使用电子支付业务系统，有时，客户操作不当也会给银行带来风险。如客户没有遵守操作规程，在不安全的环境下使用一些个人的信息，罪犯可以由此获得客户的信息，从而使用这些信息从事有关的犯罪活动，银行可能就要对所造成的损失承担赔偿责任。此外，有的客户虽然已经完成了某一交易，但事后反悔否认，而银行的技术措施可能无法证明客户已经完成过该交易，由此造成的损失也可能需由银行承担。这些风险都可归纳为操作风险，与技术有着直接或间接的关系。

2) 电子支付系统面临的攻击

电子支付系统的使用，为电子商务的发展提供了便利，同时也给网络安全带来了前所未有的挑战。电子支付系统除了面临来自其自身的内部威胁外，还有来自系统的外部威胁。

系统的外部威胁是指计算机的网络系统通过网关设备同其他计算机系统加以互联后，由于不恰当的软件配置，外部的闲游用户可能有意无意地闯入系统的内部网络，并对系统的安全运行产生威胁。其主要的威胁有以下几种：闲游用户的好奇闯入、信息间谍的恶意闯入、怀有恶意的用户闯入、用户无意的恶性破坏。

网络的安全除来自外部网络的威胁外，还有自己网络内部用户在运行中对网络构成的威胁。其主要威胁有以下两种：内部用户有意的安全威胁、内部用户无意的安全威胁。

电子支付主要涉及的技术是信息的传输，因此信息的安全问题是电子支付系统面临的主要技术问题之一。

网上信息安全主要包括两个方面：信息的存储安全和信息的传输安全。信息的存储安全就是指信息在静止存放状态下的安全，包括是否会被非授权调用等。实现访问控制是解决信息存储安全的主要方式。现阶段的主要技术是通过设置访问权限、身份识别、局部隔离等措施来保证这方面的安全。由于访问控制是针对“外部”访问和调用，而网络世界中，无论是任何调用指令还是任何信息反馈都是通过网络传输实现的，因而在网络中信息的传输安全就显得格外重要。

信息的传输安全是指信息在流动传输状态下的安全，其出现的问题包括以下几种。

(1) 对网上信息的监听。由于现阶段数据大多以明文的方式在网上传输，攻击者只需在网络的传输链路上通过物理或逻辑手段，就能对数据进行非法截取与监听，进而得到用户或服务方的敏感信息。

(2) 对用户身份的仿冒。用户身份仿冒是最常见的一种网络攻击方式，传统的对策是依靠用户的登录密码来对用户身份进行认证，但用密码在登录时也是以明文方式在网络上进行传输的，很容易被攻击者在网络上截获，进而可以对用户的身份进行仿冒，身份认证机制被攻破。

(3) 对网络上信息的篡改。攻击者可能对网络上的信息进行截获，并且篡改其内容（增加、删除或修改），使用户无法获得准确、有用的信息，或者落入攻击者的陷阱。

(4) 对发出信息予以否认。某些用户可能对自己发出的信息进行恶意的否认。例如，否认自己发出的转账信息等。

(5) 对信息进行重发。攻击者截获网络上的密文信息后并不破译，而是把这些数据包再次向有关服务器（如银行的交易服务器）发送，实现恶意的目的。

3. 电子支付系统的基本安全需求

电子支付系统存在许多安全问题，因此电子支付系统存在相应的安全需求。

1) 支付传输的安全性

电子支付作为交易的一种手段，其信息直接代表着个人、企业或国家的商业机密。传统的纸面交易都是通过邮寄封装的信件或通过可靠的通信渠道发送商业报文来达到保守机密的目的。电子支付是建立在一个较为开放的网络环境上的（如Internet这一开放的网络），维护商业机密是电子商务全面推广应用的重要保障。因此，所谓信息传输的安全性就是要预防非法的信息存取和信息在传输过程中被非法窃取。

2) 交易各方身份的认证

要使网上交易成功，参与交易的人首先要能确认对方的身份，确定对方的真实身份与对方在网上交易的身份是否一致。而网上交易的双方可能素不相识。对于商家来说，要确定与自己进行交易的对方的真实身份，而客户也应该能够确定商家是一个合法的真实的商家，因此，能够方便而可靠地确认对方身份，是实现网上交易的前提。

3) 信息的防抵赖性

如何确定要进行交易的贸易方正是进行交易所期望的贸易方这一问题，是保证电子支付顺利进行的关键。在传统的纸面贸易中，贸易双方通过在交易合同、契约或贸易单据等书面文件上手写签名或印章来鉴别贸易伙伴，确定合同、契约、单据的可靠性并预防抵赖行为的发生。而在网上，一条信息被发送或被接收后，应该通过一定的方式保证信息的收发各方都有足够的证据证明接收或发送的操作确实发生了，并能够确定发送方或接收方的身份，发送方或接收方都不能否认其发送或接收操作已经发生。由于市场商情千变万化，交易一旦达成，是不能被否认的，因此电子商务中信息交流过程的各个环节都必须设法防止交易中任何一方抵赖。

4）信息的完整性

电子支付简化了贸易过程，减少了人为的干预，同时也带来维护贸易各方商业信息完整、统一的问题。由于数据输入时的意外差错或欺诈行为，可能导致贸易各方信息的差异。此外，数据传输过程中信息的丢失、信息重复或信息传送的次序差异也会导致贸易各方信息的不同。因此，要预防对信息的随意生成、修改和删除，同时要防止数据传送过程中信息的丢失和重复，并保证信息传送次序的统一。

4.2.2 电子支付的非技术风险

1. 金融风险

由于电子支付与金融行业紧密联系，尤其当今社会，电子支付已经越发规模壮大，对金融行业的冲击影响也越来越大，传统金融行业的风险在电子商务中也表现得尤为突出。

1）经济波动的风险

电子支付系统面临着与传统金融活动同样的经济周期性波动的风险。同时由于它具有信息化、国际化、网络化、无形化的特点，电子支付所面临的风险扩散更快、危害性更大。一旦金融机构出现风险，很容易通过网络迅速在整个金融体系中引起连锁反应，引发全局性、系统性的金融风险，从而导致经济秩序的混乱，甚至引发严重的经济危机。

2）电子支付系统的风险

首先是软硬件系统风险。从整体看，电子支付的业务操作和大量的风险控制工作均由电脑软件系统完成。全球电子信息系统的技术和管理中的缺陷或问题成为电子支付运行的最为重要的系统风险。在与客户的信息传输中，如果该系统与客户终端的软件互不兼容或出现故障，就存在传输中断或速度降低的可能。此外，系统停机、磁盘列阵破坏等不确定性因素，也会形成系统风险。根据对发达国家不同行业的调查，电脑系统停机等因素对不同行业造成的损失各不相同。其中，对金融业的影响最大。发达国家零售和金融业的经营服务已在相当程度上依赖于信息系统的运行。信息系统的平衡、可靠和安全运行成为电子支付各系统安全的重要保障。

其次是外部支持风险。由于网络技术的高度知识化和专业性，又出于对降低运营成本的考虑，金融机构往往要依赖外部市场的服务支持来解决内部的技术或管理难题，如聘请金融机构之外的专家来支持或直接操作各种网上业务活动。这种做法适应了电子支付发展的要求，但也使自身暴露在可能出现的操作风险之中，外部的技术支持者可能并不具备满足金融机构要求的足够能力，也可能因为自身的财务困难而终止提供服务，可能对金融机构造成威胁。在所有的系统风险中，最具有技术性的系统风险是电子支付信息技术选择的失误。当各种网上业务的解决方案层出不穷，不同的信息技术公司大力推举各自的方案，系统兼容性可能出现问题的情况下，选择错误将不利于系统与网络的有效连接，还会造成巨大的技术机会损失，甚至蒙受巨大的商业机会损失。

3）交易风险

电子支付主要是服务于电子商务的需要，而电子商务在网络上的交易由于交易制度设计的缺陷、技术路线设计的缺陷、技术安全缺陷等因素，可能导致交易中的风险。这种风险是电子商务活动及其相关电子支付独有的风险，它不仅可能局限于交易各方、支付的各方，而且可能导致整个支付系统的系统性风险。

2. 法律风险

电子支付业务常涉及银行法、证券法、消费者权益保护法、财务披露制度、隐私保护法、知识产权法和货币银行制度等。目前,全球对于电子支付立法相对滞后。现行许多法律都是适用于传统金融业务形式的。在电子支付业务中出现了许多新的问题。如发行电子货币的主体资格、电子货币发行量的控制、电子支付业务资格的确定、电子支付活动的监管、客户应负的义务与银行应承担的责任等,对这些问题各国都还缺乏相应的法律法规加以规范。以网上贷款为例,就连网上贷款业务发展较早的中国台湾金融监管部门也没有相关法令规范这一新兴业务,其监管机构目前能做的只是对银行提交的契约范本进行核准。缺乏法律规范调整的后果表现在两个方面,要么司法者或仲裁者必须用传统的法律规则和法律工具来分析网上业务产生的争议;要么法官或仲裁者不得不放弃受理这类纠纷。由于网络纠纷的特殊性,用传统法律规则来解决是一个非常吃力的问题;但是,消极地拒绝受理有关争议同样无助于问题的解决。法律规定的欠缺使得金融机构面临巨大的法律风险。

目前在电子支付业务的许多方面,没有任何法律法规可用于规范业务及各方关系,而在电子支付业务的有些方面,虽然已有一些传统的法律法规,但其是否适用,适用程度如何,当事人都不太清楚,有的时候,监管机构也未必明白。在这种情况下,当事人一方面可能不愿意从事这样的活动,一方面也可能在出现争执以后,谁也说服不了谁,解决不了问题。比如,在处理银行与客户的关系方面,现有的法律总是更倾向于保护客户,为银行规定了更严格的义务,美国 1978 年《电子资金转移法》规定银行在向客户提供 ATM 卡等借记卡服务的时候,必须向客户披露一系列信息,否则,银行要面临潜在的风险。而电子货币,特别是智能卡出现以后,智能卡是否需要披露同样的信息,即便是监管机构也无法立刻做出决定。因为两种卡的性能完全不一样,要求借记卡业务披露的信息可能对于智能卡来讲没有任何意义,而且,有的时候,要求过于严格,造成发卡银行成本过大,又会阻碍业务的发展。在这种情况下,开展此项业务的银行就会处于两难的境地,以后一旦出现争议或诉讼,谁也无法预料会出现什么样的后果。

类似的情况在电子支付的其他许多新业务中也同样存在。如有的银行在互联网上建立自己的主页,并做了许多链接点(link),把自己的网址链接到其他机构的网址上。如果黑客利用这些链接点来欺诈银行的客户,客户有可能会提起诉讼,要求银行赔偿损失。又比如,一些银行可能会承担认证机构的职能,并以此作为自己的一项新的业务,通过提供认证服务收取相应的服务费用。那么,作为认证机构的银行和申请认证的机构或个人以及接受认证证书的机构之间就可能存在潜在的争议,一旦出现争执,银行的权利义务如何,尤其是在没有相关立法调整数字签名和认证机构的国家,银行面临的风险更大。

此外,电子支付还面临洗钱、客户隐私权、网络交易等其他方面的法律风险,这就要求银行在从事新的电子支付业务时必须对其面临的法律风险认真分析与研究。

3. 其他风险

电子支付除了面临上述的安全风险外,还面临着市场风险、信用风险、流动性风险、声誉风险和结算风险等。

1）市场风险

电子支付机构的各个资产项目因市场价格波动而蒙受损失的可能性，外汇汇率变动带来的汇率风险即是市场风险的一种。此外，国际市场主要商品价格的变动及主要国际结算货币银行国家的经济状况等因素也会间接引发市场波动，构成电子支付的市场风险。

2）信用风险

交易方在到期日不完全履行其义务的风险。电子支付拓展金融服务业务的方式与传统金融不同，其虚拟化服务业务形成了突破地理国界限制的无边界金融服务特征，对金融交易的信用结构要求更高、更趋合理，金融机构可能会面临更大的信用风险。以网上银行为例，网上银行通过远程通信手段，借助信用确认程序对借款者的信用等级进行评估，这样的评估有可能增加网上银行的信用风险。因为借款人很可能不履行对电子货币的借贷应承担的义务，或者由于借贷人网络上运行的金融信用评估系统不健全造成信用评估失误。此外，从电子货币发行者处购买电子货币并用于转卖的国际银行，也会由于发行者不兑现电子货币而承担信用风险。有时，电子货币发行机构将出售电子货币所获得的资金进行投资，如果被投资方不履行业务，就可能为发行人带来信用风险。总之，只要同电子支付机构交易的另外一方不履行义务，都会给电子支付机构带来信用风险。因信用保障体系的不健全，目前网上出现了种种交易问题，开玩笑的、恶性交易的，甚至于专门在网上进行诈骗的，都有发生的案例。

社会信用体系的不健全是信用风险存在的根本原因，也是制约电子支付业务甚至电子商务发展的重要因素。

3）流动性风险

当电子支付机构没有足够的资金满足客户兑现电子货币或结算需求时，就会面临流动性风险。一般情况下，电子支付机构常常会因为流动性风险而恶性循环地陷入声誉风险中，只要电子支付机构某一时刻无法以合理的成本迅速增加负债或变现资产，以获得足够的资金来偿还债务，就存在流动性风险，这种风险主要发生在电子货币的发行人身上。发行人将出售电子货币的资金进行投资，当客户要求赎回电子货币的时候，投资的资产可能无法迅速变现，或者会造成重大损失，从而使发行人遭受流动性风险，同时引发声誉风险。流动性风险与声誉风险往往连在一起，成为相互关联的风险共同体。电子货币的流动性风险同电子货币的发行规模和余额有关，发行规模越大，用于结算的余额越大，发行者不能等值赎回其发行的电子货币或缺乏足够的清算资金等流动性问题就越严重。

由于电子货币的流动性强，电子支付机构面临比传统金融机构更大的流动性风险。

4）声誉风险

与传统风险比较，电子支付机构面临的声誉风险显得更为严重。以网上银行为例，传统业务中，最常见的声誉风险表现为一家银行出了财务问题以后，导致大量的储户挤兑。网上银行产生声誉风险的原因与传统业务有时候一样，有时候也不一样。不一样的是，网上银行可能由于技术设备的故障和系统的缺陷，导致客户失去对该银行的信心。重大的安全事故等会引起电子支付机构产生声誉风险。如新闻媒体报道某家银行被黑客入侵，尽管可能没有造成任何损失，但是客户会立刻对该银行的安全性能产生怀疑。网上银行的业务处在发展初期，客户对安全存在潜在的不信任，声誉风险的出现对网上银行业务的影响尤其大。

5）结算风险

清算系统的国际化，大大提高了国际结算风险。基于电子化支付清算系统的各类金融交易，发达国家国内每日汇划的日处理件数可以达到几百甚至上千万件。

4. 风险防范与管理

电子支付与传统金融风险管理的基本步骤和原理几乎是一样的，但是，不同的国家、不同的监管机构可能会根据不同的情况，制定出不同的电子支付风险管理要求。目前，最为常见、最为通俗易懂的是巴塞尔委员会采用的风险管理步骤。以网上银行为例，巴塞尔委员会把电子支付风险管理分为三个步骤：评估风险、管理和控制风险以及监控风险。评估风险实际包含了风险识别过程，不过，识别风险只是最基本的步骤，识别之后，还需要将风险尽可能地量化；经过量化以后，银行的管理层就能够知道银行所面临的风险究竟有多大，对银行会有什么样的影响，这些风险发生的概率有多大等。在此基础上，银行的管理层要做出决定，确定本银行究竟能够忍受多大程度的风险。换句话讲，如果出现这些风险，造成了相应的损失，银行的管理层能不能接受。到了这一步风险的评估才算完成了。管理和控制风险的过程比较复杂，简单地说就是各种各样相应的控制措施、制度的采用。最后一个步骤即风险的监控是建立在前两个步骤基础上的，实际上是在系统投入运行、各种措施相继采用之后，通过机器设备的监控，通过人员的内部或者外部稽核，来检测、监控上述措施是否有效，并及时发现潜在的问题，加以解决。

同时，从法律层面来讲，针对电子支付安全风险，应该加强电子支付立法建设。

电子支付业务的迅速发展，导致了许多新的问题与矛盾，也使得立法相对滞后，另一方面，电子支付涉及的范围相当广泛，也给立法工作带来了一定的难度。在电子支付的发展过程中，为了防范各种可能的风险，不但要提高技术措施，健全管理制度，还要加强立法建设。针对目前电子支付活动中出现的问题，应建立相关的法律，以规范电子支付参与者的行为。对电子支付业务操作、电子资金划拨的风险责任进行规范，制定电子支付的犯罪案件管辖、仲裁等规则。对电子商务的安全保密也必须有法律保障，对电脑犯罪、电脑泄密、窃取商业和金融机密等也都要有相应的法律制裁，以逐步形成有法律许可、法律保障和法律约束的电子支付环境。

从技术层面来说，防范电子支付的安全风险，主要有以下安全措施。

(1) 建立网络安全防护体系，防范系统风险与操作风险。不断采用新的安全技术来确保电子支付的信息流通和操作安全，如防火墙、滤波和加密技术等，要加快发展更安全的信息安全技术，包括更强的加密技术、网络使用记录检查评定技术、人体特征识别技术等，使正确的信息及时准确地在客户和银行之间传递，同时又防止非授权用户如黑客对电子支付所存储的信息的非法访问和干扰。其主要目的是在充分分析网络脆弱性的基础上，对网络系统进行事前防护。主要通过采取物理安全策略、访问控制策略、构筑防火墙、安全接口、数字签名等高新网络技术的拓展来实现。为了确保电子支付业务的安全，通常设有三种防护设施。第一种是装在使用者上网用的浏览器上的加密处理技术，从而确保资料传输时的隐秘性，保障使用者在输入密码、账号及资料后不会被人劫取及滥用；第二种是被称为"防火墙"的安全过滤路由器，防止外来者的不当侵入；第三种防护措施是"可信赖作业系统"，它可充分保护电子支付的交易中枢服务器不会受到外人尤其是"黑客"的破坏与篡改。

(2) 发展数据库及数据仓库技术,建立大型电子支付数据仓库或决策支持系统,防范信用风险、市场风险等金融风险。通过数据库技术或数据仓库技术存储和处理信息来支持银行决策,以决策的科学化及正确性来防范各类可能的金融风险。要防范电子支付的信用风险,必须从解决信息对称、充分、透明和正确性着手,依靠数据库技术存储、管理和分析处理数据,是现代化管理必须要完成的基础工作。电子支付数据库的设计可从社会化思路考虑信息资源的采集、加工和分析,以客户为中心进行资产、负债和中间业务的科学管理。不同银行可实行借款人信用信息共享制度,建立不良借款人的预警名单和"黑名单"制度。对有一定比例的资产控制关系、业务控制关系、人事关联关系的企业或企业集团,通过数据库进行归类整理、分析、统计,统一授信的监控。

(3) 加速金融工程学科的研究、开发和利用。金融工程是在金融创新和金融高科技基础上产生的,是指运用各种有关理论和知识,设计和开发金融创新工具或技术,以期在一定风险度内获得最佳收益。目前,急需加强电子技术创新对新的电子支付模式、技术的影响,以及由此引起的法制、监管的调整。

(4) 通过管理、培训手段来防止金融风险的发生。电子支付是技术发展的产物,许多风险管理的措施都离不开技术的应用。不过这些技术措施实际上也不是单纯的技术措施,技术措施仍然需要人来贯彻实施,因此通过管理、培训手段提高从业人员素质是防范金融风险的重要途径。

技术安全措施在电子支付的风险管理中占有很重要的位置,这也是电子支付风险管理的一个比较明显的特点。但电子支付的风险管理并不仅仅限于技术安全措施的采用,而是一系列风险管理控制措施的总和。

(1) 管理外部资源。目前电子支付的一个趋势是,越来越多的外部技术厂商参与到银行的电子化业务中来,可能是一次性地提供机器设备,也可能是长期地提供技术支持。外部厂商的参与使银行能够减少成本、提高技术水平,但这加重了银行所承担的风险。为此,银行应该采用有关措施,对外部资源进行有效的管理。比如,要求有权对外部厂商的运作和财务状况进行检查和监控,通过合同明确双方的权利和义务,包括出现技术故障或消费者不满意的时候,技术厂商应该承担的责任。同时,还要考虑并准备一旦某一技术厂商出现问题时的其他可替代资源。作为监管机构,也需要保持对与银行有联系的技术厂商的监管。

(2) 建立健全金融网络内部管理体系。要确保网络系统的安全与保密,除了对工作环境建立一系列的安全保密措施外,还要建立健全金融网络的各项内部管理制度。建立健全电脑机房的各项管理制度,并加以严格执行,是目前保障金融网络系统安全的有效手段。机房管理制度不仅包括机房工作人员的管理,而且还包括对机房内数据信息的管理、电脑系统运行的管理等,要求操作人员按照规定的流程进行操作,保证信息资料的保密性和安全性达到要求。

(3) 建立应急计划。电子支付给客户带来了便利,但可能会在瞬间内出现故障,让银行和客户无所适从。因此,建立相应的应急计划和容错系统显得非常重要。应急计划包括一系列措施和安排。比如,资料的恢复措施、替代的业务处理设备、负责应急措施的人员安排、支援客户的措施等。这些应急的设施必须定期加以检测,保证一旦出事之后,确实能够运作。

(4) 加强电子支付的监督。目前,网络条件下的监管规避现象较为严重,从而改变了金融监管部门与金融机构的力量对比，增加了金融监管的难度。国际差别给电子支付监管带来不便，适用于电子商务条件下的国际金融监管法规体系尚待建立和完善。金融监管的滞后性增强，电子商务发展加快了金融创新的步伐，金融监管的法律法规和监管手段有可能越来越落后于电子支付业务的创新与发展。金融业的不稳定性对电子支付监管提出了新的要求，国际金融环境的变化，从汇率风险防范到金融动荡，从全球性金融系统的风险防范到金融证券市场的规范化制度化等，都反映了国际金融监管协调是网络性、国际性金融深化发展的必然要求。

4.2.3 电子支付的安全服务

为了满足电子支付系统的安全要求，必须提供一些安全服务。另外，电子支付系统可能会有一些相互矛盾的安全需求。例如，既要求数字硬币是匿名的，但同时又需要能够识别出那些试图重复使用这些硬币的用户。因此，机械地把某些安全技术拼凑起来，而不考虑它们之间可能的相互作用，是不可取的。每一个电子支付系统都有其特定的一套安全要求，以及用于实现这些要求的特定安全服务与安全机制。

根据所使用的支付手段，可将安全电子支付服务分为三大类。

(1) 第一类服务被称为支付交易安全服务。

① 用户匿名性——在网络交易中保护用户的身份免于泄露。

② 地址不可跟踪性——防止支付交易进行的地点泄露。

③ 买方匿名性——保护支付交易中买方的身份免于泄露。

④ 支付交易不可跟踪性——防止同一客户的不同支付交易链接起来。

⑤ 支付交易数据的机密性——有选择地保护支付交易数据的特定部分免于泄露给经授权的参与方组中的指定参与方。

⑥ 支付交易消息的不可否认性——防止在支付交易中交换的协议消息源进行抵赖。

⑦ 支付交易消息的新鲜性——防止支付交易消息的重放。

(2) 第二类服务主要与电子现金相关，称为电子现金安全。

① 防止再度花费——防止电子现金的重复使用。

② 防止现金被伪造——防止未授权的参与方伪造电子现金。

③ 防止现金被盗——防止电子现金被未授权的参与方花费。

(3) 第三类服务基于以电子支票作为支付手段的支付系统的特定的技术。这里有这样一种典型的电子支票附加服务。

支付授权转账(代理)——使某一授权的参与方可以将支付授权转移给他所选定的另一参与方。

保护用户匿名性的服务并不仅仅用于电子支付系统，还可用于任何类型的互联网服务，比如，用户想要在互联网上匿名地发送电子邮件或购物。地址不可跟踪性与用户的网络匿名性有关。自从在通信网上进行电子支付交易以来，买方匿名性与用户匿名性一直是密切相关的。用户匿名性是用于通信双方之间的服务，在一次通信会话期间必须一直得到保护。而买方匿名性必须在整个交易过程中受到保护，而这期间可能会发生好几次会话。例如，顾客与商家之间的会话，商家与接收银行之间的会话，以及接收银行与发行银行之间的会话等。除了买方与自己的银行之间的会话以外，在其他所有会话中通常都要求买方是匿名的。

换句话说，正如地址不可跟踪性一样，用户匿名性是买方匿名性的先决条件，此外买方匿名性还可能会运用某些其他的机制。买方的匿名可通过隐藏在假名或数字 ID 后来实现。但是，如果他在所有的支付交易中都使用同一个 ID，则可以跟踪到他的行为，同其他一些信息结合后就能用于断定其身份。支付交易不可跟踪性的目的就是使得无法将同一买方的多次支付交易联系在一起。

支付交易数据的机密性服务内容很复杂，不但要防止支付交易数据泄露给外人，而且还要防止数据的指定部分泄露给指定的参与方（如卖方）。电子支付交易由一个或几个网络协议组成。协议由参与双方的一系列交互消息组成。消息源的不可抵赖性是一种信息安全服务，用于防止当参与方收到了消息，发送方却否认曾发送过这一消息的情况。不可抵赖性可以用数字签名机制来实现。在电子支付交易中，客户、商家、支付网关和银行都是参与方。如果客户声称他从未发送支付指令，或者商家声称他没有收到顾客的付款，就会发生纠纷。支付交易消息的不可否认性就是帮助解决此类纠纷的。保证支付交易消息的新鲜性意味着防止重复使用，如支付指令消息的重复使用。一旦顾客为了付款发送了其信用卡的消息，该消息即使是以加密的形式发送的，也可能被窃听者盗用，之后在顾客不知情的情况下被攻击者重复使用。

匿名性太好也有其缺点，因为这就使得欺骗简单易行而且不会被捕获。比如，理想的匿名电子现金就是可以被任意复制的比特串。即使银行发现了某人想要多次使用同一电子现金，也不可能揭露他的身份，因为电子现金是匿名的。在这样的情况下，就需要有条件的匿名性。这个条件就是，如果该顾客是诚实的，而且仅一次性使用电子现金，那么他的身份就不会被识别出来。而一旦他想要重复花费电子现金，他就会被识别出来并最终受到惩罚。

4.3 电子支付的关键技术

4.3.1 电子支付交易安全

1. 匿名性保护技术

匿名性和交易的不可关联性是电子支付系统重要的安全需求之一。早在 20 世纪 80 年代初，David Chaum 就提出了现代通信网中匿名性需求，并吸引了很多研究人员研究匿名性问题。但是不同文献对匿名性、关联性(linkability)和假名等概念有不同的理解。

匿名性：一个行为所对应的实体是匿名的，是指对应该行为的实体在特定的、具有一定相同特性的实体集中的不确定性。这个集合称为匿名集，匿名性的强度与该集合的大小、各集合元素的可能概率相关。匿名系统可分为发送者匿名、接收者匿名和通信双方匿名。发送者匿名是保护通信发起者的真实身份不为他人所知；接收者匿名是保护消息接收者身份的机密性，而通信双方匿名则是通信发起者和消息接收者的身份均保密。

关联性：关联性是指不能判定两次不同的消息发送是否来自同一通信实体。匿名性与关联性是紧密耦合的两个概念，匿名性往往以关联的形式表述。和匿名性相关的另一个概念是假名，这是使用假身份来实现匿名的一种办法。在这种实现中，如果同一个实体采用相同的假名，该实体的不同的行为将是可连接的。

1) 用户匿名性

尽管加密技术可以保证通信内容的机密性,但是无法隐藏通信实体的身份。当前有多种技术可实现匿名性,如代理、匿名转发器链、群(Crowds)等。这些匿名技术在电子商务系统以及匿名电子邮件系统中均有广泛的应用前景。

(1) 代理机制

代理机制是实现发送者匿名的重要手段。所谓代理方法,就是用户借助可信赖第三方的身份来隐蔽自己,即可通过代理的身份屏蔽消息中发送方的身份信息。采用代理实现发送方匿名的协议简单、高效,但在安全方面存在着明显不足。

① 由于用户身份无法对代理保密,因此这种方法要求代理必须是可信任的。

② 单节点代理实现方法易遭到攻击者的控制和跟踪。

③ 匿名代理需要做过滤操作,过滤掉所接收的重复数据,然后通过更改数据格式、重新排序、延时和填充等操作使通信的发送方和接收方在逻辑上隔离,因此易于成为系统瓶颈。

(2) 匿名转发器链

匿名转发器链是许多匿名服务的基础。它由一组转发节点组成,其中每个转发节点均可进行加密信息的交换。为了使得发送者能够创建随机的传输路径,消息的发送者需要获得匿名转发器链中所有转发节点的公钥;并且为了避免通过分析报文的大小而揭露发送者的身份,所有报文的大小也必须相同。

匿名转发器链既可以用以实现用户的匿名性,也可以用于实现地址不可跟踪性,匿名转发器链技术将在下面地址不可跟踪中讲述。

(3) Crowds

Reiter 设计的群方案可以在 Internet 网上提供发送者匿名。群是由若干用户组成的,群方案的主要思想是通过在群内随机转发消息来隐藏消息的发送者。因此消息的发送者并不直接将消息发送给目的地,而是首先将消息发送给一个随机选择的群成员。该群成员也将以一定的概率将消息转发给接收者或另外一个群成员。因此群成员将不能从所接收到的消息中得到消息源的信息。群方案通过如此的重复传递来隐蔽消息发送者。

当用户加入某个群时,他首先要向群管理服务器注册以便获得群管理服务器提供的账户以及共享密钥。群管理服务器把该用户添加到群中后,将向其他成员通告新成员的加入。

Crowds 中的发送者不需要选择所有的路由信息,它的路径信息是在信息传送过程中随机生成的。Crowds 和匿名转发器链的共同特点都是将个体的行为"淹没"到群体共同的行为之中,从而使个体的行为不再具有特异性。

2) 买方匿名性

保证买方对卖方的匿名性的最简单的方法就是,买方使用假名代替其真实姓名。如果要防止同一买方的两笔不同的交易被链接起来的话,还必须提供支付交易不可跟踪性。

First Virtual Holdings 公司以现存的因特网基础结构,即电子邮件、Telnet、S/MIME、FINGER 等为基础,启动了第一个因特网支付系统。尽管他们一开始并没有使用密码系统,但后来在某些必要的情况下实现了加密。例如,在交付商品之前,必须对 First Virtual 与商家交换的认证信息加以保护,以避免较大宗的商品被交付到假冒的顾客手中。

在 First Virtual 系统中,每一个顾客获得一个 VirtualPIN(VPIN),即一串字母与数字的组合,用做信用卡号码的假名。VirtualPIN 通过电子邮件安全发送。即使 VirtualPIN 被盗,未经授权的顾客也无法使用它,因为所有的交易都必须在掌握了信用卡的情况下才能通过电子邮件得到确认。如果某人未经授权使用某顾客的 VirtualPIN,那么当 First Virtual 要求顾客对买卖加以确认时顾客会以"fraud(假)"作为回答,这样 First Virtual 就知道这是一个被盗用的 VirtualPIN(如图 4-18 所示)。在此情况下,该 VirtualPIN 立即被删除。对于商家与潜在的窃听者,这种机制还可确保支付指令的机密性。

图 4-18 所示为 First Virutal(FV)的一次支付交易过程。顾客将订单与他的 VPIN 一同发送给商家(1),商家向 FV 支付提供者发出 VPIN 认证请求(2),若此 VPIN 有效(3),商家就向顾客提供其要求的服务(4),并将交易信息发送给 FV 提供者(5)。接下来(6),FV 提供者询问顾客是否愿意为此服务付费(如通过电子邮件)。注意,顾客可能会因为已提供的服务没有达到其预期的要求而拒绝付费(回答为"否")。若此服务并非该顾客预订的,顾客就以"假"作为回答。于是就立即中断此次交易并且废除这个 VPIN(即宣布无效)。若顾客想要付费,就回答"是"(7)。接着此次买卖的金额就会从顾客的账户取出并存入商家的账户(8),其中要涉及银行之间的结算交易(9)。

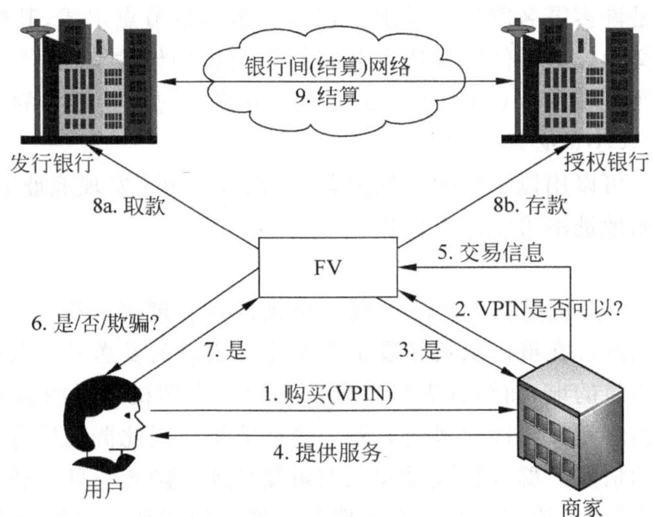

图 4-18 First Virtual(FV)的支付系统

即使服务内容只包含信息,那么以上描述的支付交易所承担的风险是很低的。即使假冒的顾客享受了服务而没有付费,商家也不会遭受多大的损失。正如前文曾提到的那样,在进行大宗交易之前,First Virtual 与商家之间必须先交换经加密保护的认证消息。

2. 支付不可跟踪性

支付不可跟踪性分为地址不可跟踪性和支付交易不可跟踪性。

1) 地址不可跟踪性

地址不可跟踪性,指防止支付交易的地址泄露。地址不可跟踪性与用户的网络匿名性有关。尽管 sender 字段中没有泄露发送匿名电子邮件的用户的身份,但是用户发送邮件时所用的 IP 地址或主机名也是可知的。在这种情况下,跟踪者就可以大大缩小查找发送人的范围,可以判断出邮件发送者就是某些人,甚至,如果这台主机就是发送人的家用个人电脑的话，则发送人可能就只有这一个人了。地址不可跟踪性就是确保个人电脑的 IP 地址或主机名不会泄露。

实现地址的不可跟踪可以采用匿名转发器链的方法。

为了克服单点代理容易被攻击者控制和跟踪的缺点，可以通过采用隐蔽网络连接方法，增加攻击者控制代理的难度，其中匿名转发器链就是构建网络隐蔽连接的一种方法。

匿名转发器链是许多匿名服务的基础。它由一组转发节点组成，其中每个转发节点均可进行加密信息的交换。为了使得发送者能够创建随机的传输路径，消息的发送者需要获得匿名转发器链中所有转发节点的公钥；并且为了避免通过分析报文的大小而揭露发送者的身份，所有报文的大小也必须相同。

D. Chaum 提出了基于一系列匿名主机或匿名转发器(Mix)的用户匿名性和地址不可跟踪性机制。这种机制与支付系统无关，可以针对流量分析提供保护。

图 4-19 说明了其基本思想。消息从 A、B 和 C（代表希望保持匿名的顾客）发送到匿名转发器，并且从该匿名转发器发送到 X、Y 和 Z（代表不知道顾客身份的业主或银行）。消息要用匿名转发器的公钥进行加密。如果顾客 A 想要发送消息给商家 Y，则用户 A 需要按如下格式向匿名转发器发送指令：

$$A \rightarrow \text{Mix}: E_M(\text{Mix}, E_Y(Y, \text{Message}))$$

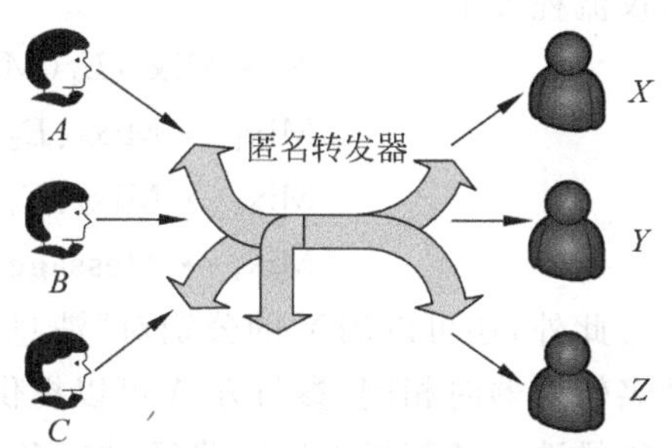

图 4-19　Chaum 的匿名转发器

现在匿名转发器就可以对消息解密并将结果发送给 Y：

$$\text{Mix} \rightarrow Y: E_Y(Y, \text{Message})$$

这样只有 Y 能看这条消息，因为它是用 Y 的公钥 B 加密的。如果匿名转发器是可靠的，Y 就无从知道这条消息是从哪里发出的以及是谁发送的。这种方案的主要缺陷在于，匿名转发器必须是完全值得信赖的。避免不可靠匿名转发器引起的问题，方法就是将若干个匿名转发器链接在一起，这也就是转发器链。

如果 A 希望 Y 发出回应，他可以在给 Y 的消息中加入一个匿名的返回地址：

$$\text{Mix}, E_M(A)$$

这样，回应消息实际上被送回匿名转发器，但是也只有匿名转发器知道要把此消息转送给谁（就是说，最终应该是谁收到此消息）。

这种匿名转发器的另一个性质是防止流量分析。这可以通过将“假”消息从 A、B、C 发送到匿名转发器并从匿名转发器发送到 X、Y、Z 来实现。所有的消息，包括假消息和真消息，必须是随机且固定长度的，并且以恒定的速度发送。此外，还必须将它们分成固定尺寸的数据块，加密后再发送，使得窃听者没法看懂。

对于匿名转发器必须为所有的参与者所信赖的问题，可这样解决：通过使用匿名转发器矩阵（或网络）代替一个匿名转发器，如图 4-20 所示。在这种情况下，随机选择的路径（“链”）上只要求一个匿名转发器是可靠的。矩阵越大，在随机选定的路径上至少有一个可靠匿名转发器的可能性就越高。对于匿名转发器链，设 E_i 为 Mix_i 的公钥，$i=1,2,3$，则消息将按如下方式递归建立：

$$E_{\text{Recipient}}(\text{Next recipient}, E_{\text{Next recipient}}(\cdots))$$

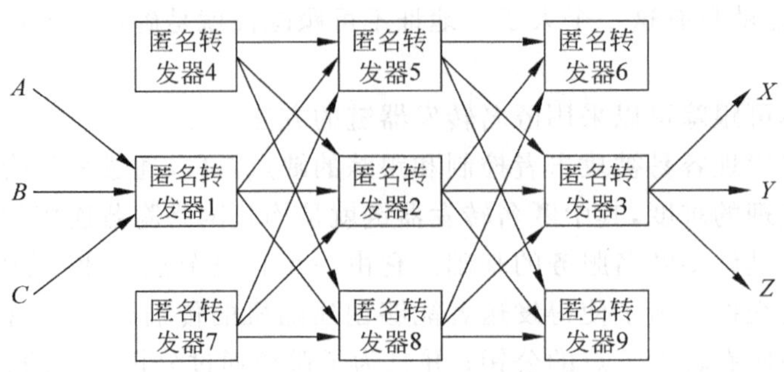

图 4-20 匿名转发器链

假如 A 想要发送一段匿名且不可跟踪的消息给 Y，正如一个匿名转发器的例子那样，协议流程如下：

$$A \rightarrow \text{Mix}_1: E_1(\text{Mix}_2, E_2(\text{Mix}_3, E_3(Y, \text{Message})))$$

$$\text{Mix}_1 \rightarrow \text{Mix}_2: E_2(\text{Mix}_3, E_3(Y, \text{Message}))$$

$$\text{Mix}_2 \rightarrow \text{Mix}_3: E_3(Y, \text{Message})$$

$$\text{Mix}_3 \rightarrow \text{Message}$$

此外，还可以用 Y 的公钥对“消息”进行加密，这里为简单起见就省略了。与使用一个匿名转发器时相同，参与方 A 可以提供一个匿名返回地址。尤其是 A 可以通过匿名转发器网络挑选一条随机返回的路径(如 Mix_2、Mix_1)，并且用该返回路径上的匿名转发器的公钥对它的身份和地址进行加密，如下所示：

$$\text{Mix}_2, E_2(\text{Mix}_1, E_1(A))$$

那么，此消息的接收者(Y)就可以将消息发送到第一个匿名转发器，并从此按照 A 发消息给 Y 的方式继续发送。

从技术或组织的观点来看，匿名转发器网络的实现将会是昂贵且复杂的。有一种匿名电子邮件的试验性实现，Giilcu 和 Tsudik 将其称为 BABEL，这种电子邮件带有返回地址以及洋葱网络。

2) 支付交易不可跟踪性

支付交易不可跟踪性，指防止同一客户不同的支付交易被链接起来。买方的匿名可通过隐藏在假名或数字 ID 后来实现。但是，如果他在所有的支付交易中都使用同一个 ID，则可以跟踪到他的行为，同其他一些信息结合后就能用于断定其身份。支付交易不可跟踪性的目的就是使得无法将同一买方的多次支付交易联系在一起。

目前只有一种机制可提供“完美”的匿名性以及由此而来的“完美”的支付不可跟踪性。这种机制(盲签名)用于数字硬币，我们将在数字货币安全服务中对其进行讨论。这里描述的两种机制将实现部分的支付交易不可跟踪性。尤其值得一提的是，这些机制使得商家无法将支付方式相同的支付交易连接起来，只要商家没有与接收银行(支付网关)合谋。

(1) *i*KP 中的随机散列和

本节描述的 *i*KP 机制只是更复杂的协议的一部分。在初始化支付交易时，顾客选择一个随机数 R_C 并按如下方式产生一个一次性的假名 ID_C：

$$\text{ID}_C = h_k(R_C, \text{BAN})$$

BAN 是顾客的银行账号(如借记卡或信用卡号码)。h_k 是一个单向无冲突的散列函数,只要 R_C 是随机选择的,此散列函数就不可能泄露任何关于 BAN 的信息。商家无法知道 BAN,只知道 ID_C 而且他无法从 ID_C 推算出 BAN。每一次支付交易,顾客选择不同的随机数,商家就会接收到不同的假名。这样也就无法将同一个 BAN 的两宗交易连接起来了。

(2) SET 中的随机化散列和

在 SET 机制中,商家也只能得到支付指令的散列和。支付指令包括以下数据。

① 原账号,PAN(信用卡号码)。

② 信用卡截止日期(CardExpiry)。

③ 持卡人、支付网关以及持卡人认证机构共享的秘密(PANSecret)。

④ 当前新鲜子,以防止字典攻击(EXNonce)。

由于当前新鲜子对于每一次支付交易是不同的,即使使用相同的 PAN,商家也无法将两次交易连接起来。

3. 支付数据的机密性

支付交易数据的机密性,指有选择地保护特定的支付数据免于泄露给非指定的参与者。支付交易数据的机密性相当于通信机密性。此外,这一服务还包括更复杂的情况,其中不仅仅是要防止支付交易数据泄露给外人,而且还要防止数据的指定部分泄露给指定的参与方(如卖方)。举例来说,假设数据包括 a、b 两个部分,经授权的参与方有 A 和 B,可以采用如下方式来保护数据的机密性:第一,除了 A、B 以外没有任何参与方能读取数据的任何部分;第二,A 只能读取 a;第三,B 只能读取 b;第四,同时保持数据的完整性。

支付交易数据通常包括两部分:支付指令和订单信息。

支付指令包含信用卡号码或账户号码。保护其机密性的主要目的是防止未经授权的参与方(包括不诚实的商家)使用。然而,在很多情况下,包含在支付指令中的信息可以用来唯一确认买方。因此,保护支付指令对于未经授权或不诚实的参与方的机密性也就意味着保护买方的匿名性。

订单信息会详细说明货物或服务的种类、数目和将要支付的金额,或者是订单的号码。通常我们都不希望支付网关(或接收银行)了解顾客的购买行为。因此订单信息应当是网关无法看懂的。

尽管支付指令和订单信息应该是各方无法看懂的,但是,它们之间仍然要有一定的联系,这样顾客、商家和支付网关才能对其进行验证。否则,如果出现纠纷,顾客就无法证明他发送给商家的支付指令确实与某一订单相关联。

实现交易数据的机密性可以使用伪随机函数、双重签名等方法。

1) 伪随机函数

*i*KP 协议是 IBM 公司提出的一组基于账号的网上安全支付协议,分别为 1KP、2KP 和 3KP,具有支付数据的机密性、完整性保护和完善的纠纷解决机制,可保证消费者、商家和支付网关间支付消息的不可否认性。*i*KP 协议独立于现有金融网络的具体实现,可充分利用电子商务企业已有的网络基础设施,实现与现有金融网络的无缝集成,且它不依赖于特定的加密算法,扩展性和层次性都较好。

*i*KP 协议表示 *i*-Key-Protocol,其中 $i=1,2$ 或 3,i 的值用于决定协议的三方中的几方

持有自己的公钥/密钥对，所以 1KP 是最简单的协议，其中只有接收行的网关拥有公钥/密钥对。2KP 中，接收行的网关和商家服务器拥有公钥/密钥对。3KP 则要求协议三方都拥有公钥/密钥对。因此，3KP 的安全级最高，1KP 的安全级最低。

本节所描述的 1KP 机制提供订单信息对于支付网关(或接收银行)的机密性，以及支付指令对于商家的机密性。此外，还提供顾客对于商家的匿名性。

当初始化支付交易的时候，顾客选择一个随机数 R_C，并按照如下方式产生一个一次性的假名 ID_C：

$$\mathrm{ID}_C = h_k(R_C, \mathrm{BAN})$$

BAN 是顾客的银行账号(如借记卡或信用卡号码)。h_k 是一个单向无冲突的散列函数，只要 R_C 是随机选择的(如 HMAC)，此散列函数就不会泄露任何关于 BAN 的信息。换句话说，$h_k(R_C, \cdot)$就起到类似伪随机函数的作用。商家只能看到假名，而无法获得任何有关顾客身份的信息。由于每一次交易的 R_C 不同，他也不能将同一个顾客的两笔交易连接起来。他所能进行的唯一攻击就是，计算随机数与账户号码(字典攻击)的所有可能的组合的散列和，但这几乎是不可能的，因为对于足够长的随机数有太多的组合。接收银行持有 R_C，所以它能计算出 ID_C 并验证它是否正确。假名只能使用一次，也就是说，仅限于一次支付交易。

订单信息对于接收银行的机密性是以类似的方式实现的。要初始化支付交易，则顾客首先选择一个随机数 SALT_C，它对于每一次交易应当是不同的，将它直接发送给商家(即不加以保护)。使用上述的散列函数，商家按照如下方式为接收银行准备订单信息的描述(DESC)：

$$h_k(\mathrm{SALT}_C, \mathrm{DESC})$$

接收银行会看到每一次支付交易的散列和是不同的，但是它没有足够的信息计算出 DESC。然而，在顾客与商家之间直接传送 SALT_C 的通信却有可能被窃听。如果 DESC 所有可能值的数目不是太大的话，那么对于一个已知的 SALT_C，接收银行可以计算出所有可能的散列和，从而获取订单信息。由于接收银行至少在一定程度上可信，因此可以认为这种类型的攻击是不太可能的。

为了以商家无法看懂的方式将支付指令传送给接收银行，*i*KP 使用公钥加密体制。顾客对以下消息进行加密。

(1) 所订购商品的价格。

(2) 他的支付指令(例如，信用卡号码和可选的卡 PIN)。

(3) $h_k(\mathrm{SALT}_C, \mathrm{DESC})$与其他常规交易数据的散列值。

(4) 用来产生一次性假名的随机数 R_C，以及接收银行的公钥。

将已加密的消息发送给商家并转送给接收银行。客户必须确信接收银行的公钥证明是由可靠的认证机构发出的。这样，只有接收银行可以对消息进行解密。接收银行通过 R_C 可以验证顾客的一次性假名 ID_C 的正确性。

支付指令与订单信息之间的联系是通过 $h_k(\mathrm{SALT}_C, \mathrm{DESC})$的值以及各方都知道的常规交易数据来建立的。对于每一次支付交易，这种值的联系是唯一的。

1KP 协议的基本交易流程如下。

(1) 当客户提交一个订单时，商家将计算订单中商品或服务的金额，连同合作的支付网关证书一同返回给客户。

(2) 客户到认证中心验证支付网关证书是否有效,并获取支付网关的公共密钥。客户将支付卡号、密码、支付金额以及支付的有效期限等通过支付网关的公共密钥进行加密,并将支付金额、商品或服务订购的数量和品种等一起发送给商家。

(3) 商家收到客户的数据后(其中的加密数据商户无法打开,其他支付金额等其他数据是以明文进行传输的)检查这些明文数据是否有效,并进行 Hash 计算,然后将客户发来的密文数据和 Hash 数据一起转发给支付网关。

(4) 支付网关收到商家发送的数据后,对密文数据进行解密,解密后的订单数据用与商家同样的规则进行 Hash 计算,并与商家发送的 Hash 数据进行比较。如果相等,则视为有效支付请求,进行处理;否则就视为无效支付请求。

(5) 支付网关将处理结果与加密数据进行数字签名,然后返回给商家。

2) 双重签名

双重数字签名,就是在某些场合发送者需要寄出两个相关信息给接收者,对这两组相关信息,接收者只能解读其中一组,另一组转送给第三方接收者,不能打开看其内容。这时,发送者就需分别加密两组密文,做两组数字签名,故称双重数字签名。

在电子商务应用中,当持卡人客户登录商户网站,提出申请购物时,持卡人要向商家提出两组信息:向商家直接提出订购信息的同时,还必须向银行提出付款信息。在这个处理过程中,有两个要点,即持卡人不希望商家知道自己的银行支付账号的有关信息,同时也不希望银行方面知道具体的购物内容,只需按金额贷记或借记账户即可。

SET 协议使用了双重签名,可以保护信用卡消息不被窃听者或者不诚实的商家窃取,此外,还可以保护买卖订单消息对于支付网关的机密性。在 SET 协议中,持卡用户需要将订购信息(order information,OI)和支付信息(payment information,PI)一起发送给商家。但是,实际上订购信息是发送给商家的,而支付信息是发送给银行系统的。为了向持卡用户提供更好的隐私保护,SET 将 OI 和 PI 分离开来,由不同的机构进行处理。

SET 系统中双重签名的产生过程如图 4-21 所示,具体操作过程如下。

(1) 持卡人通过 Hash 算法分别生成订购消息 OI 和支付指令 PI 的消息摘要 H(OI)和 H(PI)。

(2) 消息摘要 H(OI)和 H(PI)连接起来得到消息 OP。

(3) 通过 Hash 算法生成 OP 的消息摘要 H(OP)。

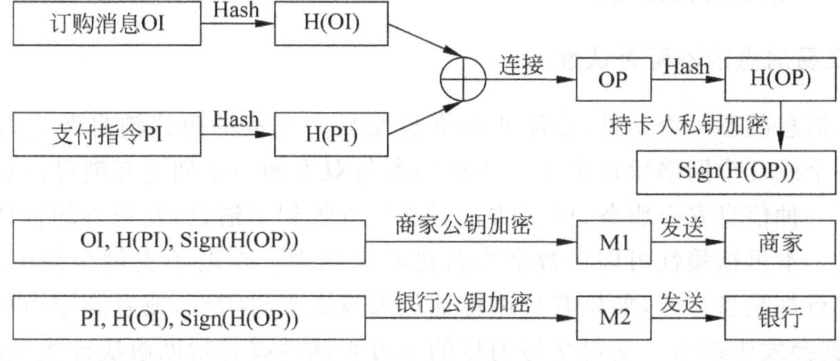

图 4-21 双重签名的产生过程

(4) 用持卡人的私有密钥加密 H(OP)得到双重数字签名 Sign(H(OP))。

(5) 持卡人将消息(OI,H(PI),Sign(H(OP)))用商家的公开密钥加密后发送给商家,将消息(PI,H(OI),Sign(H(OP)))用银行的公开密钥加密后发送给银行。

SET 系统中双重签名的验证过程如图 4-22 所示,具体操作过程如下。

(1) 商家将收到的消息用自己的私有密钥解密后,生成消息 OI 的消息摘要 H(OI),同样银行将收到的消息用自己的私有密钥解密后,生成消息 PI 的消息摘要 H(PI)。

(2) 商家将生成的消息摘要 H(OI)和接收到的消息摘要 H(PI)连接成新的消息 OP1,银行将生成的消息摘要 H(PI)和接收到的消息摘要 H(OI)连接成新的消息 OP2。

(3) 商家将消息 OP1 生成消息摘要 H(OP1),银行将消息 OP2 生成消息摘要 H(OP2)。

(4) 商家和银行均用持卡人的公共密钥解密收到的双重数字签名 Sign(H(OP)),得到 H(OP)。

(5) 商家将 H(OP1)和 H(OP)进行比较,银行将 H(OP2)和 H(OP)进行比较,若相同,则证明商家和银行所接收到的消息是完整有效的。

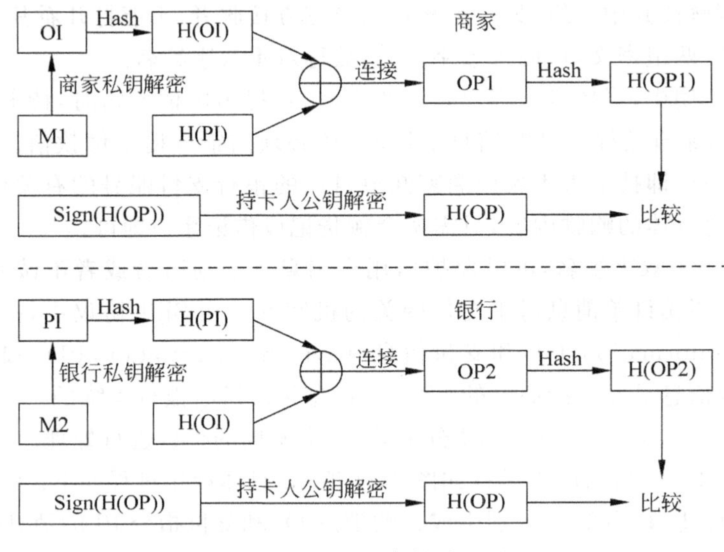

图 4-22 双重签名的验证过程

经过这样的处理之后,商家就只能看到订购消息 OI,银行只能看到持卡人的支付消息 PI,有效地保护了信息的机密性。

4. 支付交易消息的不可否认性

支付交易消息的不可否认性,指防止在支付交易中交换的协议消息源进行抵赖。电子支付交易由一个或几个网络协议组成。协议由参与双方的一系列交互消息组成。消息源的不可抵赖性是一种信息安全服务,用于防止当参与方收到了消息,发送方却否认曾发送过这一消息的情况。不可抵赖性可以用数字签名机制来实现。在电子支付交易中,客户、商家、支付网关和银行都是参与方,如果客户声称他从未发送支付指令,或者商家声称他没有收到客户的付款,就会发生纠纷。支付交易消息的不可否认性就是帮助解决此类纠纷的。

由于牵涉到与可能不可靠的通信网的交互问题,支付与交货的不可否认性非常复杂,而且仍然没得到充分解决。如果发送者需要证明他确实发送了消息,他可以要求网络节点发出带有数字签名的接收证明。但是,在通往最终接收者的网络路径上可能会有多个节点,因此第一个节点就要向第二个节点发出同样的请求,依此类推。目前还没有可以提供此类服务的网络基础结构。交货的不可否认性也是类似的:第一个节点要求第二个节点发出已签名的移交确认,依此类推。最终,网络路径上的最后一个节点向实际的接收者提出确认请求。

解决交易消息的不可否认性目前一个可用的方法是采用数字签名。

为了解释支付交易协议中的不可否认问题,我们要用到基于 3KP 支付协议上的一个简单模型。图 4-23 说明的是一次简单的支付交易。“接收者”代表支付网关和接收银行。假设订单信息(货物或服务、价格、交货类别)在发出“支付”消息之前已经过磋商,并且“支付”消息可以唯一地确定支付交易。买方向卖方发送“支付”消息,其中包括支付指令及其证明。例如,对于信用卡,其数据包括发行银行、号码、截止日期(有效时间)。卖方要验证能否从信用卡支取,于是向接收银行发出“授权请求”消息。“授权响应”消息包含授权的结果。若结果是肯定的,卖方就会向买方发出“支付收据”,并且交付其订购的货物或服务。

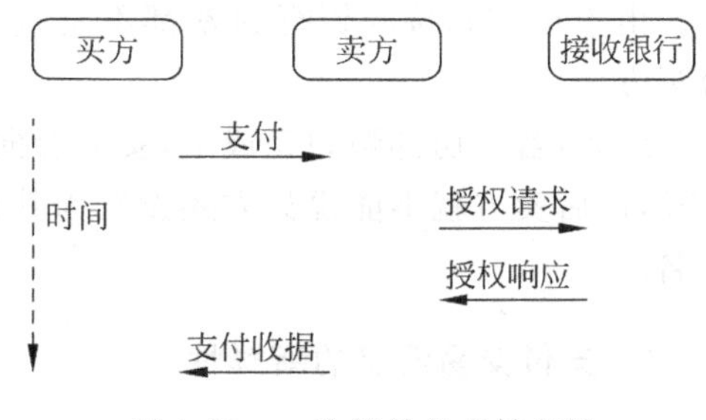

图 4-23 一次简单的支付交易

现在我们要对基于图 4-23 所示模型的不可否认性与认证问题进行分析。图 4-24 包括了所有三方发送的认证消息(“Auth.”代表“授权”)。所有三方都有公钥对,每一个公钥都由可信的认证机构授予。

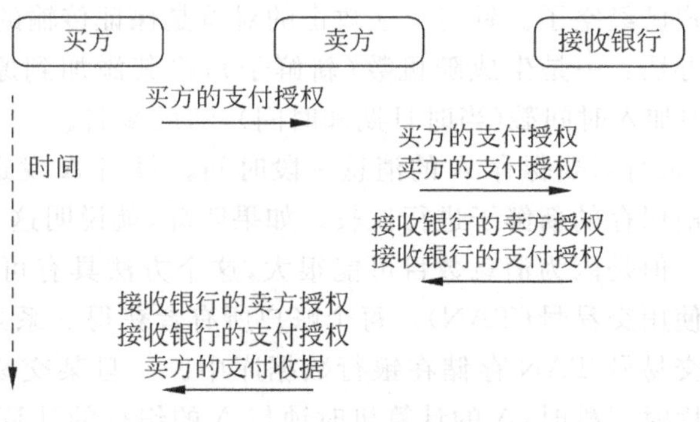

图 4-24 不可否认消息

卖方需要不可抵赖的证据证明买方同意支付一定数目的金额。此证据包括在“买方的支付授权”消息中,该消息确保买方的支付授权不可抵赖性。接收银行和发行银行也都需要此证据来从买方的账户下支取金额并存入卖方的账户下。该消息是用买方的私钥进行数字签名的。

接收银行和发行银行需要不可抵赖的证据证明卖方要求将交易中的金额存入其账户下。这就是“卖方的支付授权”的目的所在,它可以确保卖方的支付授权不可抵赖性。该消息是用卖方的私钥进行数字签名的。

正如前文所提到的，卖方向接收银行要"接收银行的支付授权"消息，作为接收银行已获得支付交易的许可的证据。买方也需要它作为证据。这就确保了接收银行的支付授权不可否认性。该消息是用接收银行的私钥进行签名的。

"接收银行的卖方授权"消息证明卖方经过授权可以领取支付。如果接收银行也是认证机构的话，此消息可以以公钥证书的方式表示，其中用接收银行的私钥对卖方的公钥进行数字签名(即验证)。如果可以从公共路径获得公钥证书的话，就没有必要再用此消息了。如果接收银行不是认证机构的话，此消息可以代表接收银行授权给卖方领取支付的属性证书。由于买方和接收银行通常都不是直接通信的，因此该证书被发送给卖方然后再转送给买方。

最后，若一切都顺利完成了，卖方会向买方发出收到支付("卖方的收到支付")的收据。这样，以后卖方就不能说买方还没有为其订购的商品付款了。此收据应该由卖方进行数字签名。

5. 支付交易消息的新鲜性

支付交易消息的新鲜性，指防止支付交易消息的重放。保证支付交易消息的新鲜性意味着防止重复使用，如支付指令消息的重复使用。一旦顾客为了付款发送了其信用卡的消息，该消息即使是以加密的形式发送的，也有可能被窃听者盗用，这就有可能在顾客不知情的情况下被攻击者重复使用。

交易消息的新鲜性可以通过在交易消息中附加新鲜子或时间戳来保证。

一次简单的重放攻击如下：假设用户A使用银行客户端软件向银行发送经过数据签名的消息，请示向B的账户中汇入1000元钱。B想得到更多的钱，因此他窃听了A与银行之间的通信，复制了通信内容，并将其向银行发送10次。这样B就获得了11 000元钱，A将惊奇地发现自己的账户已经空了。针对上述攻击的对策是保证传输的每一条消息的内容都是唯一的。A有两种办法：一是生成随机数(新鲜子)，将其添加到原始消息上，并随后签名；二是在原始消息中加入时间戳(当时日期和时间)，随后签名。

在使用第一种时，银行需要保存A的消息一段时间。每当A发送的消息抵达时，银行需要将其新鲜子与以前保存的新鲜子进行比较。如果匹配，就说明这个消息已经不新鲜了，因此银行将拒绝接收。但是因为消息数目可能很大，这个方法具有可扩展性差的问题。有时用户的客户端程序使用交易号(TAN)。每个账户所有者获得一系列交易号，并且每次交易使用一个交易号。交易号TAN存储在银行数据库中。一旦某交易号已被使用，则将其从数据库中删除。使用时间戳时，A的计算机时钟与A的银行的计算机时钟必须同步。可以允许有小的误差，但是这会降低安全性，因为B可以很快地复制并重新发送A的通信数据。

另一个方法是：既使用新鲜子又使用时间戳，这是一种在可扩展性与安全性之间的折中，它限制存在的新鲜子的数目，并允许时间戳出现一定的误差。

下面我们通过一个基于1KP的模型来说明如何在支付交易中使用新鲜子和时间戳。

在1KP机制中，每一次支付交易都有五个值是唯一的。

(1) 交易标识符，TID_M，由商家选定。

(2) 当前日期和时间，DATE。

(3) 随机数,$NONCE_M$,由商家选定。

(4) 随机数,$SALT_C$,由顾客选定。

(5) 随机数,R_C,由顾客选定。

TID_M、DATE 和 $NONCE_M$ 的目的是保证除了"初始"消息以外的其他所有消息的新鲜性。这三个值合称为豫 TR_M。所有交易消息都依赖于 $SALT_C$ 和 R_C。除了保证新鲜性外,它们还有一些其他的作用。图 4-25 为 1KP 消息群。

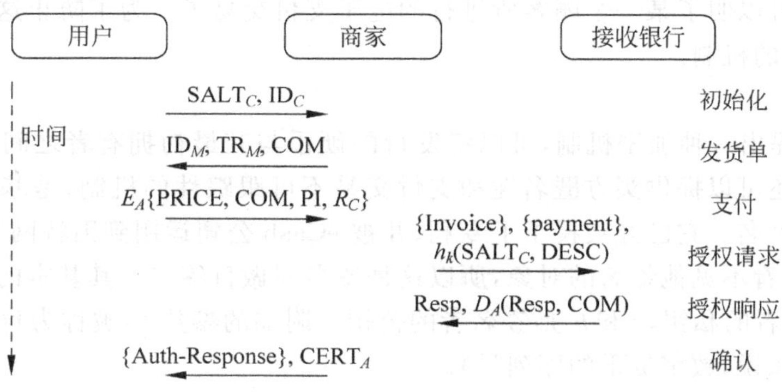

图 4-25 1KP 消息群

顾客通过发送"初始"消息进行支付交易初始化。他使用一次性假名 ID_C。

商家以"发货单"消息作为应答。ID_M 是他的标识符。COM 的值代表所有各方都知道的普通交易数据的指纹:

$$COM = H(PRICE, ID_M, TR_M, ID_C, h_k(SALT_C, DESC))$$

$h(\cdot)$是无冲突的单向散列函数,$h_k(key,\cdot)$是伪随机函数。

"支付"消息是用接收银行的公钥 E_A 来加密的。在发出"初始"消息以前,客户与商家就"价格 PRICE"和 DESC(订单信息)进行磋商。由于"支付"消息是用接收银行的公钥 E_A 进行加密的,接收银行可以从中计算出"价格 PRICE",但是它无法知道 DESC,因为协议保证了订单信息对于接收银行的机密性。PI 是客户的支付指令,例如,包含他的信用卡号码和卡的 PIN。

基本上 Auth-Request(授权请求)消息包含"发货单"消息和"支付"消息。{消息}表示上次发送的消息的内容。$h_k(SALT_C, DESC)$和 COM 的值,在支付指令和订单信息之间建立起了联系。

Resp 是接收银行发出的授权应答,若信用卡可支取,则此应答为肯定,否则为否定。整个 Auth-Response(授权响应)消息是由接收银行签名的(D_A)。

商家将"Auth-Response"(授权响应)消息转发给客户。$CERT_A$ 是接收银行的公钥证书,通常可以通过公共目录在线获取。

4.3.2 数字货币安全

数字货币代表着电子商务的一种新的支付手段。与其他支付方式不同的是,它无论对于大额支付或微支付都需要开发一系列新的安全技术。本章将就选定的一些数字货币交易安全机制进行一番概述。

1. 支付交易不可跟踪性

当顾客从ATM(自动柜员机)或银行柜台提取现金时,通常都不会记录下纸币的序列号,因而支付交易不会与顾客相关联。数字硬币也有序列号,在特定的情况下可以通过唯一的数字来代替。由于这些数字只是以数字形式存在(即并没有记录在物理的纸据上),因此我们可以很容易建立一个记录表示出哪一个顾客拥有哪些序列号。这样,只要简单地看一看这些号码,就可以明了某一个顾客所进行的电子支付交易了。为了防止这种情况的发生,就需要一些专门的机制。

1) 盲签名

D. Chaum提出一种加密机制,可以将发行的硬币与其最初拥有者之间的联系隐蔽(遮掩)起来。这种还可以提供买方匿名性和支付交易不可跟踪性的机制,是基于RSA签名系统的,被称为盲签名。它已经被授予了专利,并被eCash公司运用到因特网支付软件上。

因为签名者看不见他签名的对象,所以这种签名叫做盲签名。其基本的设定与RSA相同:设d为签名者的私钥,e和h是签名者的公钥。附加的参数k,被称为盲因子,由消息的提供者选定(比如说,数字货币的序列号)。

提供者隐藏消息M

$$M' = Mk^d \mathrm{mod}_n$$

签名者计算盲签名

$$S' = (M')^d \mathrm{mod}_n = kM^d \mathrm{mod}_n$$

提供者除去盲因子

$$S = S'/k = M^d \mathrm{mod}_n$$

通常签名者需要检查消息(如选票或数字硬币)是否有效。为此提供者准备n条消息且每一条用一个不同的盲因子隐藏起来。然后签名者随机选择其中$n-1$条,要求提供者发送相应的盲因子。签名者检验这$n-1$条消息,若正确,他就对剩余的消息签名。

注意,以这种方式隐藏的数字硬币只能用于在线支付系统;为了防止数字货币的重用,还必须在中心数据库检验硬币是否已经被使用过了。

2) 交换硬币

NetCash系统,与NetCheque类似,是由南加州大学信息科学研究院开发的。它所提供的买方匿名性和支付交易不可跟踪性机制是基于可靠的第三方的。货币服务器网络在确认其有效性及验证没有重复花费后,将匿名的硬币换成基于身份的硬币。这种匿名性比上一节说的盲签名要“弱”一些,原因如下。

(1) 使用盲签名,即使各方合谋也不可能辨认出用户的身份。

(2) 使用货币服务器,如果各方合谋,包括涉及本次交易的货币服务器在内的话,就可以确定是谁在使用货币。

在NetCash中顾客可以自由选择他信任的货币服务器。但是,至少要有一个货币服务器对顾客而言是值得信赖的、最诚实的、可用来为其交换硬币的,否则这种匿名机制就无法工作。而基于盲签名的机制就不需要一个值得信任的第三方。

2. 防止重用

通常我们可以很容易地任意复制数字硬币,对任何人都是如此,因为它们只是很简单的被电子存储起来的数字。如果买方通过合法途径获得一枚有效的硬币，它可能会多次违章使用。因此有必要运用某些可以检查出再度花费的机制。

1）通过分割选择实现有条件的匿名性

有条件的匿名性机制只对不诚实的顾客生效。明确地说，不多次使用数字硬币的诚实顾客将继续保持匿名，而那些试图重用的不诚实顾客的身份就会被揭露出来。带有匿名序列号的数字货币就需要这样的机制，如使用盲签名的 eCash。接下来就是对文献中描述的基本思想进行简单的概括，把盲签名技术和分割选择技术联系起来。

这里描述的机制叫做秘密分割（或 n-out-of-n 的秘密共享或门限方案）。其思想是，把消息 M 分成多段，必须将所有的消息段凑到一起才能重建 M（而一般的秘密共享方案中，只要各消息段的一个子集就足以重建 M 了）。一个简单的实现方法，如文献中所述，就是找到 M_1 和 M_2 使得

$$M = M_1 \oplus M_2$$

可以这样做，选择一个与 M 相同长度的随机数 M，这样计算出 M_2

$$M_2 = M \oplus M_1$$

对于数字硬币，每一枚硬币都分配有一个序列号，以及 N 个经过不同加密的序列对 (I_1, I_2)（如用不同的密钥加密的），这样就可以按照如下的方式揭露顾客的身份：

$$I = I_1 \oplus I_2$$

当顾客用某一硬币向商家付账时，商家会要求他对每一序列对中的 I_1 或 I_2（随机选择）进行解密。如果使用的是公钥算法，商家就可以验证解密结果是否正确。如果顾客想要再次花费同一枚硬币的话，若 N 足够大（例如，$N=100$），就很可能会出现这样的情况，至少有一个揭露出来的 I 部分与第一次花费时揭露出的 I 部分相对应。这种技术称为分割选择。

2）盲签名

为了进行重用的检查，基于盲签名的系统必须将曾经花费过的所有硬币的序列号都存储在一个数据库里。这会引起严重的系统可扩展性问题。每当顾客要使用硬币时，数据库就要被询问一次，所以这个模型只适用于在线支付系统。

3）交换硬币

为了保护用户在 NetCash 系统中的匿名性，硬币要在一个可靠的货币服务器处进行交换（参见上节）。为此，只是把那些发行了但还没有花费的硬币存储在货币服务器的数据库中。一旦硬币被花费掉了，就从数据库中将其删除。这比上文提到的盲签名系统具备更好的升级能力。由于至少要有一个货币服务器可以为顾客所信赖，所以其匿名性比不要求可信赖方的盲签名要弱一些。花费硬币之前必须对数据库进行询问，因此这种交换硬币的系统只能用于在线支付系统。

CAFE 项目中开发的电子皮夹，即所谓的“Γ 皮夹”，运用了类似的机制。其基本思想是在文献中首次提出的，图 4-26 给出了说明。发行银行是发行电子货币的银行组织。皮夹包括为买方所信任的钱包以及为发行银行所信任的监护器。

监护器是一个微处理器芯片，可以装在皮夹里，或者安装在一个轻巧的卡片上。它的作用就是在脱机支付交易中保护发行银行的利益。换句话说，就是防止买方花费多于皮夹里存放的钱或防止买方重用。为此，监护器必须是防止篡改或者是无篡改的装置。这就意味着买方不可能通过物理或电子的手段改变监护器的功能。

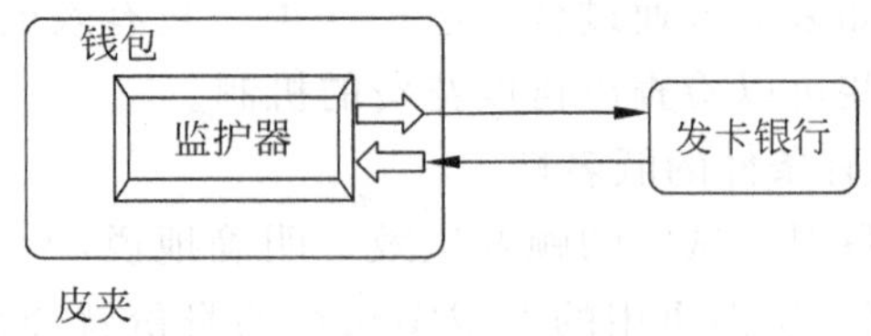

图 4-26 带有监护器的电子皮夹

由于其自带电源、键盘和显示器，钱包的外形就是一个小的便携式电脑。其功能就是保护买方的利益(匿名性和不可跟踪性)。另外，由它来验证监护器的所有行为。监护器只能通过钱包与外界进行交流，因此钱包可以检验所有的输入和输出消息。

1) 监护器的签名

当买方从货币账户下取出电子货币并存入皮夹的时候，每一枚硬币的一"部分"交给钱包，另一"部分"交给监护者。当买方在支付交易中要花费硬币时，还必须得到监护者的同意。也就是说，必须把硬币的两个"部分""联合"起来才能获得合乎要求的硬币。"联合"硬币这一步实际上是由一种特殊的数字签名来实现的。

为了阐明其思想，我们先来考虑一个出自文献的基本的签名方案，其公共参数与 DSA 方案相同：

$$p \text{ 为大素数}$$

$$q \text{ 为大素数}, ql \quad (p-1)$$

生成元 g 以 p 为模的阶为 q，即

$$g = h^{p-1/q} \bmod p > 1 \quad (1 < h < p-1)$$

g 产生的数的集合用 G_q 表示。假设监护器是签名者，它的密钥包含两个数：

x 是随机产生的整数，$0<x<q$(私钥)

$$h = g^x \bmod p \quad (\text{公钥})$$

对于消息 $m \in G_q$，钱包要从监护器处得到盲签名。比如，消息代表硬币。这个签名基本包括

$$z = m^x \bmod p$$

以及证据

$$\log_g h = \log_m z$$

该证据与监护器的私钥 x 相等。给定 m 和 z，证明者(监护器)通过以下的协议，就可以向检验者(钱包)证明他知道 x。

(1) 证明者→检验者

$$a = g^x \bmod p, \quad b = m^x \bmod p$$

$$s \text{ 为随机数}, \quad 0 \leqslant s < q$$

(2) 检验者→证明者询问 c

$$c \text{ 为随机数}, \quad 0 \leqslant c < q$$

(3) 证明者→检验者应答

$$r = -(s + cx) \bmod q$$

现在检验者检查下式是否为真：

$$g^r = ah^c \bmod p$$

$$m^r = bz^c \bmod p$$

如果为真,签名就是正确的。为什么上式必须为真,道理是很明显的:

$$ah^c = g^s(g^x)^c \bmod p = g^{(s+cx) \bmod q} \bmod p = g^r \bmod p$$

$$bz^c = m^s(m^t)^c \bmod p = m^{(s+cx) \bmod q} \bmod p = m^r \bmod p$$

在此协议之后,实际上 m 的签名可以定义为 $s(m)=(z,a,b,r)$。注意,即使是两条相同的消息,它的值也是不同的,这是因为它是用两个随机数 s 和 c 计算出来的。如果下式为真,签名就是有效的:

$$c = H(m,z,a,b)$$

$$g^r = ah^c \bmod p$$

$$m^r = bz^c \bmod p$$

$H(\cdot)$是单向的散列函数。作为一个"随机的 oracle 自动机",它可以用来代替随机数,而不会危及协议的安全性。

但是,在钱包和监护器的情况下,不可能用这种方法计算签名,因为签名产生过程包含了一些随机数的产生。如果监护器可以任意选择 s 的值,它就可以将信息加密到该值里,给验证签名的发行银行发送潜在的(即隐蔽的)消息。而让钱包参与决定 a 和 b 的值,从而就可以防止上述问题的出现。这可以用以下的方式来解决。用 s_0+s_1 来代替 s(由监护器随机选定)。由钱包选定 s_0,监护器选定 s_1。这就是说,将以下值运用到上述协议中:

$$a = g^{s_0+s_1} \bmod p$$

$$b = m^{s_0+s_1} \bmod p$$

$$r = (s_0 + s_1 + cx) \bmod q$$

这样就只有监护器知道 s 了。这种签名有时候被称为随机化签名。

此外,还有一个难题就是,要使得在监护器的基础上不可能跟踪皮夹,就需要一种机制来隐藏监护器的签名密钥源。

2) 发行银行的签名

为了提供支付不可跟踪性,钱包从发行银行处获得的硬币的签名必须是隐蔽的。钱包必须将消息以及先前提到的基本签名中的询问隐蔽起来。协议的各步骤如下。

(1) 检验者→签名者

$$m_0 = m^+ \bmod p$$

$$t \text{ 为随机数}, \quad 0 < t < q$$

(2) 签名者→检验者

$$a_0 = g^s \bmod p, \quad b_0 = m_0^s \bmod p$$

$$s \text{ 为随机数}, \quad 0 < s < q$$

(3) 检验者→签名者致盲后的询问

$$c_0 = c/u \bmod q$$

$$u \text{ 为随机数}, \quad 0 \leqslant u < q$$

(4) 签名者→检验者致盲后的应答

$$r_0 = (s + c_0 x) \bmod q$$

m 的未经致盲的签名是 $\sigma(m)=(z,a,b,r)$;它可以由检验者计算,而不能由签名者计算:

$$z = z_0^{1/t} \bmod p$$

$$a = (a_0 g^v)^u \bmod p$$
$$b = (b_0^{1/t} m^v)^u \bmod p$$
$$r = (r_0 + v)u \bmod p$$

在第二步之后，检验者随机选择 u 和 v，$0<u<q$，$0 \leqslant v<q$，所以它可以计算出 a 和 b，而签名者不知道 u 和 v 就无法计算 a 和 b。类似地，第三步以后检验者可以看到应答 r。正如基本协议中那样，只有检验者能够计算出 $c=H(m,z,a,b)$。

另一方面，如果钱包产生了电子硬币并想要从发行银行处获得硬币的盲签名的话，发行银行需要确认监护器已就此达成一致。为了表明它的同意，监护器用随机化的（但可见的）签名协议对致盲后的询问 c_0 进行签名。由于签名是随机化的，监护器没有将潜在的消息发送给发行银行，只发送 z_0。只要监护器对询问进行了签名，发行银行就对致盲后的消息 m_0 进行签名。此协议与前述的一样是盲签名协议。此外，签名者（即发行银行）是不能单独选定 s 的，而是与钱包共同选定，与上一节所说的监护器的随机化签名大致相同。这样，发行银行就不能给监护器发送潜在的消息了。

除了 s_0 以外，监护器可以看到钱包所能看到的所有的协议参数。但是除 c_0 以外的所有参数，它都无法发送给发行银行，因为钱包控制着与外界的通信。如果发行银行能将监护器信息取回并对签名协议的信息进行分析，它就能看到未经致盲的消息以及它们的签名。文献提出了当前描述的协议的改进，使得即使发行银行设法收集监护器的信息，它仍然无法跟踪买方的行为。

一旦监护器的抗篡改性被用户破坏了，用上述的协议就不能检测出重用了。这就要再使用一种分割选择机制，能够在发生重用以后检测出它。

3. 防止硬币伪造

通常，要伪造传统意义上的纸币是很困难的。首先，纸币必须具备一些特殊的、昂贵的，或是难以复制的物理性质（例如特殊的印刷或颜色）。其次，序列号至少要看起来是真实的。序列号是否伪造只能由合法的货币发行机构检测出来。而对于数字货币，物理上的复制根本不成问题。只有在线系统才能在花费之前检验序列号，而这既是无法扩展的又是不实际的。于是唯一的选择就是使得发行的硬币的序列号具备一些特别的数学特性。

如果制造小额的硬币开销很大，或制造硬币需要很大的一笔初始投资的话，那么硬币伪造机构就无法盈利。这就是 Rivest 和 Shamir 提出的 MicroMint 方案背后的基本原理。其性质就是，产生大量的硬币与仅产生一些硬币相比而言，就意味着每一枚硬币更便宜。MicroMint 是基于信用卡的离线微型支付系统。

这种基本的方案没有采用公钥加密系统，而是只用了加密散列函数。明确地说，用一个散列函数冲突来代替一枚硬币。$(x_1, x_2, \cdots, x_k)$是一个 k 维的散列函数冲突，当且仅当：

$$h(x_1) = h(x_2) = \cdots = h(x_k)$$

$h(\cdot)$是一个加密散列函数，将 m 比特的输入$(x_i, i=1,\cdots,k)$映射到 n 比特的输出（散列和）。所有的 x 值都是截然不同的，而它们却产生相同的散列和，可以通过这一点验证硬币的有效性。

为了能以 50%的概率获得第一个 k 维的冲突，大约要对 $2^{m(k-1)/k}$个 x 值进行检验（即进行散列）。如果将这样的检验重复 c 次，就可以产生 c^k 个 k 维的冲突。也就是说，找到第一个冲突是花销很大的，但接下来寻找其他的冲突花费就会越来越小了。这个结果是建立在生日悖论的基础上的。为了使得计算第一个冲突的开销足够大，建议取 $k>2$。为额外的安全考虑，硬币应该只在一定的时期内(例如一个月)有效。在每一个有效期开始时，经纪人还可以定义附加的有效规范，比如，要求所有有效硬币的散列和的高位比特等于预定的值。

4. 防止硬币的盗用

防止通过窃听盗用数字硬币的一种明显的方式就是使用加密。但是，通常硬币的面值很低(比如说低到 1 欧元)。因此，很多情况下使用加密机制效率实在是不高，而且花费还很大。本节将描述可以提供相同服务的其他一些机制。

自定义的硬币：硬币用户化是指对于谁可以花费硬币加以一定的限制。一个简单的方法就是给硬币加入客户的身份信息。但是，有时客户宁可冒着丢失硬币的危险也要保持匿名性，这是可以理解的。在这种情况下，可以通过使硬币"商家特定化"来减少盗用的可能性。

1) 与用户相关但保持匿名性的硬币

这里描述的机制是由在线支付系统 NetCash 引出的。将硬币用户化，使得在一定的时期内只有某个特定的客户能使用它。而且，这种机制保持客户的匿名性，防止客户重用，保证给客户一个有效的收据或是资金的返回。图 4-27 阐明了其相应的协议。用"1"到"4"表示协议的各步骤，"CS"代表"货币服务器"。

图 4-27　使用自定义硬币的 NetCash 协议

在第一步中，A 发送硬币给货币服务器 CS，以获得硬币三元组。

第一步：E_{CS}(coins, K_{AN1}, E_B, t_B, t_A)

该消息是用货币服务器的公钥 E_{CS} 加密的，因此只有 CS 能看懂。K_{AN1} 是对称会话密钥，货币服务器可以用它来对应答中的硬币三元组进行加密。

第二步：< C_B, C_A, C_X >

三元组中的每一枚硬币都有相同的序列号和面值。B 可以在时间 t_B 之前花费硬币 C_B。如果 B 想要在与 CS 的交易中使用硬币，就必须证明它掌握私钥 D_B，因为 B 的公钥 E_B 嵌在 C_B 里。

如果 A 决定和 B 一起花费硬币，A 向 B 发送如下的消息，说明他将为那一项服务付费(ServiceID)。

第三步：E_B(C_B, K_{AN2}, K_{ses}, ServiceID)

为了使硬币与联系连成一对，B 保留会话密钥 K_{ses}。在提供服务的时候，B 验证 A 是否知道 K_{ses}。如果硬币是有效的，B 必须兑换硬币(即在时间 t_B 之前)。

B 应该以签名的收据作为对第三步中的消息的应答，签收中应包括交易信息(账号 Amount，交易号 TransactionID)以及时间戳(TS)，并且都用对称会话密钥 K_{AN2} 进行加密。

第四步：K_{AN2}(D_B(Amount, TransactionID, TS))

如果 B 没有发给 A 收据，A 可以询问货币服务器，查询 B 是否已经花掉了硬币。若 B 已经花掉了，货币服务器就给 A 发一个已经签名的收据，说明硬币的面值以及 B 的密钥。若 B 还没有花，在 C_A 有效的时间内 A 就可以获得退款。

A 可以在 t_B 之后 t_A 之前花费硬币 C_A。如果 A 决定不与 B 一起花费硬币，而是将硬币用于与 CS(C_A)的交易中，A 必须证明它掌握私钥 D_A，因为 A 的公钥嵌在 C_A 中，此密钥就不一定能确定 A 的身份。

最后，C_X 用于 A 不与 B 一起花费硬币的情况下。因为没有密钥嵌入，所以任何人都可以使用它。

NetCash 硬币三元组见表 4-4。

表 4-4 NetCash 硬币三元组

硬币	可能的消费者	有效时期
C_B	B	t_B 之前
C_A	A	从 t_B 到 t_A
C_X	任何人	t_A 之后

2）与客户相关的硬币

（1）冲突

MicroMint 提出了两种不同的方法，使得硬币与客户相关并且很容易被商家核实。这些方法根本没有使用加密体制。其主要的设计目标是为不相关的低额支付提供廉价而合理的安全机制。

第一种方法是使硬币“组相关”。一组由一定数目的用户组成。组不能太大，否则就可能从一组员那儿盗取硬币再卖给另一组员。组也不能太小，因为那样为了满足所有客户个人的需要，会要求经纪人进行过多的计算。经纪人分给每一个客户一个数字 ID 和 MicroMint 硬币，满足如下的附加条件，商家很容易对此进行检查：

$$h'(x_1, x_2, \cdots, x_k) = h'(\mathrm{ID})$$

$h'(\cdot)$是产生短的散列和(如，16bit 长)的加密散列函数。散列和说明客户从属的组。

第二种方法使用一种不同的、更复杂的冲突。经纪人分给每个客户一枚硬币($x_1, x_2, \cdots, x_k$)，使得散列和 $y_1=h(x_1)$，$y_2=h(x_2)$，…，$y_k=h(x_k)$满足以下条件

$$(y_{i+1} - y_i)\bmod 2^m = di$$

对于 $i=1,2,\cdots,k-1$，这里

$$(d_1, d_2, \cdots, d_{k-1}) = h'(\mathrm{ID})$$

另外，如果与客户相关的硬币只能用于特定的商家，盗用硬币就更没有吸引力了。原因在于，商家可以很容易地发现硬币已经被花费用于其货物或服务了。

（2）散列函数链

PayWord 是基于信用卡的支付系统：客户与经纪人建立一个账号，经纪人发行数字签名的 PayWord，即客户的证书。数字硬币，称为 payword，是与客户相关的。PayWord 是一种离线方案，因为每隔一定的时间(如每天)经纪人只收到每一个客户在每一个商家那儿花费的最后一个 payword。

在 PayWord 方案中，硬币是由顾客产生，而不是由经纪人产生的。客户产生一 payword 链(w_1，w_2，…，w_n)，这是通过随机选择最后一个 payword，然后进行如下计算实现的：

$$w_i = h(w_{i+1}), \quad i = n-1, n-2, \cdots, 0$$

w_0 是这个 payword 链的根。当客户第一次想要从商家那儿买东西时，他把这个根作为已经签名的承诺发送给商家。此外，他还必须把他的由一个愿意给他兑现 payword 的经

纪人发行的 PayWord 证书也发送过去。该证书包含客户的公钥，可以用来验证承诺上的签名。客户不是匿名的。

支付由一个 payword 和它的标号组成，也就是(w_i, i)。第一次支付，客户把$(w_1, 1)$发送给商家。卖主通过计算 $w_0' = h(w_1)$来检验这个 payword 是否正确。w_0'必须与 w_0 也即 payword 链的承诺或根相等。第 i 次支付，客户发送(w_i, i)，商家验证是否 $w_{i-1}' = h(w_i)$。

3）与客户和商家都相关的硬币

Millicent 是 Digital(1995 年)的一系列在线小型支付协议。客户每一次要与一个新的商家打交道时，都要与经纪人在线联系。该协议是为 50 分以下的买卖设计的，也就是说，大多数用于购买诸如联机报纸、杂志、股价之类的电子信息。

在 Millicent 模型中，经纪人是最可信的一方，因为它通常代表着一家有声望的金融机构，比如银行。如果客户与商家合作，经纪人作弊时，他们就可以发现。如果商家要作弊，客户有可能提出控诉。只有客户控诉服务问题时，客户才需要得到信任。这个模型基于三个秘密。

(1) master_customer_secret，用于从便条（参见下文）的客户信息中提取 customer_secret，为商家和经纪人所知。

(2) customer_secret，用于证明便条的所有者，为经纪人和客户所知，可以被商家从 master_customer_secret 中提取出来，可以用 h(CustomerID, master_customer_secret) 计算。

(3) master_scrip_secret，商家用它来防止篡改和假冒，为商家和经纪人所知。

在 Millicent 方案中数字硬币叫做便条。便条的面额很小，其所有者(CustomerID)只能在特定的商家花费它，因此它是与客户和商家都相关的。便条由便条体和证书组成。便条体包括以下几个字段。

(1) 商家、面额、截止日期、客户性质。

(2) Scrip ID(对每一张便条是唯一的，用于选择 master_scrip_secret)。

(3) CustomerID(用于产生 customer_secret)。

便条证书是用 h(scrip_body, master_scrip_secret)计算的。实际上它以 MAC 的方式代表便条的认证信息。

便条具有防止重用的序列号(ID)。但是，如果便条是直接发送的，它就可能被盗用，尽管它是与客户相关的。举例来说，窃听者可以截取用于商家找回的零钱的便条(scrip′)，并且过后再使用。为了防止盗用，Millicent 运用 MAC 引入了买卖请求认证。MAC 用经纪人、客户、商家所共享的买卖请求、便条和一个秘密(customer_secret)的散列和来计算。商家可以用商家与经纪人共享的另一个秘密(master_customer_secret)从便条的客户信息中抽取该秘密。相应的买卖协议如下：

客户→商家：便条 scrip、请求、h(scrip, request, customer_secret)。

商家→客户：便条 scrip′、应答、h(scrip′, certificate, reply, customer_secret)。

在所有的 Millicent 协议中，这种协议具备最佳安全性能的交易。找零头的便条(scrip′)与客户消息中的便条 scrip 有相同的 CustomerID。这就意味着，在用 scrip′作为支付的买卖请求认证中使用同一个 customer_secret。便条证书包含在商家的应答中，以使得客户能够检验它属于哪一次请求。

4.4 电子支付框架和流程

4.4.1 电子支付系统构成

最初的网上购物不包括电子支付功能，只负责商品浏览和下订单，付款是通过其他途径完成的。随着网络技术的发展，当今电子商务大部分都采用电子支付的手段进行商务活动。电子支付作为电子商务的关键问题，既要使消费者感到方便快捷，又要保证交易各方的安全保密，这就需要一个较为完善的电子支付系统框架。

电子支付系统是电子商务系统的重要组成部分，它保障消费者、商家和金融机构之间使用安全电子手段交换商品或服务，即通过电子支付工具，如电子现金、借记卡、信用卡等，来实现安全电子支付，是融购物流程、支付工具、安全技术、认证体系、信用体系以及金融体系为一体的综合大系统。

基于互联网的电子交易支付系统由客户、商家、认证中心、支付网关、客户银行、商家银行和金融专用网络七个部分组成。一个基本的电子支付系统的构成如图 4-28 所示。

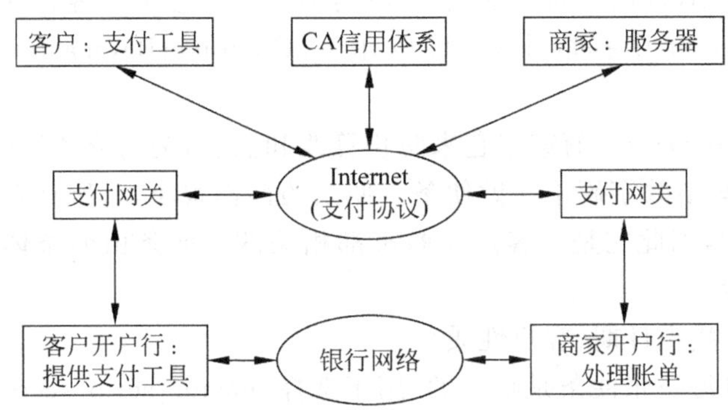

图 4-28 基本的电子支付系统框架

其中，客户是指与某商家有交易关系并存在未清偿的债权关系的一方，客户用自己拥有的支付工具发起支付，是支付体系运作的起点；商家则是拥有债权的商品交易的另一方，商家根据客户发起的支付指令向金融体系请求获取货币给付，商家一般需要优良的服务器来处理这一过程，包括认证以及不同支付工具的处理。

客户开户行又被称为发卡行，是指客户在其中拥有账户的银行，客户所拥有的支付工具就是由开户行提供的，客户开户行在提供支付工具的时候也同时提供了一种银行信用，即保证支付工具的兑付。

商家开户行是商家在其中开设账户的银行，其账户是整个支付过程中资金流向的地方，客户向商家发送订单和支付指令，商家将收到的订单留下，将客户的支付指令提交给商家银行，商家将客户的支付指令提交给其开户行后，就由其开户行进行支付授权的请求以及行与行之间的清算等工作。商家的开户行是依据商家提供的合法账单来工作的，因此又称为收单行。

支付网关是公用网和金融专用网之间的安全接口，支付信息必须通过支付网关才能进入银行支付系统，进而完成支付的授权和获取。支付网关关系着支付结算的安全以及银行系统、金融系统的安全，因为电子事务交易中同时传输着两种信息：交易信息与支付信息，必须保证这两种信息在传输过程中不能被第三者阅读，包括商家不能看到其中的支付信息（如信用卡号、授权密码等），银行不能看到其中的交易信息（如商品种类、商品总价等）。这就要求支付网关一方面必须由商家以外的银行或其委托的卡组织来建设，另一方面不能分析交易信息，对支付信息也只是起保护与传输的作用，即这些保密数据对支付网关是透明的。

金融专用网是银行内部及银行间进行通信的专用网络，具有较高的稳定性和安全性；认证机构是负责为参与商务活动的各方（包括客户、商家与支付网关）发放数字证书，以确认各方的身份，保证电子支付的安全性。认证机构必须确认参与者的资信状况（如通过在银行的账户状况，与银行交往的信用历史记录等），因此认证过程也离不开银行的参与。

除以上参与各方外，电子支付系统的构成还包括支付过程中使用的支付工具以及遵守的支付协议，其中，目前常见的支付工具有电子现金、借记卡、信用卡、电子支票等，目前主流的电子支付安全协议有 SSL 协议、SET 协议，支付协议针对支付工具，对交易中的购物流程、支付步骤、支付信息的加密、认证等方面做出规定，以保证在复杂的公用网中的交易双方能快速、有效、安全地实现支付与结算。

4.4.2 电子支付系统功能

虽然货币的不同形式会导致不同的支付方式，但安全、有效、便捷是各种支付方式追求的共同目标。对于一个支付系统而言（可能专门针对一种支付方式，也可能兼容几种支付方式），它应有以下的功能。

（1）使用数字签名和数字证书实现对各方的认证。为实现交易的安全性，对参与贸易的各方身份的有效性进行认证，通过认证机构或注册机构向参与各方发放数字证书，以证实其身份的合法性。

（2）使用加密技术对业务进行加密。可以采用单钥体制或双钥体制来进行消息加密，并采用数字信封、数字签字等技术来加强数据传输的保密性，以防止被未授权的第三者获取消息的真正含义。

（3）使用消息摘要算法以确认业务的完整性。为保护数据不被未授权者建立、嵌入、删除、篡改、重放等，而是完整到达接收方，可以采用杂凑技术，通过对原文杂凑生成消息摘要并传送给接收者，接收者就可以通过摘要来判断所接收的消息是否完整。

（4）当交易双方出现纠纷时，保证对业务的不可否认性。支付系统必须在交易过程中生成或提供足够充分的证据来迅速辨别纠纷中的是非，可以用仲裁签名、不可否认签名等技术来实现。

（5）能够处理业务的多边支付问题。由于网上贸易的支付要牵涉到客户、商家和银行等多方，其中传送的购货信息与支付指令必须连接在一起，因为商家只有确认了支付指令后才会继续交易，银行也只有确认了支付指令后才会提供支付。但同时，商家不能读取客户支付信息，银行不能读取商家的购货信息，这种多边支付的关系就可以通过双重签名等技术来实现。

4.4.3 电子支付系统流程

电子支付的流程取决于电子支付工具的类别和具体的电子支付过程中的参与方，一般来讲，一个普通的电子支付系统的流程如下。

(1) 用户浏览电子商务网站，选择中意的商品，向商家提出购买请求。

(2) 商家将经用户核对后的订单进行数字签名，提交到支付系统。

(3) 支付网关调用支付界面，要求用户填写账户信息。

(4) 用户用支付系统的支付网关的公开密钥对账户信息进行加密，传递给支付系统的支付网关。

(5) 支付系统支付网关核对用户提供的账户信息进行数据转换，通过金融专网或者专线发给金融机构，要求核对用户账户信息。

(6) 金融机构将核对的结果和用户用于支付确认的信息传递给支付系统。

(7) 支付系统将金融机构传递来的用户支付确认信息传递给支付确认系统，要求进行支付确认。

(8) 支付确认系统接收到要求确认的信息后，进行支付确认预处理，然后按事先选择好的确认方式通知用户(实时确认/分时确认)进行确认。

(9) 用户根据选择的确认方式，进行相应的确认资料的填写，填写好后提交给支付确认系统。

(10) 支付确认系统比较金融机构和用户提交的支付确认信息，如果一致则进行下一步的确认，否则返回错误，最后支付确认系统将确认结果返回给支付系统支付网关。

(11) 确认成功，以 E-mail 的方式告知用户他的支付请求被认可，资金已经从他的账户上划出，否则以 E-mail 的方式告知用户，他的支付请求不被认可。

(12) 确认成功，数字签名金融机构的返回结果发送给商家，并通知商家发货，否则通知商家交易失败。

(13) 确认成功，要求金融机构划款。

(14) 金融机构返回数字签名的划款信息，完成交易。

当然，针对不同的电子支付工具，电子支付流程略有不同，以下对基于不同支付工具的电子支付流程做简单介绍。

1) 电子现金

交易各方对电子现金的要求如下。

客户：要求匿名、使用方便灵活。

商家：要求可靠，能兑换成实体货币。

银行：要求数字现金不能重复使用，电子介质不能被非法使用和伪造。

电子现金支付流程如下。

(1) 客户购买并存储数字现金。

(2) 客户用数字现金购买商品或获得服务。

(3) 商家兑换数字现金。

2) 智能卡

(1) 在适当的机器上启动消费者的浏览器。

（2）通过安装在机器上的读卡机，用消费者的智能卡登录到相关银行的站点，智能卡自动将账号、密码和其他一切加密信息告知银行。

（3）消费者从智能卡下载现金到商家的账户，或从银行账号下载现金到智能卡。

3）电子信用卡

（1）客户完成购物。

（2）从客户账户向商家账户结算。

（3）发卡机构通知客户支付账额，并为客户下单。

4）电子支票

电子支票支付按照参与银行的情况，可分为同行电子支票支付模式和异行电子支票支付模式两种。

同行电子支票支付流程如下。

（1）客户和商家达成网上购销协议，并选择使用电子支票支付。

（2）客户通过网络向商家发出电子支票。

（3）商家收到电子支票后，通过认证中心 CA 对客户提供的电子支票进行初步验证，验证无误后将电子支票送交开户银行索付。

（4）开户银行在商家索付时通过认证中心 CA 对客户提供的电子支票进行最后验证，如果有效，即向商家兑付或转账，即从客户资金账号中转拨相应资金余额到商家资金账号；如果支票无效，如余额不够、客户非法等，即把电子支票返回商家，告知索付无效信息。

（5）开户银行代理转账成功后，在网上向客户发出付款成功通知消息，方便客户查询。

异行电子支票支付流程如下。

（1）客户和商家达成网上购销协议，并选择使用电子支票支付。

（2）付款人利用自己的私钥对填写的电子支票进行数字签名后，通过网络发送给收款人，同时向银行发出付款通知单。

（3）收款人通过认证中心对消费者提供的电子支票进行验证，验证无误后将电子支票送交收单行索付。

（4）收单行把电子支票发送给自动清算所的资金清算系统，以兑换资金进行清算。

（5）自动清算所向付款人的付款银行申请兑换支票，并把兑换的相应资金发送到收款人的收单行。

（6）收单行向商家发出到款通知，资金入账。

除了上述所述的不同支付工具的流程外，近几年来，安全电子支付普遍采用了安全电子支付协议，如 SET 协议，在本书第 6 章也会详细介绍 SET 协议的内容，这里介绍遵循 SET 协议的支付流程。

SET 规定了电子支付系统各方购买和支付消息传送的流程，交易三方为：持卡人、商家和支付网关。交易流程如下。

（1）持卡人决定购买，向商家发出购买请求。

（2）商家返回同意支付等信息。

（3）持卡人验证商家身份，将订购信息和支付信息安全传送给商家，但支付信息对商家来说是不可见的（用银行公钥加密）。

（4）商家验证支付网关身份，把支付信息传给支付网关，要求验证持卡人的支付信息是否有效。

(5) 支付网关验证商家身份,通过传统的银行网络到发卡行验证持卡人的支付信息是否有效,并把结果返回商家。

(6) 商家返回信息给持卡人,送货。

(7) 商家定期向支付网关发送要求支付信息,支付网关通知卡行划账,并把结果返回商家,交易结束。

安全电子交易使用的安全技术包括:加密(公开密钥加密、秘密密钥加密)、数字信封、数字签名、双重数字签名、认证等。它通过加密保证了数据的安全性,通过数字签名保证交易各方的身份认证和数据的完整性,通过使用明确的交互协议和消息格式保证了互操作性。

由于它实现起来比较复杂,每次交易都需要经过多次加密、Hash 及数字签名,并且须在客户端安装专门的交易软件。因此现在使用该协议的电子支付系统并不多。目前一些网上银行支付方式大都采用了 SET 协议,如中国银行等。

第 4 章　课后习题

1. 请阐述电子支付的含义及其发展过程。
2. 电子支付有哪些特征?并且比较其与传统支付的区别。
3. 请举例说明电子支付常用的安全协议,并说明电子支付的主要功能。
4. 电子支付系统由哪几部分组成?并阐述它们的含义。
5. 请说明电子信用卡的功能和运用。
6. 请阐述电子信用卡的特点及优缺点。
7. 请举出电子信用卡网上支付方式,并说明它们的流程和特点。
8. 电子信用卡有哪些安全问题?
9. 电子钱包是什么?有哪些类型?分别有什么特点?并请说明电子货币的优缺点。
10. 请说明电子现金支付流程,并说明安全技术在电子现金中的运用方法。
11. 请说明电子支票的支付流程及其优缺点。
12. 请说明微支付的类型,并比较它们的优缺点。
13. 请说明第三方支付平台特点,并实际分析一个第三方支付平台,说明它的支付流程和优缺点。
14. 请阐明电子支付的安全问题及其安全需求。
15. 除了技术上的风险外,电子支付还有哪些非技术风险?对此有哪些防范手段和管理方法?
16. 为确保电子支付交易的安全,使用了哪些安全技术?
17. 请详细阐述一个电子支付框架的构成、功能及交易流程。

参考文献

[1] 管有庆,王晓军,董小燕. 电子商务安全技术[M]. 北京:北京邮电大学出版社,2005.

[2] 刘建国. 电子商务安全管理和支付[M]. 上海:立信会计出版社,2011.

[3] 孙若莹. 电子商务概论[M]. 北京:清华大学出版社,2012.

[4]　张传平，丁浩．电子商务从战略到实施[M]．东营：中国石油大学出版社，2006.
[5]　史益芳．电子商务概论[M]．北京：化学工业出版社，2011.
[6]　汪勇．电子商务概论[M]．北京：清华大学出版社，2009.
[7]　帅青红．电子支付与结算[M]．大连：东北财经大学出版社，2011.
[8]　梁循，曾月卿．网络金融[M]．北京：北京大学出版社，2005.
[9]　韩宝明，等．电子商务安全与支付[M]．北京：人民邮电出版社，2001.
[10]　唐德权．电子商务安全[M]．武汉：华中科技大学出版社，2011.
[11]　张波，任新利．网上支付与电子银行[M]．上海：华东理工大学出版社，2012.
[12]　祝凌曦．电子商务安全[M]．北京：北京交通大学出版社，2006.
[13]　李洪心．网上支付与结算[M]．北京：北京师范大学出版社，2010.
[14]　刘红军．电子商务技术[M]．北京：机械工业出版社，2011.
[15]　秦树文．网上支付与结算[M]．北京：清华大学出版社，2012.
[16]　帅青红，夏军飞．网上支付与电子银行[M]．沈阳：东北财经大学出版社，2009.
[17]　帅青红．电子支付与安全[M]．成都：西南财经大学出版社，2009.
[18]　蔡志文．电子商务安全[M]．北京：北京大学出版社，2013.
[19]　王平．电子商务系统及其实现技术[M]．重庆：重庆大学出版社，2000.
[20]　杨义先，马春光．信息安全新技术[M]．北京：北京邮电大学出版社，2013.
[21]　Vesna Hassler．电子商务安全基础[M]．钟鸣，等，译．北京：人民邮电出版社，2001.
[22]　佟晓筠．电子商务安全及案例[M]．北京：中国铁道出版社，2010.
[23]　张佳南．计算机网络安全管理[M]．北京：中国财政经济出版社，2002.

电子交易系统及其安全设计

在介绍了相关理论知识后，本章将从实际出发，具体介绍电子交易系统的功能及相关技术，并着重介绍关于电子交易安全的设计方法，见图 5-1。

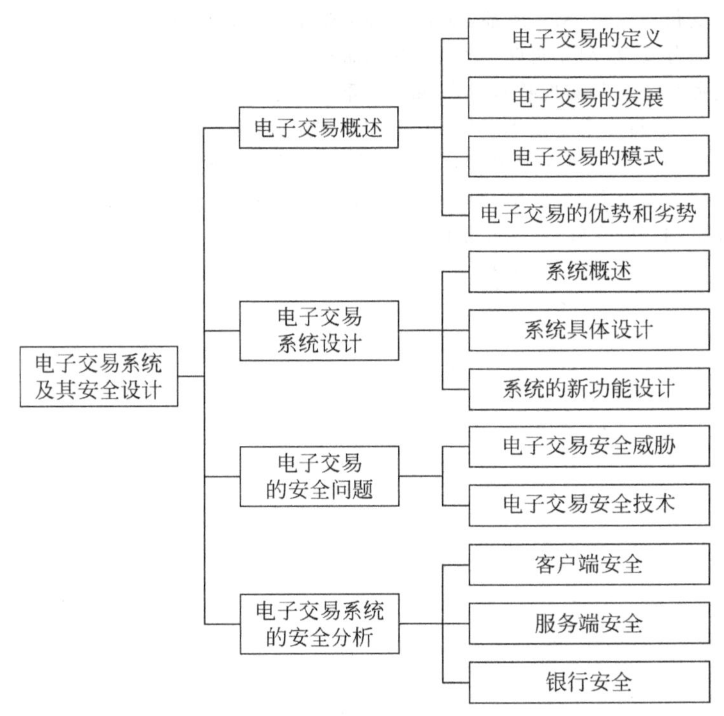

图 5-1　本章主要内容结构

5.1　电子交易概述

5.1.1　电子交易的定义

电子交易(screen trading)指通过电子系统进行的交易，不同于在交易所交易大厅面对面进行的交易。在电子商务中没有哪一部分比电子交易更引人注目了。所谓电子交易，就是指在网上进行买卖交易。电子交易将不再是简单地开辟一条新的网上销售渠道，它将降低经营成本并能帮助企业与客户、供货商以及合作伙伴建立更为密切的合作关系。电子交易能够在增加收入的同时建立起客户忠诚度，通过提高订单处理效率得以降低成本。在降低库存和库房开支的同时还能保持满货率并降低销售交易的实际成本。

5.1.2　电子交易的发展

自从互联网诞生以来，越来越多的企业将目光转移到网络这块新大陆上，随着技术的进步和时代的发展，企业电子交易经过了几个历程。

第一阶段，黄页型（yellow page），互联网提供企业或产品黄页，取代了传统的传播介质，与之相比，它的优势在于使用方便，内容更新快，阅读人群广，广告效果更好，而且成本低。直到现在，这种服务依然受到市场的欢迎，生命力极强。

第二阶段，广告型（pamphlet），取代了传统的企业介绍画册，增加了声音、视频等多媒体内容，信息量更大，为企业和消费者建立了平等的沟通渠道，由于成本低廉，降低了小企业和大企业竞争的资本。

第三阶段，销售型（sale），取代传统的销售方式，一些适合在网上销售的产品开启了“网络丝绸之路”，一方面是出于减少流通环节和降低经营成本的考虑，另一方面是因为互联网具有其他销售方式不可比拟的优势，所以消费者和企业都更加乐意接受这种新兴的交易方式，最先采纳这种销售方式的是原有的邮购商品，大大降低了经营成本，使之成为最快获利的商业网站。当前国内互联网企业主要处于这个发展阶段，如 B2C、B2B 等，但就目前来说，还不能说“取代”传统的销售方式，只是提供了更多选择罢了。

第四阶段，整合型（integrated），前面几个阶段着重于外向型商务平台，其实内部电子交易从简单的计算机文字处理时代就已经存在了，财务管理、库存管理、人事管理、决策管理等企业应用层软件一直没有停止过网络化的步骤。随着服务器系统管理软件功能的强大，为了节约成本，越来越多的企业采用了整合型的方案，从产品销售、招聘、招商引资、企业宣传、售后服务、技术支持到合作意向等，凡是可以公开的内容，都上网了，从消费者、员工、经销商、零售商、供应商、直到管理者，根据不同的角色和权限，可以浏览各种相关的内容，进行各种各样的活动，如咨询、采购、面试、组织会议、发布消息、采访等，只要登录一台服务器。这时候，电子交易才真正成为一个企业应用平台，这不再是一个现在所谓的人机交互式的平台，而是人与人沟通的平台。消费者可以上网向值班的技术支持咨询，经销商可以上网了解生产进度，供应商可以上网和采购主管洽谈业务，这些客户不需要了解他的接触对象身在何处，也许在办公室，也可能在家，甚至可能在度假，也就产生了虚拟的概念，大部分都是通过网络会议技术实现的，员工每天第一件事情就是登录网络，在家办公也就成为可能。

第五阶段，在线生产在线消费（produce online&consume online，POCO），其实这种方式已经存在，只不过它仅仅存在一些特殊商品上，被人们忽略罢了。如：软件，多媒体应用如电视、广播、电子图书、远程教育、远程医疗、咨询、报关、交税、金融业务等，这是电子交易化程度的最高形式。这是电子交易网站最快开始盈利的模式，只不过由于一些技术性问题阻碍了它的发展，如版权、稳定的带宽、网络安全、信用等，所以我们必须尽快过渡到这种盈利模式。也许有的企业认为，我是种水稻的，怎么可能 POCO 呢？这实际上是长期以来受实物经济束缚的结果，一直以来企业通过实物的形式实现价值，实物销售在企业获得的利润中占很大比重，但是在新经济条件下，高附加价值的产品越来越多，产品本身的作用越来越淡化。同样一个汉堡，在麦当劳就可以卖 9 块钱，在其他地方只能卖 6 块钱，关键在于产品包含的附加价值不一样。销售水稻表面上看似乎就是销售一种粮食，聪明的企业会选择销售健康、环保的产品，消费者通过网络接收到企业想传播的信息，了解了他们的产品，购买产品实际上就购买了健康和环保，企业的价值也就实现了。

5.1.3 电子交易的模式

电子交易市场对交易系统进行多样化的模式设计，共包括 10 个模式：卖方挂牌、买方挂牌、在线竞买、在线竞卖、在线洽谈、双向竞价、竞价专场、集合竞价、在线招标、在线专场。

1）挂牌交易模式

挂牌交易模式是指在交易市场组织下，买方或卖方通过交易市场现货挂牌电子交易系统，将可供需商品的品牌、规格等主要属性和交货地点、交货时间、数量、价格等信息对外发布要约，由符合资格的对手方提出接受该要约的申请，按照“时间优先”原则成交并通过交易市场签订电子购销合同，按合同约定进行实物交收的一种交易模式。它分为买方挂牌交易和卖方挂牌交易两种模式。

（1）卖方挂牌交易模式

卖方挂牌是指在本市场内卖方将其自有或未来拥有的商品详细情况录入交易系统，确认后发布挂牌要约，买方通过交易系统查询相关挂牌要约内容，并摘牌成交签订电子交易合同的一种交易模式。

（2）买方挂牌交易模式

买方挂牌是指在本市场内买方将其需要订购的商品的详细情况录入交易系统，确认后发布挂牌要约，卖方通过交易系统查询相关挂牌要约内容，并摘牌成交签订电子交易合同的一种交易模式。

2）在线交易模式

（1）在线竞买交易模式

在线竞买是指某供货商（卖方）将一定数量的商品作为标的，通过本市场交易系统发布竞买要约，由买方以向上出价方式进行公开竞价，最后满足卖方销售数量的一个或多个报价按由高到低的顺序排序，由位列前列的买方拍得标的商品，并签订电子合同的一种交易模式。

（2）在线竞卖交易模式

在线竞卖是指某购货商（买方）将需采购一定数量商品的需求作为标的，通过本市场交易系统发布竞卖要约，由卖方以向下出价方式进行公开竞价，最后满足买方订货数量的一个或多个报价按由低到高的顺序排序，由位列前列的卖方拍得标的需求，并签订电子合同的一种交易模式。

（3）在线洽谈交易模式

在线洽谈是指交易商在洽谈模块中根据自己供货或需求的情况建立洽谈室，发出洽谈邀请信息，邀请或等待其他交易商进入洽谈室以互动方式进行信息沟通和合同内容洽谈，双方达成一致结果后，采用标准合同模板签订电子交易合同的一种交易模式。

（4）在线招标交易模式

在线招标是指采购商通过本市场的交易系统来完成一种或多种商品的大批量招标采购工作，签订在线招标电子交易合同的一种交易模式。

（5）在线专场交易模式

在线专场交易模式是市场为了更好地服务于市场和交易商，根据市场发展的需要、交易商的需求等情况，专门为某交易商或某交易商品或某地区等开设单交易模式或多交易模式的专场，以适应和满足市场的特殊需求。

3）竞价交易模式

（1）双向竞价交易模式

双向竞价是指在除订货价格、订货数量、钢材生产商、交货地点不确定，其他合同条款均确定或买卖双方约定同意的情况下，在本市场规定的交易商品范围内，交易商选择具体的交易商品及交货日期进行买卖方向、数量、价格的竞价交易，签订电子合同的一种交易模式。

（2）竞价专场交易模式

竞价专场是指在交收地点、交货日期确定的情况下，在电子交易市场规定的交易商品范围内，交易商选择具体的钢材品种及生产商进行买卖方向、数量、价格的竞价交易，签订电子合同的一种交易模式。

（3）集合竞价交易模式

集合竞价是指在除订货价格、订货数量不确定，其他合同条款均确定或买卖双方约定同意的情况下，在本市场规定的交易商品范围内，交易商选择具体的交易商品进行买卖方向、数量、价格的分节竞价交易，签订电子合同的一种交易模式。

5.1.4　电子交易的优势和劣势

相对于传统的交易方式，电子交易有着得天独厚的优势。

1）交易全球化

凡是有网络的地方都可以变成电子交易的市场，凡是可以上网的人员都可以变成电子交易的参与人员，交易的距离通过网络彻底地拉近了。对于传统交易来说，距离的差异往往导致东西的销售区域狭小，南边的特产很难高效地销售到北边的普通人家，更别说跨国交易了。电子交易很好地克服了这些困难，市场的跨度已经遍布全球。

2）交易快捷化

交易的主要处理"人员"由原来的人工变成电脑软件，交易通过计算机自动快速地进行。相比传统交易方式，主力是人力，所以交易的速度缓慢，并且容易出现错误，降低交易的效率。

3）交易方便化

传统交易买方卖方需要同时同地存在完成交易，无论哪一方缺席，交易都无法进行。而电子交易不存在这些限制，只需要买家选好商品发送订单，卖家接收订单发送商品，在时间上并不强求必须一致，使交易更加方便，买家和卖家都可以寻找适合自己的时间完成自己的交易过程。

4）交易虚拟化

不管是买方还是卖方，通过电子交易方式的交易都是面对电脑系统，从签约、订货到支付的整个交易过程，双方不需要面对面地直接交谈，虚拟化的交易带来了很多的便利。

5）交易成本低廉化

通过网络的电子交易大大节约了交易成本。从卖家的角度分析，电子交易不需要在现实生活中存在实体店，传统交易中的关于场地出租、商品存储的一大部分费用被节约了下来，大大降低了成本。从买家的角度分析，电子交易让买家的选择多样化，可以通过比较选择性价比最好的商家进行交易，而且减少了传统交易中容易出现的“店大欺客”“物以稀为贵”的现象。

电子交易虽然有很多优点，但还是有它的劣势，这也是很多人对电子交易还是抱着怀疑态度的根源。

1）虚假劣质商品增多

由于电子交易的虚拟化特点，买家对商品无法进行实质的检查、评估。因此有些不法商家钻空子，将自家的劣质甚至虚假商品夸大化，迷惑买家的双眼，诱使买家购买其商品。虽然现在的电子交易平台对这些商家已经进行惩治和剔除，但是这个问题没办法根治。

2）售货服务滞后

由于电子交易中的有些商品销售地很远，商品一旦出现问题，进行维修等售后服务时，就会出现不方便的问题，甚至有些不负责的商家在商品售出后根本不管售后服务，而买家一般也无可奈何。

电子交易的最大问题：安全问题将在5.3节详细讲解。

5.2 电子交易系统设计

5.2.1 系统概述

1. 系统目标

结合以上提到的电子交易的特点，一个合格的电子交易系统的目标如下。

1）安全

电子交易具有交易虚拟化的优点，即整个交易过程都是通过计算机互联网完成的，对于整个交易中最重要的支付过程，也是在互联网上进行的。但是现在网络上存在各种危险，而电子交易不同于其他的网络活动，它直接涉及经济交易，所以一旦出现安全漏洞，可能就会导致直接的经济损失，系统的安全性是需要考虑的第一要素。

2）高效

电子交易有着市场全球化、商品多样化的特点，所以系统的访问量和订单数据量都是庞大的，系统需要在准确处理数据的前提下，保证交易即时高效无延迟地完成。

3）稳定

系统在运行中，一方面有着巨大数据量的冲击，另一方面可能还会受到网络的恶意攻击，保证系统面对这些问题时，仍能稳定无误地运行也是目标之一。

2. 系统成功要素

电子交易的流行让电子交易系统的需求迫在眉睫，如何才能成为一个成功的电子交易系统呢？

从电子交易来说，成功因素包括：执行管理上应有合理的商业战略和目标；关注于客户方案、服务、长期关系及价值；注意销售周期的各个方面，包括意识、兴趣、愿望、行为、服务和支持；理解并挖掘互联网的独特方面以及基于标准的技术；与业务流程和信息系统紧密集成的强壮、可扩充的基础设施。所以一个成功的电子交易系统需要根据交易的这些成功因素来设计一些功能。

5.2.2 系统具体设计

1. 系统四大模块

根据电子交易的需求我们把系统分成四个主要模块：会员管理模块、商品管理模块、订单管理模块、服务管理模块，见图 5-2。

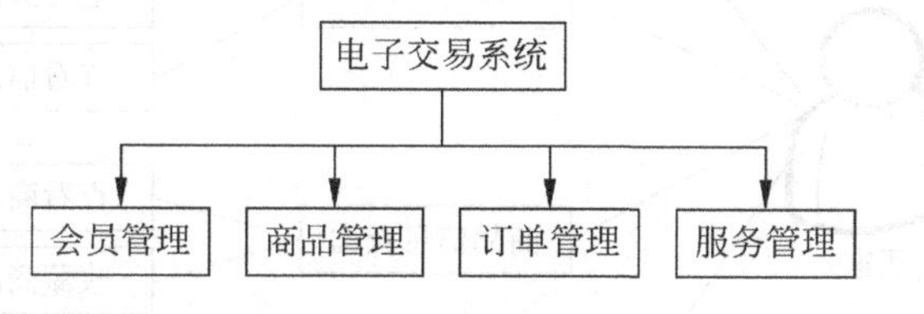

图 5-2 总体模块设计图

会员管理模块：在会员管理模块中，主要是对会员账号的管理，分为三部分：一是针对买家，包括新会员的注册、登录，账号信息修改等功能。注册功能是对新用户进行登记并赋予一部分权限；登录功能包括对会员账号和密码的准确性进行验证以及用户密码修改功能的管理；账号信息修改功能包括用户对昵称、简介、爱好、头像等个人详细信息的添加或修改。二是针对卖家，入驻电子交易平台的卖家除了普通用户的权利之外，还需要进行如实名认证等方式的身份认证，然后拥有贩卖商品的一定权限。三是针对管理员，主要是完成其对用户账号的管理，包括对用户添加、修改的资料的审核，对用户权限的赋予或限制等。

商品管理模块：在商品管理模块中，主要包括购物车、商品信息管理、商品关注收藏等方面。购物车功能是用户电子购物不可或缺的部分，主要体现在将商品添加或删除到购物车中以及自动对购物车商品进行结算等方面的功能；商品信息管理功能主要体现在买家用户对商品详细信息的浏览查看；卖家用户对自己的商品进行管理：添加新商品的详细信息，修改现有商品的信息、价格以及删除已经售完的或不再进行销售的商品；管理员对新商品信息进行录入和分类处理等；商品关注收藏功能主要体现在买家用户对暂时不需要购买的心仪商品可以进行收藏和关注。

订单管理模块：订单相当于传统线下交易中的合同，所以需要一套严密的订单流程进行管理。在订单管理模块中，首先是订单的生成，在买家对购物车的商品进行整理和结算，然后填写自己的联系方式和邮寄地址等信息，可以生成订单，对于生成的订单，系统需要生成唯一的订单号，便于对订单的全程活动进行跟踪监督。订单一旦生成，任何有关订单的修改需要买家和卖家双方商议后才能改动，如商品价格、商品退订等。

服务管理模块：在服务管理模块中，一方面是管理员对于本系统的本职工作介绍，包括整个网站的描述、各项功能的使用指导等书面说明，以及会员在各项操作中可能遇到的一些常见问题的解决办法和我们的联系方式等书面说明。另一方面是作为买家和卖家的“中介人”，需要对交易时(特别是交易后)出现的问题进行调解，对有不良记录的买家或卖家进行相应的处罚，维护整个系统的和谐。

2. 系统前台设计

系统前台即系统的客户端，在这里我们将分别介绍买家客户端和卖家客户端的功能。

买家功能模块如图 5-3 所示。

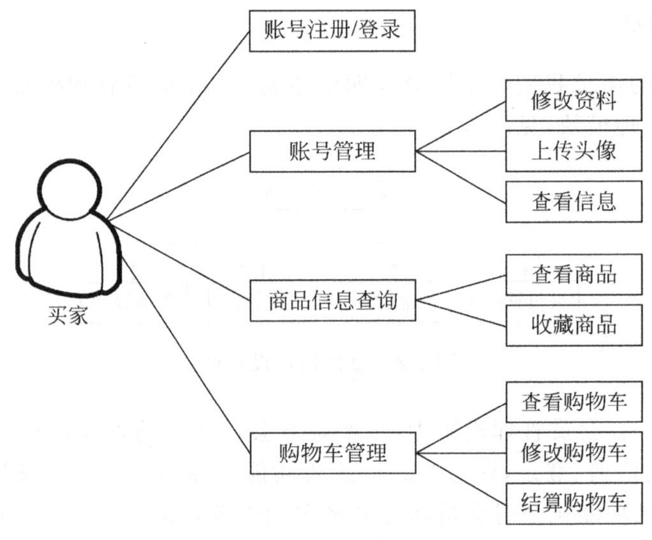

图 5-3 买家功能设计图

买家用户的具体功能如下。

账号注册/登录：账号注册就是完成一些基本信息的填写，注意要输入正确的资料格式，不然系统会提示输入错误，并且将无法注册成为会员。注册成功的会员会得到唯一的 ID 号，并且获得一些网站权限。账号登录是通过对账号、密码、验证码的输入，完成对注册用户的登录，成功后可以行使已经获得的权限进行交易活动。

账号管理：对已经申请好的账号，用户可以查看自己的相关信息，包括自己的详细信息、购物记录、社交互动信息等；用户可以添加完善自己账号的基本信息，或者对已存在的信息进行修改，包括昵称、简介、关注产品等，并且可以重新上传照片当作自己的头像。

商品信息查询：买家可以随意浏览各种产品的详细信息，并且可以将其他用户对已购买商品的评价当作参照物，这样便于找到性价比最高的商品。对于中意的且并不急于购买的商品，用户可以使用关注功能，关注商品的动态，寻找最佳购买时机。

购物车管理：购物车是用户功能中最核心的部分。用户可以将需要购买的商品加入购物车,最后在购物车中对商品进行整理：增加商品数量,删除不想要的商品,添加商品备注,最后进行结算,就可以完成订单的生成。

卖家用户也具有买家的权限功能,只要通过一定的身份认证后,卖家便可以得到管理员赋予的其他权限,卖家功能模块如图 5-4 所示。

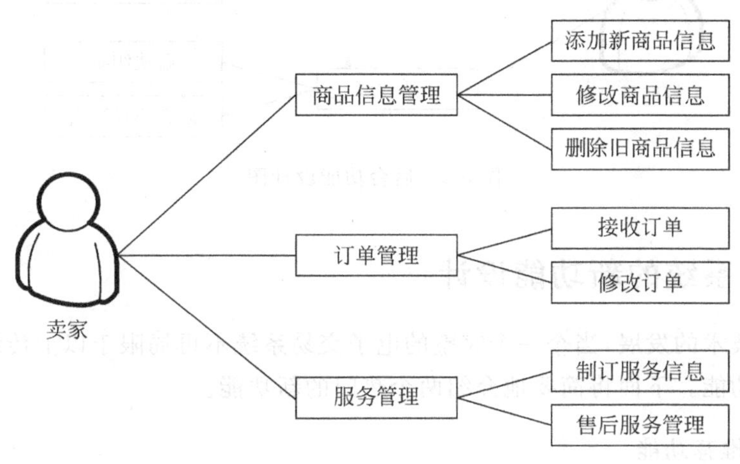

图 5-4 卖家功能设计图

卖家用户的具体功能如下。

商品信息管理：卖家可以根据自己的实际情况,调整电子商店中的商品信息,包括增加新商品的信息,将其加入到商店中开始进行销售；修改原有商品的信息和调整其价格；删除已经售完或不想再销售的商品信息等。

订单管理：卖家通过订单系统完成对已经生成的订单进行接收、确认已经付款、核对订单信息后,开始发货；卖家还可以在与买家达成共识的情况下,对订单的错误信息或其他信息(如价格)进行修改,并由买家重新确认。

服务管理：卖家可以制定邮递方式、支付方式等服务信息,并通过书面形式公示出来。这样可以给买家多种选择方式。卖家还要完成售后服务的管理,卖家会收到每件已售商品的评价,可能还会收到一些买家的投诉。卖家为了自己的信誉,需要通过管理系统快速了解情况,并且给出解决方案。

3. 系统后台设计

系统的后台功能如图 5-5 所示。

后台管理员具体功能如下。

信息审核：为维护系统的干净和谐,对买家用户个人信息的修改,管理员需要进行审核,对审核不通过的修改不予批准,并反馈给买家用户；对卖家商品更新的信息同样需要审核,禁止违法商品在平台上销售。对能通过的信息进行整理,并对数据库进行管理。

矛盾管理：在商品售后问题的处理上发生纠纷时,管理员有义务进行调解,督促有过错的一方进行弥补。并且对存在诚信问题的买家或卖家进行惩罚,如封停账号、限制权限等。

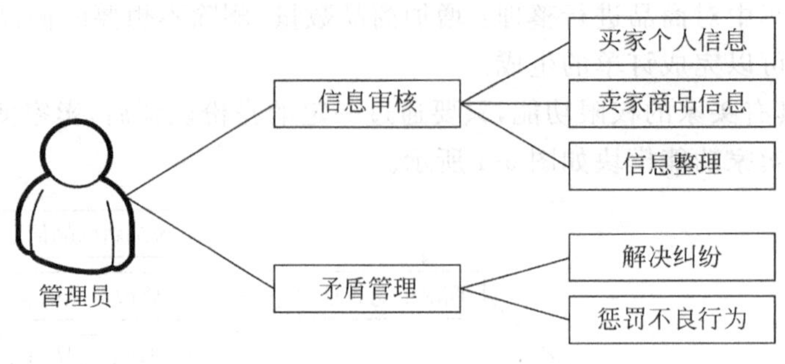

图 5-5 后台功能设计图

5.2.3 系统的新功能设计

随着网络技术的发展，当今一个完整的电子交易系统不再局限于以上传统的步骤，还涌现出更多的新功能。下面将简要地介绍两个热门的新功能。

1. 个性化推荐功能

个性化推荐功能属于卖家用户模块下的新功能。个性化推荐是根据用户的兴趣特点和购买行为，向用户推荐用户感兴趣的信息和商品。随着电子交易模式的不断发展、买家入驻的数量不断扩大，商品种类快速增长，同商品数量也不断增加，这使得海量信息产生，让顾客需要花费大量的时间才能找到自己想买的商品。如果不妥善解决以上问题，必然使用户在购买心仪商品之前必须花费大量时间浏览无关的信息和产品，这会激发用户的厌烦情绪，最终导致客户的流失。一个电子交易系统的个性化推荐功能便是解决这些问题的最佳途径。个性化推荐功能是建立在海量数据挖掘基础上的一种高级商务智能方式，以帮助电子交易系统为其顾客购物提供完全个性化的决策支持和信息服务。

该功能需要分为三个模块：收集用户信息的行为记录模块、分析用户喜好的模型分析模块、推荐算法模块。

收集用户信息的行为记录模块包括：用户最基本的信息，包括社会属性和自然属性，比如用户的姓名、年龄、职业、收入、学历、所处城市等；用户手工输入的信息，这部分是用户主动提供给系统的信息，包括用户在搜索引擎中输入的关键词等；用户的浏览行为和浏览内容，这体现了用户的兴趣和需求；客户过去的购买行为和购买记录，可以从购买行为中收集购买价格、购买频率等信息。

分析用户喜好的模型分析模块是通过对用户信息和对大环境下热门商品的结合分析客户的需求，推荐合适的商品。该模块包括：用户喜好商品类型的分析，得到用户当下可能需要的商品；用户购买能力的分析，以便推荐适合用户价格范围的商品；用户适用范围商品的需求，可能一些新兴的商品用户并不了解，但是可以通过对用户的分析推荐适宜的商品供其选择。

推荐算法模块是个性化推荐功能中的核心部分。根据推荐算法的不同，推荐系统可以分为以下几类：协同过滤(collaborative filtering)系统、基于内容(content-based)的推荐系统、基于用户-产品二部图网络结构(network-based)的推荐系统。

协同过滤系统是第一代被提出并得到广泛应用的推荐系统。如 amazon 的书籍推荐，Jester 的笑话推荐等。其核心思想是：首先利用用户的历史信息计算用户之间的相似性，然后利用与目标用户相似性较高的用户对其他产品的评价来预测目标用户对特定产品的喜好程度，最后根据喜好程度来对目标用户进行推荐。在计算用户之间相似度时，大部分都是基于用户对共同喜好产品的打分。最常用的方法是 Pearson 相关性和夹角余弦。协同过滤推荐系统的算法可以分为两类：基于记忆(memory-based)和基于模型(model-based)。前者是根据系统中所有被打过分的产品信息进行预测，注重于预测用户的相对偏好而不是评分绝对值；后者是收集打分数据进行学习并推断用户行为模型，再对某个产品进行预测打分。

协同过滤系统具有发现用户潜在的兴趣偏好，推荐新信息，能推荐难以进行内容分析的产品的优点，但是会由于是基于用户对产品的评分，所以对新用户进行推荐或者是对用户推荐新产品，精度不高，随着用户量的增多，计算量呈线性增加，影响系统的性能。

基于内容的推荐系统是协同过滤技术的延续与发展。其核心思想是：首先分别对用户和产品建立配置文件，然后比较用户与产品配置文件的相似度，最后推荐与其配置文件最相似的产品。例如，在电影推荐中，基于内容的系统首先分析用户已经看过的打分较高的电影的共性(演员、导演、风格等)，再推荐与这些用户感兴趣的电影内容相似度很高的其他电影。基于内容的推荐算法根本在于信息获取和信息过滤。因为在文本信息获取与过滤方面的研究较为成熟，现有很多基于内容的推荐系统都是通过分析产品的文本信息进行推荐。在信息获取中，最常用的是 TF-IDF 方法。

基于内容的推荐系统的优点很明显：能处理新用户、新产品的问题(冷启动)；实际系统中用户对产品的打分信息非常少，基于内容的推荐系统可以不受打分稀疏性问题的约束；能推荐新出现的产品和非流行的产品，发现隐藏信息；通过列出推荐内容的特征，可以解释为什么推荐这些产品，使用户在使用时具有更好的用户体验。不过它仍然存在以下缺点：受到信息获取技术的约束，例如自动提取多媒体数据(图形、视频流、声音流等)的内容特征具有技术上的困难；如果两个不同的产品恰好用相同的特征词表示，则这两个产品就无法区分；如果一个系统只推荐与用户的配置文件高度相关的产品，那么推荐的只能是与用户之前购买过的产品非常相似的产品，无法保证推荐的多样性。

基于网络结构的推荐算法仅仅把用户和产品的内容特征看成抽象的节点，所有算法利用的信息都藏在用户和产品的选择关系中。其核心思想是：建立用户-产品二部图关联网络对于任意目标用户 i，假设 i 选择过所有的产品，每种产品都具有向 i 推荐其他产品的能力，把所有 i 没有选择过的产品按照他喜欢的程度进行排序，把排名靠前的推荐给 i。在同样的用户喜好程度下，推荐冷门的产品要比推荐热门的产品意义更大。在同样的精确度下，推荐的产品数量越少越好。

基于网络结构的推荐算法开辟了推荐算法研究的新方向，但是同样面临着新用户新产品的问题。新用户或新产品刚进入系统时没有任何选择或被选信息，系统无法与其他用户或产品建立关联网络。受到用户选择关系建立时间的影响，如果把用户与产品的所有关联关系都考虑在内，无法区分出长期兴趣点和短期兴趣点，过多地考虑长期兴趣点会使系统无法给出满足用户短期兴趣的产品，从而大大降低推荐准确度。

2. 智能问答系统

随着互联网的普及,开始使用电子交易平台进行网上购物的用户越来越多。当新用户刚开始使用该电子交易系统或者系统产生功能更新后,必然会有很多疑问需要解决。如果按照传统电子交易系统一样,采用全人工客服解决问题,在客户规模巨大的当前背景下,会造成很多问题。对于买家用户来说,客户追求的是信息的及时性,希望无论何时提出的问题都能在第一时间内解答,但是如果靠单纯的人工模式,受到总问题数、服务人员工作时间的影响,很难达到这个要求。而对于客服人员来说,买家的问题很多都是简单重复的,在这些毫无技术含量的问题下浪费精力和时间是一件非常不明智的做法。

所以,在电子交易系统开发智能问答功能是发展所需。智能问答就是以一问一答形式,精确地定位网站用户所需要的提问知识,通过与网站用户进行交互,为网站用户提供个性化的信息服务。它是将积累的无序语料信息进行有序和科学的整理,并建立基于知识的分类模型;这些分类模型可以指导新增加的语料咨询和服务信息,节约人力资源,提高信息处理的自动性,降低网站运行成本。

做好智能问答系统必须完成好三部分的开发:问题处理、信息检索和答案抽取。问题处理部分是对用户用自然语言提出的问题进行预处理,包括词法、句法、语义等方面的分析,得到用户查询的关键词、查询句的关注焦点和用户问题所属类型。信息检索部分是通过传统信息检索技术获得答案可能所在的文档,并对文档进行排序。答案抽取部分对信息检索得到的候选文档进行词法、句法、语义等方面的分析,并根据查询问题所属类别抽取出答案,返回给用户。

5.3 电子交易的安全问题

5.3.1 电子交易安全威胁

电子商务包含"三流":信息流、资金流、物流。"三流"中以信息流为核心,电子商务正是通过信息流带动资金流、物流的完成。电子商务与传统商务的最重要的区别就是以计算机网络来传递信息,促进信息流的完成。计算机网络的安全必将影响电子商务中的"信息流"的传递,进而势必影响电子商务的开展。

1. 计算机网络的安全威胁

计算机网络存在以下安全威胁。

1) 黑客攻击

黑客攻击是指黑客非法进入网络,非法使用网络资源。计算机信息网络上的黑客攻击事件愈演愈烈,据《2008瑞星中国大陆地区互联网安全报告》披露,以牟利为目的的黑客产业链已经形成并成为新的暴利产业。一旦成为了肉鸡,黑客可以在该被控制的电脑上恣意妄为。同时,作为技术能力比较弱的中国,遭受境外黑客攻击破坏也十分严重。两年前,据媒体披露,一些中国重要部门的电脑就遭遇了一次"滑铁卢",一些政府部门、国防机构、军工企业等重要单位,遭到境外大规模的网络窃密攻击。

2）计算机病毒的攻击

随着计算机网络技术的发展，计算机病毒技术也在快速地发展变化之中，而且在一定程度上走在了计算机网络安全技术的前面。专家指出，从木马病毒的编写、传播到出售，整个病毒产业链已经完全互联网化。对数量继续暴增的计算机病毒来说，防护永远只能是一种被动防护，而计算机感染上病毒后，轻则使系统工作效率下降，重则造成系统死机或毁坏，使部分文件或全部数据丢失，甚至造成计算机主板等部件的损坏，导致硬件系统完全瘫痪。据公安部调查结果显示，计算机病毒仍然呈现出异常活跃的态势，互联网站被大量"挂马"成为病毒木马传播的主要方式，最近就出现一个令人诧异的现象，黑客网站黑狼基地被挂马了。同时，目前计算机病毒、木马等绕过安全产品的发现、查杀甚至破坏安全产品的能力也增强了。可见，当前计算机系统遭受病毒感染的情况相当严重。

3）拒绝服务攻击

拒绝服务攻击（DoS）是一种破坏性的攻击，它是一个用户采用某种手段故意占用大量的网络资源，使系统没有剩余资源为其他用户提供服务的攻击，即攻击者想办法让目标机器停止提供服务，是黑客常用的攻击手段之一。其实对网络带宽进行的消耗性攻击只是拒绝服务攻击的一小部分，只要能够对目标造成麻烦，使某些服务被暂停甚至主机死机，都属于拒绝服务攻击。拒绝服务攻击问题也一直得不到合理的解决，这是由于网络协议本身的安全缺陷造成的，从而拒绝服务攻击也成为了攻击者的终极手法。攻击者进行拒绝服务攻击，实际上让服务器实现两种效果：一是迫使服务器的缓冲区满，不接收新的请求；二是使用IP欺骗，迫使服务器把合法用户的连接复位，影响合法用户的连接。目前具有代表性的拒绝服务攻击手段包括SYN flood、ICMP flood、UDP flood等。随着互联网的发展，拒绝服务攻击成为了网络安全中的重要威胁。

4）系统漏洞

系统漏洞是指应用软件或操作系统软件在逻辑设计上的缺陷或在编写时产生的错误，这个缺陷或错误可以被不法分子或者电脑黑客利用，通过植入木马、病毒等方式来攻击或控制整个电脑，从而窃取电脑中的重要资料和信息，甚至破坏系统。漏洞影响到的范围很大，包括系统本身及其支撑软件、网络客户和服务器软件、网络路由器和安全防火墙等。换而言之，在这些不同的软硬件设备中都可能存在不同的安全漏洞问题。在不同种类的软、硬件设备，同种设备的不同版本之间，由不同设备构成的不同系统之间，以及同种系统在不同的设置条件下，都会存在各自不同的安全漏洞问题。

2. 商务交易的安全威胁

商务交易安全威胁把传统的商务活动在Internet上进行，由于Internet本身的特点，存在着很多安全威胁，给电子商务带来了安全问题。Internet的产生源于计算机资源共享的需求，具有很好的开放性，但正是由于它的开放性，使它产生了更严重的安全问题。Internet存在以下安全隐患。

1）开放性

开放性和资源共享是Internet最大的特点，但它的问题却不容忽视。正是这种开放性给电子商务带来了安全威胁。

2）缺乏安全机制的传输协议

TCP/IP 协议是建立在可信的环境之下，缺乏相应的安全机制，这种基于地址的协议本身就会泄露口令，根本没有考虑安全问题；TCP/IP 协议是完全公开的，其远程访问的功能使许多攻击者无须到现场就能够得手，连接的主机基于互相信任的原则等这些性质使网络更加不安全。

3）软件系统的漏洞

随着软件系统规模的不断增大，系统中的安全漏洞或“后门”也不可避免地存在。如 cookie 程序、Java 应用程序、IE 浏览器等这些软件与程序都有可能给我们开展电子商务带来安全威胁。

4）信息电子化

电子化信息的固有弱点就是缺乏可信度，电子信息是否正确完整是很难由信息本身鉴别的，而且在 Internet 上传递电子信息，存在着难以确认信息的发出者以及信息是否被正确无误地传递给接收方的问题。

3. 计算机网络安全威胁与商务交易安全威胁给电子交易带来的安全问题

1）信息泄露

在电子商务中表现为商业机密的泄露，以上计算机网络安全威胁与 Internet 的安全隐患可能使得电子商务中的信息泄漏，主要包括两个方面：①交易一方进行交易的内容被第三方窃取。②交易一方提供给另一方使用的文件被第三方非法使用。

2）篡改

正是由于以上计算机网络安全威胁与 Internet 的安全隐患，电子交易信息在网络上传输的过程中，可能被他人非法地修改、删除或重放（指只能使用一次的信息被多次使用），这样就使信息失去了真实性和完整性。

3）身份识别

正是由于电子商务交易中交易双方通过网络来完成交易，双方互不见面、互不认识，计算机网络的安全威胁与 Internet 的安全隐患，也可能使得电子商务交易中出现交易身份伪造的问题。

4）信息破坏

计算机网络本身容易遭到一些恶意程序的破坏，如计算机病毒、特洛伊木马程序、逻辑炸弹等，导致电子商务中的信息在传递过程中被破坏。

5）破坏信息的有效性

电子商务中的交易过程中是以电子化的信息代替纸面信息，这些信息我们也必须保证它的时间的有效与本身信息的有效，必须能确认该信息确是由交易一方签发的，计算机网络安全威胁与 Internet 的安全隐患，使得我们很难保证电子商务中的信息有效性。

6）泄露个人隐私

隐私权是参与电子商务的个人非常关心的一个问题。参与到电子商务中的个人就必须提供个人信息，计算机网络安全威胁与 Internet 的安全隐患有可能导致个人信息泄露，破坏到个人隐私。

5.3.2 电子交易安全技术

为了保证电子交易安全进行，如今，各方面的技术都在被研究关注，也的确取得了不小的进步，下面重点介绍几种安全技术。

1. 防火墙技术

防火墙是在内部网与外部网之间实施安全防范的系统，可被认为是一种访问控制机制，用于确定哪些内部服务允许外部访问，以及允许哪些外部服务访问内部服务。实现防火墙技术的主要途径有：数据包过滤、应用网关和代理服务。

包过滤技术是在网络层中对数据包实施有选择的通过，依据系统内事先设定的过滤逻辑，检查数据流中每个数据包后，根据数据包的源地址、目的地址、所用的 TCP/UDP 端口与 TCP 链路状态等因素来确定是否允许数据包通过。包过滤的核心是安全策略，即过滤算法的设计。包过滤技术速度快、实现方便，但审计功能差。过滤规则的设计存在矛盾关系，过滤规则简单时安全性差，过滤规则复杂时则管理困难。

应用网关技术是建立在网络应用层上的协议过滤，它针对特别的网络应用服务协议，即数据过滤协议，能够对数据包分析并形成相关的报告。应用网关对某些易于登录和控制所有输入输出的通信环境给予严格的控制，以防有价值的程序和数据被窃取。

代理服务作用在应用层，用来提供应用层服务的控制。这种代理服务准许网络管理员允诺或拒绝特定的应用程序或一个应用的特定功能。包过滤技术和应用网关是通过特定的逻辑判断来决定是否允许特定的数据包通过，一旦判断条件满足，防火墙内部网络的结构和运行状态便暴露在外来用户面前，从而引入了代理服务的概念。这一技术使防火墙内外计算机系统应用层的链接由两个终止于代理服务的链接来实现，这就成功地实现了防火墙内外计算机系统的隔离。同时，代理服务还具有实施较强的数据流监控、过滤、记录和报告等功能。代理的 CACHE 功能可以加速访问，但对于每一种应用服务都必须为其设计一个代理软件模块来进行安全控制，而每一种网络应用服务的安全问题各不相同，分析困难，实现也困难。

结合上述几种防火墙技术的优点，可以产生通用、高效和安全的防火墙。目前，除了基于以上三种技术的防火墙以外，又出现了许多新技术。如：动态包过滤技术、网络地址翻译技术、加密路由器技术等。防火墙技术将不断向着高度安全性、高度透明化的方向发展。

2. 加密技术

加密技术是电子商务采取的主要安全措施，贸易方可根据需要在信息交换的阶段使用。目前，加密技术分为两类，即对称加密和非对称加密。

在对称加密方法中，对信息的加密和解密都使用相同的密钥。也就是说，一把钥匙开一把锁。使用对称加密方法将简化加密的处理，每个贸易方都不必彼此研究和交换专用的加密算法，而是采用相同的加密算法并只交换共享的专用密钥。如果进行通信的贸易方能够确保专用密钥在密钥交换阶段未曾泄露，那么机密性和报文完整性就可以通过对称加密方法加密机密信息和通过随报文一起发送报文摘要或报文散列值来实现。对称加密技术存在着在通信的贸易方之间确保密钥安全交换的问题。此外，当某一贸易方有 n 个贸易关系，那

么它就要维护 n 个专用密钥(即每把密钥对应一个贸易方)。对称加密方式存在的另一个问题是无法鉴别贸易发起方或贸易最终方。因为贸易双方共享同一把专用密钥,贸易双方的任何信息都是通过这把密钥加密后传送给对方的。

数据加密标准(DES)由美国国家标准局提出,是目前广泛采用的对称加密方式之一,主要应用于银行业中的电子资金转账(EFT)领域。DES 的密钥长度为 56 位。三重 DES 是 DES 的一种变形。这种方法使用两个独立的 56 位密钥对交换的信息(如 EDI 数据)进行三次加密,从而使其有效密钥长度达到 112 位。RC2 和 RC4 方法是 RSA 数据安全公司的对称加密专利算法。RC2 和 RC4 不同于 DES,它们采用可变密钥长度的算法。通过规定不同的密钥长度,RC2 和 RC4 能够提高或降低安全的程度。一些电子邮件产品(如 Lotus Notes 和 Apple 的 Open Collaboration Environment)已采用了这些算法。

在非对称加密体系中,密钥被分解为一对(即一把公开密钥或加密密钥和一把专用密钥或解密密钥)。这对密钥中的任何一把都可作为公开密钥(加密密钥)通过非保密方式向他人公开,而另一把则作为专用密钥(解密密钥)加以保存。公开密钥用于对机密性的加密,专用密钥则用于对加密信息的解密。专用密钥只能由生成密钥对的贸易方掌握,公开密钥可广泛发布,但它只对应于生成该密钥的贸易方。贸易方利用该方案实现机密信息交换的基本过程是:贸易方甲生成一对密钥并将其中的一把作为公开密钥向其他贸易方公开;得到该公开密钥的贸易方乙使用该密钥对机密信息进行加密后再发送给贸易方甲;贸易方甲再用自己保存的另一把专用密钥对加密后的信息进行解密。贸易方甲只能用其专用密钥解密由其公开密钥加密后的任何信息。

RSA 算法是非对称加密领域内最为著名的算法,但是它存在的主要问题是算法的运算速度较慢。因此,在实际的应用中通常不采用这一算法对信息量大的信息(如大的 EDI 交易)进行加密。对于加密量大的应用,公开密钥加密算法通常用于对称加密方法密钥的加密。

3. 密钥管理技术

对称加密是基于共同保守秘密来实现的。采用对称加密技术的贸易双方必须要保证采用的是相同的密钥,要保证彼此密钥的交换是安全可靠的,同时还要设定防止密钥泄密和更改密钥的程序。这样,对称密钥的管理和分发将变成一件存在潜在危险且烦琐的工作。通过公开密钥加密技术实现对称密钥的管理使相应的管理变得简单和更加安全,同时还解决了纯对称密钥模式中存在的可靠性问题和鉴别问题。

贸易方可以为每次交换的信息(如每次的 EDI 交换)生成唯一一把对称密钥并用公开密钥对该密钥进行加密,然后再将加密后的密钥和用该密钥加密的信息(如 EDI 交换)一起发送给相应的贸易方。由于对每次信息交换都对应生成了唯一一把密钥,因此各贸易方就不再需要对密钥进行维护和担心密钥的泄露或过期。这种方式的另一优点是即使泄露了一把密钥,也只将影响一笔交易,而不会影响到贸易双方之间所有的交易关系。这种方式还提供了贸易伙伴间发布对称密钥的一种安全途径。

贸易伙伴间可以使用数字证书(公开密钥证书)来交换公开密钥。国际电信联盟(ITU)制定的标准 X.509(即信息技-开放系统互连-目录:鉴别框架)对数字证书进行了定义,该标准等同于国际标准化组织(ISO)与国际电工委员会(IEC)联合发布的 ISO/IEC 9594-8:195

标准。数字证书通常包含有唯一标识证书所有者(即贸易方)的名称、唯一标识证书发布者的名称、证书所有者的公开密钥、证书发布者的数字签名、证书的有效期及证书的序列号等。证书发布者一般称为证书管理机构(CA),它是贸易各方都信赖的机构。数字证书能够起到标识贸易方的作用,是目前电子商务广泛采用的技术之一。微软公司的 Internet Explorer 5.0 和网景公司的 Navigator 6.0 都提供了数字证书的功能来作为身份鉴别的手段。

目前国际有关的标准化机构都着手制定关于密钥管理的技术标准规范。ISO 与 IEC 下属的信息技术委员会(JTC1)已起草了关于密钥管理的国际标准规范。该规范主要由三部分组成:第 1 部分是密钥管理框架,第 2 部分是采用对称技术的机制,第 3 部分是采用非对称技术的机制。该规范现已进入到国际标准草案表决阶段,并将很快成为正式的国际标准。

4. 认证技术

数字签名是公开密钥加密技术的另一类应用。它的主要方式是:报文的发送方从报文文本中生成一个 128 位的散列值(或报文摘要)。发送方用自己的专用密钥对这个散列值进行加密来形成发送方的数字签名。然后,这个数字签名将作为报文的附件和报文一起发送给报文的接收方。报文的接收方首先从接收到的原始报文中计算出 128 位的散列值(或报文摘要),接着再用发送方的公开密钥来对报文附加的数字签名进行解密。如果两个散列值相同,那么接收方就能确认该数字签名是发送方的。通过数字签名能够实现对原始报文的鉴别和不可抵赖性。

ISO/IEC JTC1 已在起草有关的国际标准规范。该标准的初步题目是信息技术安全技术带附件的数字签名方案,它由概述和基于身份的机制两部分构成。

普通的密钥系统可能存在以下问题。

假冒:第三方 C 有可能假冒 A 给 B 发消息,因为 E 是公开的。

否认:A 可能否认向 B 发消息。

伪造:B 有可能伪造或修改一条从 A 发来的消息,以对自己有利,事后否认这种行为并声称是 A 发来的。

这些就要靠数字签名来解决。它的过程是:报文的发送方将报文文本带入到哈希函数生成一个 128 位的散列值,即消息摘要。消息摘要代表着文件的特征,其值将随着文件的变化而变化。也就是说,不同的文件将得到不同的消息摘要。哈希函数对于发送数据的双方都是公开的。发送方用自己的专用密钥对这个散列值进行加密来形成发送方的数字签名。然后,这个数字签名将作业报文的附件和报文一起发送给报文的接收方。报文的接收方首先从接收到的原始报文中计算出 128 位的散列值(消息摘要),接着再用发送方的公开密钥来对报文附加的数字签名进行解密。如果两个散列值相同,那么接收方就能确认该数字签名是发送方的。通过数字签名能够实现对原始报文的鉴别和不可抵赖性。网络传输过程中数据的保密性通过加密和数字签名得到了保证,但每一个用户都有自己的一个甚至两个密钥对,不同用户之间要用公开密钥体系来传递数据,必须首先知道对方的公开密钥。

在大批数据加密中所使用的对称密码是随机产生的,而接收方也需要此密码才能对消息进行正确的解密。对称密钥的传递需要加密进行,即发送方用接收方的证书(公钥)加密此对称密钥。这样只有接收方用自己的私钥才能正确地解密此对称密钥,从而正确地解密消息。这种加密传送密钥的方法称为数字信封。数字信封技术可以保证接收方的唯一性。即使信息在传送途中被监听或截获，由于第三方并没有接收方的密钥，也就不能对信息进行正确的解密。

虚拟专用网 VPN 是用于 Internet 交易的一种专用网络，它可以在两个系统之间建立安全的信道（或隧道），用于电子数据交换。它与信用卡交易和客户发送订单交易不同。因为在 VPN 中，双方的数据通信量大得多，而且通信的双方彼此都很熟悉。这意味着可以使用复杂的专用加密和认证技术，只要通信的双方默认即可，没有必要为所有的 VPN 进行统一的加密和认证。为防止黑客的破坏，现有的或正在开发的数据隧道系统进一步增加 VPN 的安全性，从而能够保证数据的保密性和可用性。

证书就是一份文档，它记录了用户的公开密钥和其他身份信息（如身份证号码或者 E-mail 地址）以及证书管理机构的数字签名。

证书管理机构是一个受大家信任的第三方机构。用户向 CA 提交自己的公开密钥和其他代表自己身份的信息，CA 验证了用户的有效身份之后，向用户颁发一个经过 CA 私有密钥签名的证书。

证书和 CA 的存在使两个贸易方都信任 CA 并从 CA 处得到了一个证书，双方可以通过互相交换证书得到对方的公开密钥。由于证书上有 CA 的数字签名，用户如果有正确的 CA 的公开密钥，就可以通过数字签名的鉴定来判断从证书中得到的公开密钥是否确实是对方的公开密钥。

5. Internet 电子邮件的安全协议

电子邮件是 Internet 上主要的信息传输手段，也是电子商务应用的主要途径之一。但它并不具备很强的安全防范措施。Internet 工程任务组（IEFT）为扩充电子邮件的安全性能已起草了相关的规范。

PEM 是增强 Internet 电子邮件隐秘性的标准草案，它在 Internet 电子邮件的标准格式上增加了加密、鉴别和密钥管理的功能，允许使用公开密钥和专用密钥的加密方式，并能够支持多种加密工具。对于每个电子邮件报文可以在报文头中规定特定的加密算法、数字鉴别算法、散列功能等安全措施。PEM 是通过 Internet 传输安全性商务邮件的非正式标准。有关它的详细内容可参阅 Internet 工程任务组公布的 RFC 1421、RFC 1422、RFC 1423 和 RFC 1424 四个文件。PEM 有可能被 S/MIME 和 PEM-MIME 规范所取代。

S/MIME（安全的多功能 Internet 电子邮件扩充）是在 RFC 1521 所描述的多功能 Internet 电子邮件扩充报文基础上添加数字签名和加密技术的一种协议。MIME 是正式的 Internet 电子邮件扩充标准格式，但它未提供任何的安全服务功能。S/MIME 的目的是在 MIME 上定义安全服务措施的实施方式。S/MIME 已成为业界广泛认可的协议，如微软公司、Netscape 公司、Novell 公司、Lotus 公司等都支持该协议。

MOSS（MIME 对象安全服务）是将 PEM 和 MIME 两者的特性进行了结合。

6. Internet 主要的安全协议

SSL（安全槽层）协议是由 Netscape 公司研究制定的安全协议，该协议向基于 TCP/IP 的客户/服务器应用程序提供了客户端和服务器的鉴别、数据完整性及信息机密性等安全措施。该协议通过在应用程序进行数据交换前交换 SSL 初始握手信息来实现有关安全特性的审查。在 SSL 握手信息中采用了 DES、MD5 等加密技术来实现机密性和数据完整性，并采用 X.509 的数字证书实现鉴别。该协议已成为事实上的工业标准，并被广泛应用于 Internet 和 Intranet 的服务器产品和客户端产品中。如 Netscape 公司、微软公司、IBM 公司等领导 Internet/Internet 网络产品的公司已在使用该协议。

此外，微软公司和 Visa 机构也共同研究制定了一种类似于 SSL 的协议，这就是 PCT（专用通信技术）。该协议只是对 SSL 进行少量的改进。

S-HTTP（安全的超文本传输协议）是对 HTTP 扩充安全特性、增加了报文的安全性，它是基于 SSL 技术的。该协议向 WWW 的应用提供完整性、鉴别、不可抵赖性及机密性等安全措施。目前，该协议正由 Internet 工程任务组起草 RFC 草案。

EDI 是 EC 最重要的组成部分，是国际上广泛采用的自动交换和处理商业信息和管理信息的技术。UN/EDIFACT 报文是唯一的国际通用的 EDI 标准。利用 Internet 进行 EDI 已成为人们日益关注的领域，保证 EDI 的安全成为主要解决的问题。联合国下属的专门从事 UN/EDIFACT 标准研制的组织——UN/ECE/WP4（即贸易简化工作组）于 1990 年成立了安全联合工作组（UN-SJWG），来负责研究 UN/EDIFACT 标准中实施安全的措施。该工作组的工作成果将以 ISO 的标准形式公布。

在 ISO 将要发布的 ISO 9735（即 UN/EDIFACT 语法规则）新版本中包括了描述 UN/EDIFACT 中实施安全措施的五个新部分。它们分别是：第 5 部分——批式 EDI（可靠性、完整性和不可抵赖性）的安全规则，第 6 部分——安全鉴别和确认报文（AUTACK），第 7 部分——批式 EDI（机密性）的安全规则，第 9 部分——安全密钥和证书管理报告（KEYMAN），第 10 部分——交互式 EDI 的安全规则。

UN/EDIFACT 的安全措施主要是通过集成式和分离式两种途径来实现。集成式的途径是通过在 UN/EDIFACT 报文结构中使用可选择的安全头段和安全尾段来保证报文内容的完整性、报文来源的鉴别和不可抵赖性；而分离式途径则是通过发送三种特殊的 UN/EDIFACT 报文（即 AU TCK、KEYMAN 和 CIPHER）来达到保障安全的目的。

SET 向基于信用卡进行电子化交易的应用提供了实现安全措施的规则。它是由 VISA 国际组织和万事达组织共同制定的一个能保证通过开放网络（包括 Internet）进行安全资金支付的技术标准。参与该标准研究的还有微软公司、IBM 公司、Netscape 公司、RSA 公司等。SET 主要由三个文件组成，分别是 SET 业务描述、SET 程序员指南和 SET 协议描述。SET 1.0 版已经公布并可应用于任何银行支付服务。本技术会在之后的章节详细讲解。

VISA 和 MasterCard 一直在致力于开发使用信用卡进行 Internet 支付的安全电子交易协议（SET）。该协议于 1997 年 5 月正式通过。SET 在保留对客户信用卡认证的前提下，又增加了对商家身份的认证。该协议是开放网络环境中的卡支付安全协议，它采用公开密码体制（PK1）和 X.509 电子证书标准，通过相应软件、电子证书、数字签名和加密等技术，在电子交易环节上提供更大的信任度、更完善的交换信息、更高的安全性和较少的可欺诈性。但是采用 SET 协议的一些试验结果表明 SET 在相互操作方面存在一些问题。SET 的局限性还在于该协议仅限于使用信用卡方式的支付手段。

5.4 电子交易系统的安全分析

在对电子交易安全问题进行以上分析后，针对电子交易系统，从客户端、服务端以及银行的角度再次详细分析安全问题。

5.4.1 客户端安全

1. 安全问题

作为客户端，可能存在受到黑客攻击、计算机病毒攻击和系统出现漏洞等安全问题，具体表现在以下几方面。

1）信息泄露

买家可能失去对原有会员账号的控制权，密码被不法分子盗取。与此同时，买家通过被盗账号的一切活动都被泄露出来，账号信息、购物历史、家庭住址、电话号码，甚至银行账户等个人隐私一览无遗。这无疑打击了人们进行电子交易的积极性，影响深远。

2）信息篡改

买家可能被假冒，然后在卖家不知情的情况下，篡改订单的收货地址、联系电话，以达到冒领买家商品的目的。而一旦在客户端的卖家被盗取了账号，其损失会更大。比如冒用合法用户名义改变商务信息内容，致使电子商务活动中断，造成商家名誉和用户利益等方面的受损；恶意竞争者冒名订购商品或侵入网络内部以获取营销信息和客户信息；信息间谍通过技术手段窃取商业秘密等。

2. 解决方法

针对客户端提出的解决方法如下。

(1) 加强个人电脑的安全系数。客户端是依靠在电脑上的软件，加强电脑的安全等级就是帮助客户端加强安全能力。我们可以安装防火墙用于拦截不可靠的网络访问，安装杀毒软件防范计算机病毒，并且做到及时更新病毒库等方法，防止软件无法辨别变形的病毒。

(2) 及时更新客户端。对客户端的一些漏洞要及时修补更新，这样可以防止被一些黑客利用，以此来侵入电脑，造成损失。

(3) 人性化的敏感警示。从许多电子交易诈骗案中可以分析出，很多损失都是由于用户的一己贪念造成。当骗子甩出一块虚假的蛋糕时，很多人顶不住巨大的诱惑，选择相信对方，从而使得自己电脑中了病毒或木马，导致账号被盗，甚至导致巨大的经济损失。面对这种情况，电子交易系统软件可以揭示骗局，介绍常用诈骗手段，对用户社交时的一些敏感字眼进行及时提示，让人们时刻保持一丝清醒，减少上当受骗的概率。

5.4.2 服务端安全

1. 安全问题

服务端存在的安全隐患更多，而且其可能造成的危害更大。

(1) DOS 攻击可能导致服务器端崩溃。上面已经介绍了拒绝服务攻击的基本原理，如果有黑客不断向服务器提出访问，或者是不断向服务器提供大量虚假订单挤占服务器资源，使其无法响应正常的业务反应，服务器应接不暇，变得十分忙碌，却无法完成正常的电子交易活动，从而使得交易停滞，服务器崩溃。

(2) 大量用户信息数据泄露。如果服务端受到黑客控制，那么大量用户数据将会遭到泄露，这将导致巨大的危害。在 2011 年，出现了 CSDN、天涯社区等多个网站用户数据集体泄露事件，当时有报告指出支付宝用户也被大量泄露，其账号被用于网络营销，泄露总量达 1500 万～2500 万之多。虽然后来证实，这些数据不是从支付宝官方网站上获得的，对用户资金没有任何安全问题，但是支付宝一出，立马就引起人们的高度紧张关注，工信部也立马介入调查。可见一个电子交易系统服务端的数据库保护是至关重要的。

2. 解决方法

针对服务器提出的解决方法如下。

(1) 对于拒绝服务攻击，一方面要提高自身的容忍性，并且限制可以使用的最大内存、CPU 时间以及可以生成的最大文件等，增加服务端的可靠性和稳定性，使其自身防御力提高。另一方面要会预防 DOS 攻击，多做拒绝服务攻击的检测和识别工作，保证在遇到攻击的情况下能做出及时的反应，减小损失。

(2) 为了防止信息的泄露，服务端管理必须有更加严密的防护手段。而且与客户端相比，服务端还必须谨防内联网出现问题。现在很多的网络安全防护方法都是针对互联网的，如防火墙就是在互联网和内部网之间形成一道屏障，防止危险访问。但是有时候问题往往出现在内部，有人为躲过防火墙，直接用与服务端一样的内联网对服务端进行攻击，以达到盗取信息的目的。所以服务端必须做好内网的管理，加强防护。

5.4.3 银行安全

1. 安全问题

银行安全问题是整个电子交易最受到关注的问题。现在的电子交易一般都是通过网上银行进行资金支付，所以网上银行的安全问题可以直接威胁到用户在银行的资金安全。

现在的网上银行安全问题主要存在于三个方面。

银行网站本身的安全性：网上银行认证手段缺陷，容易造成密码泄漏。目前，大多数网上银行采取的是"ID 和密码"这一传统认证手段，由于这一认证手段的脆弱性，如果用户在网吧等场所使用网上银行，则有可能被盗取密码。因为登录认证检测有可能会成为作案者校验并窃取密码的机会。在传统银行业务中，密码输入一定次数仍然错误就会被停止服务，但是在网络银行中，企图非法窃取密码的作案者如果采用可以改变登录 ID 的方法，即便登录失败，网站也不会将密码视为无效。除了用软件窃取密码这样的隐忧以外，"冒充站点"也是网上银行使用中一个非常重要的安全隐患。客户在不了解情况时就会向虚假站点发送 ID 和密码。客户发送完毕后，如果显示出一个"服务马上就要停止"的画面，或者把客户访问重新引导到正规站点上，客户当时是很难察觉的。这样一来，就存在有人进行非法资金转移的可能性。

交易信息在商家与银行之间传递的安全性：在中国，信用体系发育程度低，信用机制不健全，许多企业不愿采取客户提出的信用结算交易方式，而是向现金交易、以货易货等更原始的方式退化发展。因为互联网的虚拟性，交易双方无法确保对方身份的真实性，尤其在当事人仅仅通过互联网交流时，在这种情况下，要建立交易双方的信用机制和安全感是非常困难的。资金在网上划拨，安全性是最大问题，发展网上银行业务，大量经济信息在网上传递。而在以网上支付为核心的网络银行，电子商务最核心的部分包括 CA 认证在内的电子支付流程。也就是说国内目前的网络银行还不能算真正的网络银行，只有真正建立起国家金融权威认证中心(CA)系统，才能为网上支付提供法律保障。

交易信息在消费者与银行之间传递的安全性：银行卡持有人的安全意识是影响网上银行安全性的不可忽视的重要因素。目前，我国银行卡持有人安全意识普遍较弱，不注意密码保密，或将密码设为生日等易被猜测的数字。一旦卡号和密码被他人窃取或猜出，用户账号就可能在网上被盗用，例如进行购物消费等，从而造成损失，而银行技术手段对此却无能为力。因此一些银行规定：客户必须持合法证件到银行柜台签约才能使用“网上银行”进行转账支付，以此保障客户的资金安全。另一种情况是，客户在公用的计算机上使用网上银行，可能会使数字证书等机密资料落入他人之手，从而直接使网上身份识别系统被攻破，网上账户被盗用。用户和银行之间通过互联网传递的信息是实现交易的基础条件，如何确保不被第三方知道，是网上业务安全进行的一个重要前提。

2. 解决方法

电子银行安全中心是客户的安全中心，也是银行全渠道的安全中心。建立一套严格的安全防护体系是非常必要的，它主要包括三个安全层和一套安全标准，如图 5-6 所示。

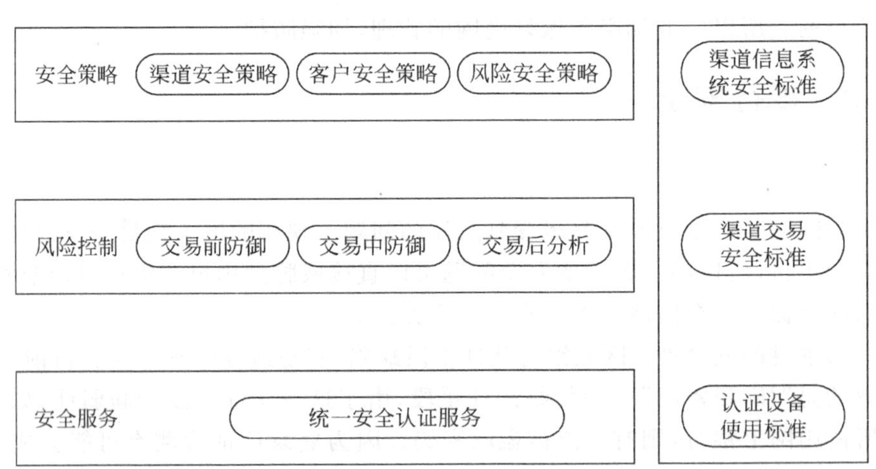

图 5-6 健全的安全防护体系

安全策略层主要为全渠道提供安全控制策略，例如交易额度限制、交易权限，以及根据交易风险情况采取相应的安全控制策略。它的价值在于约束业务风险和客户交易风险，控制电子渠道整体交易的基本安全。

交易风险层主要为全渠道交易的事前、事中、事后全过程进行交易风险识别、评估、分析。它的价值在于能够分析客户潜在交易风险，例如终端设备风险，也可以对事中交易的客户账号和交易对象进行风险分析,例如收款人是欺诈集团,同时也可以对事后交易的真实性进行审计核查。

安全服务层可以提供身份认证安全服务、交易鉴别安全服务,例如渠道密码认证、密码安全控件服务、通信加密服务、动态口令认证服务、UKEY验签服务等。

安全标准是银行安全体系的精髓,它可以约束渠道系统安全、渠道业务安全。

网上银行现在存在的一些安全防护方法如下。

1) 浏览器证书

它是目前国内商业银行采用最为普遍的双重认证方式之一,可存储于浏览器中,可任意备份证书和私钥,用户端不需要安装驱动程序,而且没有任何成本。这种认证方式适合通过自用电脑登录网上银行的用户。

2) USB-KEY

它也是目前国内商业银行采用最为普遍的双重认证方式之一,是可以随身携带的网上银行物理"身份证"和"安全钥匙"。客户申请USB-KEY后,所有涉及资金对外转移的网银操作,都必须使用USB-KEY才能完成。客户只要保证USB-KEY、USB-KEY密码、账号、登录密码和支付密码不被同一个人窃取,任何病毒、木马、黑客、假网站的网络诈骗方式都无法窃取客户资金。但与浏览器证书相比,其成本相对较高。

3) 智能身份证

中国香港地区的智能身份证已含有内置的安全证书,进行网上银行交易时可有效确认客户身份,但智能身份证中的安全证书必须使用特殊设备读取,在使用时尚有一定程度的不便。

4) 手机短信密码

客户在发出交易需求后,银行用手机短信向客户发出一次性密码,只有在输入银行卡密码和一次性密码后,整个交易才能被确认并完成。

5) 保安编码器

银行发给客户一个拇指大小的保安编码器。每个编码器都有独特编号,与银行卡号关联。编码器有内置时钟,每次按下按钮,会根据编码器编号和交易时间生成6位数的密码。客户必须同时输入银行卡密码和编码器密码,才能获得身份认证。由于编码器密码与交易时间挂钩,所以每次生成的密码都不一样,而且每个密码在很短时间内就会失效,即使他人偷看或记录下银行卡号、银行卡密码和保安密码,几分钟后保安密码也无法使用了。

6) 多因素密码校验法

要求使用网上银行服务的用户在交易前必须输入姓氏、会员号码、常规密码和其他密码。或要求客户在输入生日和个人识别码(PIN)后,必须回答几个随机问题(已在银行卡资料库中预留的答案)。只有所有的号码均正确、回答问题与预留答案一致,才能使用网上银行服务。

7) 动态密码

银行为客户配备可产生随机代码的微型装置,登录网上银行时必须输入装置产生的随机代码,同时要求客户输入姓氏、会员号码、常规密码和其他预留密码。

8) 口令卡

口令卡相当于一种动态的电子银行密码。口令卡上以矩阵的形式印有若干字符串,客户在使用电子银行(包括网上银行或电话银行)进行对外转账、B2C购物、缴费等支付交易时，电子银行系统就会随机给出一组口令卡坐标，客户根据坐标从卡片中找到口令组合并输入电子银行系统。只有当口令组合输入正确时，客户才能完成相关交易。这种口令组合是动态变化的，使用者每次使用时输入的密码都不一样，交易结束后即失效，从而杜绝不法分子通过窃取客户密码盗窃资金，保障电子银行安全。

9）批处理密码

商业银行为持卡人的一张借记卡提供密码单，密码单一般记录50或100个银行卡密码，所有密码的有效期为1～2个月，每个密码使用一次后随即作废。持卡人每次使用前可记下几个密码，使用借记卡交易时，即使银行卡和密码被盗，也不用担心银行卡被他人冒用。

10）动态账号

动态账号是一种最新的安全技术，使客户的信用卡号不再通过互联网传送。客户下载专用软件到电脑后，电脑会自动启动安全功能。客户在线购物时，每次提供用户名和密码，电脑都会自动产生随机号码代替信用卡号码，形成“虚拟账号”。商户可以像处理任何信用卡号码一样处理这种替代号码，不会延迟购物时间，虚拟账号在每次购物之后便失效，不得重复使用。

第5章 课后习题

1. 请简述电子交易的发展过程和交易模式。
2. 请说明电子交易的优缺点。
3. 电子交易系统分为几个模块？前后台设计包括哪些功能？
4. 请举例说明电子交易系统现阶段的新功能。
5. 计算机网络与商务交易分别存在哪些安全威胁？
6. 计算机网络安全威胁与商务交易安全威胁给电子交易带来了哪些安全问题？
7. 为应对安全问题，哪些安全技术被运用到电子交易中？
8. 电子交易系统中的客户端存在哪些安全问题？并说明其解决方法。
9. 电子交易系统中的服务端存在哪些安全问题？并说明其解决方法。
10. 电子交易系统中的银行模块存在哪些安全问题？并说明其解决方法。

参考文献

[1] 王硕.电子商务概论[M].合肥：合肥工业大学，2007：281.
[2] 文武.电子商务安全技术及应用[N].中华读书报，2001：1.
[3] Lee R M. INTERPROCS：a Java-based prototyping environment for distributed electronic trade procedures[J]. Hawaii International Conference on System Sciences，1998，4：202-209.
[4] 毛晓东，吴冬梅.电子交易系统的设计与实现[J].电脑开发与应用，2008，21(12)：58-60.
[5] 万东，庄越.基于Web Services的电子产品交易系统的设计[J].微计算机信息，2010(9)：144-145.
[6] 刘保罗，石磊.电子商品交易系统中间件的设计及应用[J].计算机应用与软件，2006，23(1)：23-25.
[7] 李占红，石磊.适合于商品交易系统的中间件的设计与实现[J].计算机工程与应用，2004，40(10)：217-219.

[8]　殷晓虎.电子商务的安全问题及对策研究[M].西安：西安科技大学，2006：85.
[9]　彭沙沙，张红梅，卞东亮.计算机网络安全分析研究[J].现代电子技术，2012(4)：109-112，116.
[10]　盛国栋.现有电子交易系统的安全缺陷及其对策研究[J].政法学刊，2008(1)：122-124.
[11]　郭晓艳.虚拟商场的构建及信息安全的研究[M].西安：西北大学，2005：67.
[12]　李孟达.安全隐患现身网上银行[J].互联网天地，2004(7)：70.
[13]　认识网上银行及其安全措施[OL].http://www.cnstock.com/tzlc_new/2007-09/27/content_2607632.htm.

第6章 电子银行安全

本章主要讲述电子银行的安全，包括电子银行的支付方式、电子银行的安全问题，以及SET 协议、SSL 协议在电子银行安全中的应用。互联网金融是随着互联网的兴起而出现的一种金融模式，本章也对其进行简要的介绍，见图 6-1。

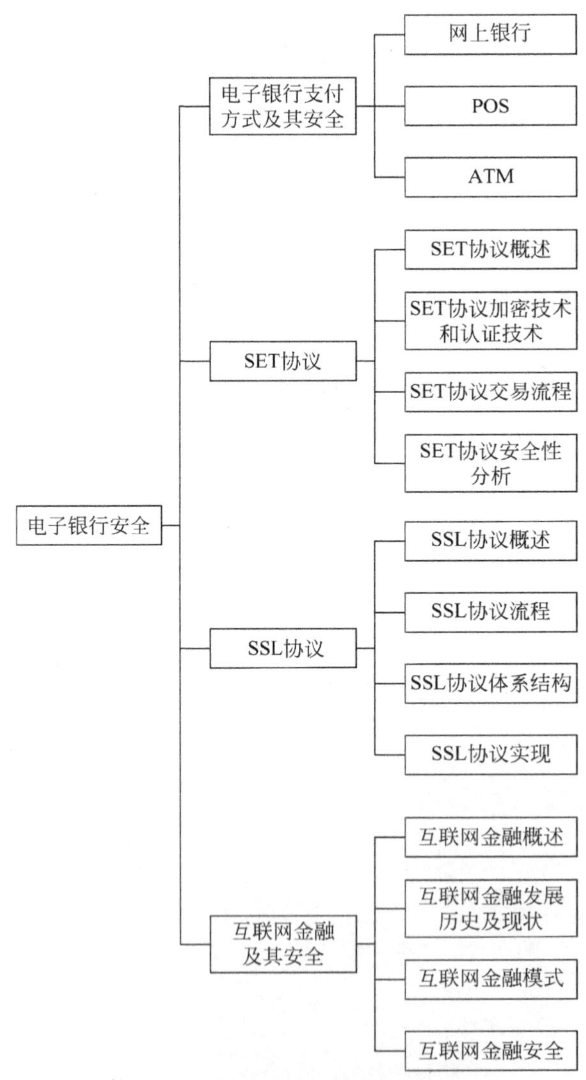

图 6-1　本章主要内容结构

6.1 电子银行支付方式及其安全

6.1.1 网上银行

1. 网上银行简介

网上银行又称网络银行、在线银行，是指银行利用 Internet 技术，通过 Internet 向客户提供开户、查询、对账、行内转账、跨行转账、信贷、网上证券、投资理财等传统服务项目，使客户可以足不出户就能够安全便捷地管理活期和定期存款、支票、信用卡及个人投资等。可以说，网上银行是在 Internet 上的虚拟银行柜台。

网上银行(Internetbank or E-bank)包含两个层次的含义，一个是机构概念，指通过信息网络开办业务的银行；另一个是业务概念，指银行通过信息网络提供的金融服务，包括传统银行业务和因信息技术应用带来的新兴业务。在日常生活和工作中，我们提及网上银行，更多是第二层次的概念，即网上银行服务的概念。网上银行业务不仅仅是传统银行产品简单从网上的转移，其他服务方式和内涵发生了一定的变化，而且由于信息技术的应用，又产生了全新的业务品种。

网上银行又被称为“3A 银行”，因为它不受时间、空间限制，能够在任何时间(any time)、任何地点(any where)以任何方式(any way)为客户提供金融服务。

2. 网上银行分类

(1) 按网上银行的主要服务对象分类，可以将网上银行分为个人网上银行和企业网上银行两类。

① 个人网上银行主要适用于个人与家庭。个人可以通过个人网上银行使用实时查询、转账、电子支付和汇款功能。

② 企业网上银行主要适用于企事业单位。企事业单位可以通过企业网上银行实时了解财务运作情况，及时调度资金，轻松处理大批量的电子支付和工资发放业务并可处理信用证相关业务。

(2) 按网上银行的组成架构分类，可以将网上银行分为纯网上银行和广义网上银行。

① 纯网上银行，是完全依赖于互联网的无形的电子银行，也叫“虚拟银行”。所谓虚拟银行，就是指没有实际的物理柜台作为支持的网上银行，这种网上银行一般只有一个办公地址，没有分支机构，也没有营业网点，采用国际互联网等高科技服务手段与客户建立密切的联系，提供全方位的金融服务。以美国安全第一网上银行为例，它成立于 1995 年 10 月，是在美国成立的第一家无营业网点的虚拟网上银行，它的营业厅就是网页画面，当时银行的员工只有 19 人，主要的工作就是对网络的维护和管理。

② 广义网上银行是在现有的传统银行的基础上，利用互联网开展传统的银行业务交易服务，即传统银行利用互联网作为新的服务手段为客户提供在线服务，实际上是传统银行服务在互联网上的延伸，这是目前网上银行存在的主要形式，也是绝大多数商业银行采取的网上银行发展模式。

我国真正意义上的网上银行,也就是“支付宝”,国内现在的网上银行很多都属于第二种模式。

3. 网上银行业务服务与特点

一般说来,网上银行的业务品种主要包括基本业务、网上投资、网上购物、个人理财、企业银行及其他金融服务。

1) 基本网上银行业务

商业银行提供的基本网上银行服务包括:在线查询账户余额、交易记录,下载数据、转账和网上支付等。

2) 网上投资

由于金融服务市场发达,可以投资的金融产品种类众多,国外的网上银行一般提供股票、期权、共同基金投资和CDS买卖等多种金融产品服务。

3) 网上购物

商业银行的网上银行设立的网上购物协助服务大大方便了客户网上购物,为客户在相同的服务品种上提供了优质的金融服务或相关的信息服务,加强了商业银行在传统竞争领域的竞争优势。

4) 个人理财助理

个人理财助理是国外网上银行重点发展的一个服务品种。各大银行将传统银行业务中的理财助理转移到网上进行,通过网络为客户提供理财的各种解决方案,提供咨询建议,或者提供金融服务技术的援助,从而极大地扩大了商业银行的服务范围,并降低了相关的服务成本。

5) 企业银行

企业银行服务是网上银行服务中最重要的部分之一。其服务品种比个人客户的服务品种更多,也更为复杂,对相关技术的要求也更高,所以能够为企业提供网上银行服务是商业银行实力的象征之一,一般中小网上银行或纯网上银行只能部分提供,甚至完全不提供这方面的服务。

企业银行服务一般提供账户余额查询、交易记录查询、总账户与分账户管理、转账、在线支付各种费用、透支保护、储蓄账户与支票账户资金自动划拨、商业信用卡等服务。此外,还包括投资服务等。部分网上银行还为企业提供网上贷款业务。

6) 其他金融服务

除了银行服务外,大商业银行的网上银行均通过自身或与其他金融服务网站联合的方式为客户提供多种金融服务产品,如保险、抵押和按揭等,以扩大网上银行的服务范围。

从网上银行所具有的业务服务来看,我们可以看出网上银行具有传统银行所不具有的一些特点,主要有以下几项。

(1) 全面实现无纸化交易。以前使用的票据和单据大部分被电子支票、电子汇票和电子收据所代替;原有的纸币被电子货币,即电子现金、电子钱包、电子信用卡所代替;原有纸质文件的邮寄变为通过数据通信网络进行传送。

(2) 服务方便、快捷、高效、可靠。通过网络银行,用户可以享受到方便、快捷、高效和可靠的全方位服务。任何需要的时候使用网络银行的服务,不受时间、地域的限制,即实现3A

服务(any where, any way, any time)。

(3) 经营成本低廉。由于网络银行采用了虚拟现实信息处理技术,网络银行可以在保证原有的业务量不降低的前提下,减少营业点的数量。

(4) 简单易用。网上 E-mail 通信方式也非常灵活方便,便于客户与银行之间以及银行内部的沟通。

4. 网上银行发展优势与问题

从网上银行的业务服务和特点可以看出,网上银行近年来的高速发展与它自身所具有的传统银行所不具有的优势是密不可分的,相比于传统银行,网上银行主要有以下一些优势。

(1) 大大降低银行经营成本,有效提高银行盈利能力。开办网上银行业务,主要利用公共网络资源,不需设置物理的分支机构或营业网点,减少了人员费用,提高了银行后台系统的效率。

(2) 无时空限制,有利于扩大客户群体。网上银行业务打破了传统银行业务的地域、时间限制,具有 3A 特点,即能在任何时候、任何地方以任何方式为客户提供金融服务,这既有利于吸引和保留优质客户,又能主动扩大客户群,开辟新的利润来源。

(3) 有利于服务创新,向客户提供多种类、个性化服务。通过银行营业网点销售保险、证券和基金等金融产品,往往受到很大限制,主要是由于一般的营业网点难以为客户提供详细的、低成本的信息咨询服务。利用互联网和银行支付系统,容易满足客户咨询、购买和交易多种金融产品的需求,客户除办理银行业务外,还可以很方便地进行网上买卖股票债券等,网上银行能够为客户提供更加合适的个性化金融服务。

然而,网上银行由于对互联网技术的依赖,导致其在高速发展的同时仍然存在许多问题,主要包括以下几个方面。

1) 法律法规与现实的需求脱节问题

网上银行仍然是经济金融活动的一部分,它离不开法律的规范和保护,而现行的法律又很难规范网上银行业务的发展和保护消费者权益。网上资金转账只要有一个环节出现错误,资金就不能正常支付,就会发生法律方面的纠纷,需要法律进行调解。

2) 安全问题十分突出

通过互联网进行交易,相关信息的保密性、真实性、完整性和不可否认性是最关键的因素。在我国尚没有法规来对付这些没有造成危害或危害较轻的网络犯罪的时候,如何确保交易安全,为个人保密,就成为网上银行发展最需解决的问题。目前各家商业银行虽然都采取了一定的安全防范措施、制定了相应规定,但是在执行上普遍存在管理不严格的现象,如密码的保管和定期更换、主机房的安全管理、灾难备份、病毒防范等。

3) 金融业的网络建设缺乏整体规划

就目前国内网上银行业务的基础环境来看,由于基础设施落后造成资金在线支付的滞后,部分客户在网上交易时仍不得不采用“网上订购,网下支付”的办法。虽然工、农、中、建四大商业银行都建立起自己的网站,但在网站的构架和服务内容上,仍然离电子商务和网络经济的要求有很大的距离。资金、人员等方面的投入严重不足,银行与高新技术产业结合不紧密,造成网络金融市场规模小、技术水平低、覆盖面小,基本上还停留在传统业务的电脑化上。同时，商业银行乃至整个金融业的网络建设缺乏整体规划，使用的软、硬件缺乏统一的标准，更谈不上拥有完整、综合的网上信息系统。

4）监管意识和现有监管方式的滞后问题

中央银行对商业银行现有的监管，主要针对传统银行，重点是通过对银行机构网点指标增减，业务凭证、报表的检查稽核等方式实施。而在网上银行时代，账务收支的无纸化、处理过程的抽象化、机构网点的虚拟化、业务内容的大幅增加，均使现有的监管方式在效率、质量、辐射等方面大打折扣，监管信息的真实性、全面性及权威性面临严峻的挑战。

5. 网上银行安全技术

互联网是一个开放的网络，银行交易服务器是网上的公开站点，网上银行系统也使银行内部网向互联网敞开了大门。因此，如何保证网上银行交易系统的安全，关系到银行内部整个金融网的安全，这是网上银行建设中至关重要的问题，也是银行保证客户资金安全的最根本的考虑。以下从服务器安全、通信信息安全和身份认证这几个角度论述网上银行在安全问题上的一些主流安全策略。

1）服务器安全

一般设立多重防火墙，其作用为：分隔互联网与交易服务器，防止互联网用户的非法入侵；用于交易服务器与银行内部网的分隔，有效保护银行内部网，同时防止内部网对交易服务器的入侵。

采用高安全级的服务器，服务器使用可信的专用操作系统，凭借其独特的体系结构和安全检查，保证只有合法用户的交易请求能通过特定的代理程序送至应用服务器进行后续处理。

实施24小时实时安全监控，例如采用ISS网络动态监控产品，进行系统漏洞扫描和实时入侵检测。在2000年2月Yahoo等大网站遭到黑客入侵破坏时，使用ISS安全产品的网站均幸免于难。

2）通信信息安全

由于互联网是一个开放的网络，客户在网上传输的敏感信息（如密码、交易指令等）在通信过程中存在被截获、被破译、被篡改的可能。为了防止此种情况发生，网上银行系统一般都采用加密传输交易信息的措施，使用最广泛的是SSL数据加密协议。

SSL协议是由Netscape首先研制开发出来的，其首要目的是在两个通信间提供秘密而可靠的连接，目前大部分Web服务器和浏览器都支持此协议。用户登录并通过身份认证之后，用户和服务方之间在网络上传输的所有数据全部用会话密钥加密，直到用户退出系统为止。而且每次会话所使用的加密密钥都是随机产生的。这样，攻击者就不可能从网络上的数据流中得到任何有用的信息。同时，引入了数字证书对传输数据进行签名，一旦数据被篡改，则必然与数字签名不符。SSL协议的加密密钥长度与其加密强度有直接关系，一般是40～128位，可在IE浏览器的“帮助”“关于”中查到。目前，建设银行等已经采用有效密钥长度128位的高强度加密。

3）身份识别和CA认证

网上交易不是面对面的，客户可以在任何时间、任何地点发出请求，传统的身份识别方法通常是靠用户名和登录密码对用户的身份进行认证。但是，用户的密码在登录时以明文的方式在网络上传输，很容易被攻击者截获，进而可以假冒用户的身份，身份认证机制就会被攻破。

在网上银行系统中，用户的身份认证依靠基于“RSA 公钥密码体制”的加密机制、数字签名机制和用户登录密码的多重保证。银行对用户的数字签名和登录密码进行检验，全部通过后才能确认该用户的身份。用户的唯一身份标识就是银行签发的“数字证书”。用户的登录密码以密文的方式进行传输，确保了身份认证的安全可靠性。数字证书的引入，同时实现了用户对银行交易网站的身份认证，以保证访问的是真实的银行网站，另外还确保了客户提交的交易指令的不可否认性。由于数字证书的唯一性和重要性，各家银行为开展网上业务都成立了 CA 认证机构，专门负责签发和管理数字证书，并进行网上身份审核。2000 年 6 月，由中国人民银行牵头，12 家商业银行联合共建的中国金融认证中心(CFCA)正式挂牌运营。这标志着中国电子商务进入了银行安全支付的新阶段。中国金融认证中心作为一个权威的、可信赖的、公正的第三方信任机构，为今后实现跨行交易提供了身份认证基础。

4）网上银行个人认证介质

目前常用的认证介质有：密码、文件数字证书、动态口令卡、动态手机口令、移动口令牌、移动数字证书等。

(1) 密码是每一个网上银行必备的认证介质，记得要使用安全好记的密码，但是密码非常容易被木马盗取或被他人偷窥。

(2) 文件数字证书是存放在电脑中的数字证书，每次交易时都需用到，已安装文件数字证书的用户只需输密码即可，未安装文件数字证书的用户安装证书需要验证大量的信息，相对比较安全，但是文件数字证书不可移动，对经常换电脑使用的用户来说不方便。而且文件数字证书有可能被盗取(虽然不易，但是能)，所以不是绝对安全的。

(3) 动态口令卡是一种类似游戏的密保卡的卡，卡面上有一个表格，表格内有几十个数字。当进行网上交易时，银行会随机询问你某行某列的数字，如果能正确地输入对应格内的数字，便可以成功交易；反之不能。动态口令卡可以随身携带、轻便、不需驱动、使用方便，但是如果木马长期在你的电脑中，可以渐渐地获取你的口令卡上的很多数字，当获知的数字达到一定数量时，你的资金便不再安全，而且如果在外使用，也容易被人拍照。

(4) 动态手机口令，当你尝试进行网上交易时，银行会向你的手机发送短信，如果你能正确地输入收到的短信，则可以成功付款，反之不能，该方式不需安装驱动，只需随身带手机即可，不怕偷窥，不怕木马，相对安全。但是必须随身带手机，手机不能停机(手机停机，无法付款)，不能没电，不能丢失。而且有时通信运营商服务质量低导致短信迟迟没到，影响效率。

(5) 移动口令牌，一定时间换一次号码。付款时只需按移动口令牌上的键，这时就会出现当前的代码，一分钟内在网上银行付款时可以凭这个编码付款，如果无法获得该编码，则无法成功付款。该方式不需要驱动，不需要安装，只要随身带就行，不怕偷窥，不怕木马，口令牌的编码一旦使用过就立即失效，不用担心付款时输的编码被别人看到在一分钟内再付款。

(6) 移动数字证书，工行叫 U 盾，农行叫 K 宝，建行叫网银盾，光大银行叫阳光网盾，在支付宝中的叫支付盾。它存放着你个人的数字证书，并不可读取，同样，银行也记录着你的数字证书。当你尝试进行网上交易时，银行会向你发送由时间字串、地址字串、交易信息字串、防重放攻击字串组合在一起进行加密后得到的字串A,你的U盾将根据你的个人证书对字串A进行不可逆运算得到字串B,并将字串B发送给银行,银行端也同时进行该不可逆运算,如果银行运算结果和你的运算结果一致,便认为你合法,交易便可以完成,如果不一致,便认为你不合法,交易便会失败。

理论上,不同的字串A不会得出相同的字串B,即一个字串A对应一个唯一的字串B;但是字串B和字串A无法得出你的数字证书,而且U盾具有不可读取性,所以任何人都无法获取你的数字证书,并且银行每次都会发不同的防重放字串(随机字串)和时间字串,所以当一次交易完成后,刚发出的B字串便不再有效,所以,理论上U盾是绝对安全的。

总的来说,当前的网上银行都已经采取了认证介质的安全策略,现行网上银行一般都是密码+后五种中的一种。

从安全角度,移动数字证书最安全,因为只要不丢失则是万无一失的;手机动态口令、移动口令牌也很安全,但是最好不要被偷窥。

从便捷角度,家庭用户使用文件数字证书最方便,付款只需密码即可,而且也比较安全。网吧用户使用免驱移动数字证书(暂时没有银行提供,招行虽然免驱,但是要安客户端)、动态口令牌、手机动态口令、动态口令卡方便。

从经济角度,文件数字证书、动态口令卡、动态手机口令不需费用或费用很低。而移动数字证书、动态口令牌费用较高。

6. 网上银行产生、现状及发展

1) 网上银行产生的原因

网上银行的产生与发展有多方面的原因,总结如下。

(1) 计算机网络与通信技术的飞速发展,特别是Internet的普及应用,为网上银行的出现及发展提供了技术基础和市场。主要体现在网络高速接入发展、网络安全技术应用、网民数量快速增长等几方面。

(2) 电子商务的发展促进了网上银行的产生。电子商务是伴随着因特网的普及而产生的新型贸易方式,是当代信息技术和网络技术在商务领域广泛应用的结果。电子商务的最终目的是实现网上物流、信息流和货币流的三位一体,从而形成低成本、高效率的商品及服务交易活动。电子商务的发展,既要求银行为之提供相互配套的电子支付系统,也要求网上银行提供与之相互适应的网上金融服务。网上交易一般都由两个环节组成,一是交易环节,二是支付环节。前者在客户与销售商之间完成,后者需要通过银行网络来完成。显然,没有银行网络的支持,没有安全、平稳、高效的电子支付系统,就不可能实现真正意义上的电子商务。

(3) 金融行业竞争的需要。网上银行发展的最根本的原因,既来自对服务成本的考虑,也是金融行业竞争的需要。Internet为传统银行业通过网络开展业务提供了新型服务方式。网上银行本来就是银行开展电子商务的一种方式,通过对商业银行管理经营成本的转移,提高了商业银行在同行业竞争中的地位。

2) 网上银行的现状

自1995年世界第一家网上银行美国安全第一网上银行诞生以来,全球银行业在电子化道路上开始了爆发式的飞跃。近年来,网上银行在我国获得了迅速发展。1996年,我国只有一家银行通过国际互联网向社会提供银行服务，到 2002 年年底，在互联网上设立网站的中资银行占中国现有各类银行的 27%。网上银行以其低廉的成本和广阔的前景，越来越得到人们的重视，在我国发展势头迅猛，但由于时间短、制度不完善及应对措施不足，网上银行依然存在不少问题，发展道路依然漫长。

目前，我国网上银行多集中在沿海地区，长江沿岸的大城市，比如上海、北京、广州、武汉、南京等城市，服务种类、服务品种迅速增加，服务方式由以前的单一化、简单化到现在的多元化、复杂化。经过近十年的努力，我国的网上银行的发展也得到国际的好评，但与欧美日本等发达国家相比，还存在不少问题，发展环境设施不够完善，银行业务纵深和宽度都还有限，信息基础设施规模小、网络设备的终端和程度失去平衡、现代支付体系不完善、信用评价机制不健全等。我国网络银行业务虽然起步较晚，但具有较高的普及率。截至 2005 年年底，我国网上银行业务已高达 72.6 万亿元；其中企业用户约为 74 万户，交易额达 70 万亿元人民币；个人用户达到 3460 万户，交易额超过 2 万亿元人民币。尽管如此，网上银行用户占我国总人口的比例还不到 4%，客户群体规模依然不大。受体制束缚和传统业务规范的制约，网上银行目前的业务功能还比较单一，大多数已开通的服务仅有网上查询和代缴费用等，很容易受到本行城市综合业务网络的制约，很难突破传统的业务种类，难以发挥网上银行超越时间和空间障碍的优势，推进的速度和效果也不像预料及期望的那样好，投入产出比不够协调，网上银行装饰门面现象还客观存在，很多网上银行发展很不合理。

3）我国网上银行存在的问题

与国际上先进的银行相比，中国的网上银行明显滞后。究其原因，是因为存在六大问题。

(1) 法规滞后。网上银行在有关服务承担者的资格、交易规则、交易合同的有效成立与否、交易双方当事人权责明晰及消费者权益保护等方面，与传统银行相比更加复杂、难以界定。

(2) 安全隐患。尽管目前各家网站均采取了防火墙和网络检测等安全措施，但对于超级“黑客”来说，仍存在防不胜防的问题。由于缺乏业务的广泛性和流程的规范性，网络银行面临着技术风险、操作风险、法律风险。这些风险的存在，使得客户对网络银行的安全性、可靠性及个人隐私权的保护持怀疑态度。

(3) 技术风险。网络银行业务的高技术性、无纸化和瞬时性的特点，决定了其经营风险要高于实体银行业务的风险，而技术风险又是网络银行风险的核心内容，也是金融机构和广大客户最为关注的问题。它主要包括交易主体的身份识别、交易过程的商业机密、电子通信的安全、交易和其他记录的保存和管理，特别是在未经授权的中途拦截和篡改等，以及一些主观方面造成的安全技术隐患。

(4) 产品匮乏。目前中国网络银行的业务匮乏，没有发挥对银行业务的重组和再造功能。

(5) 支付不力。针对 B2B 的大额支付，目前还维持着“网上订购，网下支付”的局面，而 B2B 交易一般占电子商务交易额的 90%左右。

(6) 顾客面窄。中国个人上网客户集中在 20～35 岁，这些人收入较高、受过良好教育、乐于接受新事物，但网上交易屈指可数，盈利性差。中国的电子商务交易量不高，尤其是 B2B 模式电子商务交易量不大，使银行的网上业务缺乏盈利的基础。在网络银行上投入不足,造成银行电子化规模小、网络化程度低、缺乏规划,从而导致目前国内各商业银行之间的互联性差及人才的匮乏、国内商家信用缺乏、送货渠道不完善等。

4) 网上银行发展的对策：网上银行应建立准入制度

解决网络银行发展中的问题应从以下几个方面着手。

首先,我国应建立专门的网上银行准入制度。网上银行的准入要在注册制度、安全工作、地域界定方面从严,而在准入标准、业务范围等方面从宽,建立一套区别于欧美已有网络发展优势国家的准入制度,加快相关的法律法规建设。网上银行法的发展不是孤立的,而是和一系列相关的法律规范相联系的,主要有税收征管法、合同法、国际税收法、电子商务立法、刑法、诉讼法、票据法、证券法、商业银行法、消费者权益保护法、反不正当竞争法等。

其次,加大银行信息系统基础建设投入。鉴于我国银行网络化水平和发达国家相比还有差距,因此,要加大对银行网络化信息系统的基础建设,只有银行的信息高速公路建好了,银行的知识资源才能充分利用,才能为适应未来网上银行的发展打下坚实基础,政府和商业银行共同协调。2000 年 6 月 29 日中国金融认证中心进行了挂牌和开通仪式,这为建立规范统一、布局合理的全国安全认证体系打下了良好的基础。

中国金融认证中心专门负责为金融业的各种认证需要提供证书服务,包括电子商务、网上银行、支付系统和管理信息系统等,为参与网上交易的各方提供安全交易基础和建立彼此信任的机制。除此之外,各大银行也自建了认证中心,为自己的客户发放证书。但各银行所颁发的数字证书互不通用,导致了同一个用户在不同的网上银行开户,就需要拥有多个数字证书,同时为多个数字证书交付年费,这让用户退避三舍。

再次,大力兴建央行监管信息网络,随着安全技术和认证机制的广泛应用,互联网金融服务的发展无疑给中央银行监管和金融立法带来了新的课题。老的监管方式和程序已很难再适用于新型的金融业务,现行的金融立法也阻碍或限制着新型业务的发展。随着商业银行业务模式和内部管理机制的变革,中央银行监管模式也将随之改变。

6.1.2 POS

POS(point of sale),即销售终端,是一种多功能终端,把它安装在信用卡的特约商户和受理网点中与计算机连成网络,就能实现电子资金自动转账,它具有支持消费、预授权、余额查询和转账等功能,使用起来安全、快捷、可靠。

目前 POS 机被广泛使用在以下一些应用领域：城市一卡通小额消费及充值系统；校园、景区一卡通系统；会员、专柜消费积分管理系统；RFID 电子标签应用；酒店、餐饮、娱乐、烟草、电信、医保等行业。安装 POS 机需要的证件主要有：营业执照副本、税务登记证副本、组织机构代码证副本、银行开户许可证、法人身份证、法人章等。

POS 主要有以下两种类型。

(1) 消费 POS,具有消费、预授权、查询支付名单等功能,主要用于特约商户受理银行卡消费。

(2) 转账 POS,具有财务转账和卡卡转账等功能,主要用于单位财务部门。

一个典型的 POS 结算过程如下。

(1) 地方易货代理或特约客户的易货出纳系统,将买方会员的购买或消费金额输入到 POS 终端。

（2）读卡器（POS机）读取广告易货卡上磁条的认证数据、买方会员号码（密码）。

（3）结算系统将所输入的数据送往中心的监管账户。

（4）广告易货出纳系统对处理的结算数据确认后，由买方会员签字。买卖会员及易货代理或特约商户各留一份收据存根，易货代理或特约商户将其收据存根邮寄到易货公司。

（5）易货公司确认买方已收到商品或媒体服务后，结算中心划拨易换额度，完成结算过程。

POS机具有可扩展性强、功能强大、工业级设计、极高的性价比、结构紧凑、功能实用、操作简单、性能稳定、易于二次应用开发等特点，是各种电子商务终端、IC卡智能终端、网络终端和数据采集终端的理想选择。主要有以下一些优势。

（1）方便消费者的购物消费结算，能刺激大额采购和冲动性购物，增加商户营业额。

（2）减少商户清算现金、交存银行等环节，增加资金周转速度。

（3）有效规避假币和现金管理安全风险。

（4）提升交易处理速度，加快商户资金使用。

（5）增加商户在银行的现金流水量，有益于将来有需要时贷款的办理。

（6）吸引银联卡消费者，尤其是信用卡持卡消费群体。

（7）提升商户品位和形象，帮助商户在激烈的市场竞争中树立优势。

6.1.3 ATM

ATM（automatic teller machine，自动柜员机），因大部分用于取款，又称自动取款机。它是一种高度精密的机电一体化装置，利用磁性代码卡或智能卡实现金融交易的自助服务，代替银行柜面人员的工作。可进行提取现金、查询存款余额、进行账户之间资金划拨等工作；还可以进行现金存款（实时入账）、支票存款（国内无）、存折补登、中间业务等工作。持卡人可以使用信用卡或储蓄卡，根据密码办理自动取款、查询余额、转账、现金存款、存折补登、购买基金、更改密码、缴纳手机话费等业务。

1939年，Luther George Simjian发明了自动取款机。但是，现代意义上的自动取款机，其概念提出于1968年，原型机出现于1969年。第一台自动取款机被安装在纽约的化学银行。如今，ATM机发展的速度相当快，与银行机构的比例达到了4∶1。美国海军甚至将ATM机装到了军舰上。

现代意义上的自动取款机发明人是英国的谢泼德·巴伦。谢泼德1925年出生在苏格兰的罗斯郡，毕业于爱丁堡大学。20世纪60年代中期，他是德拉路仪器公司的经理。有一天，他在洗澡时突发灵感。“我常常因为去银行取不到钱而恼火，为什么不设计一种24小时都能取到钱的机器呢？”他见到英国巴克莱银行的总经理，让对方给他90秒时间来听他介绍这个主意，结果对方在第85秒就给了答复：“只要你能把这种机器造出来，我们马上买。”一年后，谢泼德成功了。1967年6月27日，世界上第一台自动取款机在伦敦附近的巴克莱银行分行亮相。最初，顾客从自动提款机中一次只能取10英镑，因为当时10英镑已足够普通家庭维持周末了。

ATM在中国发展现状如下。

20世纪80年代中期，中国银行为了提升银行现代化形象，开始引进ATM。

自20世纪90年代末以来，中国开始投入大量人力、物力，进行ATM的研制和生产。经过多年的培育，中国ATM市场得到了长足发展。

自2000年以来，中国的ATM机总保有量便以24.62%的年均复合增长率高速增长。截至2010年年底，中国联网ATM机保有量已经达到27.10万台，同比增长26.11%。中国已经取代日本成为全球第二大ATM市场，排在美国之后。

从每百万人口拥有ATM的数量上看，截至2010年年底，中国平均每百万人拥有ATM约220台，且ATM分布状况极不均匀，低于世界平均百万人拥有315台ATM的水平，更远远低于美国和日本等发达国家与地区每百万人拥有超过1250台ATM的水平，市场发展空间巨大。

ATM的通用安全规范如下。

新建或改建的自动柜员机须符合国家安全行业标准及技术规范要求，安装电子摄像监控、防撬窃报警和联网报警等安全防范设施。

离行式自动柜员机应按照国家有关标准实现联网报警，与自动柜员机所在单位签订合作协议，约定双方责任义务，协同做好自动柜员机安全防范工作。

自动柜员机管辖机构要加强自动柜员机安全防范，互相配合，发现隐患及时整改。

发生自动柜员机风险事件及案件，应立即上报，迅速查明原因，及时处理解决。

ATM的安防设备主要是指ATM防护罩、ATM防护亭、ATM防护舱等ATM机外围配置。ATM机根据安装位置可分为户外ATM机、户内ATM机和独立ATM机三种。根据ATM机的使用方式，户内的ATM机有大堂式和穿墙式两种。根据安全性能要求，户外的ATM机有半封闭式和全封闭式ATM防护亭，全封闭式按外观形状可再分为方形和圆形，方形通称为户外ATM防护亭，圆形通称为ATM防护舱。作为高端ATM防护产品的独立自助银亭在渐渐受到市场的重视。银亭独立运作的特性也使得其可以进入小区、学校、广场等人口密集场所，给人们的生产和生活带来了诸多的便捷。

目前，在ATM上使用的通用的银行卡主要有以下几种。

1. VISA(Visa International Service Association)

威士卡又译为维萨、维信，是一个信用卡品牌，由位于美国加利福尼亚州旧金山市的Visa国际组织负责经营和管理。VISA国际组织是一个由全球21 000家金融机构会员所组成的非股份、非营利性国际银行卡组织。VISA卡于1976年开始发行，它的前身是由美洲银行所发行的BankAmericard。

2. 银联

简单来说，就是如果你的银行卡的右下角有一个银联的标志，那么你的这张卡就是银联卡，一般国内各大银行目前办理的绝大多数储蓄卡都是银联卡，这种卡可以在国内任何有银联标志的ATM机上取出现金。

3. 万事达

万事达国际组织于20世纪50年代末至60年代初期创立了一种国际通行的信用卡体系，随即风行世界。1966年，组成了一个银行卡协会(Interbank Card Association)的组织，

1969 年银行卡协会购下了 MasterCharge 的专利权，统一了各发卡行的信用卡名称和式样设计。

6.2 SET 协议

6.2.1 SET 协议概述

电子商务在提供机遇和便利的同时，也面临着一个最大的挑战，即交易的安全问题。在网上购物的环境中，持卡人希望在交易中保密自己的账户信息，使之不被人盗用；商家则希望客户的订单不可抵赖，并且，在交易过程中，交易各方都希望验明其他方的身份，以防止被欺骗。针对这种情况，由美国 Visa 和 MasterCard 两大信用卡组织联合国际上多家科技机构，共同制定了应用于 Internet 上的以银行卡为基础进行在线交易的安全标准，这就是"安全电子交易"(secure electronic transaction，SET)。SET 协议采用公钥密码体制和 X. 509 数字证书标准。

SET 协议是 B2C 上基于信用卡支付模式而设计的，它保证了开放网络上使用信用卡进行在线购物的安全。由于 SET 提供了消费者、商家和银行之间的认证，确保了交易数据的安全性、完整可靠性和交易的不可否认性，特别是保证不将消费者银行卡号暴露给商家等优点，因此它成为了目前公认的信用卡/借记卡的网上交易的国际安全标准。

SET 协议的主要目标有以下几项。

(1) 防止数据被非法用户窃取，保证信息在互联网上安全传输，SET 中使用了一种双签名技术保证电子商务参与者信息的相互隔离。客户的资料加密后通过商家到达银行，但是商家不能看到客户的账户和密码信息。

(2) 解决多方认证问题。不仅要对客户的信用卡认证，而且要对在线商家的信誉程度认证，实现客户、商家和银行间的相互认证。

(3) 保证网上交易的实时性，使所有的支付过程都是在线的。

(4) 效仿 EDI 贸易的形式，提供一个开放式的标准，规范协议和消息格式，促使不同厂家开发的软件具有兼容性和互操作功能，并且可以运行在不同的硬件和操作系统平台上。

SET 协议为电子交易提供了许多保证安全的措施。它能保证电子交易的机密性、数据完整性、交易行为的不可否认性和身份的合法性。SET 协议设计的证书中包括：银行证书及发卡机构证书、支付网关证书和商家证书。从 SET 协议的目标我们也可以大致看出其主要作用，目前来讲，SET 协议的主要作用有以下三点。

(1) 保证客户交易信息的保密性和完整性。SET 协议采用了双重签名技术对 SET 交易过程中消费者的支付信息和订单信息分别签名，使得商家看不到支付信息，只能接收用户的订单信息；而金融机构看不到交易内容，只能接收到用户支付信息和账户信息，从而充分保证了消费者账户和订购信息的安全性。

(2) 确保商家和客户交易行为的不可否认性。SET 协议的重点就是确保商家和客户的身份认证和交易行为的不可否认性。其理论基础就是不可否认机制，采用的核心技术包括 X. 509 电子证书标准、数字签名、报文摘要、双重签名等技术。

(3) 确保商家和客户的合法性。SET 协议使用数字证书对交易各方的合法性进行验证。通过数字证书的验证,可以确保交易中的商家和客户都是合法的、可信赖的。

SET 协议的模型见图 6-2。

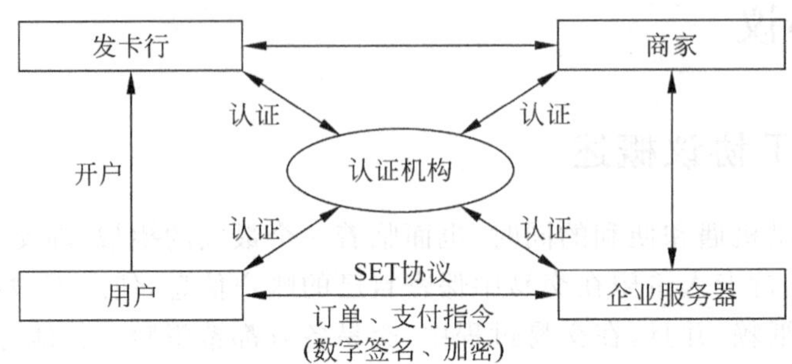

图 6-2 SET 协议的模型

SET 支付系统主要由持卡人(card holder)、商家(merchant)、发卡银行(issuing bank)、收单银行(acquiring bank)、支付网关(payment gateway)、认证中心(certificate authority)六个部分组成。对应地,基于 SET 协议的网上购物系统至少包括电子钱包软件、商家软件、支付网关软件和签发证书软件。SET 协议的参与者见图 6-3。

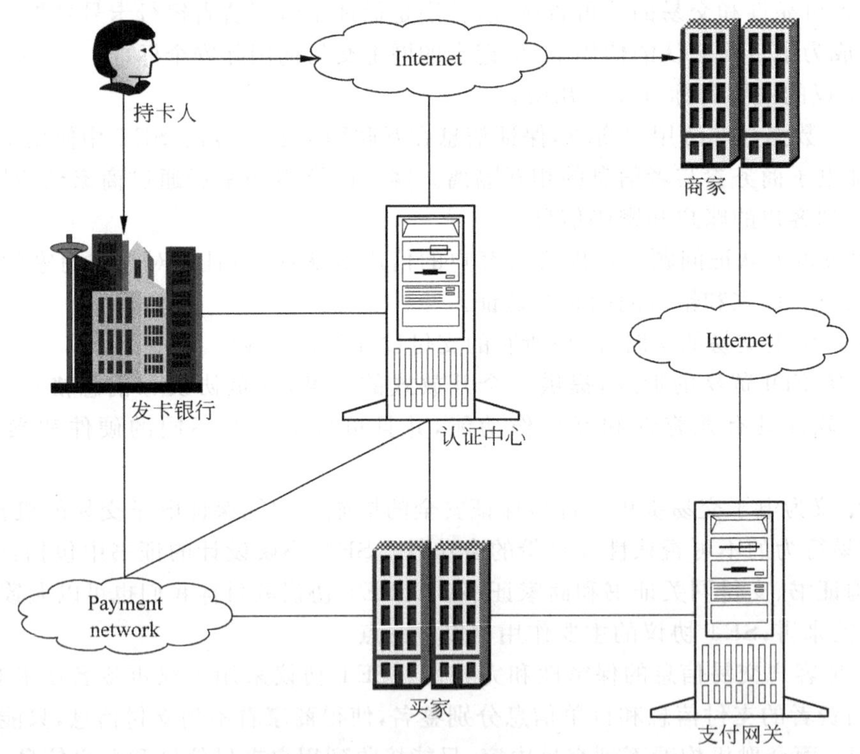

图 6-3 SET 协议的参与者

1) 持卡人(card holder)

持卡人通过 Web 浏览器或客户端软件直接与网络商家互动购物。第一次上网购物前,须向认证中心 CA 注册登记，取得数字证书后，才可以使用经过 SET 协议认证的电子钱包(E-Wallet)以及其他电子凭证进行交易。在电子商务环境中，持卡人(或消费者)通常是利用 PC 与浏览器访问商家的网络商店并选购商品的。这是一种交互操作过程。持卡人要在安全电子商务环境中进行付款操作，还必须做到以下几点。

(1) 安装一套符合 SET 协议标准的钱包软件。

(2) 从发卡银行获取一张信用卡或银行卡。

(3) 从身份认证机构获取一张数字证书。

2) 网络商家(merchant)

网络商家提供网络商店或商品光盘给消费者。首先须与信用卡收单银行签订协议，向认证中心申请到数字证书；其次，必须使用经过 SET 协议认证过的商家服务器软件，负责消费者在网上付款的查核，这样才能成为接受消费者以信用卡为电子付款方式的网络商家。商家通过自己的网络商场为付款人提供商品销售或其他服务。网络商家要在安全电子商务环境中提供付款操作，还必须做到以下几点。

(1) 安装一套符合 SET 标准的商家软件。

(2) 在收款银行开有自己的收款账户。

(3) 从身份认证机构获取一张数字证书。

3) 发卡银行(issuer)

发卡银行为持卡人建立一个银行账户，并发放支付卡(信用卡或借记卡)；负责持卡人身份认证，同时从事发放数字证书的各项审核工作；持卡人数字证书的签发既可由发卡银行发放，也可以由专业的认证中心 CA 签发。在符合银行管理规则与地方法规的前提下，持卡人使用支付卡进行授权交易时，发卡银行应保证兑现付款。发卡银行不属于安全电子商务交易的直接组成部分，但却是授权与清算操作的主要参与方。

4) 收单银行(acquirer)

收单银行为商家建立一个银行账户，并且处理支付卡的授权和付款事宜。同样，收单银行也不属于安全电子商务交易的直接组成部分，但却是授权与清算操作的主要参与方。

5) 支付网关(payment gateway)

支付网关是由收单银行或收单银行指定的第三方运行的一套设备，用来处理商家的付款信息以及持卡人发出的付款指令，将网络商家传来的 SET 报文转换成原信用卡信息，处理支付卡的授权和支付。如收单银行自建付款网关需经过 VISA/MasterCard 的实地审核(site inspection)，并定期接受检验。要在安全电子商务环境中运行付款网关，还必须做到以下几点。

(1) 安装一套符合 SET 标准的网关软件。

(2) 与收款银行交易处理主机建立符合 ISO 8583 报文格式的通信。

(3) 从身份认证机构获取一张数字证书。

6) 认证中心(CA)

认证中心为每个交易参与方生成一个数字证书作为交易方身份的验证工具。在安全电子商务环境中，认证中心必须做到以下几点。

(1) 安装一套符合 SET 标准的 CA 软件。

(2) 绝对安全地运作与管理以下设备与软件：物理设备、CA 软件运行、根密钥的保管、证书生成时用硬件加密。

SET 安全电子交易协议是由信用卡公司参与制定的，因此 SET 协议所规范的认证系统是有效的。但网络商家收到符合 SET 协议规范的订单时，网络商家可以认为该订单背后有一张合法的信用卡支持。同样，发出订单的客户也会确认自己是在与一个诚实的网络商家进行交易。

6.2.2 SET 协议加密技术和认证技术

SET 使用多种密钥技术来达到安全交易的要求，其中对称密钥技术、公钥加密技术和 Hash 算法是其核心，综合应用以上三种技术产生了数字签名、数字信封、数字证书等相关技术。

1. 对称密钥加密

对称密钥加密算法是给一条信息加密时，发送者和接收者都用同一密钥完成加密和解密过程。SET 协议缺省使用由 IBM 公司制定的 DES(data encryption standard)标准。DES 将数据分隔成 64bit 的数据块，用 56bit 的密钥对其进行一系列的数学变换后产生密文，然后接收者用同一密钥将密文解译成明文。对称密钥加密的优点是加密、解密效率高，使用于大数据量加解密。其缺点是密钥没有安全的传递方式，容易被截获，不能适用大范围应用。

2. 公钥加密技术

公钥加密算法用一对密钥对数据进行加密和解密。一个密钥称为公开密钥(public key)，另一密钥称为私人密钥(private key)。其特点是用任一密钥加密的消息，只能由与之成对的另一密钥才能解开。使用者可以任意散发公开密钥，这是由两个密钥间的关系所决定的。任何收到公开密钥的用户可以确保以公开密钥加密后的密文，只有通过私人密钥才能解密。但是这只有在私人密钥没有泄露的情况下才能实现。一般密钥对应该由用户产生，才能确保安全。目前只有一种通用的公钥加密算法 RSA。RSA 是以发明者(Rivest、Shamir、Adleman)姓名的首字母命名的，它的优点是密钥分发不用加密，适合在大范围使用。其缺点是加解密速度慢，比 DES 算法慢 10 倍以上。所以它只适用于少量数据的加密和用于对称密钥的传递。RSA 的密钥长度可从 512bit 至 2048bit。SET 中使用 1024bit、2048bit 两种长度，以满足不同等级的加密要求。

3. Hash 算法

Hash 算法并不是加密算法，但却能产生信息的数字“指纹”，主要用途是为了确保数据没有被篡改或发生变化，以维护数据的完整性。

Hash 算法有三个特性。

(1) 能处理任意大小的消息，并生成固定长度(160bit)的信息摘要。

(2) 具有不可预见性。信息摘要的大小与原信息的大小没有任何联系，原信息的一个微小变化都会对信息摘要产生很大的影响。

(3) 具有不可逆性。没有办法通过信息摘要直接恢复原信息。SET 使用 SHA1 安全 Hash 算法。

4. 数字签名

首先将要发送的消息通过 Hash 算法形成信息摘要，然后再用发送者的私人密钥加密，生成的结果附加到原信息上去，就生成了原信息的数字签名。信息接收者收到发送的数字签名后，首先用发送者的公开密钥将信息摘要解密，然后将收到的原信息通过 Hash 算法得到新的信息摘要。比较解密后的消息摘要和新生成的信息摘要，如果是一致的，则说明：①接收的消息与发出来的消息是一致的，没有被篡改过。②信息的确是对方发出的，因为只有对方拥有自己的私人密钥，具有不可抵赖性。当需要发送一份无须加密的信息，但却想向接收者示意你的身份的真实性时，数字签名是十分有用的。

双重数字签名是为了保证在事务处理过程中三方安全地传输信息的一种技术，用于三方通信时的身份认证和信息完整性、交易防抵赖的保护。

双重数字签名的实现步骤如下。

(1) 信息发送者对发给甲的信息 1 生成信息摘要 1。

(2) 信息发送者对发给乙的信息 2 生成信息摘要 2。

(3) 信息发送者把信息摘要 1 和信息摘要 2 合在一起，对其生成信息摘要 3，并用自己的私钥签名信息摘要 3。

(4) 信息发送者把信息 1、信息摘要 2 和信息摘要 3 的签名发给甲。

(5) 信息发送者把信息 2、信息摘要 1 和信息摘要 3 的签名发给乙。

(6) 甲接收信息后，对信息 1 生成信息摘要，把这个信息摘要和收到的信息摘要 2 合在一起，对其生成新的信息摘要，同时使用信息发送者的公钥对信息摘要 3 的签名进行验证，以确认信息发送者的身份和信息是否被修改过。

(7) 乙接收信息后，对信息 2 生成信息摘要，把这个信息摘要和收到的信息摘要 1 合在一起，对其生成新的信息摘要，同时使用信息发送者的公钥对信息摘要 3 的签名进行验证，以确认信息发送者的身份和信息是否被修改过。

5. 数字信封

数字信封的功能类似于普通信封，普通信封在法律的约束下保证只有收信人才能阅读信的内容，数字信封则采用密码技术保证了只有规定的接收人才能阅读信息的内容。数字信封中采用了对称密码体制和公钥密码体制。信息发送者首先利用随机产生的对称密码加密信息，再利用接收方的公钥加密对称密码，被公钥加密后的对称密码被称为数字信封。在传递信息时，信息接收方若要解密信息，必须先用自己的私钥解密数字信封，得到对称密码，才能利用对称密码解密所得到的信息。这样就保证了数据传输的真实性和完整性。

在一些重要的电子商务交易中密钥必须经常更换，为了解决每次更换密钥的问题，结合对称加密技术和公开密钥技术的优点，它克服了私有密钥加密中私有密钥分发困难和公开密钥加密中加密时间长的问题，使用两个层次的加密来获得公开密钥技术的灵活性和私有密钥技术高效性。信息发送方使用密码对信息进行加密，从而保证只有规定的收信人才能阅读信的内容。采用数字信封技术后，即使加密文件被他人非法截获，因为截获者无法得到发送方的通信密钥，故不可能对文件进行解密。

6. **数字证书**

公钥加密解决了发送者和接收者之间的密钥分发问题。公钥虽然任何人都可以获得，但对入侵者却毫无用处，除非他已窃得私钥。在安全环节中还有一个问题：接受者怎样确认他接收的公开密钥的确来自发送方，而不是其他人伪造的呢？由此就需要设立交易各方都信任的第三方机构 CA 对公钥的有效性进行认证，以确定公钥拥有者的真实身份，数字证书的概念由此产生。

数字证书是由交易各方都信任的第三方机构 CA 发放的，是证明拥有者公钥有效性的凭证。数字证书包含拥有者的公钥、详细个人资料（包括持卡人的银行账号）的信息摘要及证书签发机构的数字签名。

在网上购物中，持卡人的证书与发卡机构的证书关联，而发卡机构证书通过不同品牌卡的证书连接到 Root CA，而 Root 的公共签名密钥对所有的 SET 软件都是开放的，可以校验每一个已经签发的证书。

根认证机构（Root CA）的功能有：生成和安全保存符合 SET 协议要求的属于根认证机构的公、私密钥；生成和自行签署符合 SET 协议要求的根证书及其数字签名；处理品牌认证机构的申请，生成、验证品牌证书并在品牌证书上进行数字签名；生成品牌证书撤销清单；支持跨域交叉认证；制定安全认证政策。

SET 协议的信息加、解密和传输过程综合使用了前面介绍的各种安全技术。如图 6-4 所示，发送信息时，发送者对要发送的明文做哈希运算，形成信息摘要，再使用自己的私钥对信息摘要做数字签名。然后，将明文、数字签名的摘要及发送者的 CA 证书一起，用发送者的对称密钥加密，形成密文，同时用接收者的公钥对发送者的对称密钥进行加密，形成数字信封。发送者将密文及数字信封传给接收者。

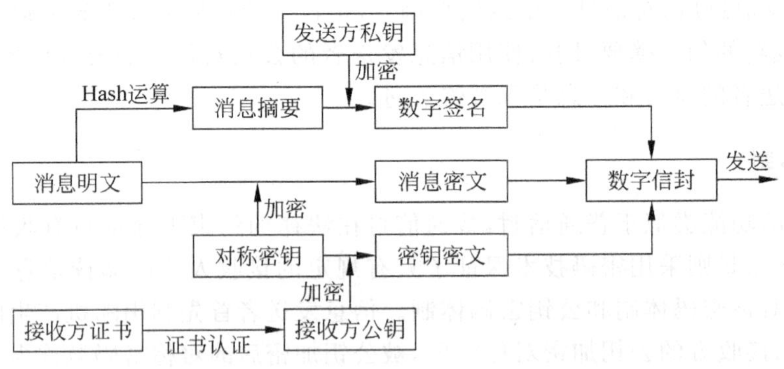

图 6-4 SET 协议加密流程

如图 6-5 所示，接收者收到信息后，首先用自己的私钥对数字信封解密，得到解密文的密钥，用该密钥对密文解密后，得到明文、数字签名的摘要和发送者的 CA 证书。然后，用发送者的公钥对数字签名解密得到信息摘要（M1），再对收到的明文做哈希运算得到摘要（M2），若 M1 和 M2 一致，则明文是完整的、未被篡改过的信息。

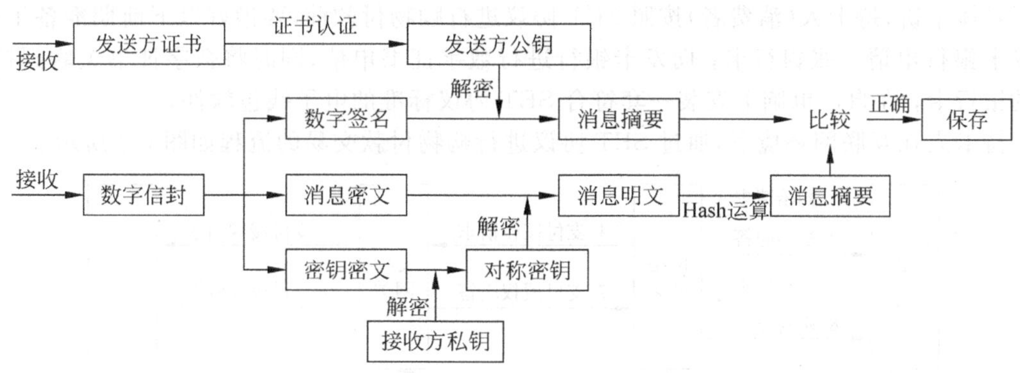

图 6-5　SET 协议解密流程

6.2.3　SET 协议交易流程

SET 交易系统示意图见图 6-6。

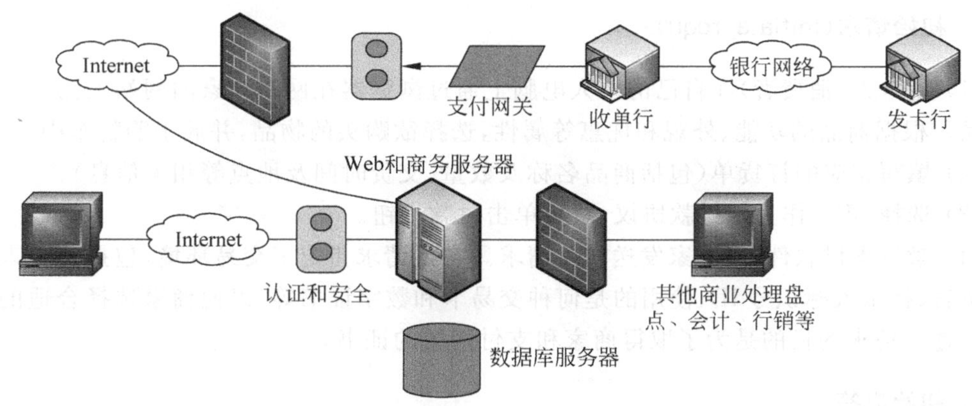

图 6-6　SET 交易系统示意图

一个典型的简化的 SET 协议的流程如下。

(1) 消费者利用自己的 PC 通过因特网选定所要购买的物品，并在计算机上输入订货单，订货单上需包括在线商店、购买物品名称及数量、交货时间及地点等相关信息。

(2) 通过电子商务服务器与有关在线商店联系，在线商店做出应答，告诉消费者所填订货单的货物单价、应付款数、交货方式等信息是否准确、是否有变化。

(3) 消费者选择付款方式，确认订单签发付款指令，此时 SET 开始介入。

(4) 在 SET 中，消费者必须对订单和付款指令进行数字签名，同时利用双重签名技术保证商家看不到消费者的账号信息。

(5) 在线商店接受订单后，向消费者所在银行请求支付认可。信息通过支付网关到收单银行，再到电子货币发行公司确认。批准交易后，返回确认信息给在线商店。

(6) 在线商店发送订单确认信息给消费者。消费者端软件可记录交易日志，以备将来查询。

(7) 在线商店发送货物或提供服务并通知收单银行将钱从消费者的账号转移到商店账号，或通知发卡银行请求支付。

具体来讲,持卡人(消费者)按照 SET 协议进行购物付款前,要做好以下前期准备工作:向发卡银行申请一张银行卡;向发卡银行进行数字证书申请,同时将数字证书关联到持卡人的银行卡;在自己电脑上安装一套符合 SET 协议标准的电子钱包软件。

持卡人在互联网环境下,通过 SET 协议进行购物付款交易的流程如图 6-7 所示。

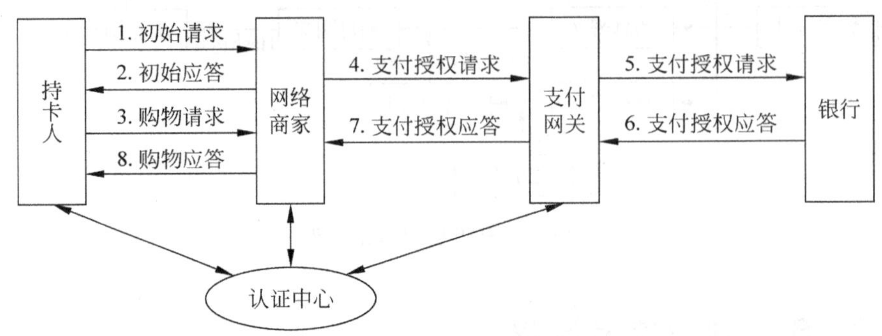

图 6-7　SET 交易流程图

1. 初始请求(Initiate_requ)

(1) 持卡人(消费者)在自己的个人电脑上通过浏览器在网络商家的网站上浏览所展示的商品。根据商品的功能、外观和优惠等属性,选择欲购买的物品,并放于购物车中。

(2) 填写相应的订货单(包括商品名称及数量、交货时间及地点等相关信息)。

(3) 选择 SET 作为其付款协议,然后单击付款按钮。

(4) 激发支付软件,向商家发送初始请求。初始请求指定了交易环境,包括持卡人所使用的语言、持卡人标识号 ID、使用的是何种交易卡和数字证书等,以便商家选择合适的支付网关。这一请求的目的是为了取得商家和支付网关的证书。

2. 初始应答

(1) 商家接收到用户的支付初始请求后,商家产生初始应答信息(初始应答信息包括:交易标识、商家标识和支付网关标识、购买项目和价钱等)。

(2) 用单向哈希函数对初始应答信息生成报文摘要。

(3) 用商家的私钥对初始应答报文摘要进行数字签名。

(4) 将商家证书、支付网关证书、初始应答、初始应答报文摘要的数字签名等,发送给持卡人。因为初始应答不包含任何机密信息,所以初始应答未被加密。

3. 购物请求

(1) 持卡人接受初始应答,验证商家和支付网关的证书,以确认它们是有效的。

(2) 用商家公钥解开初始应答报文摘要的数字签名,得到初始应答报文摘要。用单向哈希函数对初始应答产生初始应答的报文摘要,将这两个报文摘要进行比较,如果相同,则表示在途中未被篡改,否则丢弃。

(3) 检查商家传送过来的购买项目和价钱正确无误,并确认商家的基本资料也没有问题,向商家提出购物请求,它包含了真正的交易行为。

购物请求是协议中最复杂的消息,购物请求中主要包含订单信息 OI 及付款指示 PI 这两部分信息。其中商家只可以看到订单信息,而付款指示则只有收单银行才能解读。通过双重签名将付款指示 PI 和订单信息 OI 结合起来,然后对 PI 进行数字签名,生成支付网关的数字信封,保证商家看不到持卡人的金融信息。将 OI 和加密的 PI 做成数字信封与持卡人一起传给商家。

4. 网络商家发出支付授权请求

(1) 商家结束持卡人的购物请求,验证持卡人的数字证书。若未通过认证,则终止;若通过认证,则往下进行。

(2) 用商家的私钥解密订单信息 OI,并进行双重签名比较,检查数据在传输过程中是否被篡改。如数据完整,则处理订单信息。

(3) 产生支付授权请求,将支付授权请求用哈希算法生成报文摘要,并签名,并用一随机的对称密钥对支付授权请求加密形成密文,再形成数字信封。

(4) 将商家证书、支付请求密文、商家数字签名、数字信封及持卡人通过商家转发的双重签名 Sign[H(OP)]、OI 摘要、PI 密文、持卡人数字信封、持卡人证书等发往支付网关。

5. 支付网关发出支付授权请求

(1) 商家通过因特网送出的支付授权请求和持卡人通过商家转发的付款指示 PI 密文等,在收单银行的支付网关收到后,支付网关验证商家证书、商家签名以及商家是否在黑名单内。

(2) 用私钥打开商家数字信封,获取商家对称密钥,解开支付授权请求密文。用哈希算法作用于支付请求,形成报文摘要,与商家发来的支付请求摘要(解开数字签名所得)相比较,如果相同,则表示数据完整,否则丢弃数据。

(3) 支付网关验证持卡人的证书,然后用私钥打开持卡人数字信封,得到持卡人的账号和对称密钥。用此对称密钥解开付款指示 PI 密文,得到付款指示 PI。接着验证双重签名,生成付款指示 PI 摘要,与订单信息 OI 摘要相连接,再次生成摘要,其结果与 H(OP)(解双重签名所得)相比较,如果相同,则数据完整,如果不同,则丢弃。

(4) 验证来自商家的交易标识和来自持卡人的付款指示 PI 的交易标识是否相匹配,若相匹配,说明是同一个交易,则格式化一个支付授权请求。

(5) 通过银行专用网,向持卡人所属的发卡银行发送支付授权请求。

6. 发卡银行的支付授权应答

(1) 发卡银行在收到支付网关的支付授权请求后,检查持卡人的信用卡是否有效。若有效,则发卡银行相应支付授权请求,批准交易。

(2) 向支付网关发送支付授权应答。

7. 支付网关向商家发送支付授权应答

支付网关产生支付授权应答信息,它包括发卡银行的相应信息和支付网关的签名证书等,并将其生成数字信封,作为支付授权应答信息发送给商家。

8. 向持卡人发送购物应答

(1) 商家验证支付网关证书,解密支付授权应答,验证支付网关的数字签名,用私钥打开数字信封,得到网关对称密钥,用此密钥解开支付授权应答,产生支付授权应答报文摘要。

(2) 用网关公钥解开其数字签名,得到原始支付授权应答报文,并与新产生的摘要比较。如果相同,则数据完整;如果不同,则丢弃。

(3) 商家产生购物应答,对购物应答生成报文摘要,并签名。

(4) 将商家证书、购物应答、数字签名一起发往持卡人。

9. 持卡人接收并处理购物应答

(1) 持卡人收到购物应答后,验证商家证书。

(2) 验证通过后,对购物应答产生报文摘要,用商家公钥解开数字签名,得到原始报文摘要,将之与新产生的报文摘要比较,相同则表示数据完整,不同则丢弃。

(3) SET 软件记录交易日志,以备将来查询。

(4) 持卡人等待商家发货,若在等待期结束后,还未收到货物,则可凭交易日志向商家发出询问,商家可根据情况向持卡人做出解答。

10. 发送货物

商家由物流公司发送或提供服务,并在适当的时候通知收单银行将钱从持卡人的账号转移到商店账号,或通知发卡银行请求支付,即实现支付取款,完成清算。

从以上 SET 交易流程可知,前两步与 SET 无关,SET 从第三步开始起作用,一直到第九步。在处理过程中,对通信协议、请求信息的格式、数据类型的定义等,SET 都有明确的规定。操作的每一步,持卡人、商家和支付网关等都通过 CA 来验证通信主体的身份,以确保通信的双方不是冒名顶替者,所以,也可以简单地认为,SET 协议充分发挥了认证中心的作用,以维护在任何开发网络上的电子商务参与者所提供信息的真实性和保密性。

从上面的交易流程可以看出,SET 交易过程复杂性,在完成一次 SET 协议交易过程中,需验证电子证书九次,验证数字签名六次,传递证书七次,进行签名五次,四次对称加密和非对称加密。通常完成一个 SET 协议交易过程要花费 1.5～2 分钟甚至更长时间。SET 协议保密性好,具有不可否认性,可保证 B2C 类型的电子商务顺利地进行;只适用于客户具有电子钱包的场合;SET 支付方式和认证结构只适合于卡支付,不支持银行的其他支付方式。

SET 协议提供了在 B2C 平台上信用卡在线支付的方式,不过由于其实现起来非常复杂,商家和银行都需要改造系统来实现相互操作,如此看来,SET 的普遍应用还需要假以时日。无论是使用 SSL 协议还是使用 SET 协议进行在线支付,它们总有不如人意之处。但由于 SET 在安全性、保密性上的优势,它本应成为未来电子商务实现在线支付的主流方式。针对其主要问题——商品质量和残留数据的处理方式上,引入商品质量检测机制保证商品质量。引入这种机制的具体做法是商家把商品直接发送到消费者所在地的官方商品质量检测机构,由这些专业质检机构来检测商品质量问题,检测完毕后再通知消费者前来领取商品。如果消费者需要此服务,必须和商家协商分摊质量检测的费用;如果不需要,就按照一般的 SET 流程交易。因此，引入商品质量检测机制可以检查商品质量，解决了 SET 协议中产生的"如果是商品质量问题由谁负担"的问题。这样既能保证用户的利益，也能保证商家的利益不被损害。

引进商品质量检测机制后，基于 SET 的交易过程与原来相比更加复杂，也需要对 SET 消息报文进行修改，需要将质量检测信息作为附件形式加入 SET 消息报文中。因此要在 SET 信息报文中增加附件位，可考虑附件位的标识为 0 和 1 两种情况，其中 0 表示没有附件，1 表示存在附件。附加的附件信息包括交易双方的有关信息(如给双方打上编号)、商品名称、商品保质期、商品生存周期等。

(1) 用户查询商品的信息，确定所要订购的商品。

(2) 用户和商家进行探讨，确定商品质量检测费用该如何分摊。

(3) 将订购单和支付信息一起以电子数据的方式来发给商家。

(4) 商家进行验证，向用户所拥有的支付卡的金融机构请求取得支付授权。

(5) 金融机构验证数字签名，验证用户信息的合法性。如果合法，则发送授权信息。

(6) 商家验证授权信息后，向用户发出订购确认信息。同时查询用户所在地区的商品质量检测部门的信息。由商家将商品配送到用户所在地区的商品质量检测部门。

(7) 用户所在地商品质量检测部门接收商家的商品。在验收产品质量后，将附件位由 0 改为 1，并附加附件具体信息，向商家发送收货信息并负责配送商品给消费者；商家向用户所拥有的支付卡的金融机构请求付款。

(8) 用户得到满意的商品后，对付款单进行签名，向商品质量检测部门表示同意付款，并向自己的支付卡所在的发行卡发送支付信息。发卡行在同时得到商家付款请求和用户同意付款的信息之后，方可付款。

6.2.4 SET 协议安全性分析

从安全标准要求分析，SET 协议的安全性如下。

在 ISO/IEC 10181 系列中阐述了开放式信息系统的安全架构标准，其中共包含七个部分：鉴别、访问控制、抗抵赖性、机密性、完整性、安全跟踪与告警以及密钥管理等服务。而在 SET 协议中，访问控制及安全跟踪告警两部分牵涉到企业安全政策与组织架构的程度较深，所以 SET 并没有针对它们给应用系统开发人员提出系统的指导原则。关于密钥管理的部分，SET 协议也没有说明该如何处理，也就是说，目前 SET 将上述三个部分留给应用系统开发人员自行处理。

1. 鉴别安全

SET 的鉴别工作必须依赖公开密钥的运作体系(public key infrastructure，PKI)，使得系统是否能实际运作必须依赖整体大环境是否成熟而定，例如签证体系的建立等，这将导致系统建设成本的大幅提升。

2. 完整性安全

SET 协议使用数字签名与哈希函数技术来达成完整性的要求，运作方式为发送方先将交易信息经过哈希函数的计算产生消息摘要后，再使用发送方的私钥加密产生签名。SET

使用的哈希函数算法是 SHA-1,其产生的消息摘要长度为 160 位,而只要更改消息中任一个位,平均来说,将导致一半的消息摘要位改变,故可提升签名的安全性。

3. 机密性安全

SET 协议采用了对称性与非对称性的密码系统。每一次交易双方建立新的连接就是一次通信期间的开始,而每次通信期间都会产生新的通信密钥,也就是说每个通信密钥的有效期为通信期间,而这个期间通常都不长;基于这些特性,相对于长期间都使用同一把密钥加密来说,就算某次的通信密钥遭到破解,也不会影响到其他交易数据的安全性。

4. 抗抵赖性

SET 协议可以利用数字签名技术来产生不可否认的证据,其中双重签名也隐含了这个功能。基于银行对于商店不信任的假设,银行可利用商店转交持卡人的支付信息以及请求授权信息来防止商店否认交易内容。

5. 隐私权的安全保护

SET 协议为了提供消费者隐私权的保护,使用了一个重要的创新技术——双重签名。SET 协议是从银行的角度来考虑,所以对于隐私的保护是建立在信任银行的假设上。事实上,银行可能汇集持卡人个别交易的支付信息,如果缺乏适当的防范措施,将导致持卡人存在隐私泄露的风险。

从技术角度分析,SET 协议的安全性如下。

(1) 采用公钥加密和私钥加密相结合的办法保证数据的机密性。SET 协议中,支付环境的信息保密性是通过公钥加密法和私钥加密法相结合的算法来加密支付信息而获得的。它采用的公钥加密算法是 RSA 的公钥密码体制,私钥加密算法是采用 DES 数据加密标准。这两种不同加密技术的结合应用在 SET 中被形象地称为数字信封,RSA 加密相当于用信封密封,消息首先以 56 位的 DES 密钥加密,然后装入使用 1024 位 RSA 公钥加密的数字信封在交易双方间传输。这两种密钥相结合的办法保证了交易中数据信息的保密性。

(2) 采用信息摘要技术保证信息的完整性。SET 协议是通过数字签名方案来保证消息的完整性和进行消息源的认证的,数字签名方案采用了与消息加密相同的加密原则。即数字签名通过 RSA 加密算法结合生成信息摘要,信息摘要是消息通过 Hash 函数处理后得到的唯一对应于该消息的数值,消息中每改变一个数据位都会引起信息摘要中大约一半的数据位的改变。而两个不同的消息具有相同的信息摘要的可能性极其微小,因此 Hash 函数的单向性使得从信息摘要得出信息的摘要的计算是不可行的。信息摘要的这些特征保证了信息的完整性。

(3) 采用双重签名技术保证交易双方的身份认证。SET 协议应用了双重签名(dual signatures)技术。在一项安全电子商务交易中,持卡人的订购信息和支付指令是相互对应的。商家只有确认了对应于持卡人的支付指令对应的订购信息才能够按照订购信息发货;而银行只有确认了与该持卡人支付指令对应的订购信息是真实可靠的才能够按照商家的要求进行支付。为了达到商家在合法验证持卡人支付指令和银行在合法验证持卡人订购信息的同时不会侵犯顾客的私人隐私这一目的,SET 协议采用了双重签名技术来保证顾客的隐私不被侵犯。

SET 协议是由美国的公司发起并联合开发的，因此，SET 协议支持信用卡支付这一支付方式比较符合欧美各国的使用情况。可是实际应用上，SET 要求持卡人在客户端安装电子钱包，增加了顾客交易成本，交易过程又相对复杂，因此比较少的顾客接受这种网上即时支付方式。

而在中国，信用卡支付这种方式还没有普及，因此 SET 协议在我国的使用也相对较少。电子支付无论要采取哪种支付协议，都应该考虑到安全因素、成本因素和使用的便捷性这三方面，由于这三者在 SET 协议和 SSL 协议里的任何一个协议里面都无法全部体现，这就造成现阶段 SSL 协议和 SET 协议并存使用的局面。但即便将来业界开发结合这三个优点的电子支付协议，也未必能完全保证电子支付和网上银行的安全。

因为网上银行的安全涉及方方面面，不只是一个完善的安全支付协议、一堵安全的防火墙或者一个电子签名就能简单解决的问题。所以，现在银行必须加强管理力度，加大宣传力度，帮助顾客树立起安全意识，指导用户正确使用网上银行，并发动社会各方面的力量寻求多方联动的策略来保证网上银行的安全。只有社会各界一起努力，才能保证电子支付的安全；只有社会各界一起努力，才能保证网上银行的安全；也只有社会各界一起努力，才可以保证电子商务的安全，保证电子商务的快速有序发展。

6.3　SSL 协议

安全套接层协议（security socket layer，SSL）是网景（Netscape）公司提出的基于 Web 应用的安全协议，它包括：服务器认证、客户认证（可选）、SSL 链路上的数据完整性和 SSL 链路上的数据保密性。对于电子商务应用来说，使用 SSL 可保证信息的真实性、完整性和保密性。但由于 SSL 不对应用层的消息进行数字签名，因此不能提供交易的不可否认性，这是 SSL 在电子商务中使用的最大不足。有鉴于此，网景公司在从 Communicator 4.04 版开始的所有浏览器中引入了一种被称作“表单签名（form signing）”的功能，在电子商务中，可利用这一功能来对包含购买者的订购信息和付款指令的表单进行数字签名，从而保证交易信息的不可否认性。综上所述，在电子商务中采用单一的 SSL 协议来保证交易的安全是不够的，但采用“SSL＋表单签名”模式能够为电子商务提供较好的安全性保证。

SSL 协议位于 TCP/IP 协议与各种应用层协议之间，为数据通信提供安全支持。SSL 协议可分为两层：一层是 SSL 记录协议（SSL record protocol），它建立在可靠的传输协议（如 TCP）之上，为高层协议提供数据封装、压缩、加密等基本功能的支持。另一层是 SSL 握手协议（SSL handshake protocol），它建立在 SSL 记录协议之上，用于在实际的数据传输开始前，通信双方进行身份认证、协商加密算法、交换加密密钥等。

SSL 协议提供的服务主要有以下几项。

（1）认证用户和服务器，确保数据发送到正确的客户机和服务器。

（2）加密数据以防止数据中途被窃取。

（3）维护数据的完整性，确保数据在传输过程中不被改变。

SSL 安全协议也是国际上最早应用于电子商务的一种网络安全协议，至今仍然有许多网上商店在使用。在使用时，SSL 协议根据邮购的原理进行了部分改进。在传统的邮购活动中，客户首先寻找商品信息，然后汇款给商家，商家再把商品寄给客户。这里，商家是可以信赖的，所以，客户须先付款给商家。在电子商务的开始阶段，商家也是担心客户购买后不付款，或使用过期作废的信用卡，因而希望银行给予认证。SSL 安全协议正是在这种背景下应用于电子商务的。

SSL 协议运行的基点是商家对客户信息保密的承诺。如美国著名的亚马逊（Amazon）网上书店在它的购买说明中明确表示："当你在亚马逊公司购书时，受到'亚马逊公司安全购买保证'保护，所以，你永远不用为你的信用卡安全担心。"但是在上述流程中我们也可以注意到，SSL 协议有利于商家而不利于客户。客户的信息首先传到商家，但整个过程中缺少了客户对商家的认证。在电子商务的开始阶段，由于参与电子商务的公司大都是一些大公司，信誉较高，这个问题没有引起人们的重视。随着电子商务参与的厂商迅速增加，对厂商的认证问题越来越突出，SSL 协议的缺点完全暴露出来。SSL 协议逐渐被新的 SET 协议所取代。

6.3.1 SSL 协议概述

SSL 是 secure socket layer 的英文缩写，它的中文意思是安全套接层协议，指使用公钥和私钥技术组合的安全网络通信协议。SSL 协议是网景公司（Netscape）推出的基于 Web 应用的安全协议，SSL 协议指定了一种在应用程序协议（如 Http、Telenet、NMTP 和 FTP 等）和 TCP/IP 协议之间提供数据安全性分层的机制，它为 TCP/IP 连接提供数据加密、服务器认证、消息完整性以及可选的客户机认证，主要用于提高应用程序之间数据的安全性，对传送的数据进行加密和隐藏，确保数据在传送中不被改变，即确保数据的完整性。

SSL 将对称密码技术和公开密码技术相结合，可以实现以下三个通信目标。

（1）秘密性：SSL 客户机和服务器之间传送的数据都经过了加密处理，网络中的非法窃听者所获取的信息都将是无意义的密文信息。

（2）完整性：SSL 利用密码算法和散列（Hash）函数，通过对传输信息特征值的提取来保证信息的完整性，确保要传输的信息全部到达目的地，可以避免服务器和客户机之间的信息受到破坏。

（3）认证性：利用证书技术和可信的第三方认证，可以让客户机和服务器相互识别对方的身份。为了验证证书持有者是其合法用户（而不是冒名用户），SSL 要求证书持有者在握手时相互交换数字证书，通过验证来保证对方身份的合法性。

6.3.2 SSL 协议流程

服务器认证阶段：①客户端向服务器发送一个开始信息"Hello"以便开始一个新的会话连接；②服务器根据客户的信息确定是否需要生成新的主密钥，如需要，则服务器在响应客户的"Hello"信息时将包含生成主密钥所需的信息；③客户根据收到的服务器响应信息，产生一个主密钥，并用服务器的公开密钥加密后传给服务器；④服务器回复该主密钥，并返回给客户一个用主密钥认证的信息，以此让客户认证服务器。

用户认证阶段：在此之前，服务器已经通过了客户认证，这一阶段主要完成对客户的认证。经认证的服务器发送一个提问给客户，客户则返回（数字）签名后的提问和其公开密钥，从而向服务器提供认证。

从 SSL 协议所提供的服务及其工作流程可以看出，SSL 协议运行的基础是商家对消费者信息保密的承诺，这就有利于商家而不利于消费者。在电子商务初级阶段，由于运作电子商务的企业大多是信誉较高的大公司，因此该问题还没有充分暴露出来。但随着电子商务的发展，各中小型公司也参与进来，这样在电子支付过程中的单一认证问题就越来越突出。虽然在 SSL 3.0 中通过数字签名和数字证书可实现浏览器和 Web 服务器双方的身份验证，但是 SSL 协议仍存在一些问题，比如，只能提供交易中客户与服务器间的双方认证，在涉及多方的电子交易中，SSL 协议并不能协调各方间的安全传输和信任关系。在这种情况下，Visa 和 MasterCard 两大信用卡组织制定了 SET 协议，为网上信用卡支付提供了全球性的标准。

6.3.3 SSL 协议体系结构

SSL 协议位于 TCP/IP 协议模型的网络层和应用层之间，使用 TCP 来提供一种可靠的端到端的安全服务，它使客户/服务器应用之间的通信不被攻击窃听，并且始终对服务器进行认证，还可以选择对客户进行认证。SSL 协议在应用层通信之前就已经完成加密算法、通信密钥的协商以及服务器认证工作，在此之后，应用层协议所传送的数据都被加密。SSL 实际上是由共同工作的两层协议组成，如表 6-1 所示。从体系结构表可以看出 SSL 安全协议实际上是由 SSL 握手协议、SSL 修改密文协议、SSL 警告协议和 SSL 记录协议组成的一个协议族。

表 6-1　SSL 体系结构

<table>
<tr><th>SSL 握手协议</th><th>SSL 修改密文协议</th><th>SSL 警告协议</th></tr>
<tr><td colspan="3">SSL 记录协议</td></tr>
<tr><td colspan="3">TCP</td></tr>
<tr><td colspan="3">IP</td></tr>
</table>

SSL 记录协议为 SSL 连接提供了两种服务：一是机密性，二是消息完整性。为了实现这两种服务，SSL 记录协议对接收的数据和被接收的数据工作过程是如何实现的呢？SSL 记录协议接收传输的应用报文，将数据分片成可管理的块，进行数据压缩（可选），应用 MAC，接着利用 IDEA、DES、3DES 或其他加密算法进行数据加密，最后增加由内容类型、主要版本、次要版本和压缩长度组成的首部。被接收的数据刚好与接收数据工作过程相反，依次被解密、验证、解压缩和重新装配，然后交给更高级用户。

SSL 修改密文协议是使用 SSL 记录协议服务的 SSL 高层协议的三个特定协议之一，也是其中最简单的一个。协议由单个消息组成，该消息只包含一个值为 1 的单个字节。该消息的唯一作用就是使未决状态拷贝为当前状态，更新用于当前连接的密码组。为了保障 SSL 传输过程的安全性，双方应该每隔一段时间改变加密规范。

SSL 警告协议是用来为对等实体传递 SSL 的相关警告。如果在通信过程中某一方发现任何异常，就需要给对方发送一条警示消息通告。警示消息有两种：一种是 Fatal 错误，如传递数据过程中，发现错误的 MAC，双方就需要立即中断会话，同时消除自己缓冲区相应的会话记录；第二种是 Warning 消息，这种情况，通信双方通常都只是记录日志，而对通信过程不造成任何影响。

SSL 握手协议可以使得服务器和客户能够相互鉴别对方，协商具体的加密算法和 MAC 算法以及保密密钥，用来保护在 SSL 记录中发送的数据。SSL 握手协议允许通信实体在交换应用数据之前协商密钥的算法、加密密钥和对客户端进行认证(可选)的协议，为下一步记录协议要使用的密钥信息进行协商，使客户端和服务器建立并保持安全通信的状态信息。SSL 握手协议是在任何应用程序数据传输之前使用的。SSL 握手协议包含四个阶段：第一个阶段建立安全能力，第二个阶段服务器鉴别和密钥交换，第三个阶段客户鉴别和密钥交换，第四个阶段完成握手协议。

6.3.4 SSL 协议实现

OpenSSL 是一个支持 SSL 认证的服务器。它是一个源码开放的自由软件，支持多种操作系统。OpenSSL 软件的目的是实现一个完整、健壮、商业级的开放源码工具，通过强大的加密算法来实现建立在传输层之上的安全性。OpenSSL 包含一套 SSL 协议的完整接口，应用程序应用它们可以很方便地建立起安全套接层，进而能够通过网络进行安全的数据传输。

基于 OpenSSL 的程序可以被分为两个部分：客户机和服务器。使用 SSL 协议使通信双方可以相互验证对方身份的真实性，并且能够保证数据的完整性和机密性。建立 SSL 通信的过程如图 6-8 所示。

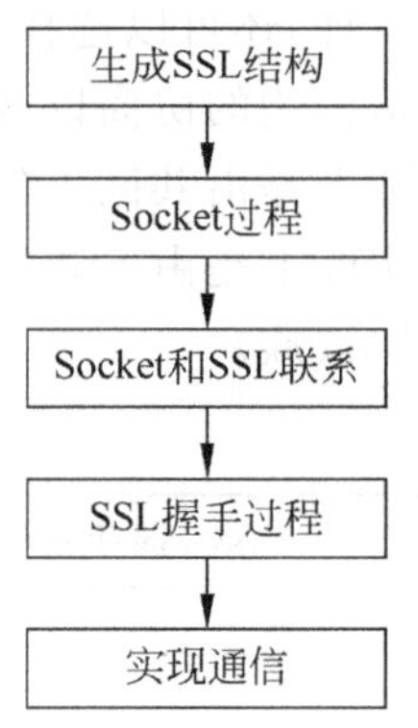

图 6-8　SSL 通信过程

SSL 通信模型采用标准的 C/S 结构，除了在 TCP 层上进行传输之外，与普通的网络通信协议没有太大的区别，基于 OpenSSL 的程序都要遵循以下几个步骤。

(1) OpenSSL 初始化，在使用 OpenSSL 之前，必须进行相应的协议初始化工作，这可以通过下面的函数实现：int SSL_library_int (void)。

(2) 选择会话协议，在利用 OpenSSL 开始 SSL 会话之前，需要为客户端和服务器制定本次会话采用的协议，目前能够使用的协议包括 TLSv1.0、SSLv2、SSLv3、SSLv2/v3。需要注意的是，客户端和服务器必须使用相互兼容的协议，否则 SSL 会话将无法正常进行。

(3) 创建会话环境，在 OpenSSL 中创建的 SSL 会话环境称为 CTX，使用不同的协议会话，其环境也不一样。

申请 SSL 会话环境的 OpenSSL 函数是：SSL_CTX * SSL_CTX_new(SSL_METHOD * method)。

当 SSL 会话环境申请成功后，还要根据实际的需要设置 CTX 的属性，通常的设置是指定 SSL 握手阶段证书的验证方式和加载自己的证书。制定证书验证方式的函数是：int SSL_CTX_set_verify(SSL_CTX * ctx, int mode, int(* verify_callback), int(X509_STORE_CTX *))。

为 SSL 会话环境加载 CA 证书的函数是：SSL_CTX_load_verify_location(SSL_CTX * ctx, const char * Cafile, const char * Capath)。

为 SSL 会话加载用户证书的函数是：SSL_CTX_use_certificate_file(SSL_CTX * ctx, const char ＊file,int type)。

为SSL会话加载用户私钥的函数是：SSL_CTX_use_PrivateKey_file(SSL_CTX ＊ctx,const char＊ file,int type)；在将证书和私钥加载到SSL会话环境之后，就可以调用下面的函数来验证私钥和证书是否相符：int SSL_CTX_check_private_key(SSL_CTX ＊ctx)。

(4) 建立SSL套接字，SSL套接字是建立在普通的TCP套接字基础之上，在建立SSL套接字时可以使用下面的一些函数：

```
SSL *SSl_new(SSL_CTX *ctx);                //申请一个SSL套接字
int SSL_set_fd(SSL *ssl,int fd);           //绑定读写套接字
int SSL_set_rfd(SSL *ssl,int fd);          //绑定只读套接字
int SSL_set_wfd(SSL *ssl,int fd);          //绑定只写套接字
```

(5) 完成SSL握手，在成功创建SSL套接字后，客户端应使用函数SSL_connect( )替代传统的函数connect( )来完成握手过程：int SSL_connect(SSL ＊ssl)。

而对服务器来讲，则应使用函数SSL_ accept( )替代传统的函数accept( )来完成握手过程：int SSL_accept(SSL＊ssl)。

握手过程完成之后，通常需要询问通信双方的证书信息，以便进行相应的验证，这可以借助于下面的函数来实现：X509 ＊SSL_get_peer_certificate(SSL ＊ssl)。

该函数可以从SSL套接字中提取对方的证书信息，这些信息已经被SSL验证过了。X509_NAME ＊X509_get_subject_name(X509 ＊a)函数得到证书所用者的名字。

(6) 进行数据传输，当SSL握手完成之后，就可以进行安全的数据传输了，在数据传输阶段，需要使用SSL_read( )和SSL_write( )来替代传统的read( )和write( )函数，来完成对套接字的读写操作：

```
int SSL_read(SSL *ssl,void *buf,int num);
int SSL_write(SSL *ssl,const void *buf,int num);
```

(7) 结束SSL通信，当客户端和服务器之间的数据通信完成之后，调用下面的函数来释放已经申请的SSL资源：

```
int SSL_shutdown(SSL *ssl);                //关闭SSL套接字
void SSl_free(SSL *ssl);                   //释放SSL套接字
void SSL_CTX_free(SSL_CTX *ctx);           //释放SSL会话环境
```

6.4 互联网金融及其安全

6.4.1 互联网金融概述

互联网金融是指以依托于支付、云计算、社交网络以及搜索引擎等互联网工具，实现资金融通、支付和信息中介等业务的一种新兴金融。互联网金融不是互联网和金融业的简单结合，而是在实现安全、移动等网络技术水平上，被用户熟悉接受后(尤其是对电子商务的接受)，自然而然为适应新的需求而产生的新模式及新业务，是传统金融行业与互联网精神相结合的新兴领域。互联网金融与传统金融的区别不仅仅在于金融业务所采用的媒介不同，

更重要的在于金融参与者深谙互联网“开放、平等、协作、分享”的精髓，通过互联网、移动互联网等工具，使得传统金融业务具备透明度更强、参与度更高、协作性更好、中间成本更低、操作上更便捷等一系列特征。

理论上任何涉及了广义金融的互联网应用，都应该是互联网金融，包括但是不限于为第三方支付、在线理财产品的销售、信用评价审核、金融中介、金融电子商务等模式。互联网金融的发展已经历了网上银行、第三方支付、个人贷款、企业融资等多阶段，并且越来越在融通资金、资金供需双方的匹配等方面深入传统金融业务的核心。

广义互联网金融：具备互联网精神的金融业态都可以统称为互联网金融，在中国涌现了 P2P 等广义上的互联网金融企业，也出现了清华大学五道口金融学院互联网金融实验室这样的研究机构。

狭义互联网金融：狭义的互联网金融则应该定义在与货币的信用化流通相关的层面，也就是资金融通依托互联网来实现的方式方法都可以称之为互联网金融。

当前互联网金融格局由传统金融机构和非金融机构组成。传统金融机构主要为传统金融业务的互联网创新以及电商化创新等，非金融机构则主要是指利用互联网技术进行金融运作的电商企业、创富贷(P2P)模式的网络借贷平台，众筹模式的网络投资平台，挖财类的手机理财 APP，以及第三方支付平台等。

互联网金融特点如下。

1. 成本低

互联网金融模式下，资金供求双方可以通过网络平台自行完成信息甄别、匹配、定价和交易，无传统中介、无交易成本、无垄断利润。一方面，金融机构可以避免开设营业网点的资金投入和运营成本；另一方面，消费者可以在开放透明的平台上快速找到适合自己的金融产品，削弱了信息不对称程度，更省时省力。

2. 效率高

互联网金融业务主要由计算机处理，操作流程完全标准化，客户不需要排队等候，业务处理速度更快，用户体验更好。如阿里小贷依托电商积累的信用数据库，经过数据挖掘和分析，引入风险分析和资信调查模型，商户从申请贷款到发放只需要几秒钟，日均可以完成贷款 1 万笔，成为真正的“信贷工厂”。

3. 覆盖广

互联网金融模式下，客户能够突破时间和地域的约束，在互联网上寻找需要的金融资源，金融服务更直接，客户基础更广泛。此外，互联网金融的客户以小微企业为主，覆盖了部分传统金融业的金融服务盲区，有利于提升资源配置效率，促进实体经济发展。

4. 发展快

依托于大数据和电子商务的发展，互联网金融得到了快速增长。以余额宝为例，余额宝上线 18 天，累计用户数达到 250 多万，累计转入资金达到 66 亿元。据报道，余额宝规模 500 亿元，成为规模最大的公募基金。

5. 管理弱

一是风控弱。互联网金融还没有接入人民银行征信系统，也不存在信用信息共享机制，不具备类似银行的风控、合规和清收机制，容易发生各类风险问题，已有众贷网、网赢天下等P2P网贷平台宣布破产或停止服务。二是监管弱。互联网金融在中国处于起步阶段，还没有监管和法律约束，缺乏准入门槛和行业规范，整个行业面临诸多政策和法律风险。

6. 风险大

一是信用风险大。现阶段中国信用体系尚不完善，互联网金融的相关法律还有待配套，互联网金融违约成本较低，容易诱发恶意骗贷、卷款跑路等风险问题。特别是P2P网贷平台由于准入门槛低和缺乏监管，成为不法分子从事非法集资和诈骗等犯罪活动的温床。去年以来，淘金贷、优易网、安泰卓越等P2P网贷平台先后曝出"跑路"事件。二是网络安全风险大。中国互联网安全问题突出，网络金融犯罪问题不容忽视。一旦遭遇黑客攻击，互联网金融的正常运作会受到影响，危及消费者的资金安全和个人信息安全。

7. 金融服务基于大数据的运用

数据一直是信息时代的象征。2011年5月麦肯锡全球研究院发布了《大数据：创新、竞争和生产力的下一个新领域》报告后，大数据的概念备受关注。金融业一方面是大数据的重要生产者，同时也高度依赖信息技术，是典型的数据驱动行业。在互联网金融环境中，数据作为金融核心资产，将撼动传统客户关系及抵质押品在金融业务中的地位。

大数据可以促进高频交易、社交情绪分析和信贷风险分析三大金融创新。无论互联网金融领域哪种业务模式与产品设计，无不体现对大数据的合理运用。

例如阿里金融通过分析客户在淘宝上的购买情况，包括客户购买的商品以及一些其他的维度，就能够判断出客户可能是处于怎样的生活阶段，可能会有哪些潜在的消费需求。如果还不够准确，阿里金融会通过支付宝，譬如你交水、电、煤气费的地址来核实你是否有稳定的住址。通过多个维度的数据分析，对用户的信用判断就有了一个可靠的基础。

阿里巴巴2012年9月宣布的"平台、金融和数据"三大定位，在阿里小贷业务上得到了完美体现。2010年和2011年，阿里金融分别于浙江和重庆成立了小额贷款公司，为阿里巴巴B2B业务、淘宝、天猫三个平台的商家提供订单贷款和信用贷款。阿里小贷具有天然优势，通过与阿里巴巴的B2B、淘宝网、天猫等电子商务平台的无缝对接，客户积累的信用数据及行为数据都被引入网络数据模型和资信调查中。

6.4.2 互联网金融发展历史及现状

自1998年年初，中国人民银行注意开展互联网金融服务相关工作，积极推动了互联网金融服务在中国的健康发展。

1998年3月，人民银行科技司以原支付体系研究室为主体，组织成立"电子商务研究小组"，对中央银行在电子商务中应发挥的积极作用进行系统性研究。同年4月，人民银行科技司与IBM公司共同组织"电子商务研讨会"，对金融部门在电子商务中的作用进行研讨。

1998年5月，人民银行科技司组织召开电子商务研讨会。会上，IBM、TANDEM公司对其电子商务解决方案做了介绍。来自人民银行各司局、金融电子化公司、清算总中心、银行卡总中心和各商业银行科技部的代表约80余人参加了会议。电子商务和互联网金融服务发展问题引起了国内商业银行的广泛关注。

1998年6月，人民银行参加了由北京市政府牵头的“首都电子商务工程”建设，并承担了建设认证中心和电子商务支付网关的任务。人民银行科技司派人参加了工程总体组和推进组的工作。

1998年10月，人民银行科技司联合工商银行、农业银行、中国银行、建设银行、招商银行科技部共同成立了“金融系统电子商务联络与研究小组”，以及时了解各商业银行互联网金融服务工作进展情况，加强与各商业银行的沟通，并对电子商务安全认证、网上支付、相关立法等问题进行研讨。

1998年11月，人民银行科技司组织部分商业银行科技部召开金融认证中心建设方案讨论会。确定：由人民银行牵头，各商业银行参加，共同建设银行部门统一的金融认证中心。

1999年1月，人民银行科技司组织成立金融认证中心工程项目小组，编写“金融认证中心需求分析”和“金融认证中心工程实施方案”。人民银行科技司、工商银行等12家金融CA发起行派人参加该小组。

1999年2月，人民银行科技司向金融信息化领导小组会议就金融CA建设事宜做了专门汇报。会议通过了项目小组向会议递交的金融CA工程实施方案，并成立了金融CA工程领导小组，负责金融CA工程建设中重大问题的决策。会议决定，金融CA工程建设应抓紧进行，以配合“首都电子商务工程”建设进度。

1999年4月份，人民银行与北京市政府联合举办了“IT战略在金融业中的应用和发展战略研讨会”。

1999年8月底，金融CA工程正式签约，由IBM公司负责建设金融CA SET系统，由德达/Sun/Entrust负责建设金融CA Non-SET系统。

2000年年初，人民银行组织工商银行、农业银行、中国银行、建设银行等成立“网上银行研究小组”，对网上银行相关问题进行系统性研究，以促进网上银行业务在中国的健康、有序发展，研究如何对网上银行业务实施恰当的监管。

2000年年初，人民银行科技司以原支付体系研究室为主体，组织成立“金融认证策略指南”研究小组，探讨金融认证体系发展问题，以加强对金融行业认证中心的管理。

2000年4月，“金融系统电子商务联络与研究小组”编写并组织出版了《电子商务安全认证与网上支付》一书，获得了业界人士的高度评价。

2000年6月，金融CA系统投入试运行。

2000年9月，人民银行科技司组织召开“网上银行技术风险管理研讨会”，各商业银行科技部的80余名代表参加了会议。人民银行和各商业银行科技部负责人做了专题研究，对网上银行业务中的技术风险管理问题进行了详细的探讨。

2000年12月，“金融认证策略指南”研究小组完成“金融安全认证策略与管理指南（草案）”。

2001年5月，“网上银行研究小组”完成网上银行研究课题。

2001年6月，人民银行发布“网上银行业务管理暂行办法”。

2005年中国网上银行用户规模为3500万户，2006年增长为7100万户，年增长率为103%。开展网上金融服务和网络金融营销已成为各个商业银行业务发展的必然选择。

6.4.3 互联网金融模式

当前中国互联网金融模式大致可以分为六个模式，这六类就包括第三方支付、P2P网络贷款平台、大数据金融、众筹信息化、信息化金融机构和互联网金融门户。

1. 第三方支付

第三方支付(third-party payment)狭义上是指具备一定实力和信誉保障的非银行机构，借助通信、计算机和信息安全技术，采用与各大银行签约的方式，在用户与银行支付结算系统间建立连接的电子支付模式。

根据央行2010年在《非金融机构支付服务管理办法》中给出的非金融机构支付服务的定义，从广义上讲，第三方支付是指非金融机构作为收、付款人的支付中介所提供的网络支付、预付卡、银行卡收单以及中国人民银行确定的其他支付服务。第三方支付已不仅仅局限于最初的互联网支付，而是成为线上线下全面覆盖、应用场景更为丰富的综合支付工具。

从发展路径与用户积累途径来看，目前市场上第三方支付公司的运营模式可以归为两大类。

一类是独立第三方支付模式，是指第三方支付平台完全独立于电子商务网站，不负有担保功能，仅仅为用户提供支付产品和支付系统解决方案，以快钱、易宝支付、汇付天下、拉卡拉等为典型代表。以易宝支付为例，其最初凭借网关模式立足，针对行业做垂直支付，而后以传统行业的信息化转型为契机，凭借自身对具体行业的深刻理解，量身定制全程电子支付解决方案。

另一类是以支付宝、财付通为首的依托于自有B2C、C2C电子商务网站提供担保功能的第三方支付模式。货款暂由平台托管并由平台通知卖家货款到达、进行发货；在此类支付模式中，买方在电商网站选购商品后，使用第三方平台提供的账户进行货款支付，待买方检验物品进行确认后，就可以通知平台付款给卖家，这时第三方支付平台再将款项转至卖方账户。

第三方支付公司主要有交易手续费、行业用户资金信贷利息及服务费收入和沉淀资金利息等收入来源。比较而言，独立第三方支付立身于B(企业)端，担保模式的第三方支付平台则立身于C(个人消费者)端，前者通过服务于企业客户间接覆盖客户的用户群，后者则凭借用户资源的优势渗入行业。

第三方支付的兴起，不可避免地给银行在结算费率及相应的电子货币/虚拟货币领域带来挑战。第三方支付平台与商业银行的关系由最初的完全合作逐步转向了竞争与合作并存。随着第三方支付平台走向支付流程的前端，并逐步涉及基金、保险等个人理财等金融业务，银行的中间业务正在被其不断蚕食。另外，第三方支付公司利用其系统中积累的客户的采购、支付、结算等完整信息，可以以非常低的成本联合相关金融机构为其客户提供优质、便捷的信贷等金融服务。同时，支付公司也开始渗透到信用卡和消费信贷领域。第三方支付机构与商业银行的业务重叠范围不断扩大，逐渐对商业银行形成了一定的竞争关系。未来，当第三方支付机构能够在金融监管进一步放开，其能拥有目前银行独特拥有的“账户”权益时,那么带给银行的就不仅仅是“余额宝”的试点式竞争,而是全方位的行业竞争。

2013 年 7 月份央行又颁发了新一批支付牌照,持有支付牌照的企业已达到 250 家。在牌照监管下,第三方支付领域今后更多的是巨头们的竞争,一方面是类似支付宝、快钱、易宝支付等市场化形成的巨头,另一方面是依托自身巨大资源的新浪支付、电信运营商支付以及可能的中石化、中石油的支付平台。随着支付行业参与者不断增多,在银行渠道、网关产品以及市场服务等方面的差异性越来越小,支付公司的产品会趋于同质化,这意味着第三方支付企业需要不断寻找新的业绩增长点。移动支付、细分行业的深度定制化服务、跨境支付、便民生活服务将成为新的竞争领域,拥有自己独特竞争力及特色渠道资源成为众多第三方支付企业生存及竞争的筹码。

2. P2P 网络贷款平台

P2P(peer-to-peer lending),即点对点信贷。P2P 网络贷款是指通过第三方互联网平台进行资金借、贷双方的匹配,需要借贷的人群可以通过网站平台寻找到有出借能力并且愿意基于一定条件出借的人群,帮助贷款人通过和其他贷款人一起分担一笔借款额度来分散风险,也帮助借款人在充分比较的信息中选择有吸引力的利率条件。

P2P 平台的盈利主要是从借款人收取一次性费用以及向投资人收取评估和管理费用。贷款的利率确定或者是由放贷人竞标确定或者是由平台根据借款人的信誉情况和银行的利率水平提供参考利率。

由于无准入门槛、无行业标准、无机构监管,对 P2P 网贷还没有严格意义上的概念界定,其运营模式尚未完全定型。目前已经出现了以下几种运营模式,一是纯线上模式,此类模式典型的平台有拍拍贷、合力贷、人人贷(部分业务)等,其特点是资金借贷活动都通过线上进行,不结合线下的审核。通常这些企业采取的审核借款人资质的措施有通过视频认证、查看银行流水账单、身份认证等。第二种是线上线下结合的模式,此类模式以翼龙贷为代表。借款人在线上提交借款申请后,平台通过所在城市的代理商采取入户调查的方式审核借款人的资信、还款能力等情况。另外,以宜信为代表的债权转让模式现在还处于质疑之中,这种模式是公司作为中间人对借款人进行筛选,以个人名义进行借贷之后再将债权转让给理财投资者。

从 P2P 的特点来看,其在一定程度上降低了市场信息不对称程度,对利率市场化将起到一定的推动作用。由于其参与门槛低、渠道成本低,在一定程度上拓展了社会的融资渠道。但从目前来看,P2P 网贷暂时很难撼动银行在信贷领域的霸主地位,无法对银行造成根本性冲击。P2P 针对的主要还是小微企业及普通个人用户,这些大都是被银行“抛弃”的客户,资信相对较差、贷款额度相对较低、抵押物不足,并且因为央行个人征信系统暂时没有对 P2P 企业开放等原因,造成 P2P 审贷效率低、客户单体贡献率小,以及批贷概率低等现状,并且很多异地的信用贷款,因为信贷审核及催收成本高的原因,不少 P2P 平台坏债率一直居高不下。

据网贷之家统计,2015 年全国活跃的 P2P 网贷平台为 2520 家,从目前整体 P2P 行业来看,先进入者因为有一定的知名度及投资者积累,相对大量的投资者来说,更多的是缺乏优质的信贷客户;而对于一些新上线的平台,因为缺少品牌知名度及投资者的信任,或者被迫选择一些虚拟的高利率的标的来吸引投资者,或者是依托线下合作的小贷、担保公司资源将一些规模标的进行资金规模或者时间段的分拆，以便尽快形成一定的交易量，争取形成良性循环。

P2P网贷平台还处于培育期，用户认知程度不足、风控体系不健全，是P2P行业发展的主要障碍。少数平台跑路的信息也给行业带来了不好的影响，其大都是抱着捞一把就跑的心态，在平台上线不长的时间内依靠高回报率骗取投资人的资金，而很少是因为真正的经营不善而倒闭。因此，不能因为少数害群之马的恶劣行为来彻底否定一个行业，而是要在逐步建立备案制以及相关资金监管的同时，加大对真正违法诈骗行为的严厉打击。

随着互联网金融的火爆、创业热情的高涨，众多的P2P网贷平台若想在竞争中取胜，一方面是要积累足够的借、贷群体，另一方面是要建立良好的信誉，保证客户的资金安全。随着对P2P平台的监管加强，平台资金交由银行托管，平台本身不参与资金的流动是必然趋势。另外，与第三方支付平台和电商平台合作利用互联网积攒的大数据来识别风险，以及各家P2P网贷平台共享借贷人信息，建立一个全国性的借款记录及个人征信都将是P2P网贷的发展方向，并将进一步加快利率市场化的步伐。

3. 大数据金融

大数据金融是指集合海量非结构化数据，通过对其进行实时分析，可以为互联网金融机构提供客户全方位信息，通过分析和挖掘客户的交易和消费信息掌握客户的消费习惯，并准确预测客户行为，使金融机构和金融服务平台在营销和风控方面有的放矢。基于大数据的金融服务平台主要指拥有海量数据的电子商务企业开展的金融服务。大数据的关键是从大量数据中快速获取有用信息的能力，或者是从大数据资产中快速变现的能力，因此，大数据的信息处理往往以云计算为基础。目前，大数据服务平台的运营模式可以分为以阿里小额信贷为代表的平台模式和以京东、苏宁为代表的供应链金融模式。

阿里小贷以"封闭流程＋大数据"的方式开展金融服务，凭借电子化系统对贷款人的信用状况进行核定，发放无抵押的信用贷款及应收账款抵押贷款，单笔金额在五万元以内，与银行的信贷形成了非常好的互补。阿里金融目前只统计、使用自己的数据，并且会对数据进行真伪性识别、虚假信息判断。阿里金融通过其庞大的云计算能力及数十个优秀建模团队的多种模型，为阿里集团的商户、店主实时计算其信用额度及其应收账款数量，依托电商平台、支付宝和阿里云，实现客户、资金和信息的封闭运行，这一方面有效降低了风险因素，同时真正地做到了一分钟放贷。京东商城、苏宁的供应链金融模式是以电商作为核心企业，以未来收益的现金流作为担保，获得银行授信，为供货商提供贷款。

大数据能够通过海量数据的核查和评定，增加风险的可控性和管理力度，及时发现并解决可能出现的风险点，对于风险发生的规律性有精准的把握，将推动金融机构对更深入和透彻的数据的分析需求。虽然银行有很多支付流水数据，但是各部门不交叉，数据无法整合，大数据金融的模式促使银行开始对沉积的数据进行有效利用。大数据将推动金融机构创新品牌和服务，做到精细化服务，对客户进行个性定制，利用数据开发新的预测和分析模型，实现对客户消费模式的分析以提高客户的转化率。

大数据金融模式广泛应用于电商平台，以对平台用户和供应商进行贷款融资，从中获得贷款利息以及流畅的供应链所带来的企业收益。随着大数据金融的完善，企业将更加注重用户个人的体验，进行个性化金融产品的设计。未来，大数据金融企业之间的竞争将存在于对数据的采集范围、数据真伪性的鉴别以及数据分析和个性化服务等方面。

4. 众筹信息化

众筹大意为大众筹资或群众筹资，是指用团购＋预购的形式向网友募集项目资金的模式。本意众筹是利用互联网和SNS传播的特性，让创业企业、艺术家或个人对公众展示他们的创意及项目，争取大家的关注和支持，进而获得所需要的资金援助。众筹平台的运作模式大同小异——需要资金的个人或团队将项目策划交给众筹平台，经过相关审核后，便可以在平台的网站上建立属于自己的页面，用来向公众介绍项目情况。众筹的规则有三个：一是每个项目必须设定筹资目标和筹资天数。二是在设定天数内，达到目标金额即成功，发起人即可获得资金；项目筹资失败，则已获资金全部退还支持者。三是众筹不是捐款，所有支持者一定要设有相应的回报。众筹平台会从募资成功的项目中抽取一定比例的服务费用。

此前不断有人预测众筹模式将会成为企业融资的另一种渠道，对于国内目前IPO闸门紧闭，企业上市融资之路愈走愈难的现状会提供另一种解决方案，即通过众筹的模式进行筹资。但从目前国内实际众筹平台来看，因为股东人数限制及公开募资的规定，国内更多的是以“点名时间”为代表的创新产品的预售及市场宣传平台，还有以“淘梦网”“追梦网”等为代表的人文、影视、音乐和出版等创造性项目的梦想实现平台，以及一些微公益募资平台。互联网知识型社群试水者——罗振宇作为自媒体视频脱口秀《罗辑思维》主讲人，其2013年8月9日，5000个200元/人的两年有效期会员账号在6小时内一售而空，也称得上众筹模式的成功案例之一，但很难具有一定的复制性。

自2013年年中以来，以创投圈、天使汇为代表的一批针对种子期、天使期的创业服务平台，以一种“众投”的模式进入了人们的视野，并很好地承接了对众筹本意的理解，但是因为项目优劣评判的困难、回报率的极为不确定性，目前仅仅停留在少量天使投资人、投资机构及少数投资玩票的人当中，涉及金额也相对较小。

与热闹的P2P相对，众筹尚处于一个相对静悄悄的阶段。目前国内对公开募资的规定及特别容易踩到非法集资的红线使得众筹的股权制在国内发展缓慢，很难在国内做大做强，短期内对金融业和企业融资的影响非常有限。

从行业发展来看，目前众筹网站的发展要避免出现当年团购网站由于运营模式和内容上的千篇一律，呈现出一窝蜂地兴起，而又一大片地倒下的局面。这就要求众筹网站的运营体现出自身的差异化，凸显出自身的垂直化特征。

5. 信息化金融机构

所谓信息化金融机构，是指通过采用信息技术，对传统运营流程进行改造或重构，实现经营、管理全面电子化的银行、证券和保险等金融机构。金融信息化是金融业发展趋势之一，而信息化金融机构则是金融创新的产物。从金融整个行业来看，银行的信息化建设一直处于业内领先水平，不仅具有国际领先的金融信息技术平台，建成了由自助银行、电话银行、手机银行和网上银行构成的电子银行立体服务体系，而且以信息化的大手笔——数据集中工程在业内独领风骚。

目前，一些银行都在自建电商平台，从银行的角度来说，电商的核心价值在于增加用户黏性,积累真实可信的用户数据,从而银行可以依靠自身数据去发掘用户的需求。建行推出"善融商务"、交行推出"交博汇"等金融服务平台都是银行信息化的有力体现。工行的电商平台在2014年元旦后上线,作为没有互联网基因的银行一拥而上推广电商平台,目的何在?

从经营模式上来说,传统的银行贷款是流程化、固定化,银行从节约成本和风险控制的角度更倾向于针对大型机构进行服务,通过信息技术可以缓解甚至解决信息不对称的问题,为银行和中小企业直接合作搭建了平台,增强了金融机构为实体经济服务的职能。但更为重要的是,银行通过建设电商平台,积极打通银行内各部门数据孤岛,形成一个"网银+金融超市+电商"的三位一体的互联网平台,以应对互联网金融的浪潮及挑战。

信息化金融机构从另外一个非常直观的角度来理解,就是通过金融机构的信息化,让我们汇款不用跑银行、炒股不用去营业厅、电话或上网可以买保险,虽然这是大家现在已经习以为常的生活,但这些都是金融机构建立在互联网技术发展基础上,并进行信息化改造之后带来的便利。未来,传统的金融机构在互联网金融时代,更多的是如何更快、更好地充分利用互联网等信息化技术,并依托自身资金实力雄厚、品牌信任度高、人才聚焦、风控体系完善等优势,作为互联网金融模式的一类来应对非传统金融机构带来的冲击,尤其是思维上、速度上的冲击。

6. 互联网金融门户

互联网金融门户是指利用互联网进行金融产品的销售以及为金融产品销售提供第三方服务的平台。它的核心就是"搜索+比价"的模式,采用金融产品垂直比价的方式,将各家金融机构的产品放在平台上,用户通过对比挑选合适的金融产品。互联网金融门户多元化创新发展,形成了提供高端理财投资服务和理财产品的第三方理财机构,提供保险产品咨询、比价、购买服务的保险门户网站等。这种模式不存在太多政策风险,因为其平台既不负责金融产品的实际销售,也不承担任何不良的风险,同时资金也完全不通过中间平台。目前在互联网金融门户领域针对信贷、理财、保险、P2P等细分行业分布有融360、91金融超市、好贷网、银率网、格上理财、大童网、网贷之家等。

互联网金融门户最大的价值就在于它的渠道价值。互联网金融分流了银行业、信托业、保险业的客户,加剧了上述行业的竞争。随着利率市场化的逐步到来和互联网金融时代的来临,对于资金的需求方来说,只要能够在一定的时间内,在可接受的成本范围内,具体的钱是来自工行也好、建行也罢,还是P2P平台、小贷公司,或是信托基金、私募债等,已经不是那么重要。融资方到了融360、好贷网或软交所科技金融超市时,用户甚至无须像在京东买实物手机样,需要逐一地浏览商品介绍及详细地比较参数、价格,而是更多地将其需求提出,反向进行搜索比较。因此,当融360、好贷网、软交所科技金融超市这些互联网金融渠道发展到一定阶段,拥有一定的品牌及积累了相当大的流量,成为了互联网金融界的"京东"和"携程"的时候,就成为了各大金融机构、小贷、信托、基金的重要渠道,掌握了互联网金融时代的互联网入口,引领着金融产品销售的风向标。

由于互联网金融正处于快速发展期,目前的分类也仅仅是一个阶段的粗浅分类,即使在将电子货币、虚拟货币归入第三方支付这一模式之后,六大模式也无法包容诸如比特币等新兴互联网金融创新产物。

整体来说，互联网金融的出现不仅弥补了以银行为代表的传统金融机构服务的空白，而且提高了社会资金的使用效率，更为关键的是将金融通过互联网而普及化、大众化，不仅大幅度降低了融资成本，而且更加贴近百姓和以人为本。它对金融业的影响不仅仅是将信息技术嫁接到金融服务上，推动金融业务格局和服务理念的变化，更重要的是完善了整个社会的金融功能。互联网金融的发展壮大会给银行业带来一定冲击，但也为基金公司、证券公司、保险公司、信托公司等带来了新机遇。随着互联网金融沿上述六大模式的方向深入发展，其将进一步推动金融脱媒，挑战传统金融服务的方式方法，改变金融业内各方的地位和力量对比。

6.4.4 互联网金融安全

互联网金融具备互联网和金融双重属性。互联网金融主要包括第三方支付、P2P、大数据金融、众筹、信息化金融机构、互联网金融门户六大主要模式。互联网金融的核心还是金融，互联网仅仅是手段和方法，因此互联网金融也将面临传统金融所面临的风险：系统性风险、流动性风险、信用风险、技术风险、操作风险等。同时还因互联网技术衍生出更为复杂的风险形态，决定了其风险远比互联网和传统金融本身的风险更为复杂。

互联网金融是技术与业务都较传统金融模式更为超前的金融模式，因此具备自身的风险特点。

互联网的技术特点决定了互联网金融风险具有以下特征。

一是金融风险扩散速度较快。互联网金融具备高科技的网络技术所具有的快速远程处理功能，为便捷快速的金融服务提供了强大的 IT 技术支持，反过来看，互联网金融的高科技也可能会加快支付、清算及金融风险的扩散速度，加大了金融风险的扩散面积和补救的成本。

二是对于金融监管提出了较高要求。对应的较高的互联网金融技术环境中存在所谓“道高一尺，魔高一丈”，这对互联网金融的风险防控和金融监管提出了更高的要求。互联网金融中的交易、支付与服务均在互联网或移动互联网上完成，交易的虚拟化使金融业务失去了时间和地理限制，交易对象变得模糊，交易过程更加不透明，金融风险形式更加多样化。由于被监管者和监管者之间信息不对称，金融监管机构难以准确了解金融机构资产负债的实际情况，难以针对可能的金融风险采取切实有效的金融监管手段。

三是金融风险交叉传染的可能性增加。由于防火墙可能因网络黑客等破坏而衰减，因此防火墙的建设更需加强。随着我国多家金融银行机构的综合金融业务的开展和完善，互联网金融业主与客户之间的相互渗透使得金融机构间、各金融业务种类间、国家间的风险相关性日益增强，由此互联网可能引发的金融危机的突发性较大。

1. 系统性风险

系统性风险是指由单个或少数金融机构破产或巨额损失导致的整个金融系统崩溃的风险，以及对实体经济产生严重的负面效应的可能性。而各种系统性风险一般是由经济波动或制度破产等触发事件而导致的一连串金融机构重大损失，甚至破产以及金融市场价格的剧烈波动等恶性经济后果，甚至出现一系列的多米诺骨牌效应。

互联网金融的系统性风险主要具有四大特点：一是系统性风险是针对整个系统或者全

局的功能产生影响或者破坏，而不是针对某一机构或者局部；二是系统性风险具备非常强的蔓延特性或者传染性，将风险传导给毫不相干的第三方并让其承担损失；三是系统性风险具有很强的负外部性，系统性风险对金融机构和整个金融市场或者实体经济产生巨大的溢出效应，这是系统性风险的本质特征；四是互联网金融的基因在于其技术领先性和业务发展的高效性以及支付系统的快捷性。因此，必须要防范系统性风险快速传播的可能性。

2. 流动性风险

流动性风险是指金融机构(如商业银行)无法提供足额资金来应付资产增加需求，或履行到期债务的相关风险。流动性风险主要是由资产和负债的差额及期限的不匹配所引起的。按照风险成因划分，流动性风险可以分为两类：一类是融资流动性风险，即为获取足够的资金履行其支付义务，就会产生影响日常正常运作或基本财务状况的风险；另一类是市场流动性风险，即因市场原因导致出售资产或平仓时，可能遭遇市价大幅下跌，从而导致损失的风险。流动性风险因其具有不确定性强、冲击破坏力大等特点，被称为"商业银行最致命的风险"。

与传统金融一样，互联网金融也面临流动性风险管理的新挑战。

1）金融产品的复杂与创新

金融市场不断出现各种复杂的新型金融产品，这些产品当中很多面市时间不长，缺乏历史数据，银行难以全面了解和评估其风险特性；结构复杂，信息披露和透明度较低，银行难以预测其未来的现金流，以及与其他金融产品的相关性，表外业务和嵌入式期权更会加剧这种风险；交易欠活跃，价格波动性强，流动性风险高；一般都具有高杠杆率，对银行资金头寸的影响和风险暴露往往具有放大效应。

随着互联网金融机构在风险管理和经营过程中大量使用数理模型，特别是依赖许多基于同样原理的计量模型，在一定程度上增加了市场变动的趋同性。这种趋同性会放大市场的波动幅度，使得流动性出现过剩或者短缺，从而使问题进一步恶化。另外，由于模型本身难以预测所谓的"小概率"极端市场情况，往往造成忽视极端情况下的流动性风险问题。

2）融资渠道改变

由于近年来理财产品的兴起，银行存款大量流失，动摇了其零售存款基础，增加了波动性，改变了期限结构，许多银行开始转向资本市场寻求新的融资渠道和方式。在这一趋势背景下，全球商业银行的资金来源更加依赖批发市场工具，如商业票据、可交易存单及其他货币市场产品，更加依赖同业拆借市场。相对于零售存款，资本市场产品更易受到风险事件传染的影响，波动性更高，周期性更强，因此增加了银行的流动性风险管理的难度。这也应引起互联网金融机构的高度重视。

3）支付系统的发展与变革

实时全额清算系统、证券交易的交割结算系统、外汇交易的连续连接清算系统等更为快捷和先进的支付和结算系统的发展，以及共同对手方的广泛应用，降低了同业拆借带来的信用风险，但同时对抵押品及支付时间提出了更高要求，进而增加了银行的当日流动性风险管理的压力。总之，互联网金融的发展与普及，手机金融、网络金融等业务的越来越普及，网上支付与移动支付的越来越普遍，对流动性风险管理提出了挑战。

4）资产证券化发展的影响

资产证券化模式下，商业银行采用发起销售的新业务模式，通过资产证券化，将流动性比较差的资产进行打包出售，从而扩大批发市场的融资渠道，缓解资产负债表的压力。资产证券化同时也存在着一些弊端，例如完成交易的时间较长，不能短时间内解决流动性问题；整个资产证券化运作高度依赖资本市场的有效性和稳定性。部分资产证券化产品还增加了银行或有流动性风险。我国从2013年下半年开始扩大试点资产证券化范围，在互联网金融模式逐步发展当中，资产证券化发展对于互联网金融的流动性风险提出了挑战。

5）跨境业务发展

受到2009年以来的欧债危机冲击，希腊、爱尔兰、葡萄牙、西班牙和意大利等欧洲五国深陷危机中，其中银行业危机、主权债务危机、经济危机及政治危机交织在一起。受到美国金融危机和欧债危机的冲击，德国的一些中型银行因持有美国资产支持商业票据而陷入困境。澳大利亚主要依赖离岸融资的银行业也受到了影响，欧债危机和美国金融危机导致全球经济下行，这也最终导致了澳大利亚本土银行无法及时获取所需的流动性。大量跨境交易还可能导致流动性问题在其他市场和清算系统间蔓延。实施流动性风险集中管理的银行可能选择外汇掉期或抵押品跨境转移的途径，从其他货币国家获取资金。但在现实操作中，资产的转移往往需要时间或受到诸多限制，而外汇掉期市场的流动性也难以预测，特别是在压力市场条件下，各国监管机构都会要求在本国运营的银行保持充足的流动性，以维护本国金融体系的利益，这会使得包括互联网金融在内的金融机构无法及时从境外获得资金。

3. 信用风险

信用风险是指由于借贷人没有履行义务而导致潜在的财务损失。

互联网金融产品的核心是金融，任何金融产品都是对信用的风险定价，金融具有的信息不对称、交易成本、监管、金融风险等因素并不会因为互联网金融的出现而消失，反而会更复杂。

互联网金融依旧存在信息不对称。互联网贷款平台风险控制的核心是数据整合、模型构建和定量分析。应该说这一思路是符合互联网金融发展规律的。但由于网上“刷信用”“改评价”等行为的存在，数据真实性、可靠性将直接影响信贷质量。部分互联网平台还缺乏长期（特别是跨经济周期的）数据积累，风险计量模型的科学性也有待验证。

4. 技术风险

互联网金融的技术风险主要是由于其依托互联网技术，充分运用网络、网路等工具和技术，从而具备了互联网技术的相关特征，因为互联网金融的技术风险也可视为特定的互联网技术风险。互联网金融的技术风险主要表现在三个方面：一是计算机系统、认证系统或者互联网金融软件存在缺陷；二是伪造交易客户身份；三是未经授权的访问。

由于互联网金融软件没有足够的防火墙和防御体系，比较容易被病毒或者其他不良分子所攻击而造成技术性风险。此外，计算机硬件也容易受自然灾害和人为破坏，软件和数据信息易受计算机病毒的侵扰以及非授权用户的复制、篡改和毁坏。即便互联网金融软件和硬件足够强大，没有漏洞和缺陷，但互联网金融时代突出的特点就是计算机的硬件和软件的技术是在不断地发展变化过程中的，尤其是当互联网金融面临伪造者的技术性风险时，即攻击者盗用合法用户身份信息，以假冒的身份交易，实施金融诈骗，使用户受到损失。这便是互联网金融技术性风险之一——系统缺陷。

互联网金融的技术性风险还包括伪造客户身份，造成虚假登录和访问。如果客户身份信息在客户操作使用环节或通过互联网传输时安全保密措施不力，或身份认证体系存在安全漏洞，可能导致不法分子伪造身份进入系统进行金融欺诈或恶意攻击。

最后互联网金融的技术性风险还包括未经授权的访问。这里主要是由于黑客和病毒程序对网上银行的攻击。特别是目前针对网上银行的木马程序、密码嗅探程序等病毒不断翻新，通过盗取客户资料，直接威胁网银安全。

5. 操作风险

操作风险是指由于不当或失败的内部流程、人员缺陷、系统缺陷或因外部事件导致直接或间接损失的可能性。这些风险因其涉及面广、可控性小、关联性强，是当前我国互联网金融所面临的主要风险。

我国银监会出台的《电子银行和电子货币业务的风险管理》中列举了电子银行业务操作风险的八种来源，分别是未经授权的访问、雇员欺诈、伪造电子货币、服务提供商风险、系统退化、职员及管理技能落后、客户安全性经验不足、客户对交易抵赖。操作风险通常与不适当的操作和内部控制程序、信息系统失败和人工失误密切相关，该风险可能在内部控制和信息系统存在缺陷时导致不可预期的损失，此类风险最典型的事件即光大乌龙指事件。此外，不适当的操作程序和内部控制也会使互联网金融当中的电子货币系统参与机构在运作过程中陷入潜在的欺诈和伪币的困扰之中，甚至导致系统瘫痪。由于电子货币是以现金这一特定形式存在的，操作程序和内控存在漏洞就会使来自于员工、消费者和商家的欺诈风险特别高，伪币也极易乘虚而入。信息系统的可靠性也是电子货币系统正常运作的关键因素。信息系统失败影响防范系统运作失常和失误所必备数据必要的完整性，给机构造成巨大损失。操作风险还会引发发行机构的声誉风险，它不仅存在于互联网金融的电子货币发行机构，还表现在电子货币系统的其他发行机构。

按照风险来源的不同，操作风险可以分为三个部分。

1）内部操作风险

银行对网上银行业务目前普遍处于粗放式管理阶段，在组织保障、内部审计和管理、绩效考评机制以及审计监管等方面仍存在诸多问题，易引发内部操作风险。一是缺乏对互联网金融机构网上银行业务的系统性管理。由于缺乏专门的部门对网银操作风险加以协调和统筹管理，易出现多头管理或管理的真空地带，埋下操作风险隐患。二是内控相对滞后。目前，包括银行机构在内的互联网金融机构大多将网上银行的重点战略任务放在业务拓展上，以抢占市场份额为出发点，注重产品开发和运用，但在风险防范和内部控制建设上却较为滞后。这是互联网金融机构从事金融业必须严格防范的，这也是金融业不同于其他行业的根本点，互联网金融机构如同银行一样最重要的是一个风险管理机构。把握好风险才能保障持续稳健经营。

2）第三方风险

一是服务提供商风险。服务提供商作为银行与客户实施电子交易的重要渠道，对网上银行的发展起着举足轻重的作用。在我国电子商务发展的初级阶段，服务商渠道也是操作风险的易发地。服务提供商水平参差不齐、系统保障投入不够、安全意识淡薄及缺少相应的服务和安全技能培训，导致网上银行交易中存在诸多安全漏洞。二是互联网金融机构与银行信息技术外包风险。尽管将银行IT系统全部或部分外包给专业的IT服务提供商，能够降低成本、获得专业的技术支持、拓展服务渠道、提高客户服务水平，但是如果管理和控制不当，就会引发新的风险——IT外包风险，如IT外包商盗用银行的名义开展业务，违反保密协议泄漏信息等。

3）客户操作风险

在互联网金融的客户端的操作风险经常表现为网上银行操作风险中不容忽视的一部分。由于网上支付多是B2B、B2C的形式，特别是在公共网络操作时，若信息的加密技术不高，用户操作安全性则得不到有效保障。首先，对于客户的个人资料、网银密码、交易记录等私人信息，存在被不法分子截获的风险。其次，由于对客户身份真实性的辨别存在一定困难，即使出现他人利用客户信息进行交易操作的情况，银行也较难判断而无法对损失进行弥补。最后，新型的网络诈骗手段让客户在操作时防不胜防。最典型的例子就是近几年频繁出现的“钓鱼”网站，不法分子伪造出与网银交易时相同的界面，诱骗客户按照提示操作，造成客户经济损失及个人信息的泄漏。

6. 市场风险

市场风险是指价格引发资产债务变动可能导致的损失。市场多空博弈以及杠杆力度都可能扩大市场风险。

7. 国别风险

对于互联网金融的国别风险，根据我国银监会在2010年下发的《银行业金融机构国别风险管理指引》中对国别风险给出的定义，国别风险是指由于某一国家或地区经济、政治、社会变化及事件，导致该国家或地区借款人或债务人没有能力或者拒绝偿付银行业金融机构债务，或使银行业金融机构在该国家或地区的商业存在遭受损失，或使银行业金融机构遭受其他损失的风险。

国别风险具有以下特点。

一是国别风险有别于一般的境外风险。从银监会对国别风险所下的定义来理解，不能将国别风险简单地等同于来自境外的风险。一般的境外信用风险、市场风险和操作风险可能来自于某一个境外的交易对手，而国别风险则来自某一个国家或地区。金融机构在开展授信、国际资本市场业务、设立境外机构、代理行往来和由境外服务提供商提供的外包服务等经营活动时，其客户或交易对手可能居住于某个国家或地区，当这个国家或地区的经济、政治、社会变化及事件导致银行可能会受到损失的任何事件，都应被视为国别风险。

二是国别风险的诱因复杂多样并且与其他风险交织。银行金融机构的传统风险的发生因素比较容易界定和理解。信用风险就是因某个客户违约导致信贷资产遭受损失的可能性，传统风险的来源都比较单一，信用风险来自客户违约，而市场风险来源于资产的价格波动。国别风险的源头则包括政治、经济和社会等全方位的因素，既有可能来自于主权政府违约（面对主权债务危机或者政府拒付债务），又有可能来自宏观经济环境变化（通货膨胀、宏观调控、结构调整、经济衰退），还有可能来自于政治社会状况的变化（社会动荡、资产被国有化或征用)，或者来自于自然环境的变化(地震、海啸等不可抗力的影响)。国别风险的诱因比较多样而且复杂，并且随着国际局势的变化而变化。国别风险往往还与其他风险交织在一起。国别风险与其他各类风险不是简单的并列关系，而是一种紧密的交叉关系。一旦发生国别风险，结果往往是信用风险、市场风险和操作风险等传统风险。当一个国家或地区的社会发展出现问题，政局出现不稳定，或社会秩序混乱时，金融机构面临的国别风险实际发生后，来自这一国家的信用风险、市场风险、流动性风险、操作风险、利率风险、声誉风险、法规风险等都是国别风险的表现。所以说，国别风险与其他风险具有内在的关联性。

三是国别风险敞口难以精确计量。由于国别风险的成因较多，所以对于国别风险的精确计量就显得尤为困难。以美国 PRS 集团下的国际国别风险指南(International Country Risk Guide，ICRG)为例，ICRG 对国别风险评价指标包括政治、财政和经济三个范畴。其中政治方面包括经济预期与现实的偏差、经济计划的成效、政治领导人表现、有无外部冲突、政府腐败状况、军队和军人在国家政治中的位置、宗教在政治中的位置、法律和秩序传统、种族和民族压力、政治恐怖主义状况、有无内战、政党发育情况、官僚主义；财务风险因素包括：贷款违约状况或有无对贷款人不利的重构、贷款延期支付状况、由政府清算合约的可能、汇率管制可能造成的损失、剥夺私人投资的可能；经济风险因素包括：通货膨胀水平、债务占出口商品和服务的比重、国际流动性比率、对外贸易收款经验、当前账户余额占商品和服务的比重、汇率市场指标。通过上述 ICRG 对国别风险的评价指标体系，可以看出影响国别风险的变量繁多，而且大都难以进行准确的评估和计量。目前，也罕见有商业银行或某监管当局公布国别风险敞口的计量方法。

8. 声誉风险

声誉风险是指由金融企业经营、管理及其他行为或外部事件导致利益相关方对金融企业负面评价的风险。互联网的技术特点决定了互联网金融的技术问题、信用问题或者其他风险问题一旦出现，就容易在互联网迅速传播，互联网金融的声誉风险需要防控。如果发生了声誉风险，互联网上相关声誉风险将会更快、更便捷、更大范围地进行传播，对机构产生根本性的伤害及颠覆。

声誉风险主要可能发生在电子货币发行机构。当电子货币系统出现功能失常、安全失当、伪币充斥而又不能很好地及时解决这些问题以及不利的新闻报道都会影响发行机构的信誉。电子货币系统容易遭受黑客的恶意或非恶意攻击，一旦遭受攻击，就会严重影响客户对这一电子货币的接受程度。电子货币只能依赖于加密、数字签名等手段而无法通过物理方式加以防伪。只要关键技术和数据被掌握，伪造起来极其容易。伪币的大量出现将会带来系统和发行机构的重大损失，从而威胁到发行机构的金融稳定性。消费者的信用卡号和密码等身份数据可能会被盗用，从而引发财产损失和透支等责任纠纷。在现代科技迅速发展的今天，伪币和欺诈的出现难以避免。如果电子货币系统没有识别伪币和欺诈及其他安全措施，就不能防范这些声誉风险，进而形成整个互联网金融中的电子货币系统的声誉危机。

9. 法律风险

法律风险是指对税法法律的误解可能造成的财务损失。在利率市场化、大资管时代、资产证券化以及流动性偏紧的宏观调控背景下，由于传统金融服务尚不能满足大众需求，互联网金融得以拥有快速发展的生存土壤。因此，我国互联网金融发展首先要关注宏观和金融政策以及法律制度，防范政策和法律风险，在发展互联网金融的同时避免踩到红线。

我国在互联网金融发展过程中，根据互联网金融的发展需要不断完善相关的法律法规。我国互联网金融出现和发展的时间并不长，但各商业银行和非银行机构已开发出为数不少的电子货币应用于电子商务和消费支付活动，其发展势头十分好。因此，有必要制定和明确互联网金融包括电子货币规范化运作的相关法律法规。一是与互联网金融相关的法律法规应明确界定电子货币系统涉及的各参与机构的权利和义务范围，并以明细的条款规定消费者的法律地位；二是规定发行机构和电子货币系统中其他参与机构定期向消费者和商家披露使用电子货币可能会产生的风险的信息；三是明确争端解决机制，如果发行机构发行电子货币失败，法律法规还应规定损失在电子货币各参与机构及消费者之间如何分摊；四是限制电子货币被犯罪分子用以洗钱和逃税等风险，如限制电子货币 C2C 的交易价值额度、进行交易记录等。

表 6-2 列示了以 P2P 网贷为例来分析可能存在的风险。

表 6-2 以 P2P 网贷为例来分析可能存在的风险

风险种类	风 险 定 义	风险点及案例
信用风险	由于借贷人没有履行义务而导致潜在的财务损失	放款人在 P2P 平台上购买的收益权凭证没有任何第三方的抵押、担保或者保险。如果相应的借款人贷款违约，由于追偿费用和其他成本，放款人很难拿回本金和得到预期利息，他们很可能无法收回最初的所有投资。如果放款人决定将投资全部集中在单一收益权凭证上，整个回报就会完全依赖于单个贷款的表现
操作风险	由于内部程序、人员、系统不完善、失误或外部世界造成的潜在财务损失	由于存在信息不对称，P2P 平台上借款人提供的信息真实度可能存在的风险。由于 P2P 平台掌握的贷款历史数据有限，其信用评级系统可能无法正确预测贷款的实际情况，因为实际的贷款违约情况和违约率可能与预期并不相符。一旦借款人违约，放款人只能靠 P2P 平台与其第三方收款，而无法亲自追偿。由于手握收益权凭证的放款人在对应的贷款上没有直接的票据利息，所以权利不确定。一旦 P2P 平台破产，收益权凭证的支付可能会被限制、暂停，或者终止
流动性风险	无法及时变现可能造成的财务损失	凭证无法流通，仅限于本平台上的放款人之间流转。每个 P2P 平台都为其成员提供了交易收益权凭证的平台，但并不保证每个放款人找到收益权凭证的买家
市场风险	价格引发资产债务变动可能导致损失	主流市场的利息降低会引发借款人提前还款，影响放款人的收益。主流市场的利息提高会导致放款人所持的收益权凭证价值缩水
法律风险	对税法法律的误解可能造成财务损失	P2P 借贷是一种新型的借款和投资方式。如果监管机构或者法院对收益权凭证税收有不同的解释的话，放款人可能会面临不同的税务负担

下面介绍互联网中一些著名的金融安全事件。

例 1：P2P 平台跑路事件

2012 年 12 月 21 日，网贷平台“优易网”突然“跑路”，截至当月 25 日，已有 2000 余万元资金被套；“安泰卓越”网站 12 月 17 日停止运转，截至 12 月 17 日下午，被套资金超过 130 万元。

淘金贷上线5天就跑路，众贷网运营28天倒闭。

例2：支付宝转账信息被谷歌抓取

2013年3月27日，有网友在微博上曝出，使用谷歌搜索输入“site：shenghuo.alipay转账付款”，即可看到各种转账信息，包括付款账户、收款账户、姓名、日期等。这一事件立即引发“隐私泄露”恐慌。

例3：超级网银曝授权漏洞

2013年6月，“超级网银”授权漏洞风波爆发，安徽的陈女士在网购时被骗子诱导进行了“超级网银”授权支付操作，短短24秒内10万元被骗。

事实上，“超级网银”是一种标准化跨银行网上金融服务产品，能方便用户实时跨行管理不同的银行账户。问题在于一旦有不法分子恶意利用“超级网银”，就可以将对方账户余额全部偷走。用户往往是收到QQ发来的一条链接，打开也没有任何病毒的提示。只要输入相应的资料，就有可能让别人完全控制你的银行账户。业内评论指出，这表明银行的风险提示和安全防护能力仍有待加强，用户的风险防范意识也亟须进一步提高。

例4：光大乌龙指事件

2013年8月16日11时5分，上证指数出现大幅拉升，大盘一分钟内涨超5%。最高涨幅5.62%，指数最高报2198.85点，盘中逼近2200点。11时44分，上交所称系统运行正常。下午2时，光大证券发布公告，声称策略投资部门自营业务在使用其独立的套利系统时出现问题。

2013年8月30日，证监会披露对光大乌龙指事件调查结果——事件当日，光大证券首先获知其交易系统出现问题，却未选择戒绝交易，反而在信息公开前将股指期货合约等大量卖出，构成“内幕交易”行为。对光大证券处以超过5.2亿元的巨额罚款。

例5：“网赢天下”停业

2013年8月，网络借贷平台“网赢天下”由于不堪挤兑压力，宣布永久停止服务。第三方机构统计，这家运营仅仅4个月的网贷平台累计成交额近7.8亿元，目前仍“欠债”近1.8亿元，有上千名投资人无法提现。

业内人士指出，“网赢天下”的倒下只是众多网贷平台的缩影——作为网络经济的新产物，诸多网络借贷平台近年来游走于金融监管部门之外，将民间资本金融化的冲动变成了良莠不齐的资金出口。可随之而来的，是一地鸡毛式的投资风险。近两年来，关于网贷平台的负面新闻层出不穷。风险背后，映射出的是“监管真空”的无序发展状态。

例6：“网贷之家”遭遇黑客攻击

2014年3月，国内最大、最具影响力的P2P网络借贷行业门户网站网贷之家发布公告：自2014年3月16日起，网贷之家官网持续多日受到黑客的严重恶意攻击，持续10分钟的30G流量攻击、同时数万IP的CC攻击、短短几小时内六亿次的连续攻击。随后，有一位自称是黑客的网友找到网贷之家负责人，称有人花六位数的重金聘请其发起此次攻击，且宣称如未能达到预期效果，攻击还将继续进行。

例7：携程泄密门

2014年3月22日，国内安全漏洞监测平台乌云网发布一条震撼支付安全领域的重磅消息：携程安全支付日志可遍历下载，可能导致大量用户银行卡信息泄露，包含持卡人姓名、身份证号码、银行卡类别、银行卡号，卡CVV码（卡背面的三位数验证码）、六位卡Pin

(用于验证支付信息的六位数字)等。大约五个小时后,该漏洞被“厂商确认”。

第6章 课后习题

1. 什么是网上银行?它可以分为哪几类?
2. 请举出网上银行的服务类型,并说明其特点。
3. 网上银行有哪些优缺点?
4. 请说明安全技术在网上银行上的运用。
5. 请简述 SET 协议的含义、目标和主要作用。
6. SET 协议的参与方包括哪些?请说明它们的作用。
7. SET 可以运用哪些加密技术和认证技术?并说明 Hash 算法的特性和双重数字签名的实现步骤。
8. 请简述一个 SET 协议的交易流程。
9. 请从不同的角度评估 SET 协议的安全性。
10. 请简述 SSL 协议的含义、服务和主要作用。
11. 请简述 SSL 协议体系结构,并说明它们的作用。
12. 请说明互联网金融的含义和特点。
13. 请阐述互联网金融的安全风险,并举例说明。

参考文献

[1] 孙若莹. 电子商务概论[M]. 北京:清华大学出版社,2012.
[2] 管有庆,王晓军,董小燕. 电子商务安全技术[M]. 北京:北京邮电大学出版社,2005.
[3] 韩宝明,等. 电子商务安全与支付[M]. 北京:人民邮电出版社,2001.
[4] 阙喜戎. 信息安全原理及应用[M]. 北京:清华大学出版社,2004.
[5] 罗明雄,唐颖,刘勇. 互联网金融[M]. 北京:中国财政经济出版社,2013.
[6] 中国电子商务年鉴编辑部. 中国电子商务年鉴 2002[M]. 北京:中国电子商务年鉴编辑部,2002.
[7] 林江鹏. 全国农村合作金融机构业务培训教材金融营销学[M]. 北京:中国金融出版社,2011.
[8] 刘勇,罗明雄,唐颖. 互联网金融[M]. 北京:中国财政经济出版社,2013.
[9] 刘英,罗明雄. 互联网金融模式及风险监管思考[J]. 中国市场,2013(43).
[10] 罗明雄. 互联网金融谨防系统性风险[EB/OL]. http://b2b. toocle. com/detail-6196807. html.
[11] 罗明雄. 互联网金融的流动性风险[EB/OL]. http://stock. sohu. com/20140812/n403386467. shtml.
[12] 罗明雄. 谨防互联网金融技术性风险[EB/OL]. http://stock. sohu. com/20140911/n404244370. shtml.
[13] 罗明雄. 详解互联网金融的操作性风险[EB/OL]. http://stock. sohu. com/20140813/n403432739. shtml.
[14] 罗明雄. 互联网金融国别风险与声誉风险[EB/OL]. http://stock. sohu. com/20140815/n403487812. shtml.

第7章 移动电子商务及其安全

移动电子商务已经成为当下最前沿的电子商务发展模式，本章详细地介绍移动电子商务的基础知识，重点分析移动电子商务安全问题，并介绍物联网和二维码的基本技术，见图 7-1。

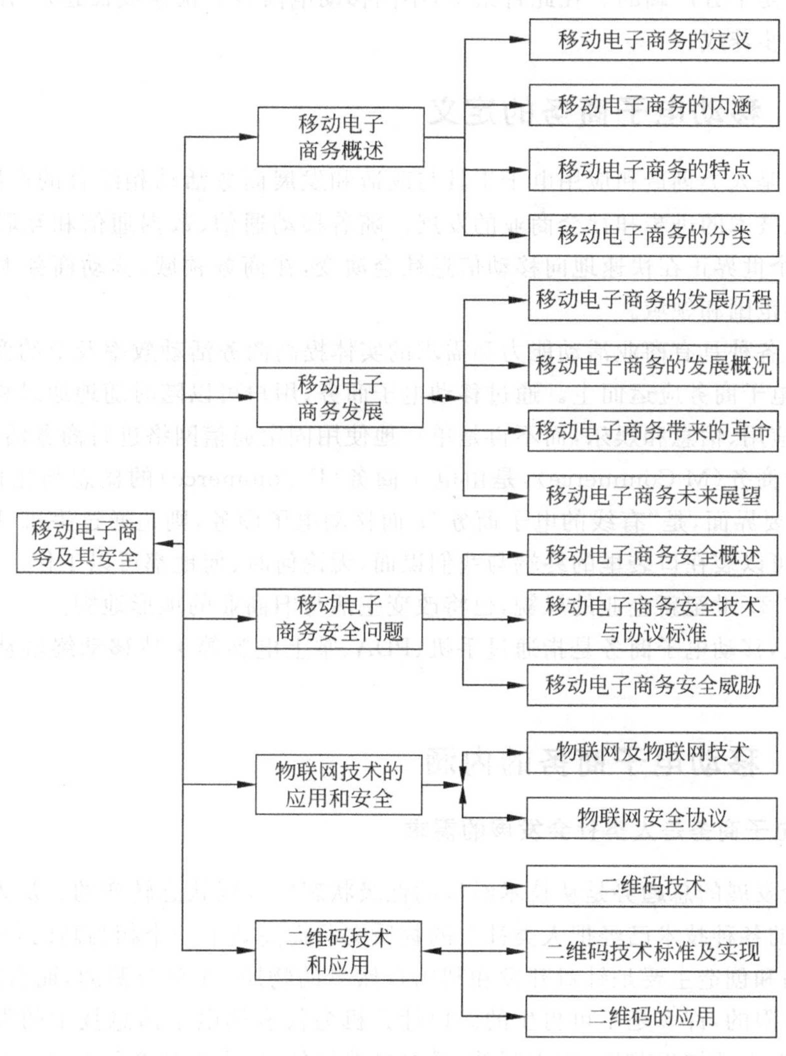

图 7-1　本章主要内容结构

7.1 移动电子商务概述

随着我国智能手机的普及以及移动互联网的发展，3G 网络和智能手机已经广泛普及，使用手机已经成为人们生活中非常重要的一部分，手机已经不是过去传统意义上的通信产品，而是更多承载了人们的娱乐、消费、商务、办公等活动。同时，随着企业接入 WAP 的成本不断下降，企业实施移动商务的意愿越来越强烈，SMS、MMS 已在企业中广泛使用，企业信息系统也在逐步向移动网络延伸。移动办公、移动营销、移动客户关系管理等的应用，使企业信息系统真正具备了无时无处不在的特点。此外，传统的 B2B、B2C、C2C 电子商务模式也有了全新移动客户群，询价、下单、支付不再一定需要计算机，一部智能手机就可以完成。无论从技术发展的角度看，还是从企业、消费者对新商务模式的接受程度看，移动商务的发展前景都是十分广阔的。在此背景下，中国移动电商行业快速成长起来，用户的移动购物习惯也在逐步养成。

7.1.1 移动电子商务的定义

电子商务是人类创造和应用电子工具与改造和发展商务活动相结合的产物，其产生的原动力是信息技术的进步和社会商业的发展。随着移动通信、数据通信和互联网的融合越来越紧密，整个世界正在快速地向移动信息社会演变，在商务领域，移动商务大大扩展了电子商务的应用范围和领域。

为了解决各种具有商业活动能力和需求的实体提高商务活动效率及节约商务活动的成本问题，移动电子商务应运而生。通过移动电子商务，用户可以随时随地通过移动网络获取所需的服务、应用、信息和娱乐，而不再是单一地使用固定通信网络进行商务活动。

移动电子商务(M-Commerce)，是由电子商务(E-Commerce)的概念衍生而来，电子商务以 PC 为主要界面，是“有线的电子商务”；而移动电子商务，则是通过手机、PDA(个人数字助理)这些可以装在口袋里的终端与我们谋面，无论何时、何地都可以工作。有人预言，移动商务将决定 21 世纪新企业的风貌，也将改变生活与旧商业的地形地貌。

简而言之，移动电子商务是指通过手机、PDA、掌上电脑等手持移动终端从事的商务活动的统称。

7.1.2 移动电子商务的内涵

1. 移动电子商务是人类社会发展的需求

人类社会发展的总趋势是从技术经济的低级状态向高级状态转变的。从人类技术发展历史看，以往的各种技术已经把人类社会的物质文明提高到了一个相当高的程度。但是，以往的技术发明和创造主要是针对开发和利用自然界的物质、能源资源的，而自然界的物质、能源资源是有限的，许多是不可再生的。以计算机为代表的电子信息技术的发明创造和利用，主要是针对人的知识获取、智力延伸，是对自然界信息、人类社会信息进行采集、存储、加工、处理、分发、传输等的工具。在它的帮助下，当代人类可以很好地继承前人的经验和智慧、吸取前人的教训，大大扩充了人类知识，从而走出一条内涵式、集约化发展的社会物质文化之路。所以，当今社会技术的代表应当是电子信息技术，它是开发和利用信息资源（充分共享、再生、整合、产生新的信息）的有效工具。

按马克思的观点，人类社会的划分标志不是看社会能生产什么，而是看社会拿什么来生产，即生产工具的制造和利用既是人类区别于其他动物的标志，又是人类社会各发展阶段的标志。从这个角度认识，今天的社会应该被称为电子信息社会或信息时代。在信息时代，信息技术的广泛应用已经渗透到人类社会、经济的各个领域。在全球经济一体化的今天，各个国家的商务实体需要随时随地在全球范围内进行采购、订货、生产、配送、交易、结算等系列的经济活动，所有的商流、信息流、资金流、物流等贸易要素都在全球范围内流动，因此，商务活动主体也要具备流动性。在这种情况下，用电子商务方式来获取这些流动的信息已不能满足人们的要求，这就使得移动商务在此基础上发展起来。现在，美国、日本、西欧等发达国家在移动商务的研究和利用方面已初具规模，而新兴的发展中国家这几年也开始注重移动商务的开发利用，否则，它们永远不会摆脱在经济上对发达国家的依赖。

2. 移动电子商务的关键是人的知识和技能

首先，移动商务是一个社会性的系统，而社会系统的中心是人；其次，移动商务系统实际上是由围绕商品交易的各方面代表和各方面利益的人所织成的关系网；最后，在移动商务活动中，虽然十分强调工具的作用，但归根结底起关键作用的仍然是人，因为工具的发明、制造、应用和效果的实现都是靠人来完成的。所以，强调人在移动商务中的决定性作用是必然的。也正因为人是移动商务的主宰者，进而有必要考察什么样的人才是合适的。很显然，移动商务是 Internet 技术、移动信息技术和商务活动的有机结合，所以能够掌握移动商务理论与技术的人才是掌握 Internet 技术、现代化移动信息技术和商务理论与实务的复合型人才。而一个国家或地区能否培养出大批这样的复合型人才，就成为该国、该地区发展电子商务的最关键因素。

3. 移动电子商务的工具是系列化、系统化、高效稳定的电子工具

从广义来讲，移动商务重点强调主体的移动性。商务信息是客观存在的，并且具有很强的流动性，所有的商流、信息流、资金流、物流等贸易要素都在全球范围内流动，因而商务活动主体也要具备流动性，只要人们能随时随地进行商务活动，就可以称为移动商务。这里的移动商务工具不但包括适用于 Internet 的手机、笔记本式计算机、PDA 等，也包括电子商务工具，如在外，人们可以用手机上网，在家或公司，仍可以用 PC 上网。可以看出广义的移动商务所应用的商务工具具有广泛性，它保证的是人的移动性，而这里所研究的是狭义的移动商务，即具有很强的时代烙印的高效率、低成本、高效益、高安全性的移动商务。因而，重点研究的移动电子工具就不是泛泛而谈的一般性的电子工具，而是能跟上信息时代发展步伐的系列化、系统化的移动电子工具。

7.1.3　移动电子商务的特点

移动电子商务的主要特点是灵活、简单、方便。移动电子商务不仅能提供在互联网上的直接购物，而且还是一种全新的销售与促销渠道，它全面支持移动 Internet 业务，可实现电信、信息、媒体和娱乐服务的电子支付。移动电子商务能完全根据消费者的个性化需求和喜好定制，设备的选择及提供服务与信息的方式完全由用户自己控制。通过移动电子商务，用户可随时随地获取所需的服务、应用、信息和娱乐，不受时间和空间的限制，这从本质上完善了商务活动。

1. 移动电子商务的主要优点

1）不受时空控制

移动电子商务是电子商务从有线通信到无线通信、从固定地点的商务形式到随时随地的商务形式的延伸，其最大优势就是移动用户可随时随地地获取所需的服务、应用、信息和娱乐。用户可以在自己方便的时候，使用智能手机或 PDA 查找、选择及购买商品或其他服务。

2）方便

移动终端既是一个移动通信工具，又是一个移动 POS 机，一个移动的银行 ATM 机。用户可在任何时间、任何地点进行电子商务交易和办理银行业务，包括支付。

3）安全

使用手机银行业务的客户可更换为大容量的 SIM 卡，使用银行可靠的密钥，对信息进行加密，传输过程全部使用密文，确保了安全可靠。

4）开放性、包容性

移动电子商务因为接入方式无线化，使得任何人都更容易进入网络世界，从而使网络范围延伸更广阔、更开放；同时，使网络虚拟功能更带有现实性，因而更具有包容性。

5）潜在用户规模大

目前我国的移动电话用户已突破 12 亿人，是全球之最。显然，从电脑和移动电话的普及程度来看，移动电话远远超过了电脑。而从消费用户群体来看，手机用户中基本包含了消费能力强的中高端用户，而传统的上网用户中以缺乏支付能力的年轻人为主。由此不难看出，以移动电话为载体的移动电子商务不论在用户规模上，还是在用户消费能力上，都优于传统的电子商务。

6）易于推广使用

移动通信所具有的灵活、便捷的特点，决定了移动电子商务更适合大众化的个人消费领域，比如：自动支付系统，包括自动售货机、停车场计时器等；半自动支付系统，包括商店的收银柜机、出租车计费器等；日常费用收缴系统，包括水、电、煤气等费用的收缴等；移动互联网接入支付系统，包括登录商家的 WAP 站点购物等。

7）个性化服务

移动电子商务的提供者可以更好地发挥主动性，为顾客提供定制化的服务。例如，依赖于包含大量活跃客户和潜在客户信息的数据库，从而开展具有个性化的短信息服务活动。此数据库需要包含客户的个人信息，如喜爱的体育活动、喜欢听的歌曲、生日信息、社会地位、收入状况、前期购买行为等。

此外，利用无线服务提供商提供的人口统计信息和基于移动用户当前位置的信息，两家还可以通过具有个性化的短信息服务活动进行有针对性的广告宣传，从而满足客户的需求。总之，移动电子商务为个性化服务的提供创造了很好的条件。

2. 移动电子商务与传统电子商务的区别

1）运作过程不同

传统商务的交易过程中的实务操作由交易前的准备、贸易磋商、合同签订与执行、支付与清算等环节组成。其中交易前的准备就是交易双方都了解有关产品或服务的供需信息后，就开始进入具体的交易协商过程，交易协商实际上是交易双方进行口头协商或书面单据的传递过程。书面单据包括询价单、订购合同、发货单、运输单、发票、验收单等。之后是合同签订与执行过程，在传统商务活动中，交易协商过程经常是通过口头协议来完成的，但在协商后，交易双方必须要以书面形式签订具有法律效应的商贸合同，来确定磋商的结果和监督执行，并在产生纠纷时通过合同由相应机构进行仲裁。最后是支付过程，传统的商务活动的支付一般有支票和现金两种方式，支票方式多用于企业的交易过程。

电子商务的运作过程虽然也有交易前的准备、贸易的磋商、合同的签订与执行以及资金的支付等环节，但是交易具体使用的运作方法是完全不同的。在电子商务的模式中，交易前的准备、交易的供需信息一般都是通过网络来获取的，这样双方信息的沟通具有快速和高效率的特点；交易的协商，电子商务中的双方的协商过程是将书面单据变成了电子单据，并且实现在网络上的传递；合同的签订与执行，电子商务环境下的网络协议和电子商务应用系统的功能保证了交易双方所有的交易协商文件的正确性和可靠性，并且在第三方授权的情况下具有法律效应，可以作为在执行过程中产生纠纷的仲裁依据；资金的支付，电子商务中交易的资金支付一般采取网上支付的方式。

2）商务主体不同

传统商务中制造商是商务中心，而在电子商务环境下以销售商为商务主体。在传统商务下制造商负责组织市场的调研、新产品的开发和研制，最后也是由制造商负责组织产品的销售。所以可以说一切活动都是离不开制造商的。但是在电子商务环境下则是由销售商配合负责销售环节，包括产品网站建立与管理、网页内容设计与更新、网上销售的所有业务及售后服务的设计、组织与管理等，制造商就不再起主导作用。

3）商品流转的机制不同

传统商务下的商品流转是一种“间接”的流转机制。制造企业所生产出来的商品大部分都经过了一系列的中间商，才能到达最终用户手中。这种流转机制无形中给商品流通增加了许多无谓环节，也增加了相应的流通、运输、存储费用，加上各个中间商都要获取自己的利润，这样就造成了商品的出厂价与零售价有很大的价差。对此一些制造企业就采取了直销方法（把商品直接送到商场上柜销售）。这种流转方式，使商品的价格得到了下降，深受消费者的欢迎。但是，这种方式并不能给生产企业带来更大的利润，因为直销方式要求制造厂商有许多销售人员经常奔波在各个市场之间。

电子商务的出现使得每一种商品都能够建立最直接的流转渠道，制造厂商可把商品直接送达用户那里，还能从用户那里得到最有价值的需求信息，实现无阻碍的信息交流。

4）所涉及的地域范围和商品范围不同

传统商务所涉及的地域范围和商品范围是有限的，而随着因特网的推广与普及，特别是各类专业网站的出现，电子商务所涉及的地理范围和时间则是无限的，是超越时空的。

7.1.4 移动电子商务的分类

根据移动电子商务的不同业务特征，移动电子商务业务可以有多种分类方法。

1. 从运营者角度分类

从运营者视角分类，主要以业务的提供是否涉及商品所有权与使用权的转移为依据，对各种移动电子商务业务进行划分，分成交易类业务和安全认证类业务。交易类业务通常具备以下特征：通过该类业务，用户可以获得实物产品、数字产品或服务；交易过程涉及买卖双方或多方的交易主体；交易的触发因商务模式的不同而有所区别。

从应用和实现的角度分析，根据交易商品性质的不同，各种交易类业务可以细分为以下五种类别：实物商品交易类、数字商品交易类、信息服务类、金融服务类、积分类。目前开展的移动电子商务业务中，金融类业务开展比较早，已开展的业务有：手机银行和手机证券；在票据类业务上，开展了手机彩票业务；对于购物类业务，目前开展了商店购物、第三方支付和自动贩卖机业务。

安全认证业务对商务活动起着支持作用，用于保证商务交易中的信任关系，它是商务活动中不可或缺的重要环节。安全认证类业务具备以下主要业务特征：这类业务对用户提供的是服务性产品，而不是直接的商品；在交易过程中存在信息流而不存在物流和资金流。

2. 从用户视角分类

从用户视角出发，可以按照交易的主体和交易机制的不同对移动电子商务应用进行分类。

按照交易的主体不同，可将移动电子商务应用分为个人类应用、企业类应用和政府类应用。针对个人用户移动商务应用。企业可通过移动门户直接向用户提供个性化和本地化的信息服务。例如，大众点评网提供的服务，可提供基于位置的信息，如与用户的当前位置直接相关的宾馆预订、加油站查询。针对企业用户的移动商务应用，如 B2B 应用。包括公共独立平台交易模式、行业性平台交易模式和企业专用平台。针对政府机关的移动商务应用，例如移动电子政务，通过移动电子政务平台，政府人员可实现远程登录、移动办公，用户可以实现政务网站的无线访问或及时收到紧急事故的短信通知。

按照交易机制的不同可将移动电子商务分为社交应用类、情景应用类和交易撮合应用类。社交网络服务是以现实社会关系为基础，模拟或重建现实社会的人际关系网络。使用社交网络服务，人们可以实现个人数据处理、社会关系管理、信息分享、知识共享，可以利用信任关系扩展自己的社会网络，并达成更有价值的沟通和协作。移动社交类应用则是在此基础上发展起来的一种基于无线应用的社交网络，称为移动社区服务，它有效地结合了社交网络的特点和移动网络移动化、个性化的特点，能为用户提供跨越 PC 互联网和手机平台的全新社交体验。情景应用是指通过情景感知提示来触发、发现与提供对应的业务信息。利用移动通信网络个性化服务的特征，进行精准广告推送也是目前较为流行的一种交易撮合模式。

7.2 移动电子商务发展

7.2.1 移动电子商务的发展历程

随着移动通信技术和计算机的发展，移动电子商务的发展已经经历了三代。

1. 第一代

第一代移动电子商务系统是以短讯为基础的访问技术，这种技术存在着许多严重的缺陷，其中最严重的问题是实时性较差，查询请求不会立即得到回答。此外，短讯信息长度的限制也使得一些查询无法得到一个完整的答案。这些令用户无法忍受的严重问题也导致了一些早期使用基于短讯的移动商务系统的部门纷纷要求升级和改造现有的系统。

2. 第二代

第二代移动电子商务系统采用基于 WAP 技术的方式，手机主要通过浏览器的方式来访问 WAP 网页，以实现信息的查询，部分地解决了第一代移动访问技术的问题。第二代的移动访问技术的缺陷主要表现在 WAP 网页访问的交互能力极差，因此极大地限制了移动电子商务系统的灵活性和方便性。此外，WAP 网页访问的安全问题对于安全性要求极为严格的政务系统来说也是一个严重的问题。这些问题也使得第二代技术难以满足用户的要求。

3. 新三代

新三代的移动电子商务系统采用了基于 SOA 架构的 Web Service、智能移动终端和移动 VPN 技术相结合的第三代移动访问和处理技术，使得系统的安全性和交互能力有了极大的提高。第三代移动电子商务系统同时融合了 3G 移动技术、智能移动终端、VPN、数据库同步、身份认证及 Web Service 等多种移动通信、信息处理和计算机网络的最新前沿技术，以专网和无线通信技术为依托，为电子商务人员提供了一种安全、快速的现代化移动商务办公机制。此外，正逐步推广的 4G 移动技术将支持更高的传输效率，提升影像质量及改善数据服务，极大地方便人们未来的生活。

7.2.2 移动电子商务的发展概况

随着通信技术、互联网技术的进步，移动互联网呈现出蓬勃发展的局面。2013 年，网络零售业的增长尤为迅速。预计到 2020 年，以网络零售为主的电子商务，会持续保持快速发展；同时 B2B 交易也会增速上升，我国电子商务交易规模（包括 B2B 在线交易）将逼近 50 万亿元，约为 2010 年的 10 倍，有望成为全球第一大电子商务交易市场，其中网络零售交易额将超过 10 万亿元，占社会零售总额比重达到 16.3%。

从现阶段看，随着互联网日新月异的变化，我国电商领域也在不断推陈出新，同时还存在很多问题有待重视和解决：电商市场秩序还不够完善，规范化不足，工商管理关于电商零售的投诉占比很大；市场竞争规则不清，变味的宣传导致消费者的电商体验下降；跨境电子商务方面还有待探索；企业电子商务应用水平不高。

据中国互联网络信息中心2014年7月发布的第34次中国互联网络发展状况统计报告显示，截至2014年6月，我国手机网民规模达5.27亿人，较2013年年底增加2699万人，网民中使用手机上网的人群占比进一步提升，由2013年的81.0%提升至83.4%，手机网民规模首次超越传统PC网民规模。与此同时，手机购物在移动商务市场发展迅速，用户规模达到2.05亿人，半年度增长率为42%，是网络购物市场整体用户规模增长速度的4.3倍，手机购物的使用比例由28.9%提升至38.9%。

手机网民规模在2013年全年激增8009万人之后，潜在手机网民已被大量转化，手机网民在网民中的占比已经处于相当高位，未来一段时间我国手机网民增长将主要依靠创新类移动应用迎合非手机网民潜在网络需求来拉动。

移动电子商务的发展前景，吸引着越来越多的电信运营商、软件商、终端厂商、银行、服务提供商进入到移动电子商务产业链中。同时，各种各样的应用也逐渐进入人们的眼球。移动电子商务在创造更多商业机会的同时，也为自身的发展创造出肥沃的土壤。移动电子商务的发展已经势不可挡。随着全球经济化、信息化、移动通信技术的快速发展，移动电子商务将会与人们的生活越来越紧密，发展移动电子商务也将是各国电子商务的必然趋势。我国应积极抓住机遇，不断发展移动通信技术，完善网络基础设施，推进我国移动电子商务的快速发展。

7.2.3 移动电子商务带来的革命

1. 巨大的生活服务市场

随着智能手机的普及和移动互联网的发展，如今越来越多的人喜欢上了手机购物，一家独大的阿里系也遭遇到PC端电商人口红利消失、新用户增长乏力的困境。寻找新的用户增长点、新的市场，这是当前电商企业的共识，而这个新的增长点就是移动电商。

移动电商与传统电商在技术上已趋同，传统电商一定程度上改变了当下的商业形态，但这并没有对人们的生活方式产生实质性的影响，因为它并不具备这样的渗透深度，随时随地影响人们的生活。但移动电商却能够进入到我们的生活，在移动互联网进入到我们生活的时候，当我们出门在外的时候，唯一能够有的一个设备就是手机，它会随时随地跟随着你，我们可以用手机找到任何我们需要的服务。

对于电子商务来说，它的未来潜力主要不是在实物消费，而是在便捷、实时、隐形的生活服务行业。人们去咖啡馆、酒吧、健身房、餐馆、加油站、修房子、干洗、美发。除了旅游外，传统实物电商基本上是在线上下单，然后物流运送。即便在线销售的品类数量在不断上升，但仍然单调乏味，无法满足人们丰富多彩的生活需要。而移动电子商务却可以提供个性化的东西，随时随地可以有位置关系，直接去消费，直接去交易，直接去下单提交。

2. 重新定义零售

传统的观念认为电子商务只是传统零售的补充，只是把线下的销售搬到网上，其实，电子商务和传统零售有很大的差异，包括物理特征、商品展示、人际结构、空间架构等。

但传统零售和电子商务各有特点，表明了各自的优势。传统零售有商品体验性，在商店里面有很多的刺激让你有冲动性购买，而且店员可以近距离服务。而电子商务由于少了店面，少了店面的人员，少了很多这方面的运营成本，但多了一块配送成本和包装成本。电子商务的优势是有大量的顾客信息，可以精准地做数据挖掘，做精准的推荐。电子商务不受时间、空间、货架的限制。而传统零售，商店的店面面积有限，运营时间有限，覆盖的距离也有限。

移动电子商务与传统的 PC 的电子商务也有不同，第一是随时、随地、随身。手机有定位功能，使得 LBS 等成为可能。有扫描、拍摄的功能，用户可以直接扫描二维码，进行商品的匹配和搜索。还有通信功能、传感功能，一部手机可以和别的手机或设备交互，所以物联网的概念变为可能。这些功能使移动电子商务产生出更多的创新，有更多方便顾客的地方，很多有别于传统零售的地方。

但移动电子商务也有很多弱点，比如手机屏幕太小，信息量每次呈现得有限，图像没有那么清晰，输入比较困难，检索能力比较弱。所以要设计的移动电子商务一定要适合移动设备的这些特征。

3. 消费者形态的变化

相对于传统电商，移动电商克服了时间、空间的局限性。移动互联网时代的到来，消费者的购物行为也呈现出明显的碎片化。许多人只是在上下班的途中、会议间歇或是等人的时候随意地打开购物应用，之后就完成了购物行为。“上班时没空浏览购物网站，下了班回到家又想好好休息”，“成天对着电脑，眼睛也受不了。”伴随着生活节奏的加快，人们主要的休闲娱乐时间越来越碎片化，移动用户却可以利用碎片化的时间进行浏览、购买商品。

相对 PC 而言，手机更具有私密性，它和用户贴得更近，随时都伴随着用户，而且在线时间比较长。今日消费者的大脑一刻都不得闲，用户希望自己能够成为一名精明的消费者，既要把事情做了，还要物美价廉，更要节省时间，消费者比我们更快更聪明，他们期望我们能跟上他们的脚步。消费的机会和可能性增加，而如何让购物变得更有效率成为移动互联网的一个重要切入点。

随着新一代智能手机屏幕越来越大，购物体验也越来越好，更是包括 LBS 定位属性，用户完全可以在线上选择好商品后，直接去周边的线下实体店体验。这使得我们可以通过手机去了解更多用户的信息数据，而且信息和数据能够为电商提供更好的精准营销的可能性。无论基于人为推荐还是人工智能，获益的都是数亿网民，互联网快速发展的背后，是人们对于便捷高效生活方式的不断追求和探索。

4. 发展驱动和发展模式

移动电子商务的发展驱动力主要有以下三个方面：一是智能移动终端，手机、平板电脑渗透率在快速增长，成本在不断下降。现在一部智能手机五六百块钱就可以买到，将来成本还会持续下降，甚至两三百块钱就可以买一部智能手机。二是移动端的支付安全性也在逐步提高，如手机钱包等，手机支付不再成为一个障碍。三是移动 3G、4G 的普及，以及 Wi-Fi 的普及，促使了整个移动商务迅猛发展。

移动电子商务上网发展模式将主要朝着两种模式发展，一是短流程、容易决策的模式，比如团购购买单品，不需要太多的搜索、比价，就可以马上做出决策。二是和 PC 端互补的模式,包括时间上的互补和产品形式上的互补。比如把手机购物和本地化的服务结合起来。1号店在尝试与一些商家在线上搞活动,可以让客户到线下去体验服务和取商品。比如一些大件商品、家具、婴儿的童车、童床等,同时把大量流量驱动到店面中。

移动电商具有便捷、低价、个性化的特点。随着支付手段的日益丰富、电商企业的强力推进,移动电商必将进入我们的日常生活。当然在这之前我们必须解决好手机支付的安全性问题,这需要产业链条上的各个环节戮力同心,建立起各方认可并愿意遵守的统一手机支付安全标准,为手机支付建立一道防火墙,将黑客阻挡在外。将来我们的话费、旅游、日常交通、餐饮、购物、休闲娱乐支付方式都将越来越移动化。一场真正意义上的颠覆性革命也许即将到来。

7.2.4 移动电子商务未来展望

1. 企业应用将成为热点

做互联网行业的都深有体会,面向B用户(企业用户)的服务和应用是可以快速赚钱的业务,但一般来说成长性不会特别大,不会呈几何级数增长;而面向C用户(个人用户)的服务和应用则正好相反,虽然不能很快赚到钱,但只要业务对路,再加上点运气,则很有可能做成一笔大生意。

同理,移动电子商务的快速发展,必须是基于企业应用的成熟。企业应用的稳定性强、消费力大,这些特点个人用户无法与之比拟。而移动电子商务的业务范畴中,有许多业务类型可以让企业用户在收入和提高工作效率上得到很大帮助。企业应用的快速发展,将会成为推动移动电子商务的最主要力量之一。

2. 获取信息成主要应用

互联网公司的通常做法是在主营业务的周围会有一系列的辅助应用,为了获得更多的流量,或者为主营业务带去更多的机会。

在移动电子商务中,虽然主要目的是交易,但是实际上在业务使用过程当中,信息的获取对于带动交易的发生或是间接引起交易是有非常大的作用的,比如,用户可以利用手机,通过信息、邮件、标签读取等方式,获取股票行情、天气、旅行路线、电影、航班、音乐、游戏等各种内容业务的信息,而在这些信息的引导下,有助于诱导客户进行电子商务的业务交易活动。因此,获取信息将成为各大移动电子商务服务商初期考虑的重点。

3. 安全问题仍是机会

由于移动电子商务依赖于安全性较差的无线通信网络,因此安全性是移动电子商务中需要重点考虑的因素。与基于PC终端的电子商务相比,移动电子商务终端运算能力和存储容量更加不足,如何保证电子交易过程的安全,成了大家最为关心的问题。

在这样的大环境下,有关安全性的标准制定和相应法律出台也将成为趋势。同时,相关的供应商和服务商也就大行其道。

4. 移动终端的机会

移动终端也是一个老生常谈的话题。移动电子商务中的信息获取、交易等问题都和终端密切相关。终端的发展机会在于，不仅要带动移动电子商务上的新风尚，还对价值链上的各方合作是否顺利、对业务开展有着至关重要的影响。

随着终端技术的发展，终端的功能越来越多，而且考虑人性化设计的方面也越来越全面，比如显示屏比过去有了很大的进步，而一些网上交易涉及商品图片信息显示的，可以实现更加接近传统 PC 互联网上的界面显示。又如智能终端的逐渐普及或成为主流终端，如此一来，手机更升级成为小型 PC，虽然两者不会完全一致，也不会被替代，但是手机可以实现的功能越来越多，对于一些移动电子商务业务的进行，也更加便利而又不失随身携带的特点。以后终端产品融合趋势会愈加明显，你很难清楚界定手上这个机器是手机还是电子书还是 MP4，在你手上它就是一个有应用价值的终端，就看消费者的需求方向。

5. 与无线广告捆绑前进

移动电子商务与无线广告在过去的发展过程中有些割裂，其实这是两条腿走路的事情，二者是相辅相成的，任何一方的发展，都离不开另外一方的发展。二者的完美结合，就是无线营销的康庄大道。

6. 终端决定购物行为

据 Group SJR 和 Liz Claiborne Inc 的调查报告显示：47％的智能手机和 56％的平板电脑用户计划利用他们的移动终端购买更多物品，接近一半的智能手机和平板电脑用户觉得使用移动购物是方便的，如果企业能提供一些简便易用的移动应用或者移动网站则更加有用。三分之一的智能手机用户利用手机进行购物，而只有 10％的 feature phone（功能机）用户利用他们的手机进行购物。

7. 虚拟电子钱包正流行

20％的智能手机用户曾经使用他们的手机当做虚拟钱包（调查中有很多都在星巴克消费的时候使用过），28％的智能手机用户期望能利用手机当虚拟钱包做更多的事情，四分之一的平板电脑使用者非常希望能使用一些新技术，比如说当他们在一个店铺中消费的时候，将他们的 tables 当成虚拟钱包。

8. 移动优惠券和条形码

尽管虚拟电子钱包很受欢迎，但更多的智能手机和平板电脑用户希望通过手机查看更多的产品信息（55％～57％），或者使用移动优惠券（53％～54％），几乎有一半的智能手机和平板电脑用户说他们计划会扫描商品条形码以获得更多的产品信息，这也显示出条形码的使用将在接下来的几年渐成主流。

9. 用户体验急需改进

54％的智能手机用户和 61％的平板电脑用户认为企业品牌提供的移动购物应用和网站用户体验非常不友好，更别说使用他们购物了。

10．对移动电商发展有帮助的新技术

科技的发展催生出了一些新的技术，物联网、LBS、二维码等新技术的出现将有助于移动电商的发展。

11．靠移动图像识别技术拍照购物

想象一下：走在大街上，你看到了某位潮人穿了一双超棒的鞋子。你拍下了一张照片，接着，你的手机为你找到了一家网站，你可以给自己也买上一双了。这项技术还没有完全实现，但现在移动图像识别(MIR)势头良好。

LTU科技(LTU Technologies)的总经理史蒂芬·谢泼德(Stephen Shepherd)在接受《福布斯》采访时称，这项技术要不了多久就会实现。"亚洲和欧洲的零售商已经将移动视觉搜索技术用于目标明确的移动商务应用。三年之内，我们将会看到美国的众多零售商迅速采纳这一技术。"他预测未来这一幕将司空见惯：通过某零售商的移动商务应用程序给路人的鞋子或手包拍下照片，以便迅速找到同样或类似的商品来进行选购。

LTU科技最近自己发布了一款应用程序LTU Mobile以帮助各品牌将MIR技术嵌入自己的移动应用之中。法国家庭用品零售商Legallais采用了这项技术，好让消费者对40 000件目录商品随便拍照，并立即购买。LTU已经在与阿迪达斯(Adidas)和欧莱雅(L'Oreal)进行合作，后两者已经在自己的印刷广告中使用了MIR技术。

7.3 移动电子商务安全问题

7.3.1 移动电子商务安全概述

1．移动电子商务安全内涵

随着移动电子商务越来越受到人们的青睐，其安全问题也越来越受到关注，由于移动计算一直以来考虑的侧重点在于其开放性、移动性，而对安全性考虑较少，同时无线网络体系结构的不安全性，使得移动电子商务比传统电子商务存在更多的威胁。

一般来说，移动电子商务安全主要包括：①移动电子商务基础网络设施的安全。由于移动电子商务要经过运营商的移动网络，这就有可能发生信息泄密或引入黑客攻击的问题。②移动电子商务活动过程的信息安全。在开放的有线计算机网络和无线移动通信网络上开展移动电子商务活动的过程中可能遇到的各种安全问题，采用一定的安全技术和安全防御措施保证移动电子商务数据信息。③移动终端设备的安全。针对移动终端面临的风险，中国通信标准化协会(CCSA)明确提出移动终端信息安全技术要求，需提供措施保证系统参数和数据、用户数据、密钥信息和证书以及应用程序的完整性、机密性，终端关键器件的完整性、可靠性以及用户身份的真实性。

移动电子商务的安全与传统电子商务的安全关系见图7-2。

2．移动电子商务安全问题或威胁

移动电子商务因其快捷方便、随时随地交易的优势，已成为电子商务发展的新趋势。无

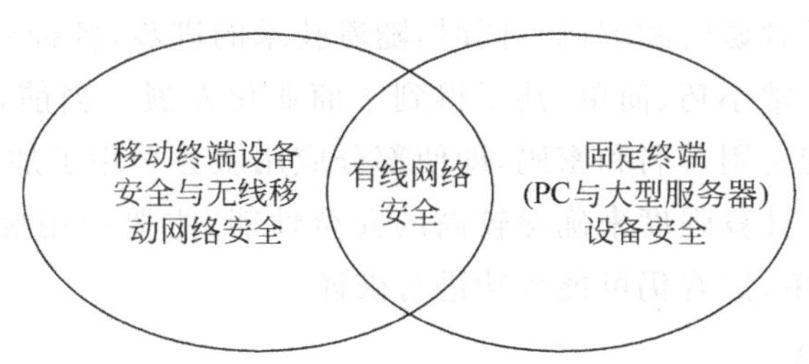

图 7-2 移动电子商务的安全与传统电子商务的安全关系

线信道是一个开放性的信道，它给移动电子商务带来通信自由和灵活性的同时，也带来了诸多不安全因素。无线终端的内存和计算能力有限，往往导致基于有线网络和个人计算机的传统电子商务安全技术不能直接应用于移动电子商务，这已成为制约移动电子商务快速普及和健康发展的重要因素。目前，移动电子商务面临的安全问题主要体现在以下几个方面。

1）移动互联网自身的安全问题

移动互联网为无线用户提供了随时随地的网络服务与信息资源，但同时也带来许多不安全因素，如通信被窃听、通信双方的合法身份容易被假冒与通信内容被篡改等，由于通信媒介的不同，信息的传输与转换也可能造成不安全的隐患。这是因为移动通信网络中传输的数据信息都是通过开放的无线通信信道传送的，任何拥有一定频率接收设备的人均可以截取无线信道上传输的内容，从而给移动电子商务用户的信息安全和隐私安全构成威胁。尤其是在当前无线网络技术标准不完善的条件下，当移动电子商务数据信息在复杂结构的移动互联网中进行传输时，其保密性和完整性往往难以得到保证。

2）移动终端的不安全性

移动终端因为体积小、重量轻、便于随身携带和使用已成为大多数用户日常生活中必不可少的个人通信设备，移动终端的应用越来越多地涉及商业秘密和个人隐私等敏感信息，终端的安全性也显得更加重要。目前手持移动设备的安全威胁主要有：移动设备的物理安全，用户身份、账户信息和认证密钥丢失，SIM 卡被克隆，RFID 被解密等方面。

为了满足上述安全要求，终端安全技术也在可信、可控和保密的路线上不断发展和提升，提出了基于移动平台的可信计算技术、终端的安全管理技术和端到端加密技术等。

3）无线网络标准的安全漏洞

移动电子商务涉及众多无线网络标准，其中使用比较广泛的无线网络标准是实现手机访问因特网资源的 WAP 技术标准和构建无线局域网（WLAN）的 802.11 系列技术标准。在 WAP 网络技术安全体系中，WTLS 协议仅加密由无线接入设备到 WAP 网关的数据，从 WAP 网关到网络资源服务器时，信息是通过标准 SSL 传送的。因为数据要由 19TLS 转换到 SSL，数据在 WAP 网关上有短暂的时间处于明文状态，其安全漏洞给移动电子商务带来了很大的安全隐患。而对于 802.11 系列无线局域网技术标准来说，它使用的有线等效加密（WEP）安全机制也存在缺陷，如公开密钥容易泄露且难以管理，容易造成数据被拦截和窃取。许多 WLAN 在跨越不同子网时往往不需要第二次的登录验证。此外，无线局域网设备很容易被黑客控制或盗用来向接入无线局域网的用户发送恶意信息或传播病毒等。

4）信息的无线窃听

与有线通信网络不同，移动通信网络和无线通信网络利用电磁波在空气中传递信号，传输的信号更容易被攻击者窃听和解码。同时,随着技术的进步,各种针对移动通信网络数据的窃听设备已经变得非常小巧、简单,甚至得到了商业化发展。当前,很多移动电子商务应用服务采用明文方式传送用户名和密码,即使部分应用服务采用了加密方式,但由于目前移动设备为了以较低加密计算强度来确保较高的安全性能,主要利用椭圆双曲线(ECC)加密技术,加密算法比较简单,黑客仍可能成功进行破译。

5）用户身份的冒充

在无线通信网络中,移动站与网络控制中心以及其他移动站之间不存在固定的物理连接,移动站必须通过无线信道传送用户的身份信息。由于无线信道信息传送过程可能被窃听,当攻击者截获到一个合法用户的身份信息时,他就可以利用这个信息来冒充该合法用户的身份接入无线通信网络,访问网络资源或者使用一些收费通信服务等,这就是所谓的身份冒充攻击。另外,攻击者还可以假冒网络控制中心,冒充网络端基站来欺骗移动用户,以此手段获得移动用户的身份信息,从而冒充合法的移动用户身份。攻击者利用截获的用户信息冒充合法的用户接入无线网络后,若恶意访问网络资源或者使用一些收费的电子商务服务项目,如网络商品、使用收费的信息服务等,往往会给移动电子商务用户造成很大的经济损失。

6）黑客与病毒攻击

随着移动通信网络的普及以及移动电子商务的广泛应用,越来越多的黑客开始直接攻击无线通信网络和移动终端设备,或采用编写恶意程序、传播手机病毒的方式攻击移动电子商务服务网络和移动终端设备。感染了病毒的移动终端设备很容易将病毒通过正常的无线网络资源访问传输到其他移动终端设备或移动电子商务服务平台上,高频率的无线用户交互使得病毒在无线网络环境下的传输速度非常快。由于智能手机、PDA 等移动终端设备的内存空间和计算能力非常有限,同时手机平台的多样性也使手机病毒的查杀难度加大,对于感染了病毒的移动终端设备很难进行很好的病毒查杀处理。

某些黑客编写的病毒程序不仅可以在有线网络上传播,而且可以感染移动网络设备并在无线网络中传播。病毒不仅可以在移动网络上传播,造成移动设备性能下降,软件病毒还会传播非法信息,破坏手机软硬件,导致手机无法正常工作。主要安全问题表现在用户信息、银行账号和密码等被窃等方面。

7）运营管理漏洞

目前有着众多的虚拟运营商和移动商务平台,而其明显的特点是平台良莠不齐,用户很难甄别这些运营平台的真伪和优劣。在平台开发过程中一些控制技术缺少论证,在使用过程中往往出现诸多问题,而服务提供者对平台的运营疏于管理,机制不健全,这些都导致了诸多的安全问题。由于移动服务提供商与移动运营商之间是合作关系,移动运营商很难充当监督管理的角色,部分不法移动服务提供商以利益为重,利用手机的无线上网功能向用户发送虚假信息和诈骗广告,哄骗用户使用手机登录某些非法网站,以此骗取用户的信息服务费。这是因为通过通信公司的网关发送短信,一般具备了“代扣费”功能,手机用户只要回复就会落入短信所设置的陷阱之中,这使得移动电子商务用户对正规移动电子商务公司所发送的促销信息和推销广告产生了质疑,严重扰乱了正常的移动电子商务市场。

7.3.2 移动电子商务安全技术与协议标准

1. 无线公开秘钥体系

1）WPKI 安全机制

无线公开密钥体系（wireless public key infrastructure，WPKI）是在公钥技术基础上发展起来的一种综合安全平台，它将互联网电子商务中 PKI 安全机制引入到无线网络环境中，针对无线通信环境的特点，在有线 PKI 基础上进行了优化拓展，有效地实现了移动电子商务关于密钥和证书管理、加密等的一系列策略与过程。它可应用于手机等无线装置，为用户提供身份认证、访问控制和授权、传输机密性和完整性、不可否认性等安全服务。随着无线网络技术的发展和 WPKI 标准的不断完善，WPKI 将广泛应用于无线网络中各种安全通信服务领域，包括生成、管理、存储、分发和吊销公钥证书所需要的硬件、软件、人员、策略和规程的完整基础设施，并用来管理在移动网络环境中使用的公开密钥和数字证书，能有效解决身份认证问题，提供安全和值得信赖的移动电子商务环境的服务。

无线公开密钥体系采用了优化的 ECC 椭圆曲线加密和压缩的 X.509 数字证书，而非传统的 RSA 算法，大大提高了其运算效率，并在相同的安全强度下减少了密钥的长度。同时，WPKI 采用证书管理公钥，通过第三方的可信任机构——认证机构 CA 验证用户的身份，从而实现移动电子商务信息的安全传输。

2）WPKI 安全结构

一个完整的 WPKI 由实体终端（EE）、PKI 门户、CA、PKI 目录服务器等部分组成密钥管理体系。在 WPKI 的应用模式中，还涉及数据提供服务器、WAP 网关等服务设备。WPKI 的基本结构和数据流向如图 7-3 所示。

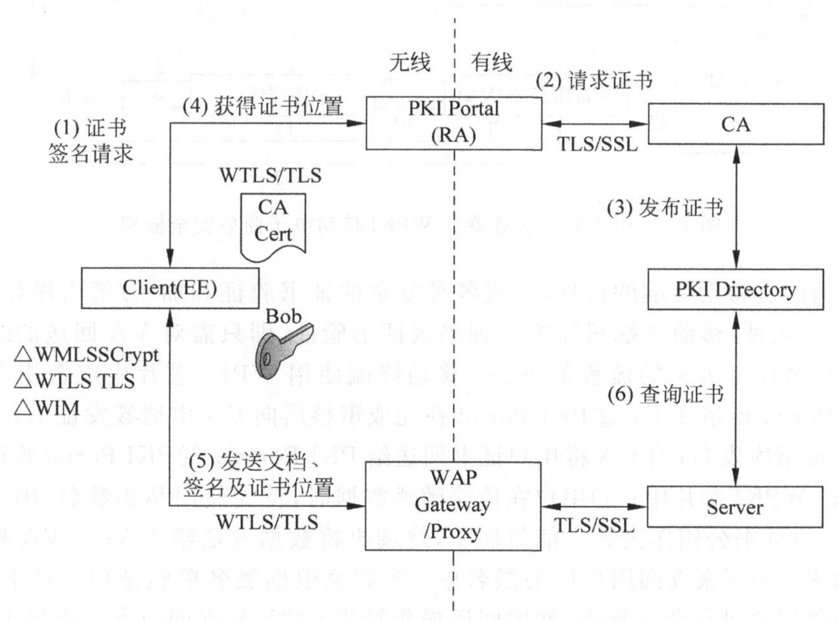

图 7-3 无线应用协议（WAP）2.0PKI

图 7-3 中：①终端实体应用程序 EE(无线用户)。WPKI 中的 EE 是为适应在 WAP 设备中运行而设计的优化软件，它依赖 WMLSCrypt API 实现密钥管理和加密运算，其中包括产生、存储并允许访问用户公钥/密钥对；初始证书申请；证书更新请求、证书撤销请求；查询、恢复和撤销证书信息；验证证书和读取证书内容；产生和验证数字签名。②PKI Portal(RA)。与 WAP 网关一样，都是运行在有线网络上的服务器。它能执行类似于有线 PKI 中的 RA 功能，一般作为手机终端和现行 PKI 之间的连接桥梁，负责转换 WAP 客户给 PKI 中 RA 和 CA 发的请求。PKI Portal 内嵌 RA 功能，实现与无线网络中的 WAP 设备和有线网络中的 CA 互相操作。③证书中心。主要负责生成证书、颁发证书和刷新证书等。④PKI Directory(PKI 目录库)。证书发布服务器，如 LDAP 目录服务器。⑤内容服务器(Server)。向用户提供内容服务，如 Web 服务器。⑥WAP Gateway/Proxy。在 WAP1.X 中需要一个 WAP 网关来处理客户与源服务器之间的协议转换工作。WAP 网关使用 WAP 协议与客户通信，使用标准 Internet 协议与源服务器通信。

3) 基于 WPKI 移动电子商务安全框架

在移动电子商务中，如何实现在线、实时、安全的支付是技术实施的核心，尤其在移动环境下，需要准确地识别人员身份、判别账号真伪，并迅速、安全地实现资金转账处理。因此，非常有必要建立一套适用于移动电子商务安全环境的 WPKI 安全框架。图 7-4 为引入验证服务器(validation authority，VA)的 WPKI 移动电子商务安全框架。

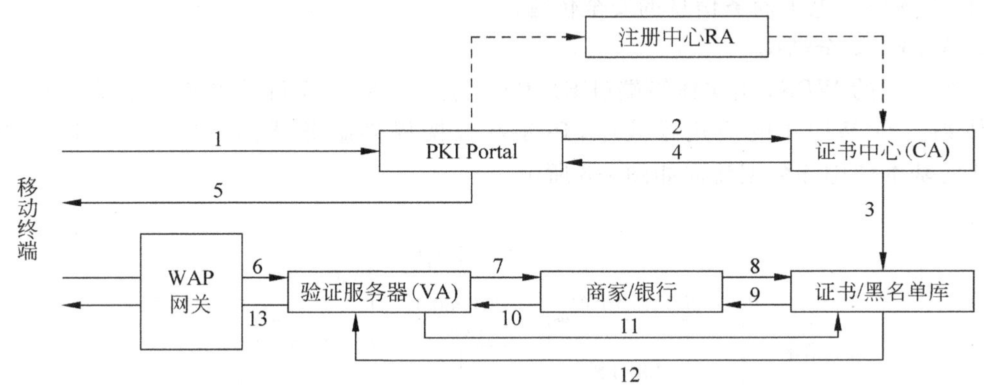

图 7-4 引入验证服务器的 WPKI 移动电子商务安全框架

VA 作为所有移动终端的代理，完成各种复杂的证书验证和加密/解密操作，如多级证书链的验证。此时，移动终端只需要处理单级证书验证，即只需对 VA 回送的结果进行验证。图 7-4 中各序号表示的流程如下：①移动终端使用 WPKI 芯片生成密钥对和证书请求，向 PKI Portal 申请证书；②PKI Portal 在完成审核后向 CA 申请签发证书；③CA 签发证书并通过证书库发布；④CA 将用户证书回送给 PKI Portal；⑤PKI Portal 将证书回送给用户，存放在 WPKI 芯片中；⑥用户在传输敏感数据时，首先使用私钥签名，用于交易防抵赖，然后用对方证书公钥作为数字信封加密，终端再将数据发送给 VA；⑦VA 将数据转发给相应的商家；⑧商家查询用户证书黑名单；⑨商家根据黑名单验证用户证书的有效性；⑩对于有效的用户进行业务操作，然后回送操作结果；⑪VA 查询商家证书黑名单；⑫VA 通过黑名单验证商家证书的有效性以及数据的有效性；⑬VA 将结果使用自己的私钥签名，然后回送给移动终端，移动终端通过验证 VA 的签名来确认数据的可靠性。其中①～⑤

是移动终端的数字证书申请过程，⑥～⑬是移动电子商务业务处理流程。

4) WPKI与PKI的区别

PKI和WPKI最主要的区别在于证书的验证和加密算法。WPKI采用了优化的ECC椭圆曲线加密和压缩的X.509数字证书。比如说一个1024位加密算法，手机需要半分钟才能完成，所以传统的PKI X.509就不适合移动计算。WPKI采用的椭圆曲线密码体制，密码长度可以为165位，实际应用和传统PKI的1024位或2048位安全强度一样，但运算量要小，复杂度也随之降低。加密算法越复杂，密钥越长，则安全性越高，但执行运算所需的时间也越长(或需要计算能力更强的芯片)。所以，支持RSA算法的智能卡通常需要高性能的具有协处理器的芯片。而ECC使用较短的密钥就可以达到和RSA算法相同的加密强度。由于智能卡受CPU处理能力和RAM大小的限制，因而采用一种运算量小同时能提供高加密强度的公钥密码体制对在智能卡上实现数字签名应用是至关重要的，ECC在这方面具有很大的优势。

WPKI是有线环境PKI的扩展，为了适应无线环境客观存在的局限性，WPKI使用了更为有效的加密与数据传输技术，例如PKI组件的增减(使用PKI Portal代替RA)、认证协议(WTLS代替TLS)、证书格式(WTLS证书代替X.509证书)、证书存放方式(证书的URL代替整个证书)、加密算法(ECC代替RSA)等，确保资源有限的个人无线设备在有限的通信带宽下工作，以实现安全的移动服务。

2. STK技术

STK(SIM TOOL KIT)，简称"用户识别应用发展工具"，可以理解为一组开发增值业务的命令，一种小型编程语言，它允许基于智能卡的用户身份识别模块SIM运行自己的应用软件。

STK卡不是一般的通常使用的SIM卡，而是基于Java语言平台的Simera32K卡片。STK是一种小型编程语言的软件，可以固化在SIM卡中。它能够接收和发送GSM的短消息数据，起到SIM卡与短消息之间的接口的作用，同时它还允许SIM卡运行自己的应用软件。这些功能经常被用于在可通过软件激活的电话显示屏上，用友好的文本菜单代替机械的"拨号-收听-应答"方式，从而允许用户通过按键轻松进行复杂的信息检索操作或交易。

STK是SIM卡增加了应用工具包的卡，它使原来只是具有身份识别的卡，发展成为不仅只是被动接受手机命令，还能向手机发出命令请求、建立卡与手机以及服务器之间的双向通信。这就使移动通信系统能够开展多种增值业务，例如信息点播、移动证券、移动银行、空中下载(OTA)等新业务。STK卡的功能实现是依靠STK功能和移动通信的短消息通道。以支持空中下载的STK卡为例，用户通过人机接口界面提出下载请求，网络服务器根据用户请求，以数据短消息的方式将用户请求的服务内容发给用户手机，并将下载数据透明地传送到用户的SIM卡上，实现了"空中下载"。例如移动的"移动梦网"SIM卡、"动感地带"等都是基于STK技术的SIM卡，该技术可以使SIM卡拥有大的存储容量和内置运营商提供的各项服务。

3. 二维码加密技术

条码技术是目前应用最广的自动识别技术之一，随着社会需求的不断提高及应用的不断探索，条码技术正处于一个良好的创新发展时期，但是随着现在高速信息化、自动化技术的发展，一维条码的信息存储量远不能满足现在社会发展的需要。因而致力于自动识别技术的科研人们通过不断努力，研究出了高密度、超高速识读、强大存储容量及抗干扰强的二维条码技术。

目前的二维条码主要有美国 Symbol 公司开发的 MaxiCode、日本 Densowave 公司开发的一种二维条码——QR 码、美国 CIMatrix 公司开发的 Data Matrix 码以及由美国 UPS 公司开发的 PDF417 码四种。这些编码都具有二维条码的信息容量大、空间利用率高、超高速识读及防伪保密性强等优点。然而，对于我国汉字信息而言，识读率最高、匹配性最好的还是日本的 QR 码。

二维码是利用某种特定的几何图形按一定的分布规则在二维方向上排列的黑白相间的图形进行记录数据信息。二维码同一维条码一样具有不同的码制标准，每种码制都有不同的编码规则。二维条码符号中的每个字符信息占一定宽度，具有特定的字符集，较强的校验纠错功能、信息识别功能及图像处理功能等。二维条码具有信息容量大、密度高、纠错能力强、安全性好、编码范围广的优点，同时还可以引入校验纠错码，具有检测错误和恢复删除错误的能力。二维条码技术大大降低了对计算机网络和数据库的依赖，依靠条码标签本身就可以起到数据信息存储及通信的作用，已经成为现代条码技术应用中的一门新兴技术。

目前通过手机二维码扫描软件扫描二维码获得产品信息已被广泛应用。手机二维码帮助实现从线下到线上的移动购物、手机应用程序的推广、二维码优惠券以及移动支付等方面，推动着我国移动电子商务的快速发展。

基于二维码搜索的移动电子商务交易流程如图 7-5 所示，用户利用智能手机或平板电脑上的摄像头对相应的二维码进行拍照，然后通过获取的二维码在电子商务平台上搜索相应的商品或服务；当用户找到满意的商品或服务后，就可以在线提交订单并进行支付。

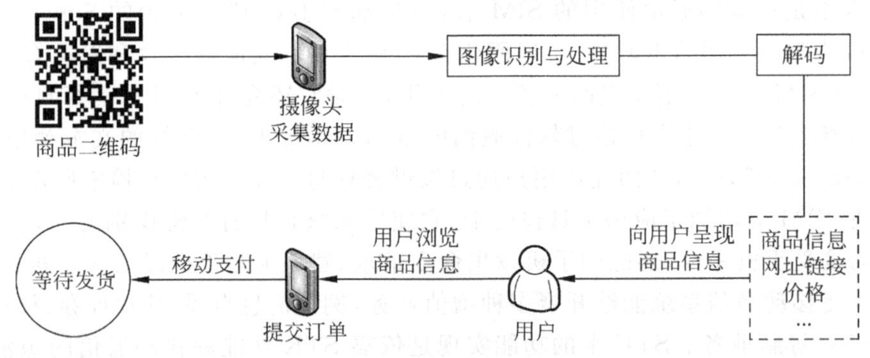

图 7-5　基于二维码搜索的移动电子商务交易流程

4. 3-D 安全协议

三方域安全协议(three domain secure)，简称 3-D Secure，是 Visa 推出的新一代的安全交易技术。与 SET 协议一样，它也是 PKI(public key infrastructure)框架下基于可信第三方的开放规范，设计目标同样是为在 Internet 上传输的信用卡支付信息提供安全保护机制。3-D Secure 协议主要采用 SSL 加密技术和商家服务器插件 MPI(merchant server plug-in)

技术来实现。在线交易中，它既能够查询并鉴别持卡人的身份，又能够保护支付卡信息在网络中传递的安全性。3-D 安全协议针对移动商务支付环节，将互联网安全标准扩展到了无线设备中，把银行卡与移动设备结合，使信用卡的发行者能够实时确认持卡人的身份，并让发卡方通过公共网络和公共电波加密传输客户的付款和账号信息。

3-D Secure 协议的这些功能是通过一个能够在支付交易过程中明确各方责任的模型——三方域模型(three domain model)实现的。三方域模型的主要组成包括：发卡域、收单域和互操作域。发卡域包括的实体有：持卡者、持卡者浏览器及附加部件、发卡行和接入控制服务器(ACS)。收单域包括的实体有：商家、商家服务器插件(MPI)、收单行。互操作域包括的实体有：目录服务器、相关证书颁发机构、认证历史服务器和授权系统。3-D Secure 购买流程如图 7-6 所示。

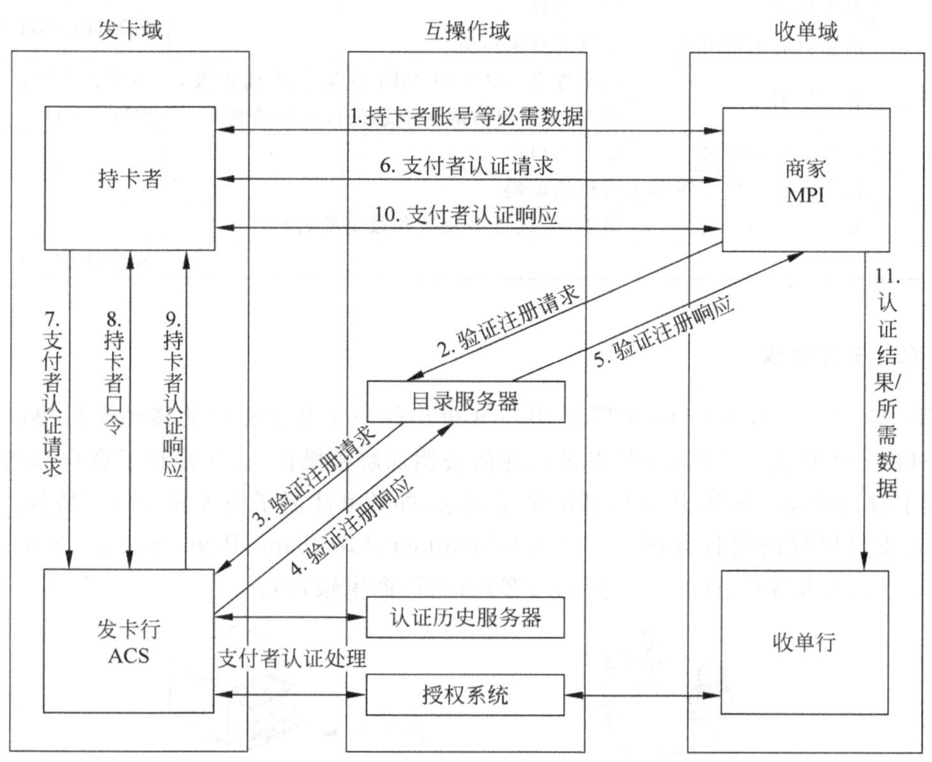

图 7-6 3-D Secure 购买流程

与一般的交易流程不同，3-D 安全协议将发卡方认证引入交易流程中，由发卡方确保在线交易时持卡人的合法性，从而有效减少有争议的交易数。采用 3-D 安全协议，不改变原有的清算流程，不需要商家更改后端支付系统，只要在商家的服务器上加装一个插件，易于实施，也不会使交易过程放慢。3-D 安全协议通过以下三个方面保证交易的安全。

(1) 商家服务器插件 MPI(merchant server plug-in)能够向发卡方的接入控制服务器 ACS(acccss control server)发送支付授权请求并收到一个应答。

(2) 持卡人和 ACS 能够相互通信并建立一条通道使 ACS 能够与持卡人进行认证对话。

(3) 持卡人能够再次与商家连接以完成支付过程。

3-D安全协议和SET协议的根本区别在于，3-D安全协议将从前的网上用卡环境做了调整，将原来的消费者需要下载的软件及烦琐的动作由发卡银行及商户来执行。由卡组织提供路由的转换，将安全的认证改由发卡行在消费的同时直接与消费者点对点地认证，因此，消费者可以方便、安全地在每一次消费时直接得到发卡银行的认证。对于消费者来说，最大的好处就是保证安全性的同时，使操作变得非常简单，不用再去为下载软件等烦琐的操作而烦恼。

SET协议与3-D Secure协议的比较见表7-1。

表7-1 SET协议与3-D Secure协议的比较

具体差异	SET协议	3-D Secure协议	结论
机密性	双重签名 信息对商家不可见	数字信封 信息对商家可见	机密性：SET>3-D
不可否认性	数字签名	数字签名(ACS向MPI发消息之前需要，但MPI无须对确认消息进行数字签名)	不可否认性：SET>3-D
身份认证	证书+数字签名	证书+口令	
完整性	信息摘要+数字签名	消息认证码	
复杂性	复杂	简单(简化证书交换和数字签名)	
			安全性：SET>3-D

5. KSL安全协议

KSL协议是S. Kungpisdan等于2004年提出的一个基于账户的移动支付协议。该协议采用对称密码算法，不要求参与方进行任何公钥加解密操作，大大减轻了客户端的计算负荷，适合于移动环境。KSL协议包括两个子协议，即商家注册子协议和支付子协议。

KSL支付协议的流程如图7-7所示(Customer、Merchant、Payment Gateway、Issuer、Acquirer分别代表客户、商家、支付网关、客户银行、商家银行)。

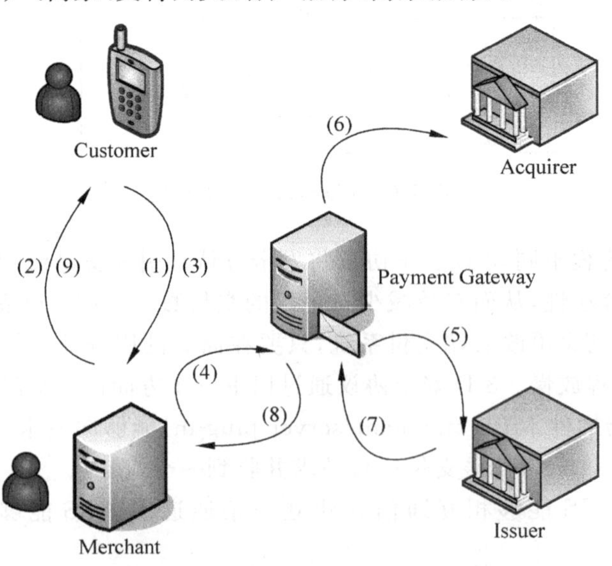

图7-7 KSL支付协议的流程

(1) 表示客户向商家注册信息。

(2) 表示客户从商家那里获得注册的响应信息。

(3) 表示客户向商家发送支付请求信息，如商品信息及其价格、消息认证码 MAC 等。

(4) 表示商家向支付网关发送转账请求以及转递由客户发给支付网关的扣款请求。

(5) 商家发送的转账请求信息及其转递的扣款请求信息都是采用加密方式进行传输的。

(6) 表示支付网关收到商家发送的转账请求及其转递的扣款请求之后，将移动客户发送来的商品价格、交易标识等扣款请求和商家发送的转账请求一起发送给商家银行，告之商家银行该商家请求得到相应金额的款项。

(7) 表示客户银行和商家银行分别对移动客户账户和商家账户进行验证，并将是否同意支付和转账的处理结果反馈给支付网关。

(8) 表示支付网关将转账请求的处理结果反馈给商家。

(9) 表示商家将收到的扣款请求响应信息转递给移动客户，以便移动客户得知客户银行对其支付请求的响应结果。

6. WTLS 安全协议

WAP 协议栈中的 WTLS 层为移动电子商务提供了一个安全的传输协议，它基于 Internet 上众所周知的 TLS 协议，如同 TLS 对于 Internet 的作用一样，WTLS 足以确保 WAP 的安全。通过 WTLS 与无线公钥基础设施 WPKI 的结合，移动电子商务的各个实体的安全性都能得到保障。

WTLS 协议是由记录协议层组成的，记录协议从 WTLS 上层协议接收数据，然后压缩和加密数据并传送出去。记录协议 RP(Record Protocol)又被分为四层，分别是：HP (Hands-hake Protocol)、AP (Alert Protocol)、ADP (Application DataProtocol)、CCP (Changecipherspec Protocal)。

其中，HP 负责在握手阶段协商安全相关的参数，这些参数包括：协议版本号、使用的加密算法、鉴别的信息和由公开密钥技术生成的密钥素材。AP 处理安全连接中的报警信息，警报消息主要有错误、严重、致命三种。警报消息使用当前的安全状态发送。ADP 是一个从邻近层接收原始数据的协议，仅在安全连接状态下运行。CCP 是一个用来在 WAP 会话的双方间进行加密策略改变的通知协议，此消息在双方的安全参数协商一致后，在握手阶段由客户方或服务方发送给对方实体，用于通知另一方：以后的数据记录将采用新协商的密码规范和密钥。

① WTLS 的保密性依靠加密通信通道来实现，所使用的加密方法和计算共享密钥所需的值在握手时进行交换。②WTLS 的身份鉴别依靠证书实现，身份鉴别可以在客户端和服务器之间进行，也可以在服务器允许的情况下，只由客户端鉴别服务器，服务器还可以要求客户端向服务器证明自己。WTLS 证书包括以下证书：用户认证证书、用户签名证书、X. 509 兼容的服务器证书、机构证书。③数据完整性通过使用消息鉴别编码(message authority code，MAC)而得到保证，MAC 算法同时也被认为是加密算法。

而TLS与WTLS的不同在于以下几方面。

(1) TLS需要一个可靠的传输层TCP。而WTLS工作在WDP和UDP之上。WTLS不支持数据的分组和重装,它将这个工作交给了下层协议处理。与此不同的是,TLS可以对上层协议的数据包进行分组。

(2) TLS使用X.509证书,而WTLS定义了新的专为移动设备使用的证书。

(3) WTLS的客户端对于性能的要求比TLS的高。WTLS客户端一般是置于CPU处理能力低下、内存较少的手持设备上的,所以客户端通过带宽相对较小的无线通信网通信时,性能问题显得格外突出,比如网络响应时间等。

7.3.3 移动电子商务安全威胁

1. 移动电子商务的网络安全

移动网络是基于浏览器的Web服务,如万维网、WAP等,使用手机、掌上电脑或其他便携式工具移动设备连接到公共网络,没有固定连接。现今3G技术即高速数据传输的蜂窝移动通信技术使多媒体数据在无线网络中的传输无障碍,而集3G与WLAN于一体并能够传输高质量视频图像,并且图像传输质量与高清晰度电视不相上下的4G技术,使得无线网络的多元化发展更为丰富。

在网络协议方面,无线装置组成ad hoc网络不依赖于任何固定的网络设施,只是通过移动节点间的相互协作来进行网络互联。其网络决策是分散的,网络协议依赖于所有参与者之间的协作。敌手可以基于该种假设的信任关系入侵协作的节点。

无线网路中的攻击者不需要寻找攻击目标,攻击目标会漫游到攻击者所在的小区。在终端用户不知情的情况下,信息可能被窃取和篡改,服务也可能被经意或不经意地拒绝,交易会被中途打断而没有重新认证的机制。由刷新引起连接的重新建立会给系统引入风险,没有再认证机制的交易和连接的重新建立是危险的。连接一旦建立,使用SSL和WTLS的多数站点不需要进行重新认证和重新检查证书,攻击者可以利用该漏洞来获利。

在无线网络中,企业通信交易信息具有希望除了消息参与人之外,别人无法了解信息含义的保密性;确保只有授权用户才能访问网络资源和服务的身份认证;检查数据是否被篡改的数据完整性;保护通信用户避免遭到来自于系统内部其他合法用户的欺诈的服务不可否认性。在具体应用中,公钥基础设施可提供加密和数字签名的密码服务;基于身份的密码学可简化体系中烦琐证书的处理,能较好地应用于难以支持证书管理的无线应用环境。

2. 移动电子商务的信息安全

移动电子商务的信息安全问题主要表现为网络欺诈、短信诈骗、垃圾短信泛滥、信息外泄、用户隐私泄漏等方面。垃圾短信常以欺骗、色情等内容为主,诱惑用户通过短信中所提供的方式访问指定的网址或拨打相应的电话号码,从而获取用户的银行账号和密码、身份证号码等个人信息,或通过诱惑用户进行欺诈性订阅和消费扣除用户的高额通信费用。此外,在移动电子商务中,消费者往往是通过各种移动支付方式来完成相应的交易,但由于交易双方当事人并不直接见面,从而为一些黑客盗取消费者账号和密码、转走用户账户上的资金提供了机会;甚至部分黑客采用虚假交易来骗取消费者的个人信息,然后在网络上进行销售。

3. 移动电子商务的交易安全

移动电子商务依赖于无线网络和移动终端，其交易过程中非常容易出现交易数据的更改、交易信息的泄漏以及交易流程的破坏；由于移动终端设备计算能力和存储能力有限、电池寿命短，限制了复杂加密认证程序的使用，容易产生交易的抵赖现象；移动电子商务应用了许多新的移动设备和移动通信技术，使得许多用户和企业更担心自己在移动电子商务交易过程中蒙受损失，从而对移动电子商务持观望的态度。

1）无线链路威胁

由于移动通信过程中数据包大都采用明文或安全性较弱的加密传输方式，造成对无线设备进行窃听或破解较为容易，窃听或破解的成本也较低。在移动电子商务交易过程中传输的商品信息、支付信息、支付账号和密码、基于 GPS 的位置信息等易于被潜在攻击者通过适当的无线设备来窃听。由于无线信号的发散性和移动通信中的移动特征，攻击者的攻击行为也很难被发现。

2）公共 Wi-Fi 的威胁

很多公共场所都提供免费的 Wi-Fi 热点服务，考虑到数据流量费用和上网速度，消费者倾向于使用这类服务。绝大多数的公共 Wi-Fi 环境缺少甚至毫无安全防护措施，任何人都可以加入，攻击者进入该免费 Wi-Fi 以后，就会对网络中的其他用户进行嗅探，并截取网络中传输的数据，在这种情况下，移动用户在网络中传输的任何信息都完全暴露在攻击者眼前，攻击者通过专业软件可截获到各种用户名、密码、上网记录、交易记录、聊天记录及邮件内容。同时攻击者可以恶意篡改 Wi-Fi 路由器的 DNS 地址，当用户访问正常网站时，浏览器会被指向非法恶意网址，甚至还会遭遇钓鱼网站及病毒的威胁。

3）移动终端自身的问题

一方面，移动设备输入信息的效率较低，在使用过程中用户习惯选择记住密码，移动设备为了便携都设计得较为小巧且价值较高，容易丢失和被窃取，一旦设备被他人取得，就很容易在移动商务活动中伪装成真正的用户，并通过交易非法获得别人的财物；另一方面，电源续航时间成为移动设备使用的瓶颈，移动设备不适合进行大量计算，长时间传输大量数据会造成移动网络的拥堵，所以移动设备上不适宜长时间进行加密强度较大的通信。目前，不论是笔记本电脑、上网本、Pad 还是手机，安全性都受到病毒的威胁，在移动设备中，手机病毒的危害是最大的。手机病毒不仅破坏系统、损坏硬件、诈骗欺诈、恶意传播、流氓行为、远程控制，盗取支付账号、网银密码、游戏或社交网络中的虚拟财产或虚拟货币，甚至还会消耗手机资费，窃取用户短信、通讯录、GPS 位置数据等隐私信息，给手机用户造成财产或感情上的伤害。手机病毒传播途径主要为：第三方应用商店、手机论坛、ROM 内置、手机资源站、网盘传播、二维码传播。

4. 移动电子商务的支付安全

移动支付在我国已经得到了很好的发展，但是在发展的同时还存在一定的问题。现在移动支付作为新兴的电子支付方式，具有不受地域时空限制、方便易行、兼容性好、支付成本低等特点，其发展前景是非常可观的。然而对广大用户来说，大家在接受移动支付带来的方便、快捷等好处之前，也非常关注支付的安全性问题。

移动支付的安全问题主要包括技术安全和资金安全两个方面。其中技术安全是指使用移动支付是否对手机等设备有特殊的要求、是否要更换现有的手机、是否要更换SIM卡，用户的银行账户和个人身份等敏感信息通过手机和商家的网站、支付网络等传输和存储，它的安全性如何，是否存在被窃听、信息和数据被泄露等不安全的问题。资金安全是指移动支付通过第三方支付组织处理时，通常会存在资金沉淀问题。这些资金的所有权依法属于客户，但实际上由第三方支付企业进行支配，如何保障沉淀资金的安全也是广大客户关心的问题。

当前，影响移动支付的因素主要有：①加密问题和即时性问题是手机支付普及的主要障碍。虽然一些智能化手机支付时，能采用移动网络的加密技术，但是并不能很有效地保证安全。通过引入短信确认实现手机支付的双重确认方式，会因短信的中继问题，有可能造成短信不能及时到达，影响支付流程。②身份识别的缺乏是限制移动支付应用的第二大原因。当手机作为支付工具时，移动信息化提高了手机等手持终端的重要程度，设备丢失、密码被攻破、病毒发作等问题都会造成重大损失。③信息体系的缺失是限制移动信息化应用的第三大原因。在手机支付中，一些小额支付可以捆绑在手机话费中，但手机话费透支、恶意拖欠现象十分常见，信用意识以及体系的不完善也制约了移动信息化的普及、推广。

7.4 物联网技术的应用和安全

7.4.1 物联网及物联网技术

1. 物联网概念

“物联网概念”是在“互联网概念”的基础上，将其用户端延伸和扩展到任何物品与物品之间，进行信息交换和通信的一种网络概念。其定义是：通过射频识别(RFID)、红外感应器、全球定位系统、激光扫描器等信息传感设备，按约定的协议，把任何物品与互联网相连接，进行信息交换和通信，以实现智能化识别、定位、跟踪、监控和管理的一种网络概念。

物联网(Internet of things)这个词，国内外普遍公认的是MIT Auto-ID中心Ashton教授1999年在研究RFID时最早提出来的。在2005年国际电信联盟(ITU)发布的同名报告中，物联网的定义和范围已经发生了变化，覆盖范围有了较大的拓展，不再只是指基于RFID技术的物联网。物联网的基本特征包括：①全面感知。通过射频识别、传感器、二维码、GPS卫星定位等相对成熟的技术感知、采集、测量物体信息。②可靠传输。通过无线传感器网络、短距无线网络、移动通信网络等信息网络实现物体信息的分发和共享。③智能处理。通过分析和处理采集到的物体信息，针对具体应用提出新的服务模式，实现决策和控制智能。

自2009年8月温家宝同志提出“感知中国”以来，物联网被正式列为国家五大新兴战略性产业之一，写入“政府工作报告”，物联网在中国受到了全社会极大的关注，其受关注程度是在美国、欧盟以及其他各国不可比拟的。

物联网的概念与其说是一个外来概念，不如说它已经是一个“中国制造”的概念，它的覆盖范围与时俱进，已经超越了1999年Ashton教授和2005年ITU报告所指的范围，物联网已被贴上“中国式”标签。

物联网是一个基于互联网、传统电信网等信息承载体，让所有能够被独立寻址的普通物理对象实现互联互通的网络。它具有普通对象设备化、自治终端互联化和普适服务智能化三个重要特征。

物联网指的是将无处不在(ubiquitous)的末端设备(devices)和设施(facilities)，包括具备"内在智能"的传感器、移动终端、工业系统、楼控系统、家庭智能设施、视频监控系统等，以及"外在使能"(enabled)的，如贴上RFID的各种资产(assets)、携带无线终端的个人与车辆等"智能化物件或动物"或"智能尘埃"(mote)，通过各种无线和(或)有线的长距离和(或)短距离通信网络实现互联互通(M2M)，应用大集成(grand integration)以及基于云计算的SaaS营运等模式，在内网(Intranet)、专网(Extranet)和(或)互联网(Internet)环境下，采用适当的信息安全保障机制，提供安全可控乃至个性化的实时在线监测、定位追溯、报警联动、调度指挥、预案管理、远程控制、安全防范、远程维保、在线升级、统计报表、决策支持、领导桌面(集中展示的Cockpit Dashboard)等管理和服务功能，实现对"万物"的"高效、节能、安全、环保"的"管、控、营"一体化。

2. 物联网应用技术

"物联网技术"的核心和基础仍然是"互联网技术"，是在互联网技术基础上的延伸和扩展的一种网络技术；其用户端延伸和扩展到了任何物品和物品之间，进行信息交换和通信。因此，物联网技术的定义是：通过射频识别(RFID)、红外感应器、全球定位系统、激光扫描器等信息传感设备，按约定的协议，将任何物品与互联网相连接，进行信息交换和通信，以实现智能化识别、定位、追踪、监控和管理的一种网络技术。

1) 无线射频识别技术RFID

无线射频识别(radio frequency identification)技术是指采用射频方式进行非接触双向通信，自动识别目标对象并获取相关数据。它无须直接接触、无须光学可视、无须人工干预即可完成信息的输入和处理，且信息量大、适应环境能力强。RFID技术所具备的独特优越性是其他识别技术所无法比拟的，主要表现在以下几个方面。

(1) 读取方便快捷：数据的读取无须光源，甚至可以透过外包装来进行，有效识别距离更长，采用自带电池的主动标签时，有效识别距离可达到30m。

(2) 识别速度快：标签一进入磁场，阅读器就可以即时读取其中的信息，而且能够同时处理多个标签，实现批量识别。

(3) 数据容量大：数据容量最大的二维条形码(PDF4J7)最多也只能存储2725个数字，若包含字母，存储量则会更少；RFID标签可以根据用户的需要扩充到数万个数字。

(4) 使用寿命长，应用范围广：RFID基于无线电通信方式，它可以应用于粉尘、油污等高污染环境和放射性环境，而且其封闭式包装使得寿命大大超过印刷的条形码。

(5) 标签可动态更改：利用编程器可以向电子标签写入数据，从而赋予RFID标签交互式便携数据文件的功能，而且写入时间比打印条形码更短。

RFID技术是一个完整的系统，因应用不同，其组成会有所不同，但基本都由电子标签、阅读器和数据交换与管理系统三大部分组成。其工作原理如下：阅读器将准备发送的信息经编码后加载在某一频率的载波信号上经天线向外发送，进入阅读器工作区域的电子标签接收此脉冲信号，置于标签内的芯片电路对此信号进行调制、解码、解密，然后对命令请求、密码、权限等进行判断。若为读命令，控制逻辑电路则从存储器中读取有关信息，经加密、编码、调制后通过卡内天线再发送给阅读器，阅读器对接收到的信号进行解调、解码、解密后送至中央信息系统进行有关数据处理；若为修改信息的写命令，有关控制逻辑引起内部电荷泵提升工作电压以供擦写 EEPROM 中的内容进行改写，若经判断其对应的密码和权限不符，则返回出错信息。

作为移动电子商务发展的核心技术，RFID 目前还处于发展的初级阶段，还有很多因素制约其发展。RFID 目前主要有低频、高频、超高频三种类型，但其中超高频由于其标签性能好被普遍使用，成为移动电子商务中与移动通信终端结合的核心技术之一。但由于 RFID 技术引入国内较晚，相关研究不足，虽然已经在小范围内开展了试点工作，但仍然面临着一些因素的制约。主要表现在以下几方面。

(1) 技术缺陷。在 RFID 高频电子标签技术上，系统集成的稳定性还较差，且存在着一些物理硬件方面的缺陷。对于系统集成，国内还缺少这方面研究的机构和人才，对高频电子标签应用中出现的不稳定性问题，还没有提出建设性的解决方案，因此，如何解决在复杂环境中的高频电子标签识别的稳定性，是当前阻碍 RFID 发展的制约因素之一。

(2) 标准不统一。RFID 电子标签需要与读写器之间完成空中对接，就必须要标准协议才能完成移动通信，对 RFID 来讲，空中接口标准在整个 RFID 系统中具有重要地位，是影响 RFID 系统传输和识别的重要因素之一。国际标准化组织 ISO/IEC 制定了一系列 RFID 空中接口标准，其中影响最大的主要有 ISO/IECL 4443、ISO/IEC 15693、ISO/IEC 18000 三个系列标准。

(3) 成本过高。虽然 RFID 芯片成本不断下降，但是 RFID 的先进性与适应性仍然出现了一些矛盾。如在一些行业，虽然使用 RFID 技术可以为管理带来效率，但是由此带来的使用成本上涨，阻碍了 RFID 的正常普及。

2) 传感器技术

传感器是一种检测装置，是能感受规定的被测量件并按照一定的规律(数学函数法则)转换成可用信号的器件或装置，通常由敏感元件和转换元件组成。

传感器定义中所谓“可用输出信号”是指便于传输、转换及处理的信号，主要包括气、光和电等信号，现在一般就是指电信号(如电压、电流、电势及各种电参数等)，而“规定的测量量”一般是指非电量信号，主要包括各种物理量、化学量和生物量等，在工程中常需要测量的非电量信号有力、压力、温度、流量、位移、速度、加速度、转速、浓度等。正是由于这类非电量信号不能像电信号那样可由电工仪表和电子仪器直接测量，所以就需要利用传感器技术实现由非电量到电量的转换。

传感器通常由敏感元件、转换元件及测量电路组成，有时还加上辅助电源，见图 7-8。

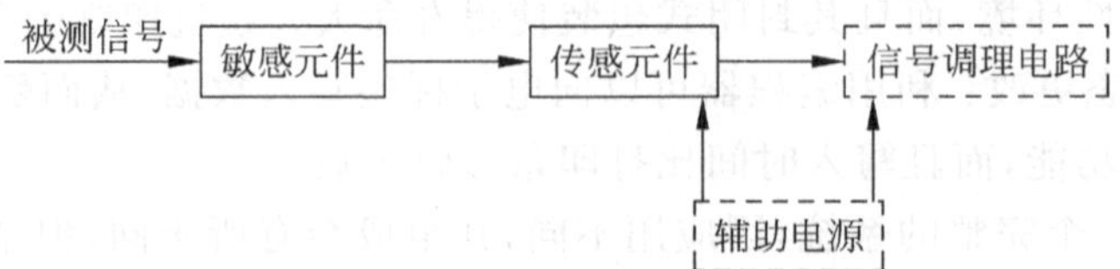

图 7-8 传感器的组成

其中,敏感元件(sensing element)是指传感器中能直接感受被测量的变化,并输出与被测量成确定关系的某一物理量的元件。敏感元件是传感器的核心,也是研究、设计和制作传感器的关键。转换元件(transduction element)是指传感器中能将敏感元件输出的物理量转换成适于传输或测量电信号的部分。需要指出的是,并不是所有的传感器都能明显地区分敏感元件和转换元件两部分,有的传感器转换元件不止一个,需要经过若干次转换;有的则是二者合二为一。测量电路(measuring circuit)又称转换电路或信号调理电路,它的作用是将转换元件输出的电信号进行进一步的转换和处理,如放大、滤波、线性化、补偿等,以获得更好的品质特性,便于后续电路实现显示、记录、处理及控制等功能。测量电路的类型视传感器的工作原理和转换元件的类型而定,一般有电桥电路、阻抗变换电路、振荡电路等。

由于传感器的种类繁多,所以分类方法也较多。

(1) 按传感器的检测信息可分为:光敏、热敏、力敏、磁敏、气敏、湿敏、压敏、离子敏和射线敏等传感器。

(2) 按转换原理可分为:物理传感器、化学传感器和生物传感器。

(3) 按其输出信号可分为:模拟传感器、数字传感器和开关转换器。

(4) 按传感器使用的材料可分为:半导体传感器、陶瓷传感器、复合材料传感器、金属材料传感器、高分子材料传感器、超导材料传感器、光纤材料传感器、纳米材料传感器等。

(5) 按能量转换可分为:能量转换型传感器和能量控制型传感器。

(6) 按照其制造工艺,可以将传感器区分为:集成传感器、薄膜传感器、厚膜传感器、陶瓷传感器等。

传感器技术的发展途径与发展趋势可用图 7-9 所示。即发现新现象、开发新材料、采用新的加工方法、使用新技术,使传感器的精度更高、功能更强、测量范围更广,同时实现传感器的智能化、集成化、微型化、量子化和网络化。

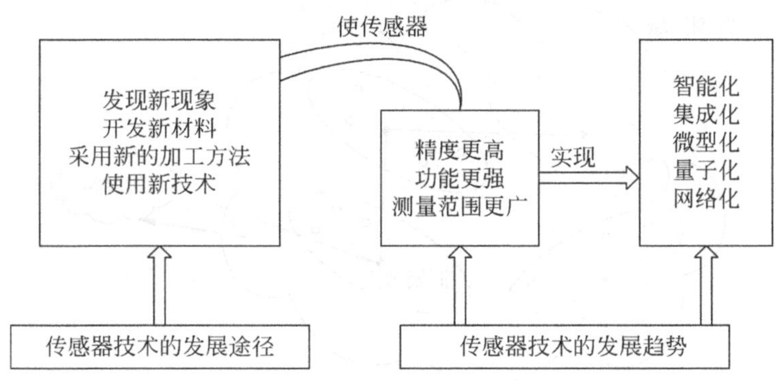

图 7-9 传感器技术的发展途径与发展趋势

3) 无线传感器网络

无线传感器网络(wireless sensor networks,WSN),简称无线传感网或无线感知网,是当前在国际上备受关注的、涉及多学科高度交叉、知识高度集成的前沿热点研究领域。它综合了传感器技术、嵌入式计算技术、现代网络及无线通信技术、分布式信息处理技术等,能够通过各类集成化的微型传感器协作地实时监测、感知和采集各种环境或监测对象的信息,这些信息通过无线方式被发送,并以自组多跳的网络方式传送到用户终端,从而实现物理世界、计算世界以及人类社会三元世界的连通。

无线传感器网络是物联网的周边延伸网之一，随着“感知中国”“智慧地球”等课题的提出，传感器网络技术的发展对整个社会与经济，甚至人类未来的生活方式都将产生重大影响。无线传感器网络是由传感器节点通过无线通信技术自组织构成的网络，它的发展和迅速兴起与微机电系统(micro-electro-mechanical systems，MEMS)、超大规模集成电路技术(very large scale integration，VLSI)以及无线通信技术的飞速发展有着密不可分的联系。无线传感器网络由于在信息质量、网络健壮性、网络造价以及网络自适应性等方面的突出优势，在远程大气监测、地震、辐射、医疗数据采集等方面得到特别广泛的应用。而无线传感器网络当前面临的主要挑战表现在：网络通信能力有限，网络节点能量有限，网络节点计算能力和存储能力有限，传感器网络节点数比一般移动网络大几个数量级，传感器网络拓扑经常变化。

一个典型的无线传感器网络至少由无线传感器节点、网络协调器和中央控制点组成。大量传感器节点随机部署在监测区域内部或附近。这一过程是通过飞行器撒播、人工埋置和火箭弹射等方式完成的。工作过程如下：传感器节点将监测的数据沿着其他传感器节点逐跳地向目的地进行传输，在传输过程中这些数据可能被别的节点处理以提高传输效率。数据经过多跳后被传输到网络协调器，最后到达中央控制点。在中央控制点数据被处理并为不同的用户提供服务。在这个过程中，传感器节点既充当感知节点，又充当转发数据的路由器。用户通过中央控制点对无线传感器网络进行配置和管理，发布监测任务并最终获得监测数据。网络协调器可以在网络发生冲突拥塞时及时调度不同的传感点以保证服务的实时性。中央控制点则对整个网络进行整体部署并直接为用户服务。典型的无线传感器网络结构如图 7-10 所示。

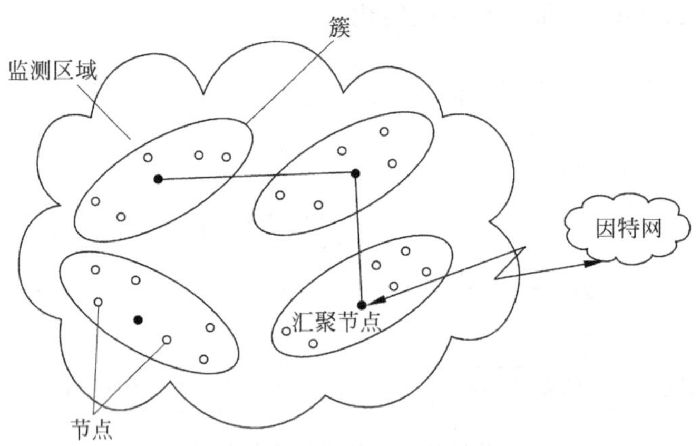

图 7-10 无线传感器网络结构图

4) 定位技术

定位技术，是一种应用广泛的高科技技术。目前常见的定位技术主要有 PPD 定位技术、GPS 卫星定位、蓝牙定位、Wi-Fi 网络定位、北斗定位、GPRS/CDMA 移动通信技术定位等。定位技术种类较多，基本原理依据两点：①获取一个或多个已知坐标的参考点；②获取待定位物体与已知参考点的空间关系。

7.4.2 物联网安全协议

部署和使用 RFID 系统时，关键的问题之一是要确保只有授权用户能够识别各个标签(tag)，而攻击者无法对这些标签进行任何形式的跟踪。尽管可追踪性问题(最主要的 RFID 保密性问题)经常被这项技术的支持者所低估，或者有时被其责难者所夸大，但它确实阻碍了这项技术的推广和应用。迄今为止，已经有许多 RFID 安全协议被提出，如 Hash-Lock 协议、随机化 Hash-Lock 协议、Hash 链协议、基于杂凑的 ID 变化协议、David 的数字图书馆 RFID 协议、分布式 RFID 询问-响应认证协议、LCAP 协议、再次加密机制等。以上这些安全协议大部分是基于杂凑函数和伪随机数来设计的，假设杂凑函数和伪随机函数是安全的，杂凑函数确保通信数据的完整性和不可篡改性，伪随机函数产生的随机数增加到通信数据中可以对抗重放攻击，也可以保证每次查询标签的应答都是不同的，实现标签的匿名性。

下面以基于 Hash 的双向认证协议为例来描述协议的执行，其中，Hash 为杂凑函数、ID 为标签的唯一标识、|| 为连接运算，协议执行过程如下。

(1) 读写器产生一个随机数 r_R，向标签发送 Query 认证请求，并将 r_R 发送给标签。

(2) 标签也产生一个随机数 r_T，计算 Hash(ID$||r_R||r_T$)，并将 Hash(ID$||r_R||r_T$)和 r_T 发送给读写器。

(3) 读写器将 Hash(ID$||r_R||r_T$)和 r_T 发送给后台数据库。

(4) 后端数据库检测是否有某个 $ID_j(1\leqslant j\leqslant n)$使得 Hash($ID_j||r_R||r_T$)＝Hash(ID$||r_R||r_T$)成立。如果有，标签认证成功，并将 Hash($ID_j||r_T$)发送给读写器，否则认证失败，中止协议。

(5) 读写器将 Hash($ID_j||r_T$)转发给标签，标签验证 Hash($ID_j||r_T$)与 Hash(ID$||r_T$)是否相等，如果相等，读写器认证成功，否则认证失败。

该协议实现了对标签和读写器的双向验证，由于一次验证需要标签执行两次杂凑计算，且在标签电路中需要包含随机数发生器与杂凑函数，所以本协议不太适合低成本的标签。由于检索与标签对应记录，需要进行 Hash 运算后再比较，其计算复杂度为 $O(n)$，n 是标签个数，n 比较大时计算负担比较重。为此，有人提出基于树(二叉树)的私有认证协议，减少后端数据库的计算复杂度到 $O(\log n)$，不过需要引入可信中心(trusted center，TC)。

7.5 二维码技术和应用

7.5.1 二维码技术

1. 二维码定义和发展

二维码(two-dimensional code)，又称二维条码，它是用特定的几何图形按一定规律在平面(二维方向)上分布的黑白相间的图形，是所有信息数据的一把钥匙。

在代码编制上巧妙地利用构成计算机内部逻辑基础的“0”“1”比特流的概念，使用若干个与二进制相对应的几何形体来表示文字数值信息，通过图像输入设备或光电扫描设备自动识读以实现信息自动处理。在许多种类的二维条码中，常用的码制有：Data Matrix、

MaxiCode、Aztec、QR Code、Vericode、PDF417、Ultracode、Code 49、Code 16K 等，QR Code 是 1994 年由日本 DW 公司发明。QR 来自英文 Quick Response 的缩写，即快速反应的意思，源自发明者希望 QR 码可让其内容快速被解码。QR 码最常见于日本、韩国，并为目前日本最流行的二维空间条码。但二维码的安全性也正备受挑战，带有恶意软件和病毒正成为二维码普及道路上的绊脚石。发展与防范二维码的滥用正成为一个亟待解决的问题。

每种码制都有其特定的字符集；每个字符占有一定的宽度，具有一定的校验功能等。同时还具有对不同行的信息自动识别功能及处理图形旋转变化等特点。

二维码是一种比一维码更高级的条码格式。一维码只能在一个方向(一般是水平方向)上表达信息，而二维码在水平和垂直方向上都可以存储信息。一维码只能由数字和字母组成，而二维码能存储汉字、数字和图片等信息，因此二维码的应用领域要广得多。

2. 二维码分类和编码原理

二维条码或二维码可以分为堆叠式或行排式二维条码和矩阵式二维条码。堆叠式或行排式二维条码形态上是由多行短截的一维条码堆叠而成；矩阵式二维条码以矩阵的形式组成，在矩阵相应元素位置上用“点”表示二进制“1”，用“空”表示二进制“0”，“点”和“空”的排列组成代码。典型二维码见图 7-11。

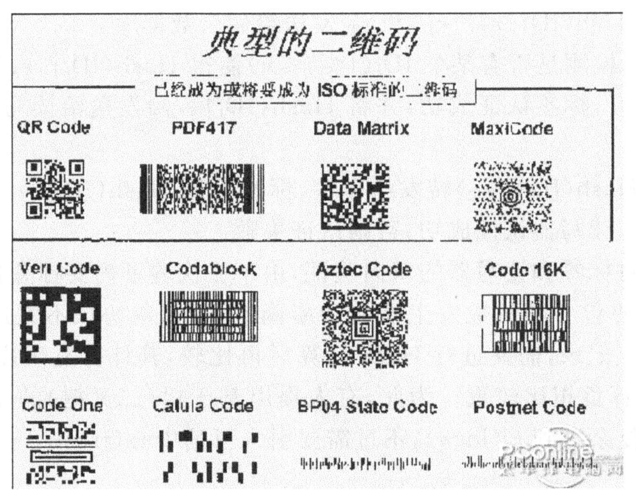

图 7-11 典型二维码

堆叠式或行排式二维条码(又称堆积式二维条码或层排式二维条码)，其编码原理是建立在一维条码基础之上，按需要堆积成二行或多行。它在编码设计、校验原理、识读方式等方面继承了一维条码的一些特点，识读设备与条码印刷与一维条码技术兼容。但由于行数的增加，需要对行进行判定，其译码算法与软件也不完全相同于一维条码。具有代表性的行排式二维条码有 Code 16K、Code 49、PDF417、MicroPDF417 等。

矩阵式二维条码(又称棋盘式二维条码)它是在一个矩形空间通过黑、白像素在矩阵中的不同分布进行编码。在矩阵相应元素位置上，用点(方点、圆点或其他形状)的出现表示二进制“1”，点的不出现表示二进制“0”，点的排列组合确定了矩阵式二维条码所代表的意义。矩阵式二维条码是建立在计算机图像处理技术、组合编码原理等基础上的一种新型图形符号自动识读处理码制。具有代表性的矩阵式二维条码有 Code One、MaxiCode、QR Code、Data Matrix、Han Xin Code、Grid Matrix 等。

3. 二维码特点

二维码是一种高密度、高信息含量的便携式数据文件，是实现证件及卡片等大容量、高可靠性信息自动存储、携带并可用机器自动识读的理想手段。二维码具有如下特点。

(1) 高密度编码，信息容量大：可容纳多达 1850 个大写字母或 2710 个数字或 1108 个字节，或 500 多个汉字，比一维条码信息容量约高几十倍。

(2) 编码范围广：二维码可以把图片、声音、文字、签字、指纹等可以数字化的信息进行编码，用条码表示出来；可以表示多种语言文字；可表示图像数据。

(3) 容错能力强，具有纠错功能：这使得二维条码因穿孔、污损等引起局部损坏时，照样可以正确得到识读，损毁面积达 50%仍可恢复信息。

(4) 译码可靠性高：它比一维条码译码错误率百万分之二要低得多，误码率不超过千万分之一。

(5) 可引入加密措施：保密性、防伪性好。二维码具有多重防伪特性，它可以采用密码防伪、软件加密及利用所包含的信息如指纹、照片等进行防伪，因此具有极强的保密防伪性能。

(6) 成本低，易制作，持久耐用。利用现有的点阵、激光、喷墨、热敏/热转印、制卡机等打印技术，即可在纸张、卡片、PVC 甚至金属表面上印出二维条码。由此所增加的费用仅是油墨的成本，因此人们又称二维码是“零成本”技术。

(7) 条码符号形状、尺寸大小比例可变。同样的信息量，二维码的形状可以根据载体面积及美工设计等进行自我调整。

(8) 二维条码可以使用激光或 CCD 阅读器识读。

(9) 可影印及传真。

表 7-2 列出了二维条码与一维条码的不同，表 7-3 为二维条码同磁卡、IC 卡、光卡的比较。

表 7-2　二维条码与一维条码的不同

一维条码	二维条码
可直接显示内容为英文、数字、简单符号	可直接显示英文、中文、数字、符号、图形
存储数据不多，主要依靠数据库	存储数据量大，是一维条码的几十到几百倍
保密性能不高	保密性高(可加密)
损污后可读性差	安全级别最高时，损污 50%仍可读取完整信息
译码错误率约为百万分之二	误码率不超过千万分之一，可靠性极高

表 7-3　二维条码同磁卡、IC 卡、光卡的比较

比较点	二维条码	磁卡	IC 卡	光卡
抗磁力	强	弱	中等	强
抗静电	强	中等	中等	强

续表

比较点	二维条码	磁卡	IC 卡	光卡
抗损性	强	弱	弱	弱
	可折叠	不可折叠	不可折叠	不可折叠
	可穿孔	不可穿孔	不可穿孔	不可穿孔
	可切割	不可切割	不可切割	不可切割
影印性	可	不可	不可	不可
传真性	可	不可	不可	不可
容量	1100byte	76byte	3Kbyte	2Mbyte

7.5.2 二维码技术标准及实现

1. 条码扫描原理

条形码的扫描需要扫描器，扫描器利用自身光源照射条形码，再利用光电转换器接受反射的光线，将反射光线的明暗转换成数字信号。不论是采取何种规则印制的条形码，都由静区、起始字符、数据字符与终止字符组成。有些条码在数据字符与终止字符之间还有校验字符。

(1) 静区：也叫空白区，分为左空白区和右空白区，左空白区是让扫描设备做好扫描准备，右空白区是保证扫描设备正确识别条码的结束标记。

为了防止左右空白区(静区)在印刷排版时被无意中占用，可在空白区加印一个符号(左侧没有数字时印“＜；”号，右侧没有数字时加印“＞；”号)，这个符号就叫静区标记。其主要作用就是防止静区宽度不足。只要静区宽度能保证，有没有这个符号都不影响条码的识别。

(2) 起始字符：第一位字符，具有特殊结构，当扫描器读取到该字符时，便开始正式读取代码。

(3) 数据字符：条形码的主要内容。

(4) 校验字符：检验读取到的数据是否正确，不同编码规则可能会有不同的校验规则。

(5) 终止字符：最后一位字符，一样具有特殊结构，用于告知代码扫描完毕，同时还起到只进行校验计算的作用。

2. 二维码的识别

条码识别是采用各种条码扫描器把编辑在条形码中的信息、数码等“识别”出来的技术、操作、过程。二维码的识别有两种方法：①通过线性扫描器逐层扫描进行解码；②通过照相和图像处理对二维码进行解码。对于堆叠式二维码，可采用上述两种方法识读，但对绝大多数的矩阵式二维码则必须用照相方法识读。

条码扫描器的种类很多，常见的有以下几类：手持式条码扫描器、小滚筒式条码扫描器、平台式条码扫描器，其他还有大幅面扫描用的大幅面条码扫描器、笔式条码扫描器、底片条码扫描器(注意不是平板条码扫描器加透扫，效果要好得多，价格当然也高)、实物条码扫描器(不是有实物扫描能力的平板条码扫描器，有点类似于数码相机)，还有主要用于印刷排版领域的滚筒式条码扫描器等。

手持式扫描器，是1987年推出的技术形成的产品，外形很像超市收款员拿在手上使用的条码扫描器。手持式条码扫描器绝大多数采用CIS技术，光学分辨率为200dpi，有黑白、灰度、彩色多种类型，其中彩色类型一般为18位彩色。也有个别高档产品采用CCD作为感光器件，可实现位真彩色，扫描效果较好。

小滚筒式条码扫描器，这是手持式条码扫描器和平台式条码扫描器的中间产品(这几年有新的出现，因为是内置供电且体积小而被称为笔记本条码扫描器)。这种产品绝大多数采用CIS技术，光学分辨率为300dpi，有彩色和灰度两种，彩色型号一般为24位彩色。也有极少数小滚筒式条码扫描器采用CCD技术，扫描效果明显优于CIS技术的产品，但由于结构限制，体积一般明显较大。

小滚筒式的设计是将条码扫描器的镜头固定，而移动要扫描的物品的条码标签通过镜头来扫描，运作时就像打印机那样，要扫描的物件必须穿过机器再送出，因此，被扫描的物体不可以太厚。这种条码扫描器最大的好处就是体积很小，但是由于使用起来有多种局限，例如只能扫描薄薄的纸张，范围还不能超过条码扫描器的大小。

平台式条码扫描器，又称平板式条码扫描器、台式条码扫描器。目前在市面上大部分的条码扫描器都属于平板式条码扫描器，是主流。这类条码扫描器光学分辨率在300～8000dpi，色彩位数从24位到48位，扫描幅面一般为A4或者A3。平板式的好处在于像使用复印机一样，只要把条码扫描器的上盖打开，不管是书本、报纸、杂志、照片底片都可以放上去扫描，相当方便，而且扫描出的效果也是所有常见类型条码扫描器中最好的。

3. 二维码技术标准

在国外，二维码是一项非常成熟的技术。国外对二维码技术的研究始于20世纪80年代末。在二维码符号表示技术研究方面，已研制出多种码制，全球现有的一、二维码多达250种以上，其中常见的有PDF417、QRCode、Code49、Code16K、CodeOne等二十余种。二维码技术标准在全球范围得到了应用和推广。美国讯宝科技公司(Symbol)和日本电装公司(Denso)都是二维码技术的领头羊。

QRCode码是由日本Denso公司于1994年9月研制的一种矩阵二维码符号，它除具有一维条码及其他二维码所具有的信息容量大、可靠性高、可表示汉字及图像多种文字信息、保密防伪性强等优点外，还可高效地表示汉字，相同内容，其尺寸小于相同密度的PDF417条码。目前市场上的大部分条码打印机都支持QRCode条码(目前公司业务也应用此码制)。

PDF417码是由留美华人王寅敬(音)博士发明的。PDF是取英文Portable Data File三个单词的首字母的缩写，意为“便携数据文件”。因为组成条码的每一符号字符都是由四个条和四个空构成，如果将组成条码的最窄条统称为一个模块，则上述的四个条和四个空的总模块数一定为17，所以称417码或PDF417码。

DataMatrix主要用于电子行业小零件的标识，如Intel的奔腾处理器的背面就印制了这种码。

MaxiCode是由美国联合包裹服务(UPS)公司研制的，用于包裹的分拣和跟踪。

中国的条码产业起步较晚，首先采取了先引进国外技术的策略。中国原有的二维码国家标准是从美国PDF417码和日本的QR码(Quickly Response，快速响应)翻译过来的。随着国内技术不断创新，自主二维码技术开始出现，并得到国家认同和推荐。

以国际自动识别制造商协会(AIMI)发布的《PDF417规范》为基础，1997年12月正式颁布了由中国物品编码中心负责编制的国家标准《四一七条码》(GB/T 17172—1997)。

2000年12月颁布了基于日本QRCode的国标GB/T 18284—2000《快速响应矩阵码》。

2003年，上海龙贝信息科技有限公司推出龙贝二维矩阵码，又称龙贝码(英文名称LPCode)。

2005年北京青铜软件技术有限责任公司推出自主研发的QT二维码形码和QT二维码形码手机识读软件。

2005年，中国物品编码中心和北京网络畅想科技发展有限公司共同开发了我国自主知识产权的二维码标准——汉信码，该标准已通过国家标准报批会和科技部十五科技项目验收会，获得由院士组成的评审专家组的一致好评。

矽感科技是建立在矽感核心技术之上的“网格矩阵码”“紧密矩阵码”，被信息产业部颁布为国家电子行业标准(SJ/T 11349—2006，SJ/T 11350—2006)。

2006年5月25日，信息产业部发布《二维码网格矩阵码(GM)》SJ/T 11349—2006和《二维码紧密矩阵码(CM)》SJ/T 11350—2006两项行业推荐标准，此两项标准于2006年5月30日起实施。

7.5.3 二维码的应用

1. 典型二维码应用

二维码具有存储量大、保密性高、追踪性高、抗损性强、备援性大、成本便宜等特性，这些特性特别适用于表单、安全保密、追踪、证照、存货盘点、资料备援等方面。

二维码DM是通过在DM上面印上二维码图案，扫描二维码可以链接到互联网上，表现形式可能是图片、视频或者链接，这种传播方式可以利用人们吃饭、坐车及在卫生间的碎片化时间，传播广告主的信息，并达到精准营销的目的。例如二维码纸巾DM。在火车站、地铁站、大学校园、景点等人口流动密集的场所，用户通过一个App在一台自助智能终端机的屏幕前扫描二维码，就能领取到一包免费、印刷精美的彩色纸巾。每包纸巾的数量为10张，上面印有10个不同客户的广告。用户通过扫描上面的二维码，还可以抵达广告主的官方网站、微博、微信公众账号等网上平台。

二维码印章，二维码不单只有商业用途，对于个人同样也有实现展示与推广的作用。例如画家，可在自己的作品上加印二维码，关于创作过程、出版画册、举办画展等信息就能一目了然；假如是演艺明星，在宣传上加印二维码，粉丝就能欣赏到该明星的所有作品和照片，还能发布自己的最新资讯。

票务销售应用，传统票务系统升级为电子票务系统的商家和代理商，为合作者提供了从网络电商平台搭建、软硬件集成开发、开放接口、维护等全系统的方案，建立的电商平台直接接入各种网银平台，用户在线支付完成后，凭得到的电子凭证或票据即可到此电商平台的对应实体商家消费，无须排队、无须等待、无须烦琐验证，让用户立即获得一系列完美的消费体验。

表单应用，公文表单、商业表单、进出口报单、舱单等资料之传送交换，减少人工重复输入表单资料，避免人为错误，降低人力成本。

备援应用，文件表单的资料若不愿或不能以磁碟、光碟等电子媒体存储备援时，可利用二维条码来存储备援，携带方便，不怕折叠，保存时间长，又可影印传真，做更多备份。

报纸应用，二维码作为一种连接报纸、手机和网络的新兴数字媒体，自报纸利用二维码技术打造“立体报纸”以来，看报的用户通过使用智能手机上的各类二维码软件扫描报纸上的二维码，报纸立即成“立体”，同时还可以轻松阅读观赏报纸的延伸内容。国内应用二维码的报纸有华西都市报、长江日报、成都商报等。二维码应用使报纸的容量大大扩展，读报的乐趣也大大增加，这意味着报纸、期刊已经不仅仅是平面的新闻纸，更可以为我们带来一个全新 3D 视听影像感受，并且为产品提供了更为全面的资讯以及更为便捷的购买方式，缔造了全方位的移动互联网商务平台。

追踪应用，公文自动追踪、生产线零件自动追踪、客户服务自动追踪、邮购运送自动追踪、维修记录自动追踪、危险物品自动追踪、后勤补给自动追踪、医疗体检自动追踪、生态研究(动物、鸟类……)自动追踪等。

证照应用，护照、身份证、挂号证、驾照、会员证、识别证、连锁店会员证等证照的资料登记及自动输入，发挥“随到随读”、“立即取用”的资讯管理效果。

2. 手机二维码

手机二维码是二维码技术在手机上的应用。将手机需要访问、使用的信息编码到二维码中，利用手机的摄像头识读，这就是手机二维码。

手机二维码的应用有两种：主读与被读。所谓主读，就是使用者主动读取二维码，一般指手机安装扫码软件。被读就是指电子回执之类的应用，比如火车票、电影票、电子优惠券之类。

手机二维码可以印刷在报纸、杂志、广告、图书、包装以及个人名片等多种载体上，用户通过手机摄像头扫描二维码或输入二维码下面的号码、关键字即可实现快速手机上网，快速便捷地浏览网页，下载图文、音乐、视频，获取优惠券，参与抽奖，了解企业产品信息，而省去了在手机上输入 URL 的烦琐过程，实现一键上网。同时，还可以方便地用手机识别和存储名片，自动输入短信，获取公共服务(如天气预报)，实现电子地图查询定位、手机阅读等多种功能。随着 3G 的到来，二维码可以为网络浏览、下载、在线视频、网上购物、网上支付等提供方便的入口。

目前的手机二维码多是手机上网，属于主动式的，对手机终端要求较高，既要能拍照又要有识读软件(安装了识读软件的智能手机)，而现在提供的条码凭证服务属于被动式的服务，只需要你的手机能够接收彩信(甚至是短信)即可，代替以往纸质票证，省去物流费用，时尚环保。

条码识别应用为用户使用手机上网提供了极大便利，省去了输入 URL 的麻烦，可一次按键即快速进入自己想看的网页，大大提高了上网的便利性。此外，条码识别应用也为平面媒体、增值服务商和企业提供了一个与用户随时随地沟通的方式。

市场的逐步成熟、二维码目前发展中的问题逐步解决，以及第四代移动通信(4G)时代的到来，都将为二维码的应用提供更加广阔的空间。手机阅读条码正成为通信、媒体、传统行业融合的桥梁，推进信息技术在企业行业内的应用，为消费者和企业带来更多价值。

3. 二维码应用前景

尽管二维码应用渐趋广泛，但与日韩等国相比，我国的二维码发展还远远不够。制约因素除了运营商的支持度外，还有技术、终端适配、盈利模式等方面。炒得很火热的是二维码与 O2O(online to offline)模式的结合，即利用二维码的读取将线上的用户引流给线下的商家。尽管有些人不看好二维码的应用，但无可否认，只要培养了足够多的用户群，再结合良好的商业模式，二维码将成为桥接现实与虚拟最得力的工具之一。

目前，许多部门已有将二维条码用于人员管理和物品管理的愿望，如公安部门想将二维条码应用于身份证和流动人员管理上，进出境管理部门正在探讨将二维条码应用在护照上，海关也想尝试将其用在报关单上。有的甚至已经开始应用，例如，汽车销售中心已将二维条码应用于车辆信息的跟踪管理。根据目前状况，预计二维条码在我国的应用五年内将有较大发展。

基于二维码的主读应用能够实现跨媒介间的信息传递，利用手机就可以在任何一个能够承载二维码的角落拍码获取信息，包括图文、网址等。当二维码作为一个上网的入口时，它将是一个无处不在的信息源。如此强大的信息承载体系，自然能够带来无限商机。

自 2010 年开始，中国手机二维码市场开始快速升温，已渗透到了机场、餐厅、地铁、电影院以及会议等各个方面，但与发达国家的发展水平尚有差距。未来结合移动商务，将二维码的主被读联合起来，更常见的应用场景将是：用户拿出手机对着商家广告海报进行扫码，即可马上在手机上得到对应商品或者服务的详细信息页面，直接在线支付后会收到一条含有二维码的彩信，用户可以直接以此为凭证兑换指定商家门店的相应商品或服务；而且，二维码电子凭证的发送和使用时的验证都有系统平台做支撑，能够帮助商家进行数据统计和结算，辅助进行营销效果评估，对于连锁商户和多方合作商家的结算更加高效。如若不然，仅凭网购后的自家门店的人工统计结果结算，不仅费时费力，而且可信度也不高。

在对电子商务模式的创新上，二维码同样功不可没，它助力电子商务线上与线下完成对接，用二维码电子凭证作为 O2O 的管道打通方式，将线上虚拟经济与线下实体经济融合，形成消费闭环，实现价值转化。由此可见，无论基于哪一点，二维码行业的前景都是一片光明。

第 7 章　课后习题

1. 请说明移动电子商务的定义、特点及其分类情况。
2. 请举出移动电子商务带来的革命性变化。
3. 移动电子商务发展中存在什么问题？并说明其发展方向。
4. 移动电子商务存在哪些安全问题？
5. 什么是 WPKI？简要阐述它的安全结构和安全框架。
6. 什么是 3-D 安全协议？该协议从哪些方面保证交易安全？其与 SET 协议的区别在哪？
7. 移动电子商务在交易上存在哪些新的安全问题？
8. 移动电子商务在支付上存在哪些新的安全问题？
9. 什么是物联网？什么是物联网技术？请对其进行简要的说明。

10. 请说明基于 Hash 的双向认证协议的执行过程。

11. 请说明二维码的含义、分类及其特点。

12. 请举例说明二维码在现实生活中的运用。

参考文献

[1] 肖爽,等.移动商务理论与实践[M].北京:北京大学出版社,2013.

[2] 王美艳.3G时代移动电子商务业务分类的研究[J].中国新通信,2013,15(14):9.

[3] 蔡志文.电子商务安全[M].北京:北京大学出版社,2013.

[4] 赵文,戴宗坤.WPKI应用体系架构研究[J].四川大学学报:自然科学版,2005,42(4):725-730.

[5] 田丰.基于WPKI的移动电子商务安全研究[J].计算机应用与软件,2013,30(9):61-63.

[6] 周娣.二维码感知识别技术的研究[D].济南:山东轻工业学院,2012.

[7] 施言轶,黄亮,张士平.3-D安全协议及其在移动商务中的应用[J].计算机工程,2004,30(3):133-135.

[8] Kungpisdan S,B Srinivasan,P D Le. A secure account-based mobile payment protocol [J]. IEEE,2004.

[9] 李文娟.安全移动商务协议分析与研究[M].大连:大连理工大学,2007.

[10] 向生建,等.WTLS关键协议的仿真研究[J].计算机科学,2004,31(8):43-45.

[11] 张传娟.浅析移动电子商务网络安全问题与对策[J].长沙铁道学院学报(社会科学版),2011(4):205-206.

[12] 杜亚敏.移动电子商务交易安全研究[J].价值工程,2014,33(10):196-197.

[13] 李皞.移动支付的发展研究和安全问题探讨[J].中国电子商务,2013(15):13-14.

[14] 金桥,等.RFID技术在移动电子商务中的应用[J].电子技术应用,2007,33(4):90-91.

[15] 蒋晓娟.基于RFID和物联网技术的移动电子商务应用研究[J].中国电子商务,2013(5):8.

[16] 赵庶旭.物联网技术[M].成都:西南交通大学出版社,2012.

[17] 周永彬,冯登国.RFID安全协议的设计与分析[J].计算机学报,2006(4):4581-4589.

[18] 祝胜林,杨波,张明武.RFID协议及其安全性研究[J].信息安全与通信保密,2007(8):168-170.

电子商务前景展望

作为本书的最后一章，我们将对电子商务的新技术前景进行介绍，并且对各种安全技术进行展望，对电子商务的未来进行分析，见图 8-1。

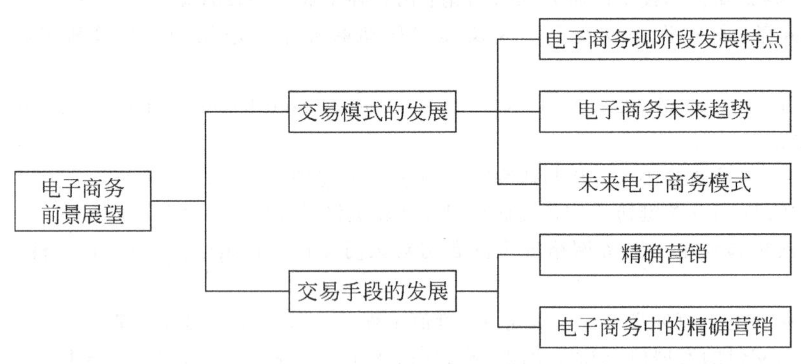

图 8-1　本书主要内容结构

8.1　交易模式的发展

8.1.1　电子商务现阶段发展特点

2011 年电子商务市场呈爆炸式增长，阶段性发展特点突出。

2011 年中国电子商务市场呈现飞速发展势头。中国电子商务协会统计显示，2011 年上半年电子商务交易额达到 2.95 万亿元人民币，全年超过 6 万亿元人民币，维持较高的增长速度。以最典型的淘宝旅行(http://trip.taobao.com/)为例，该公司在 2012 年 2 月初发布的 2011 年年度数据表明，2011 年全年交易额交易量直线上升，达到 109 亿元。有国外著名咨询公司发布的报告称，目前中国电子商务市场已名列全球第二，并将在 2015 年成为世界第一，届时中国将拥有世界上规模最大、最为领先的电子商务服务产业。

从分业务市场看，2011 年的电子商务具有以下几个较为鲜明的特点。

首先是线上线下结合的大量 O2O(online-to-offline)模式得到进一步推广。O2O 即将线下商务的机会与互联网结合在了一起，让互联网成为线下交易的前台，给传统电商及其服务公司带来了新的机会。目前 O2O 模式可以简单分为三类。

一是实体店的网络化。在淘宝等网店的大力推动下，很多传统企业已经把实体店搬到了网上，最典型的如1号店，该公司从网上超市起家，2011年把二维码销售平台布到地铁站去，形成了这种线上线下跨界销售模式，并得到了认可。

二是商旅服务。这是规模最大的应用，从我国国情来看，餐饮、汽车租赁、酒店住宿及旅游都给O2O商旅服务带来了巨大的发展空间。根据艾瑞咨询统计数据显示，2011年中国在线旅行预订市场交易规模达1672.9亿元。这样线下服务就可以在线上揽客，消费者也可以在线上筛选服务并进行支付，而后线下消费。携程是中国最早的O2O商旅服务，目前服务已经从注重信息流的传递，发展到资金流和服务流也通过网上实现了。而团购模式的出现，将信息流与资金流一举通过线上实现，标志着中国O2O另一全新阶段的开始。

三是团购服务。其中如大众点评网等结合最早的点评和论坛推出的团购网站，迅速占领市场前三甲。

其次是网络团购应用范围显著扩大，市场逐步走向成熟。从2010年下半年以来，网络团购应用发展的负面报道就相对增多。团购服务形式迎合了一、二线城市白领群体的消费需求，上半年团购用户数和服务商数量迅猛增长。虽然市场上偶有团购产品失真或者团购网站倒闭导致用户费用被卷等事件，也无损专项业务涉猎的商务应用范围的扩大。2011年依然是团购网站数量剧增的一年，说明团购模式仍然得到了创业人士和资本市场的认可。而且团购产品范围呈现出餐饮、娱乐等主流团购商品的分散化和区域化特性，在盈利模式上也更加重视广告效益，商家和一些先行起步发展的团购网站开始向手机客户端发展、与位置服务(LBS)等功能相结合，包括拉手网等企业的成功上市、团购与其他网站业务的新型服务的涌现，都表明团购网站这种电子商务模式已经开始从迷茫发展中看到了曙光，但并不排除2012年依然有众多网站倒闭的现象，这也是大多数互联网应用商业模式成熟所必须经历的阶段。

第三，支付手段的移动化引发金融业和电信业的深度合作，将进一步推动电子商务的发展。2011年，中国网民在参与电子商务活动中，主要的支付方式有网银和第三方支付，而这两种支付方式在2011年最大的特点就是移动客户端的出现和推广使移动支付成为2011年电子商务领域不可忽略的一个关键词。而且随着手机支付方式的推广，支付技术及其安全性的不断提高和完善，未来手机支付有望成为用户的主要支付手段之一。而移动支付带来的另外一个变化就是运营商与金融行业之间的结盟。尽管中国移动已经通过入股浦发银行的方式与银行业展开合作，但运营商和银行业之间就技术标准、产业控制力等方面仍在进行博弈，这种松散的产业合作模式已经是移动支付特别是近场移动支付产业进一步发展的主要因素。另外，用户的需求日益个性化、多样化，而业务提供商自身存在能力边界和资源边界，单靠某个业务提供商很难满足用户的需求，开放平台资源，进行产业深层次合作非常有必要。

8.1.2 电子商务未来趋势

1. LBS基于位置的服务

LBS(基于位置的服务)社交类服务在电子商务中崭露头角，精准广告营销是电子商务的未来趋势，但距离盈利尚早。

2011年全年，移动电子商务已经呈现全面的渗透态势，业务形态上除了第三方移动支付客户端、手机银行客户端和手机短信银行之外，团购网和传统电子商务向移动网络的迁移也得到了用户的高度认可，用户渗透率从第二季度的27.9%增长至第三季度的34.8%。新浪手机微博、美团等网站，都在2011年下半年开始开放了地理信息的API，充分利用了移动通信的行业特点，结合用户地理位置进行服务和产品的营销和服务，加强了移动电子商务的吸引力。这类业务在移动互联网领域被统称为"LBS社交服务"。而当前LBS社交服务发展的模式离不开电子商务，或者说电子商务是相关业务发展的关键：一方面是位置信息的融入后增强了各种电子商务服务的功能，个性化服务需求得到一定程度的满足；另外一方面是手机广告行业开始抬头，广告主认知的不断提高、手机广告网络公司的不断发展和移动智能终端在广告效果展示上表现出来的亲和力，使得移动广告业务市场规模也在攀升，占比从第一、二季度的9.5%增长至10.3%。

但LBS业务全面盈利可能尚待业界各方努力。有咨询公司认为：2011年，中国LBS应用市场的整体用户规模从第二季度的1050万人提升到第三季度的1830万人，但与数据反映出来的市场红火状态完全不同，2011年对于LBS企业来说并不如意，基本所有LBS企业的日子都不好过。营销支出过度且商业模式落地不及预期，依赖融资的生存模式难以为继，大多数创新型LBS服务商在融资需求与盈利能力上冲突明显，尤其是2011年10月份左右首批进入LBS市场的嘀咕网大规模裁员动摇了从业者的信心，甚至已经开始用"失败"来形容自身的事业发展，"照搬Foursquare到中国市场是不可行的"成为共识。因此稳扎稳打地抓用户基数，通过各种创新功能有效改进用户体验，是LBS业务开发和市场推广工作的重中之重。

按照典型互联网业务的发展规律，LBS在默默耕耘了几年之后，经历了从直接提供位置服务向提供工具和手段的发展模式变迁，功能从复杂的位置输入到用户签到，服务类型从提供泛信息到针对个体提供个性化信息，国际上已经有包括Foursquare等公司获得了良好的市场收益。在国内，受益于用户位移范围扩展、生活服务类需求猛增、智能终端价格持续降低等因素的影响，青少年用户的媒体化、社交化需求已经开始通过电子商务、电游等服务转化为市场和收入。同时，我们不能忽略的是，包括AR增强、3D地图等技术的推进使得各种移动互联网应用对地图的依赖性会进一步加深。未来的几年，包括在线式导航模块、实景搜索、话音搜索、位置共享等技术和功能被陆续植入手机地图，原本相对独立的手机地图、手机导航及手机签到领域正在加速融合，会促进LBS业务的渗透。市场数据表明，截至2011年年底，中国手机位置服务的用户规模已经超过2.2亿人，相对于移动互联网用户规模4.3亿人计算，LBS在移动互联网用户中渗透率已经超过50%，无疑这样的数据隐隐透露出盈利的曙光。

因此可以预见，SNS、团购等具有比较鲜明的电子商务特性的移动互联网应用平台相互开放和提供服务有可能会成为2012年移动互联网业务创新的重点。2012年，移动电子商务应用会有更明显的增长，而且业务形态也将更丰富。

2. 移动支付

第三方网上支付的手机化应用推动移动电子商务市场的扩张，而未来近距离移动支付市场则有可能改变移动电子商务的模式。

2011年，我国移动支付市场关注焦点虽然还定位在近场非接触式移动支付，但以支付宝为首的第三方支付企业已经充分借鉴在传统互联网上的经验，迅速进入移动支付市场，并可能成为创新的主力军，2012 年也有可能出现类似 Square 公司业务那样的创新之举，进一步加强远场移动支付的竞争实力，在当前的移动电子商务发展模式下，主要需求集中在"随时购买"和"随时支付"的用户对于 NFC(near field communication，近距离移动通信)等近场移动支付等业务的依赖性。

但我们不能忽略的是，未来的近场支付服务推广后，每一个移动终端真正具备将位置信息、拍照和识别、支付等综合功能自我处理(非网络处理)的终端后，移动电子商务的商业模式会突破支付佣金为核心的盈利体系，而创造出更广泛的精准营销等个人电子商务新型模式。2011 年 5 月 27 日，谷歌发布 Google Wallet(谷歌钱包)计划，为智能手机用户提供 NFC 近距离非接触移动支付服务，高调进入移动支付市场，Google 以免费的方式吸引更多合作伙伴和商家，不仅对使用此项服务的消费者免费，还对在平台上提供服务的各类合作伙伴和商家免费，未来，谷歌钱包里将囊括更多的信用卡，还有各种会员卡、打折卡、购物卡、登机牌、车票、身份信息甚至钥匙等。另外，值得关注的移动支付模式是美国移动支付企业 Square 公司，该公司是美国电子支付市场中的新兴企业，其提供的 Card Case 业务其独特的用户信息保护措施和创新业务应用，受到用户欢迎，从 2010 年 5 月正式运营开始，Square 公司发展速度远远高于预期。在现场支付交易规模方面，Square 仅用了 1 年的时间就超过了韩国，与日本的差距也在不断缩小。Square 的移动支付有两种模式：一种是手机终端附加小型外接设备，结合终端应用程序，成为无线 POS 机；另一种是用户在手机上下载 Card Case 应用后，需要先到支持 Square 的商家使用信用卡购买一次商品(读取用户账户信息并加密转存至用户手机)，当交易完成后会收到短信链接注册成为 Card Case 用户，之后用户在收款台付款时，只要向商家说出自己的名字，商家就可以通过 Square Register 应用来搜索到用户，为这名顾客开启一个标签，显示该顾客的账户姓名和照片，收银员将照片与顾客比对，按下交易按钮即可完成交易，用户也将收到付款金额的通知短信，整个过程用户无须支付现金或信用卡，快速便捷地完成消费。

2012 年成为近场移动支付业务在发达市场(尤其是欧美市场)起步的一年，进而借助 iPhone、谷歌手机等迅速得到中国市场的认知和认可，中国的电子商务企业将面临新一轮的挑战。

3. "SNS＋电子商务"创新模式

"SNS＋电子商务"创新模式，即社交网络＋在线产品销售。在平台搭建上，电子商务平台仅仅是整个系统中的一支，还有以交友为目的，提供娱乐、生活等丰富网站应用服务的社交平台。"SNS＋电子商务"可以增强电子商务平台的用户黏性，实现社交网站价值的电子商务化。在如何实现电子商务平台与社交平台的互联交融上，优众网创新性地提出"基因值"杠杆。

"基因值"类似于网站"积分"概念，在实际网购中，能够起到"真金白银"打折的作用。用户可以通过创造内容、邀请好友提升自己的基因值，使网站黏性加强，同时也给网络广告销售提供了优质基础。

"SNS＋电子商务"的盈利模式创新。在价值创造上，利用用户黏性完成在线销售，实现用户黏性到用户价值创造的转变。"SNS＋电子商务"用户价值涵盖三个部分：第一，传统电子商务板块的在线销售营收；第二，社交板块丰富网站应用服务中的电子商务部分，与企业分享销售利润；第三，网站应用服务内容的广告植入，即广告营收。改变了以往电子商务企业单一地依靠产品销售的营利模式，实现了“电子商务＋网络广告”的双重营利模式。

“SNS＋电子商务”模式具备社交网站的功能，社交网站具有典型的聚众效应、黏性效应以及蝴蝶效应。互联网的交叉性、深入性、互动性、娱乐性等特性一览无遗，而这些加强了用户的黏性。总的来看，“SNS＋电子商务”模式的价值创新包括以下几项。

(1) 聚众效应引发自我营销，节省宣传推广费用。我们都知道社交网站的最大特性就是通过以人际关系为纽带的关联，形成了一个巨大的人脉集聚平台。只要你是某社交网站的忠实用户，就有可能带动你的人际圈也加入这个网站，你朋友的朋友也将加入，圈子越来越大，这就是聚众价值，而这种人际传播都是免费的、网民自发的。

(2) 丰富的网站应用服务，增强用户黏性。网站靠什么网聚注册用户？人际圈影响是一个方面，更重要的是网站内丰富的应用服务。诸如开心网的开心农场、抢车位、Web game 等，娱乐至上、生活至上的特征让用户体验应用服务之后就离不开，不用促销邮件，用户也会主动浏览网站，规避了纯电子商务平台黏性差的特性。

(3) 蝴蝶效应，良性循环下的裂变式发展。聚众效应实现自发营销，黏性效应留住注册用户，二者循环反复、相互作用就产生了蝴蝶效应，帮助“SNS＋电子商务”模式下平台的裂变式发展。

(4) 双重盈利模式，“SNS＋电子商务”模式的核心目标。“SNS＋电子商务”的本质还是电子商务，还是在线销售产品。以优众网为例，其首页页面仍是产品促销，有利于实现在线销售。此外，贯穿于网站应用服务体系中的电子商务也将进一步促进在线下单率。随着注册用户人数的不断增加，其植入广告也将是一笔较为可观的收入。

优众网的出现，也许仅仅是一个开端，天涯社区、迅雷、新浪等网站也都发展了自己的电子商务，未来随着“SNS＋电子商务”创新模式的不断纵深发展，开心网、人人网、Facebook 等也可能会发展自己的电子商务或者以其他形式分得这杯羹，对于“SNS＋电子商务”，我们拭目以待。

8.1.3 未来电子商务模式

1. 协同商务模式

协同商务(collaborative commercei，CC)，被誉为下一代的电子商务系统。电子商务环境下，单一组织难以满足顾客的所有条件，分工和协作是必由之路。企业不仅需要内部跨部门协调，还要解决好价值链中和供应商、客户、合作伙伴之间的协调关系。企业要想在激烈的市场竞争中体现自己的优势，满足客户的要求，就必须建立协同的工作环境。企业建立现代企业制度，实现从金字塔形的管理模式转变到扁平化的管理，更需要企业内部与外部的资源整合，需要企业员工与员工之间、部门与部门之间的协同工作。

“协同”有两层含义：一层含义是企业内部资源的协同，有各部门之间的业务协同、不同的业务指标和目标之间的协同以及各种资源约束的协同，如库存、生产、销售、财务间的协同。另一层含义是指企业内外资源的协同，也即整个供应链的协同，如客户的需求、供应、生产、采购、交易间的协同(见图 8-2)。协同电子商务的本质是使企业群能够实现真正的协同，创建企业群的竞争优势。实现协同电子商务的目标，是真正地激活企业的隐性资产，使企业的核心能力难以被竞争对手仿效和替代，为企业创建长久、持续的竞争优势。

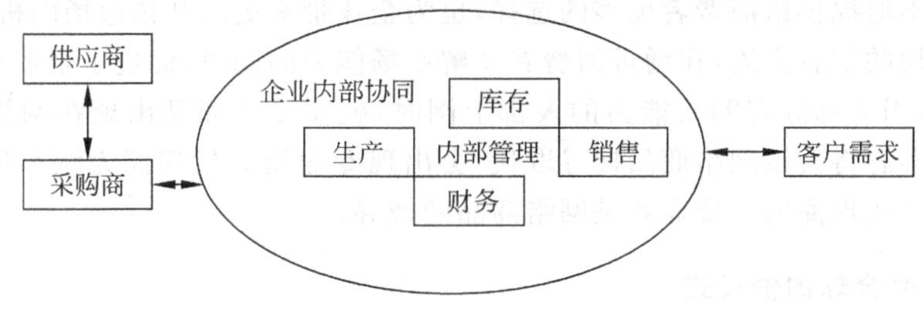

图 8-2　协同供应链

协同商务的主要内容分为以下四个方面。

1）共享信息与知识(information and knowledge sharing)

一方面，将员工或用户的信息与自身的职责、工作联系起来，企业内部的信息都是个性化的、员工所需要的信息，员工可以得到的信息都是与他工作相关的。另一方面，信息不但包括协同商务本身的信息，还包括 ERP 以及其他系统的信息，这些信息都是集成在协同商务中。内容管理也纳入到整个系统当中，作为一个协同商务系统，很重要的一点是对自身产品的外部传播，例如在互联网上发布最新的企业的产品的信息，建立与客户的沟通渠道，动态地维护外部网站的信息。

2）业务整合(business interactions)

协同商务的整个处理过程也是企业内部业务的一个整合过程，客户根据网上的订单通过商务处理过程实现客户的需求，客户也可以通过自助门户随时了解整体业务过程的处理情况。因此，强化了客户联系的能力。

3）商务洽谈空间(business space)

一方面，在企业运作过程中，企业的员工需要其他部门的协助，需要一些知识专家对他的一些问题进行解答的时候，需要借助这样一个空间或社区来进行，例如在线的会议、在线的培训课程等。另一方面，企业的工作不但需要内部员工的协助完成，更需要外部用户的参与，例如客户的参与，员工在完成客户需求的同时需要不断地与外部客户进行有效的沟通。协作社区的出现也是电子商务发展的一个部分，是协同商务的作用体现。

4）商务交易的数据互动

协同商务必须可以提供安全可靠的商务交易流程，包括客户的订单管理以及合同管理、财务交易的管理等。这些交易结果可以与内部其他系统进行一个互动以及数据的更新。

根据研究调查，到 2005 年拥有协同商务能力的供应商和客户，与没有协同商务能力的企业竞争时将能够赢得超过八成的商机。所以协同商务对于企业未来生存和发展具有相当程度的重要性。

电子商务交易市场的未来发展方向将是协同商务，通过集成采购商、供应商、后勤作业以及金融服务商等，整合信息，提高整个商业价值链的整体运作效率。商务部组织编写的 2003 年《中国电子商务报告》将电子商务发展过程描述为：最小协同、中等协同、高度协同和极高协同四个阶段。

2. 专业搜寻代理商模式

电子商务不但提供给消费者更多的选择,也为企业带来更多开拓市场的机会,让供需两者之间有更密切的信息交流,在增进消费者了解市场能力的同时,促进了企业把握市场脉动的能力。因此,当大部分有购买能力的人都上网时,就应该让商品出现在网络的搜寻引擎上。未来营销形态将会被网络商品搜寻取代,会出现专业搜寻代理商为顾客提供搜寻商品服务。专业搜寻代理商的主要业务是网络商品的搜寻。

3. 网络商品全球询价模式

通过 Internet 可以进行网络全球询价,可以全球沟通,产品销售必须走向一物一价。日本有过一个例子,Sony 出产的同一机型的随身听(Walkman),在纽约的销售价格是在东京卖的价格的一半。厂商的解释是因为东京的店租较贵。然而事实并非如此,真正的原因其实在于东京的批发渠道成本、获利都比较高,如进货中请吃饭、喝酒应酬,这些都算在成本里面,自然产品价格也就跟着提高。如果直接通过网络,即可省掉上下游厂商之间应酬公关的费用,这种相同产品不同价格的情形就不太容易发生,至多再加上些服务费,将来就可形成全球一物一价的景况。

网络商品全球询价模式=走向全球一物一价+服务费方式。

4. 网络商品先试用再买模式

更有影响力的是提供网络商品试用,即在网上试用商品,试用满意了再买,这是传统商务很难做到的。

5. C2B 电子商务模式

C2B 是电子商务模式的一种,即消费者对企业(customer to business)。最先由美国流行起来的消费者对企业模式也许是一个值得关注的尝试。C2B 模式的核心,是通过聚合为数庞大的用户形成一个强大的采购集团,以此来改变 B2C 模式中用户一对一出价的弱势地位,使之享受到以大批发商的价格买单件商品的利益。类似于 B2T(business to team),即为一个团队向商家采购模式。

C2B 的商业模式有两种:一是团购,二是个性化。团购,就是集合众多用户需求形成统一的购买团体,从而享受事先与商家定好的优惠的批发价格,其收益主要来源于广告及佣金。其中团购又可分为两个发展阶段:首先是基于价格的团购,然后是基于产品的团购。

基于价格的团购属于 C2B 的初始阶段,由一群用户自发或者由第三方平台通过聚合众多个体消费者形成相对较大的采购订单来使企业提供更大的优惠空间。用户自发情况较少,毕竟用户个体来操作此事有一定的难度,而且在信任度方面缺乏有效合理的评估,有时会在相互认识或者了解的群体里出现,比如同一个社区、同一类有相同话题的网络人群等。更多的还是需要通过第三方机构或平台来操作,比如淘宝、易趣这样的电子商务平台的团购业务,国内近年也出现不少专业的团购网站,如前身为无忧团购网的篱笆网、上海团购网等。现在国内的 C2B 网站,都是基于价格的团购网站,处于 C2B 发展的最初级阶段。

基于产品的团购是 C2B 行业发展的第二阶段。部分高收入者和崇尚自我个性的人群并不很在乎过去所说的消费最重要的影响因素——价格，而是把产品的品质和特性的重要性置在价格之上。他们消费时往往更看重产品的质量、样式、品位等，由此催生出团购的另一大潜在市场：通过自发或者第三方平台聚合为数众多的该类用户，促使企业按他们的需求进行设计和生产，甚至可能改变企业所提供的产品内容，比如材质、外观设计、组合方式等。这个新型的C2B商务模式在国外已经有些成功案例，比如Priceline已经有些接近这个模式：Priceline平台帮助用户在商品的品牌、特性和卖家(通常是航空公司、酒店、金融服务公司)的低价格之间求得平衡；用户可以向Priceline提交他们的期望价格和产品，卖方通过Priceline了解用户的产品需求和价格，然后根据用户需求特征提供他们所需要的产品来形成交易。

通过互联网进行团购，对参与者双方都有好处——对厂家而言，利用互联网团购，不仅可以降低企业的成本，而且可以打通虚拟市场扩大交易份额；对用户而言，则可以享受更多的选择机会和更低的价格。

个性化定制则是C2B发展的更高阶段。这个阶段的C2B商业模式将具有创新性，对企业而言，需要在满足用户个性化定制所需更高成本和群体采购所要求的低价格之间达到平衡。对用户而言，则需要在满足个性化产品所需支付的高价格和群体采购可能出现的个性弱化之间寻求平衡。这对第三方的C2B电子商务平台是个巨大的挑战，既要找到可满足个性需求并具有强大的定制生产能力的企业，又要找到尽可能多同时又尽可能窄众的个性化用户群体。目前来看，这似乎很难。倒是国内一些企业网站有些个性化定制的雏形，比如汽车网站，可以让用户对汽车的部分属性如颜色做出选择；Dell用户可以对电脑配置做出选择等，但这仅限于企业本身，只是B2C的一种有些新意的延伸。

8.2 交易手段的发展

8.2.1 精确营销

随着电子商务的发展，人们的消费空间变广，可选择性增大，所以商家与买家的地位得到了进一步的变化。商家不再享受主导地位，一方面是因为竞争对手增多，另一方面是由于可挑选对象的增加所导致的买家的更加挑剔。如何在这种电子商务环境下保持先机，就得改变传统交易手段。在未来的电子商务中，精确营销必然成为主要的交易手段。

1. 精确营销的定义

被誉为直效行销之父的莱斯特·伟门于1999年提出了精确营销概念，他对精确营销的最初定义是：改变以往的营销渠道及方法，以生产厂商的客户和销售商为中心，通过电子媒介、电话访问、邮寄、互联网等方式建立客户、销售商资料库。然后通过科学分析，确定可能购买的客户，从而引导生产厂商改变销售策略，为其制订出一套可操作性强的销售推广方案，同时为生产厂商提供客户、销售商的追踪服务。可以这样形象地来比喻，传统的营销模式好像是过去战争中的狂轰滥炸，万箭齐发。而这种做法在大数据的今天来说，只能给人们带来疲劳感，达不到预期的作用，所以精确营销就如同现代战争中的导弹，对不同的目标进行定位，然后对不同的目标投放不同的导弹，进行定点的有效打击。

2. 精确营销的背景及发展

精确营销的大背景就是大数据的兴起与发展，精确营销相对于传统粗放型营销而言，就是在大数据时代，依靠现代 IT 技术和数据分析技术发展起来的一种新型营销方式。

为什么大数据会直接影响电子商务的营销方式呢？首先，我们先介绍一下大数据到底有多大。仅以互联网为例，一天之中，互联网产生的全部内容可以刻满 1.68 亿张 DVD；发出的邮件有 2940 亿封之多；发出的社区帖子达 200 万个，相当于《时代》杂志 770 年的文字量。截至 2012 年，数据量已经从 TB(1024GB＝1TB)级别跃升到 PB(1024TB＝1PB)、EB(1024PB＝1EB)乃至 ZB(1024EB＝1ZB)级别。国际数据公司(IDC)的研究结果表明，2008 年全球产生的数据量高达 1.82ZB，相当于全球每人产生 200GB 以上的数据。而到 2012 年为止，人类生产的所有印刷材料的数据量是 200PB，全人类历史上说过的所有话的数据量大约是 5EB。IBM 公司的研究称，整个人类文明所获得的全部数据中有 90％是过去两年内产生的。而到了 2020 年，全世界所产生的数据规模将达到今天的 44 倍。正因为这种井喷式增长的爆炸信息量，让传统营销方式在电子商务的运用上暴露出诸多的缺点。就拿传统式广告投放为例，在传统广告投放情况下，一是浪费巨大。漫天撒网式的传统营销方法导致了每年的广告预算比例都占据了很大的数字，据统计，美国公司每年在广告方面的无效支出高达百亿美元之巨。二是效率低下。在信息爆炸的今天，再多的广告量也没办法充斥在人们的每一块显示器里，而且这种轰炸式攻击只能给人们带来疲惫感和厌恶感，很多人都受到了不相关广告的影响。正是在这种背景下，精确营销的营销方式备受关注。

精确营销这个新兴的概念是在 1999 年提出的，真正得到发展却是在最近几年，因为大数据技术的发展给精确营销的实现带来了可能性。

大数据的出现既是机遇又是挑战。大数据的发展得力于新技术的支撑，比如当前处理大数据的一种常用方法就是 Hadoop 平台，并使用流计算技术。Hadoop 平台的分布式存储的特点，可以把数据存储在多个节点上，能够处理 PB 级数据。Hadoop 能够在节点之间动态地移动数据，并保证各节点的动态平衡，利用其 MapReduce 的并行处理能力，处理速度非常快。非结构化数据在 Hadoop 平台上存储与处理；大数据量计算在 Hadoop 平台上处理；结构化、不需要关联分析、查询较少的数据，保存在 Hadoop 平台；结构化、需要关联分析或经常查询的生产、汇总数据保存在关系型数据库中。流计算不同于文件批处理的方式，是一个事件触发的数据处理机制，能够保证其数据的实时性。

在电子商务中，大数据的发展加深了对客户行为的洞察。在精准营销理论中，客户洞察是精准营销的第一步。企业从大规模制造过渡到大规模定制，必须掌握用户的需求特点。通过大数据技术的运用，我们可以基于用户上网次数、流量、时间段等属性，给用户打上合理的兴趣点标签；针对较少上网的用户，可以通过已经标记标签用户的基础数据特征(如年龄、性别、流量、终端等基础资料)，使用数据挖掘工具和方法，利用历史数据生成用户基础数据特征与偏好的对应关系的模型，来近似预测其偏好标签。针对用户上网的不同风格，可把用户的偏好分为即时偏好、天、周、月、年，以应对即时营销等不同的营销需要。

在大数据技术的支持下，精确营销已经可以投入到实际场景中进入使用了。一是实时热点内容偏好推荐，包括：系统自动检测主流网站和搜索引擎，通过网络爬虫获取热点内容；根据热点内容与客户偏好的对应关系，自动获取待推送的目标用户，目标用户要求为未访问过该热点的用户；人工审核后，实现热点内容推送。二是位置触发的营销：基于位置触发的营销方式，当客户进入商圈范围时，如果属于目标客户，将实时接收到营销信息。进行信息推送，将相关活动信息推送给目标客户，如：亲，XX 商场的 XX 专柜现正在进行酬宾活动，您凭此二维码即可享受 7 折优惠。三是其他的应用场景。包括业务投放：根据订购或使用产品、业务的用户特点，筛选目标用户，对自有产品、业务做针对性营销推荐；终端营销：分析用户终端的特点，进行终端的精确化营销；即时营销：基于用户的上网时机、上网位置做精确化的营销；关联产品推荐：基于产品关联销售的特点和用户订购产品的历史信息，做关联产品的推荐。

8.2.2 电子商务中的精确营销

1. 精确营销体系的构建模型

运用于电子商务的精确营销模型分为五个步骤，见图 8-3。

(1) 客户信息收集与处理。客户数据管理是一个数据准备的过程，是数据分析和挖掘的基础，是搞好精准营销的关键和基础，否则会造成盲目推介、过度营销等错误，比如某些产品的购买在一定时段里是不会重复的，强行推荐，只会导致客户厌烦情绪和后悔情绪。传统的客户关系管理一般关注两方面的客户数据：客户的描述性数据和行为数据。描述性数据类似于一个人的简历，比如姓名、性别、年龄、学历等；行为数据则复杂一些，比如消费者购买数量、购买频次、退货行为、付款方式等。在大数据时代，结构性数据仅占 15%，更多的是类似于购物过程、社交评论等这样的非结构性数据，并且数据十分复杂，符合 4V 特征。只有通过大数据技术收集和整理数据，才有可能形成关于客户的 360 度式数据库，不错过每一次营销机会，“啤酒与尿布”的推销理论就是一个很好的例子。

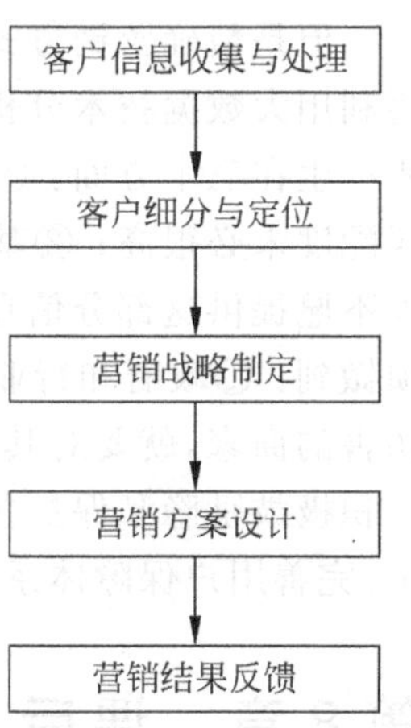

图 8-3 精确营销模型

(2) 客户细分与定位。只有区分出了不同的客户群，企业才有可能对不同客户群展开有效的管理并采取差异化的营销手段，提供满足这个客户群特征要求的产品或服务。在实际操作中，传统的市场细分变量，如人口因素、地理因素、心理因素等由于只能提供较为模糊的客户轮廓，已经难以为精准营销的决策提供可靠的依据。大数据时代，利用大数据技术能在收集的海量非结构信息中快速筛选出对公司有价值的信息，对客户行为模式与客户价值进行准确判断与分析，深度细分，使我们有可能甚至深入了解“每一个人”，而不止“目标人群”来进行客户洞察和提供营销策略。

(3) 营销战略制定。在得到基于现有数据的不同客户群特征后，市场人员需要结合企业战略、企业能力、市场环境等因素，在不同的客户群体中寻找可能的商业机会，最终为每个群制定个性化的营销战略，每个营销战略都有特定的目标。如获取相似的客户、交叉销售或提升销售，或采取措施防止客户流失等。

(4) 营销方案设计。大数据时代，一个好的营销方案可以聚焦到某个目标客户群，甚至精准地根据每一位消费者不同的兴趣与偏好为他们提供专属性的市场营销组合方案，包括针对性的产品组合方案、产品价格方案、渠道设计方案、一对一的沟通促销方案。比如 O2O

渠道设计、网络广告的受众购买的方式(DSP)和实时竞价技术(RTB)、基于位置(LBS)的促销方式。

(5) 营销结果反馈。大数据时代,营销活动结束后,应对营销活动执行过程中收集到的各种数据进行综合分析,从海量数据中发掘出最有效的企业市场绩效度量,并与企业传统的市场绩效度量方法展开比较以确立基于新型数据的度量的优越性和价值,以对营销活动的执行、渠道、产品和广告的有效性进行评估,为下一阶段的营销活动打下良好的基础。

2. 精确营销的评价

精确营销是现阶段发展的主流方向,与过去的营销方式相比,它具有巨大的优势:①精确营销利用大数据处理广告技术,让营销更精准,实现按受众需求投放,提高了交易效率,使产业链多方实现了“共赢”;②广告主可以根据自己的需要设置自己的目标客户,从庞大的流量池中寻找最准确的人群,以实时竞价(RTB)的方式用最合理的价格购买这些人群。减少不必要的广告浪费,提升投资回报率(ROL);③对于用户来说,他们看到的将是自己感兴趣的广告,从而减少了对用户的干扰;④对媒体来说,减少了流量的浪费,提高了经济利益。

但是精确营销方式也带来了一个巨大的问题,就是用户的隐私问题。由于精确营销需要利用大数据技术分析用户的行为,这必然会涉及用户的一些隐私信息。这些隐私问题主要产生在三个方面:①基于兴趣的精准广告,目前也只有搜索引擎能够规模化运作,且兴趣匹配度未必很高;②基于社会属性的营销,需要人们把自己的那堆属性贡献出来;③一般人不愿提供这部分信息,由此产生窃取用户信息,造成隐私问题。要解决隐私问题,我们必须做到:①政府和行业监管机构加强监管,但凡发现有恶意使用用户隐私,并且给用户造成伤害的商家,就要对其给予严厉的惩罚;②建立健全个人隐私保护的法律法规和基本规则;③积极鼓励隐私保护技术的研发、创新和使用,实现从技术层面来保障大数据时代的隐私安全,完善用户保障体系。

第8章 课后习题

1. 电子商务现阶段发展有哪些特点?
2. 请说明电子商务在未来发展的技术趋势。
3. 什么是协同商务模式?它主要包括哪几个方面?
4. 什么是精确营销?如何评价精确营销?
5. 举例说明为解决电子商务安全问题,安全技术会有哪些发展。

参考文献

[1] 中国通信企业协会. 2011—2012 中国通信业发展分析报告[M]. 北京:人民邮电出版社,2012.
[2] 孟韬,毕克贵. 营销策划方法、技巧与文案[M]. 北京:机械工业出版社,2012.
[3] 陈月波. 电子商务盈利模式分析[M]. 杭州:浙江大学出版社,2011.

图书资源支持

感谢您一直以来对清华版图书的支持和爱护。为了配合本书的使用，本书提供配套的素材，有需求的用户请到清华大学出版社主页（http://www.tup.com.cn）上查询和下载，也可以拨打电话或发送电子邮件咨询。

如果您在使用本书的过程中遇到了什么问题，或者有相关图书出版计划，也请您发邮件告诉我们，以便我们更好地为您服务。

我们的联系方式：

地　　址：北京海淀区双清路学研大厦 A 座 707

邮　　编：100084

电　　话：010－62770175－4604

资源下载：http://www.tup.com.cn

电子邮件：weijj@tup.tsinghua.edu.cn

QQ：883604（请写明您的单位和姓名）

扫一扫

资源下载、样书申请

新书推荐、技术交流

用微信扫一扫右边的二维码，即可关注清华大学出版社公众号“书圈”。